AF547107

Thomas Poeschel

Bohème, Revolte und Exil

Thomas Poeschel

Bohème, Revolte und Exil

Die Odyssee der Geschwister Olden

WALLSTEIN VERLAG

Verlag und Autor danken
der Hamburger Stiftung zur Förderung von Wissenschaft und Kultur,
der Herbert und Elsbeth Weichmann-Stiftung
und der Ursula Lachnit-Fixson Stiftung
für die Unterstützung der Publikation mit einem Druckkostenzuschuss.

Lektorat: Andrea Knigge

Bibliografische Information der Deutschen Nationalbibliothek
Die Deutsche Nationalbibliothek verzeichnet diese Publikation in der Deutschen Nationalbibliografie; detaillierte bibliografische Daten sind im Internet über http://dnb.d-nb.de abrufbar.

www.wallstein-verlag.de
Vom Verlag gesetzt aus der Adobe Garamond
Umschlaggestaltung: Eva Mutter (evamutter.com)
Lithos: SchwabScantechnik
Druck und Verarbeitung: bookSolutions Vertriebs GmbH, Göttingen
gedruckt auf säure- und chlorfreiem, alterungsbeständigem Papier
ISBN 978-3-8353-5624-5

Inhalt

Amerika

Anhang

Prolog

WIE BIN ICH ZU DEN Geschwistern Olden gekommen? Während der Arbeit an dem Buch *Der Nestor* (Zürich 2017) wurde ich durch einen Brief der Schauspielerin Carola Neher aus dem Jahr 1928 auf eine gewisse Gräfin Seilern aufmerksam, die darin den Wunsch äußerte, die Absenderin bei ihrem nächsten Besuch in Davos in Öl zu malen. Es war mir zunächst ein Rätsel, wer diese Gräfin Seilern sein könnte, und ich stellte etwas umständlich Nachforschungen an. Zu meiner Überraschung bin ich schließlich auf eine Ilse Olden, wie der Mädchenname der Comtesse lautete, sowie auf ihre beiden Brüder Rudolf und Balder Olden gestoßen, deren dicht miteinander verwobene, aber ulyssisch ausfahrende Biografien mich alsbald in Bann schlugen. Die in ihren persönlichen und politischen Anschauungen eng, wenn auch widersprüchlich zueinander stehenden Geschwister repräsentieren auf außerordentliche Weise die europäische und amerikanische Zeit- und Exilgeschichte der ersten Hälfte des 20. Jahrhunderts.

Im Deutschen Exilarchiv in Frankfurt am Main habe ich einen beträchtlichen Teil der hier präsentierten Materialien (meist Briefe) durchgesehen, welche vor allem aus den Nachlässen der Geschwister Olden oder ihrer Erben zusammengetragen waren. Dabei bin ich auch auf ein unveröffentlichtes Typoskript mit dem Titel *The Olden Story*, eine mehrbändige Familiengeschichte von Michael C. Seidel, aufmerksam geworden, die ich aber erst später lesen durfte, nachdem ich diesen in Kalifornien lebenden Verwandten der Geschwister erfolgreich um Erlaubnis gebeten hatte. Dieses beachtliche Werk hat mir rasch einen Überblick über die reichlich komplizierten Olden'schen Familienverhältnisse verschafft. Einige Monate später habe ich die Quellenforschungen im Deutschen Literaturarchiv in Marbach sowie im Bundesarchiv in Berlin-Lichterfelde fortgesetzt. Vor allem die Materialien aus Frankfurt am Main und Marbach ergänzen sich fast wie Schlüssel und Schloss. Der Berliner Teilnachlass – er betrifft nur Balder Olden und seine Lebensgefährtin Margaret Kershaw – war zuerst gar nicht auffindbar, weil er in den umfangreicheren Nachlass des Journalisten und Schriftstellers Hans Natonek geraten war. Außerdem erscheint er mir auch etwas geschmählert. Laut Auskunft der Archivleiterin stammt er aus dem »Bestand Pariser Tageszeitung«, welcher 1959 vom Institut für Marxismus und Leninismus ins Zentrale Staatsarchiv der DDR kam. So könnte da und dort noch

Material schlummern, das mir nicht erreichbar war. Um einen wichtigen Faden aufzunehmen, bin ich im Jahr 2017 – unterstützt durch eine Zuwendung der Elsbeth und Herbert Weichmann-Stiftung in Hamburg – nach Moskau gereist, um in die Teilnachlässe von Arthur Koestler, Daphne Hardy und Hans Jacob Einblick zu nehmen, die sich im früheren Geheimarchiv des Russischen Militärarchivs befinden. Sie sind Teil der im Juni 1940 bei der Besetzung von Paris beschlagnahmten und ins RSHA (Reichssicherheitshauptamt) von Polizei und SS in Berlin verschleppten Dossiers der französischen Sûreté nationale, welche der Roten Armee gegen Ende des Zweiten Weltkriegs in die Hände fielen. Einmal in Moskau, habe ich auch im Archiv der Komintern, der früheren Schaltzentrale der kommunistischen Weltrevolution, recherchiert. In diesem Zusammenhang danke ich der Archivdirektorin, Swetlana Rosental, dem Deutschen Historischen Institut (DHI) in Moskau, namentlich Dr. Nikolaus Katzer und Guinara Aitmukhanova sowie Dr. Sebastian Panwitz für ihre Hilfe. Die französischen Archives nationales sind technisch sehr fortschrittlich aufgestellt. Die Archivalien konnten dank der gründlichen Recherchen von Eric Diouris aus der Ferne gesichtet werden. Einzelne schwer auffindbare Materialien sind der unermüdlichen Hilfe von Martin Dreyfus in Zürich geschuldet.

In London und Oxford war ich nicht, da den gründlichen Quellenstudien von Marian Malet und Charmian Brinson Wesentliches sicherlich nicht entgangen ist. Beim gegenwärtigen Stand der Freigabe britischer Geheimdokumente wäre hier kaum Neues zu erwarten.

Mein persönlicher Dank gilt Gisela Wild für die Entzifferung schwer lesbarer Handschriften, Klaus-Peter Gerhardt, meinem »Gegenüber« im Berliner Cafe Orange, für den intensiven, über viele Jahre hinweg fortgesetzten Gedankenaustausch, Heide Schlüpmann und Hannah Sperber für deren Gastfreundschaft in Frankfurt beziehungsweise in Phoenix, Marita Gleiss für ihre Liebe und Weisheit, Nicolas Humbert, Deborah Vietor-Engländer und nicht zuletzt Mary E. Sufott, der Tochter von Rudolf und Ika Olden, für ihren ermutigenden Zuspruch.

Die Geschwister Olden. Eine Odyssee stellt den letzten Teil einer Trilogie zur Zeitgeschichte der Jahre zwischen 1914 und 1945 dar.

Der Nestor – in dessen Umkreis mir Gräfin Ilse Seilern-Olden begegnet war – ist ein im Grunde sehr hoffnungsvolles Buch, da der Protagonist, durch eine damals fast unheilbare Tuberkulose-Erkrankung eigentlich zum Leben am Rande der »realen« Welt verdammt, das immense Glück hat, dem verheerenden Ersten Weltkrieg, als ringsum in Europa die Lichter der Aufklärung erlöschen und der Glamour der Belle Époque allgemeiner Verdunkelung weicht, in die – vergleichsweise – geradezu besonnene Schweiz entwischen zu können, um in Davos wundersam Heilung zu finden und einen Kreis ganz besonderer Menschen zu versammeln. Vier Jahre später heißt die Zürcher Medizin den einen *Dada*, den anderen Oktoberrevolution. Die Kriegsmüdigkeit und die Hungersnot des russischen Kanonenfutters ermöglichen einen gewaltsamen Staatsstreich, der binnen zehn Tagen die Fundamente der gesamten Welt in einem nie zuvor gesehenen Maße erschüttert. Auch die Geschwister Olden sind nach 1918 gezwungen, sich neu zu positionieren.

Das erste Buch der Trilogie, *Abraxas. Höllen-Spectaculum*, setzt erst eine Generation später ein und spielt dort, wo Oldens nicht mehr sein können. Ein deutscher Komponist, Werner Egk, und ein elsässischer, aus den Ballets Russes de Monte Carlo hervorgegangener Choreograph, Marcel Luipart, versuchen sich im Jahre 1948 – der Trümmerzeit – an Heinrich Heines Ballettentwurf *Der Doktor Faust* aus dem Revolutionsjahr 1848. Hinter den Kulissen dieses Kunstwerkes geht es um die Pervertierung des deutschen Nationalmythos vom *Doktor Faust* unter den Bedingungen ungeheuerlicher Besatzungsmacht der Nazis in Paris und der darauf folgenden Periode von Entnazifizierung und postfaktischer Rechtfertigung im Mantel der Poesie. Heinrich Heine *verdreht*.

Nun, im letzten Teil dieser Trilogie europäischer, explizit auch Russland und Spanien einschließender Zeitgeschichte, geht es – aus den drei grundverschiedenen Olden'schen Perspektiven: aristokratisch, liberal und kommunistisch – um Brüder- und Schwesterlichkeit, generell um Menschlichkeit unter den Bedingungen von Flucht und Exil.

Die Generation der Geschwister Olden hat ihre Kindheit und Jugend in der Pracht und Üppigkeit der Belle Époque erlebt, als Europas Glanz, seine Raffinesse und mit der Renaissance begonnene weltumspannende Macht zweifellos am höchsten stand. Niemand unter den damals – zumal in deutlich privilegierte Umstände – Hineingeborenen konnte sich vorstellen, in welch tiefe Abgründe die ihnen vertraute Welt im Laufe ihres Lebens hinabstürzen könnte, nachdem diese fast alle ihre produktivsten und kreativsten Kräfte entwickelt, aber dabei anscheinend zugleich die destruktivsten mit hervorgebracht hatte. In Anbetracht des nahezu vollständigen Verlustes biografischer Originalquellen zu diesem im damaligen Österreich verbrachten Lebensabschnitt der Geschwister Olden wird versucht,

Jugend und spätere Fallhöhe mittels Darstellung von Parallelphänomenen vor allem aus deren Wiener Freundeskreis auszuloten.

Wie jede Zeit ihre Schatten ziemlich weit vorauswirft, erwachen auch Gestalten vorausgehender Epochen zum Leben. So sind zum Beispiel Schilderungen des kolonialkapitalistischen späten 19. und frühen 20. Jahrhunderts durch Paranthese in der literarischen Reflexion von Balder Olden in den Text mit verwoben.

Eine Vorbemerkung noch, um die Leserinnen und Leser darauf vorzubereiten, dass es bei den Geschwistern Olden um paneuropäische Geschichte(n) geht, wie sie sich aus der Perspektive des politischen Exils darstellt. Als Franz C. Weiskopf im Herbst 1945 einige Fragen zur *Sprache im Exil* an den bereits in Beverly Hills lebenden Heinrich Mann stellt, gibt dieser zur Antwort: »In den Sachen, die ich liegen habe oder noch mache, gebrauchen die Personen an betonten Stellen das Idiom, in dem sie denken.«[1]

In diesem Sinne wird im Folgenden versucht, das Polyglotte als besonderes Phänomen des Exils in den wiedergegebenen Texten zu bewahren, auch wenn Autor und Verlag sich dafür entschieden haben, längere Textpassagen, die im Original auf Englisch oder Französisch verfasst sind (bis auf wenige Ausnahmen), ins Deutsche zu übersetzen. Die Originalsprache wird in diesen Fällen in den Anmerkungen angegeben, sofern es sich nicht aus dem Nachweis ergibt.

Die Wirklichkeit ist oft viel phantastischer, als jede nur auszudenkende Fiktion es zu sein vermag. Begleiten wir nun das unvergleichliche Dreigestirn der Geschwister Olden auf ihren weiten Wegen um die Welt!

»Es war einmal«

Eine blendende Jugend zwischen Belle Époque und Wilhelminismus

ALS ERSTE DREIER GESCHWISTERKINDER ERBLICKT Ilse Olden am 25. Dezember 1880 in Heidelberg als Ilse Oppenheim das Licht der Welt. Beide Eltern, der aus sehr gut situierter, weitverzweigter jüdischer Familie stammende Vater Johann August Oppenheim, besser unter seinem 1891 standesamtlich geänderten Künstlernamen Hans Olden bekannt, als auch die knapp achtzehnjährige Mutter, Rosa Stein, sind blutjunge Schauspieler. Da »sah man Tag um Tag durch die Alleen von Heidelberg einen schönen und eleganten, sehr jungen Herrn einen Kinderwagen schieben, in dem ein entzückendes Baby lag. Es machte dem jungen Herrn Freude, dass alle Köpfe sich nach ihm und dem Baby drehten, dass Getuschel und Gewisper um ihn war, denn er spielte abends, zweiundzwanzig Jahre alt, im Heidelberger Stadttheater den Romeo, den Don Carlos, den Melchthal. Die ganze Stadt kannte Hans Olden, die Mädchen schrieben ihm tolle Briefe, die Kolleginnen vergaßen auf der Bühne, in seinen Armen, dass sie Theater spielten. Romeo mit einem Kinderwagen? Das wirkte erhebend und rührend zugleich, und da die neunzehnjährige Mutter Ilschens mit ihrem vertrauenden, edlen Kindergesicht nicht einmal neunzehnjährig aussah, hatte Heidelberg seine Freude an diesem Idyll.«[1]

Ilses Mutter, Rosa Stein, gehört einer vielköpfigen Schauspielerdynastie an. Rosas Vater, Carl August von Perczél, der den Bühnennamen Carl Stein angenommen hat, schreibt und produziert in Österreich, Ungarn und Deutschland Volkstheaterstücke, in denen vor allem seine Frau, Antonie von Kersten, und – soweit möglich – die meisten ihrer dreizehn Kinder auftreten.

Hans Olden ist von seiner alleinerziehenden Mutter, der aus Berlin stammenden Antonie Marckwald, zu deren Familie bedeutende Chemiker und Unternehmer wie Willy Liebermann von Wahlendorf und Willy Marckwald gehörten –, zum Chemiestudium vorgesehen. Er büxt aus und sorgt stattdessen auf und abseits der Bühne als jugendlicher Liebhaber für Furore. Im Familienunternehmen seines künftigen Schwiegervaters findet Hans Olden ein festes Engagement und tritt zum Beispiel im Stück *Eine Komödiantin* von Carl Stein als *primo uomo* auf. Seinem ersten, 1882 geborenen Sohn spielt Hans Olden bei der Namensgebung einen deftigen Streich: »Kurz vor meiner Geburt war ein Roman ›*Kinder der Welt*‹ von Paul Heyse erschienen, ein formschönes, sehr weises und beschwingtes Buch, das Tausenden Freude gemacht hat. Nur mir unschuldigem Säugling sollte es Knüppel zwischen die Beine werfen. In diesem Roman nämlich kommt ein hinkender Tischlergeselle vor, reinen Herzens und klaren Geistes, der in Armut und Leimgeruch eine schöne Menschlichkeit um sich verbreitet, und dieser bezaubernd einfache, bescheidene Mensch heißt Balder. Meine Mutter ahnte nichts Böses, als H.[ans] O.[lden] gleich nach der Geburt aufs Standesamt von Z.[wickau] ging. Es war die Rede zwischen ihnen gewesen, ob ich nach Onkel Kurt oder Onkel Karl oder Onkel Max heißen sollte, der geniale Einfall, mich nach dem Heyseschen Tischlergesellen zu taufen, kam H.O. erst auf der Treppe. In jeder der sechzehn oder siebzehn Schulen, die ich später passieren sollte, bin ich wegen dieses Tischlergesellen verhöhnt worden. Später kamen selbst wohlwollende und kluge Menschen auf die grausame Idee, ich habe den Namen des germanischen Lichtgottes an mich gerissen, um mir ein sensationelles Entrée in die Literatur zu verschaffen.«[2]

Während der Herzensbrecher Hans Olden die junge Familie bald nach der Geburt des 1885 in Stettin geborenen zweiten Sohnes Rudolf verlässt, spielen Rosa Stein und ihre Schwestern, vor allem Hedwig, eine vor ihrer Ehe mit Prinz Rudolf von und zu Liechtenstein berühmte Schauspielerin am Burgtheater in Wien und inzwischen verwitwete Fürstin zu Liechtenstein, aber auch Melanie, verwitwete von Tempsky, eine für ihre Vortragskunst berühmte Konzert- und Opernsängerin, zeitlebens entscheidende Rollen für das Wohl und Weh der in vornehmer, wenn nicht sogar in perfekt aristokratisch-österreichischer Manier erzogenen Geschwisterkinder Olden. Die Inszenierungsformen des Adels fördern den Habitus, menschliches Zusammensein zur künstlerischen Form zu erheben. Die frühe Jugend verbringt das Dreigestirn Ilse, Balder und Rudolf Olden am idyllischen Liechtenstein'schen Ansitz Pienzenau bei Meran – ein von Rosengärten umgebenes Schloss –, wo sie von Privatlehrern unterrichtet werden.

Unter der Woche sind die Geschwister in Meraner Bauerntracht gekleidet, wie sie von echten Bauernkindern nur am Sonntag getragen wird. Sie gehen häufig auf Reisen oder verbringen ihre Ferien in den angesagten Kurorten wie Bad Aussee in der Steiermark. Mit der vornehmen »zweiten Gesellschaft« Wiens, den zu Ansehen und Reichtum gelangten, nobilitierten jüdischen Großbürgerfamilien von Todesco, von Oppenheimer, von Gomperz und von Wertheimstein ist man gut bekannt. Aber auch in dieser Gesellschaft bleibt man einiger-

Abb. 1: Balder und Rudolf Olden, Meran, ca. 1892/93

maßen exotisch, entstammen die Geschwister Olden doch halb der Bohème, halb der Bourgeoisie, ihre Großväter sind ein Bankdirektor und ein Theaterdirektor. In der zwischen 1860 und 1880 geborenen Fin-de-Siècle-Generation wandern viele der liberal gesinnten Familienmitglieder aus der Synagoge aus. Berühmtestes Mitglied der aus Hanau stammenden Familie von Hans Olden war dessen Großonkel Moritz Daniel Oppenheim. Er gilt als der erste jüdische Maler, der es zu größerer Bekanntheit gebracht hat. Von ihm stammt das bekannte Porträt *Der Dichter Heinrich Heine* aus dem Jahr 1831.

Bald schon wird die junge, blendend aussehende Ilse Olden in Bad Aussee von würdigen Prätendenten hofiert, darunter der frühreife Dichter Hugo von Hofmannsthal. Die Konversation des Dichters wird einhellig gerühmt, »darin war er Proponent der Sprachkultur seiner sozialen Schicht. Ein ›Viel- und Schnellsprecher‹ [...] schon auf dem Gymnasium, ›früh vollendet‹ im Sprechen wie im Dichten, mit

Leichtigkeit der Konversation, ›die nirgends haftete, niemals insistierte‹«.[3] Man war auf der Suche nach dem »imprévu«, dem Unvorhergesehenen, im Leben und in der Liebe, dem, was nicht flach und schal war, sondern den unerträglich gleichförmigen Ton des bürgerlichen Lebens aufheben könnte. Der Jüngling Hugo von Hofmannsthal trägt in der Erinnerung des Romanciers Jakob Wassermann – auch er gut mit den Olden-Kindern bekannt – noch »so viel Weibliches in seiner Natur, […] zart Frauenhaftes sogar«. Viele Jahre später behauptet Christoph Stegmann-Olden, ein Enkelsohn Ilse Oldens, diese habe einer Figur in der Oper *Frau ohne Schatten* (1919) von Richard Strauss als Vorbild in dem Libretto von der Hand Hofmannsthals gedient.[4] Einen eindeutigen Beweis dafür gibt es nicht, doch ist der Dichter dafür bekannt, außergewöhnliche weibliche Erscheinungen aus seinen Kreisen in Bühnenfiguren zu verwandeln. Hochsensibel gestimmt geht er platonisch-erotische Beziehungen ausschließlich mit jungen Damen der vornehmen Gesellschaft ein. Gerty von Hofmannsthal, seine lebenskluge Frau, lässt der bloß seelischen Untreue freien Lauf, weiß sie doch, dass die Romanzen unerlässlich für das Werk und Wohlergehen ihres Gatten sind. Harry Graf Kessler, der Freund und mehrmalige Co-Librettist (z.B. *Der Rosenkavalier* von Richard Strauss) Hugo von Hofmannsthals, notiert am 19. August 1911 in sein Tagebuch: »Man muss ihn mit Frauen beobachten, wie er um sie herumgeht, sie befällt, sie zu erfassen sucht, ohne dass es damit je ernst wird. Genau so macht er es mit Ideen, mit Formen. Er bleibt immer in der Sicherung.« Theodor W. Adorno schreibt, Hofmannsthal habe, »vertrauend auf substantielle Momente der österreichischen Tradition, eine Ideologie für das high life gemacht, welche diesem eben jene humanistische Gesinnung zuschiebt, gegen die der Jagdstiefel erhoben ist«, und sich »eine fiktive Aristokratie ausgedacht, die seine Sehnsucht als erfüllt vorspiegelt.«[5] Unzweifelhaft teilt Ilse jene tiefe Sehnsucht, dazuzugehören.

In Wien werden die umworbensten, geistreicher Geselligkeit gewidmeten Salons der Belle Époque von gebildeten Frauen und Töchtern vornehmlich jüdischer Bankiers- und Unternehmerfamilien geführt, die – so der Musikkritiker Eduard Hanslick in seinen Lebenserinnerungen – »von anmutigem Benehmen und für alles Schöne empfänglich sind, während die Herren Geist meistens nur für die Börse geschult haben und ausschließlich dort verwenden. […] Die Herren des Hauses störten nicht; genug, wenn sie freundlich gelaunt waren und sich nicht viel einmischten.«[6] So sind zum Beispiel zu musikalischen Soiréen im Wiener Palais Todesco drei- bis vierhundert Zuhörer geladen. Der Gastgeberin Sophie von Todesco gelingt dabei das seltene Kunststück, an solchen Abenden den Hochadel, die »erste Gesellschaft« der Auersperg, Czernin, Kinsky, Liechtenstein oder Lanckoronski, mit dem Adel der »zweiten Gesellschaft« – das ansonsten vom alten Geburtsadel konsequent geschnittene, im 19. Jahrhundert nobilitierte jüdische Großbürgertum der Königswarter oder Worms-Todesco – in Kreisen etablierter Kunstwelt zu versammeln.

Ilse und Rudolf Olden lassen sich von der im distinguierten Kreis ihrer Tante, Fürstin Hedwig zu Liechtenstein, gepflegten feinen Lebenslust und -weise gerne prägen. Balder Olden ist sehr stolz auf seine Schwester: Sie »war furchtbar gescheit, sagte wundervoll auf und tanzte graziös.«[7] Auch sein Bruder Rudolf fühlt sich in der gehobenen Gesellschaft völlig unbefangen und eignet sich wienerischen Charme und Savoir-vivre an. Balder Olden beschreibt ihn in den Erinnerungen *Stationen meines Lebens*: »Er war mit fünfzehn Jahren ein vollendeter Herr, kein Stäubchen an seinem stets gebügelten Anzug, von einer Höflichkeit, die eisig werden konnte, schlank, hochgewachsen, aristokratisch in jedem Gestus.« Balder Olden zieht es dagegen deutlich vor, die Herkunft als Sohn eines bekannten Bohémiens und als *grand-fils terrible* eines jüdischen Bankdirektors sowie eines österreichisch-ungarischen Theaterdirektors nie und durch nichts zu überspielen. Ist echter Adel aber nicht zuletzt auch ein Feind jedweder Prätention?

Rudolf Olden pflegt früh Ironie und Understatement, das heißt eine Neigung zur Skepsis. Arthur Schnitzler bemerkt in seinem Tagebuch von 1911, dass Rudolf Olden ein Monokel trägt, und fügt hinzu: »Nicht ohne Humor.« Viele Jahre später – in seinem 1935 in Paris veröffentlichten Buch *Hindenburg oder Der Geist der preußischen Armee* – vergleicht Rudolf Olden die österreichisch-ungarische Aristokratie – »defensiv, tolerant, kosmopolitisch, saturiert, müde« – mit den ostelbischen, preußischen Großgrundbesitzern, »aggressive, unduldsame, ungebändigte, scharfe und ehrgeizige Junker«. Weder echter Uradel wie Fürst Schwarzenberg noch ein sich seiner Stellung als Outsider unter Insidern durchaus bewusster Gentleman wie Rudolf Olden hätten dagegen jemals auch nur die leiseste Spur von Verachtung gegenüber Menschen einfacher Herkunft aufbringen und gleichzeitig die weitverbreiteten Sympathien des österreichischen Bürgertums für den Herrenreiter-Faschismus à la italienne teilen können. Hugo von Hofmannsthal ist da weniger souverän, wenn er an Richard Strauss schreibt: »Es ist eine unangenehme, aber notwendige Kunst, die gemeinen Menschen durch Kälte von sich abzuhalten.

›Nur die Kälte bändigt den Kot, dass er dir den Fuß nicht beschmutzt‹, sagt ein arabisches Sprichwort.«[8] Hofmannsthal hegt während der zwanziger Jahre – sowie ein beträchtlicher Teil der österreichischen Bourgeosie – eine mehr oder minder unterschwellige Sympathie für den italienischen Faschismus, den er als eine glanzvolle Rehabilitation der italienischen Nation ansieht.

In Balder Olden – äußerlich eher ein Struwwelpeter – schlummert hingegen ein Gentleman, obgleich das in jungen Jahren mitunter zu wildem Jähzorn neigende *enfant terrible* der Familie dies lange unter der angerauten Schale eines Abenteurers verbirgt. Als ganz junger Student – in Freiburg im Breisgau belegt Balder Literatur, Geschichte und Philosophie – lernt er den etwas älteren Mischa Bakunin, den Neffen des russischen Philosophen eines antiautoritär-anarchistischen Sozialismus, Michail Alexandrowitsch Bakunin, kennen. Rückblickend bemerkt er, er sei durch diese Freundschaft – »nachdem ich schon Bierkommerse gefeiert, Säbelmensuren geschlagen, Reserveoffizierskurse absolviert hatte – zum individuellen Menschen erzogen. Das war kein praktischer Gewinn in jenen Tagen, ich geriet in Konflikte zu allem, was Geltung hatte.«[9] In einem Brief an Schwester Ilse aus dem Jahr 1937 erinnert sich Balder an die ungewöhnliche Familienkonstellation: »Dich und Rudi hat sie [Hedwig zu Liechtenstein] mit einer Hingabe ohne gleichen geliebt, Ihr wart absolut der Inhalt ihres Lebens. Und es war keine Affenliebe, sie blieb immer kritisch – aber welche Liebe in dieser Kritik! Sie betrachtete Euch wie ein Künstler seine Werke. […] Ich galt als Hans Olden Zwei, Universalerbe all seiner Schlechtigkeit.«[10] Und in *Höllental meiner Jugend* heißt es: »Einen Vater hatten wir nicht, obwohl ein schöner, eleganter Herr, der sich ›Papa‹ anreden ließ, etwa alle vier Jahre zu Besuch kam und Ilschen leidenschaftlich den Hof machte. Ich fand nie eine Anrede für ihn, bis ich als Obersekundaner Homer las. Von da an sagte ich: ›Verehrter Erzeuger‹.«[11] Eine wildromantische Familie trotz alledem? »Es gibt ein Photo aus der Zeit, als meine Schwester schon Zöpfchen trug und ich noch im Kinderwagen saß, ein Photo, auf Blech kopiert, das mich immer weinerlich gestimmt. Den Hintergrund bildet eine dampfende Lokomotive – natürlich war es die Dekoration eines Photographen-Ateliers –, im Vordergrund sieht man zwei knorrige Eichenstümpfe aus Pappe, und darauf sitzen meine Eltern und sehen aus – er ein strahlender Bub, sie ein kaum erblühtes Mädchen – wie ein Liebespaar, das den Eltern entflohen ist. Aber welch eine Reiseausstattung! – wir beide, Ilse und ich! Diese Lokomotive im Hintergrund, welch ein schauriges Symbol! Keiner von uns ist je im Leben sesshaft geworden. Mein Vater war reich, er hätte seine Familie ansiedeln können.«[12]

Balder Olden befreit sich relativ früh aus dem exquisiten Milieu der sehr priviligierten Kindheit in der Belle Époque, die freilich bald von sehr unangenehmen Erfahrungen im wilhelminischen Erziehungssystem Deutschlands getrübt wurde. In seiner literarischen Miniatur *Ein deutscher Lehrer*, der breitbeinig, den Rohrstock unterm Arm – »den macht uns so leicht kein anderes Volk nach« –, vor seinen Schülern steht und sich »die Seele leerschleimt«, schildert er die damaligen Verhältnisse so: »›Wenns beim Militär ›Still gestanden‹ heißt, dann stehn die Lümmels, und wenn sich einem eine Elefantenfliege auf den Rüssel setzt und ihn sticht, dass die reinste Gurke daraus wird … er muckst sich nicht!‹ Oder er schwärmt vom Dunkelarrest. ›Wenn so ein Kerl seine acht Tage bei Wasser und Brot im dunklen Kasten gesessen ist, das solltet Ihr sehn, wie der heraus kommt! Wie ein Skelett! […] Der Herr Doktor war Reserveoffizier, jahrein, jahraus […], immer war er sich bewusst, unter seinem gesteiften Vorhemdchen ›des Kaisers Rock‹ zu tragen. Ganz bestimmt hat er seine Frau exerziert: ›Hinlegen! Knie-e hoch! Tief atmen!‹«[13]

In einem literarischen Selbstporträt aus dem Jahr 1929 liest sich der Emanzipationsprozess Balders so: »Er führte das unruhige Leben der Klassenlosen, verkehrte in der ›guten‹ Gesellschaft wie in der Bourgeoisie und in der Bohême, überall halb ein Fremder. […] [Er] war katholisch-militärisch erzogen worden und hielt deshalb viel von einer Ausbildung fürs Leben, die ohne Zwang geschah, wichtige Dinge nie verheimlichte, einem heranwachsenden Menschen deutlich und kraftvoll die Tatsachen des Lebens zu schmecken gab. […] Hielt man ihm vor, dies pädagogische Prinzip sei ein Bruch mit aller Vergangenheit und müsste fehlschlagen, dann meinte er liebenswürdig: ›Gehn's, schaun's doch mich an‹, und beteuerte, jede Generation sei da, um der folgenden als abschreckendes Beispiel zu dienen.«[14]

Nach mühsam bestandenem Abitur und der als barbarisch empfundenen, obligatorischen einjährigen Militärzeit zieht Balder Olden kurz nach der Jahrhundertwende nach Berlin. Dort stellt er die nach der Scheidung der Eltern über viele Jahre nahezu unterbrochene Verbindung zu Hans Olden – »er ist ein entfernter Vater von mir« – wieder her. Inzwischen ist aus dem Vater ein sehr erfolgreicher Dramatiker geworden, der Shakespeare regelrecht erforscht und ihn, wie auch andere Klassiker, teils neu übersetzt, nicht selten für eigene Theaterunternehmungen. Der Bonvivant Hans Olden ist aus der Berliner Bohème und Gesellschaft überhaupt nicht mehr wegzudenken.

Bereits 1890 hat er einen Roman, *Hermann und Walter Soltau*, vorgelegt. Trotz vielerlei Verpflichtungen widmet er den Schreibversuchen Balders viele Stunden, »er war ein klarer und kluger Mentor«[15], wie sich sein Sohn später erinnert. Hans Olden bleibt sein ganzes Leben über geistig hellwach. 1912 veröffentlicht er im Münchner Georg Müller Verlag die pfiffigen Novellen *Das Frühstück auf Blue Island* und *Ein ekelhafter Kerl.*

Um 1901/02 fasst Balder Olden in Berlin eine stärkere verwandtschaftliche Zuneigung zu seiner Tante mütterlicherseits, Melanie von Tempsky, die zu dieser Zeit als Gesangspädagogin arbeitet. Oft sitzt die frühere Kammersängerin bis tief in die Nacht am Flügel in ihrer Villa im Grunewald und singt, »ganz allein für mich, sie die einzigartige Künstlerin, deren Ruf große Säle füllte, Lieder, Lieder, Lieder! Schubert, Schumann, Brahms, Loewe, wie ich sie nie wieder herrlicher und gescheiter singen hörte! Immer neue Lieder, immer wieder dieselben Lieder. Es gibt deren ja so wenig, dass in alle Sprachen das deutsche Wort ›Lied‹ als Fremdwort eingedrungen ist. [...] Zum Liedersingen braucht es Hingabe, Seele, Verstand und Temperament – die Stimme ist fast Nebensache.«[16]

In Melanie von Tempskys Villa schreibt Balder Olden seine ersten Erzählungen, in denen er das als scheußlich empfundene Pflichtdienstjahr in der preußischen Armee verarbeitet: »Für mich war damals die Wurzel allen Übels auf Erden die Kaserne, in der man fromme, stille Knaben aus dem Schwarzwald zum Morden dressierte.«[17] Die Suche nach einem Verlag gestaltet sich schwierig, und so können die unter dem Titel *Aus der Mannschaftsstube* zusammengefassten Erzählungen erst 1905 im Berliner Verlag Hermann Seemann als Buch erscheinen. Dann aber machen sie den Autor über Nacht bekannt. In deutschen Kasernen wird mit drei Tagen Arrest bestraft, wer sich bei der Lektüre des Buches erwischen lässt.

Nach je sechsmonatigen Volontariaten als Theaterkritiker in Beuthen bei der *Oberschlesischen Grenzzeitung* und im Verlagshaus Scherl in Berlin wird Balder Olden 1904, mit zweiundzwanzig Jahren, Feuilleton-Redakteur des renommierten *General-Anzeigers*, einer demokratisch orientierten Zeitung in Hamburg. »Ich schrieb fast täglich eine lange Spalte – ich durfte mich austoben wie ein junges Pferd auf der Weide. Ich machte sechzehn Stunden Dienst, denn nach den Redaktionsarbeiten gab es fast jeden Abend Premiere, einen Vortrag, eine wichtige Versammlung, und zweimal wöchentlich musste ich eine Hamburgensie liefern, d.h. ein aktuelles Feuilleton mit starkem Lokalkolorit. Ich ging in die Schwurgerichtsprozesse und schrieb darüber novellistische Stimmungsbilder, immer gegen die Anklage, immer für den Angeklagten. Ich durchstreifte den Hafen, fand vieles, das im Baedeker nicht steht, besuchte Streikversammlungen und nahm die Partei der Arbeiter, trieb mich in St. Pauli herum und durchleuchtete die dunkelsten Winkel.«[18]

Zu Balders größtem Kummer geht seine Schwester Ilse bereits 1900 – im Alter von gerade mal zwanzig Jahren – die Ehe mit dem zu Studienzwecken nach Deutschland gekommenen argentinischen Arzt Dr. Carlos Stegmann ein. Der Bräutigam entstammt einer zu großem Wohlstand gelangten Auswandererfamilie aus Süddeutschland. Für Balder Olden mutet die Trauungszeremonie schrecklich an, er schreibt, Ilse habe wie eine Kindersklavin ausgesehen und der Bräutigam wie ein Sklavenhändler. »Als das Brautpaar plötzlich von der Tafel verschwunden war, fuhr ich, von Gram zerwühlt und von Champagner aufgepeitscht, mit dem letzten oder schon dem ersten Zug ins Höllental. So heißt es wirklich, dies' Tal im Schwarzwald, in das ich einlaufen musste. Ich verzog mich in den Wald, schmetterte meinen Chapeau Claque gegen Bäume, riss meinen Frack zu Fetzen, riss junge Fichten aus dem Grund. Ich tobte gegen die Natur. Ich war Anarchist, ich wollte keine göttliche noch menschliche Autorität anerkennen, ich fetzte Rinde von den Tannenbäumen und fraß davon.«[19]

Bald darauf siedelt Ilse mit ihrem Mann nach Argentinien über. Während der Ehe mit Carlos Stegmann werden drei Kinder geboren: Ricardo 1902 und Nena 1904 in Buenos Aires, Marion nach der von Ilse veranlassten Rückkehr der Familie nach Deutschland im Mai 1906. Zu diesem Zeitpunkt ist die Ehe mit dem untreuen und mutmaßlich stark morphiumabhängigen Arzt bereits heillos zerrüttet. Giftige und komplizierte Scheidungsverhandlungen, vor allem um das Sorgerecht für die Kinder und den Unterhalt, werden bereits seit 1905 geführt. Ilse wird während dieser sorgenvollen Jahre von ihren beiden Brüdern detektivisch und juristisch, von Tante Hedwig zu Liechtenstein finanziell und moralisch unterstützt. Erst im Juni 1914 wird es im feinen Zürcher Hotel Baur au Lac zu einer abschließend bindenden Verständigung mit der argentinischen Familie kommen, welche Ilses Kindern bis 1922 »standesgemäße« Summen aus dem bedeutenden, aus dem Bau von argentinischen Eisenbahnen stammenden Vermögen der Stegmanns garantiert.

Aus der Zeit nach ihrer Rückkehr aus Argentinien existieren mehrere Porträts und Zeichnungen von Franz von Lenbach.[20] Jahre zuvor hatte der Künstler bereits Pastelle der drei Geschwister Olden angefertigt und ein Vierteljahrhundert zuvor schon die Schwester von

Hans Olden, Henriette Oppenheim, gemalt und sich dabei in sie verliebt. Henriettes letzter Brief vor ihrem Freitod in Rom galt Lenbach.

Nach ihrer Rückkehr aus Argentinien und der erfolgreichen Scheidung von Carlos Stegmann lebt Ilse erneut im Dunstkreis ihrer hochmögenden Tante Hedwig Fürstin zu Liechtenstein, zu deren engsten Freundinnen sowohl die Jüdin Gabriele »Yella« Freifrau von Oppenheimer als auch Prinzessin Elsa Cantacouzène, die Gattin des antisemitischen Münchner Verlegers Hugo Bruckmann, zählen. Das Ehepaar Bruckmann wird sich fünfzehn Jahre später anschicken, Adolf Hitler der Münchner Gesellschaft schmackhaft zu machen.

Fürstin Hedwig ist der Kopf der Familie Olden und sorgt, meist von ihrem Salon in Wiesbaden aus, für alle. Von Michael C. Seidel, dem Enkel aus Hans Oldens dritter Ehe, ist das spitzzüngige Bonmot seiner Mutter Esther Olden überliefert: »Im Salon sitzt die Fürstin und empfängt, in der Küche ist die Muttl [Rosa] Olden und kocht, und hinterm Vorhang steht die Ilse und busselt.«[21]

Im Jahr 1906 unternehmen die drei Geschwister Olden samt Mutter Rosa gemeinsam mit dem Schriftsteller Carl Sternheim und »anderen vergnügten Leuten« von Freiburg aus, wo Ilse Olden und Rosa Stein eine Wohnung besitzen, eine Herbstwanderung durch den Schwarzwald. Die Literaturwissenschaftlerin Ruth Greuner spekuliert ein wenig über die Themen, über die man sich unterhalten haben könnte. »Auch Rahel Herrmann gehörte zu dem Kreis, der einen großen Lebensstil bejahte, zusammen Kammermusik hörte und über die ›Theorie der Werte‹ debattierte, die die Philosophieprofessoren [Wilhelm] Windelband und [Heinrich] Rickert gegen den verheerenden Nietzsche-Kult an deutschen Hochschulen in Freiburg vom Katheder verkündeten.«[22]

Vermutlich sprach man in Freiburg auch über Emil Gött, den von Balders Mentorin Melanie von Tempsky verehrten Anhänger der Lebensreform-Bewegung, den Eigenbrötler aus Zähringen, wo sich der Dichter und Erfinder mit den Tantiemen seines Erfolgsstücks *Der Schwarzkünstler* einen kleinen Bauernhof gekauft hat, der von ihm selbst nach ökologischen Kriterien bewirtschaftet wird. Emil Gött betet die »Lichtmutter« Sonne an, schreibt dem US-Präsidenten William McKinley einen Brandbrief, als dieser 1898 hinterrücks Kuba überfallen lässt, und folgt der philosophischen Maxime: »Ein Denken, das nicht leben kann, ist mir ein Leben, das ich mir nicht denken kann.«

Rudolf Olden studiert nach dem Abitur erfolgreich Jura an den Universitäten von Freiburg im Breisgau und Marburg, tritt dann 1908

Abb. 2: Franz von Lenbach,
Pastellzeichnung von Ilse Olden, ca. 1896

in eine Lehre als Industriekaufmann bei der Berliner *Braunkohlen- und Brikett-Industrie AG* ein, die er nach wenigen Monaten abbricht, um stattdessen doch als Referendar in den Justizdienst des deutschen Kaiserreichs einzutreten. Dienstorte sind die Provinzstädte Rüdesheim, Hechingen, Homburg und Posen. Am 10. August 1914 absolviert er in Berlin die – für Kriegsfreiwillige vorgezogene – Assessorenprüfung und ist damit »Volljurist«. Während dieser Zeit erwähnt ihn Arthur Schnitzler des Öfteren in seinen Tagebüchern, da beide Männer in Wien die junge Stefanie Bachrach lieben. Schnitzler überliefert 1913, dass diese ihn ersucht habe, ein Urteil über eine von ihrem Geliebten – Rudolf Olden – verfasste Novelle abzugeben. Der Inhalt der Novelle wird so gut wie nicht überliefert, doch scheint die Hauptcharakteristik der Vorkriegsprosa von Rudolf Olden ein zeittypischer *Ennui de vivre* gewesen zu sein.

Ungefähr zur selben Zeit moderiert Fürstin Hedwig zu Liechtenstein die standesgemäße Wiederverheiratung ihrer Nichte. Es darf ruhig eine glänzende Partie sein. Am 29. November 1913 ehelicht Ilse Stegmann-Olden in der Schweiz den vierzehn Jahre älteren anglo-österreichischen Grafen Carlo von Seilern und Aspang, Spross einer alten und bedeutenden Adelsfamilie. Ende September hatte Ilse ihrem Bruder Rudolf in einem Brief aus St. Moritz das zweifach binationale Prozedere geschildert: »In der Schweiz muss simultan mit dem hiesigen Aufgebot ein solches im Heimatland erfolgen, also für Carlo in Wien, und für mich aber als Argentinierin wird davon abgesehen. Es wird leider daher zweckmäßiger sein, wenn wir Aufgebot und Trauung in Zürich vornehmen lassen, wo wir die Unterstützung der Consulate haben.«[23]

Graf Carlo von Seilern ist Witwer. Seine erste Ehefrau, Antoinette Woerishoffer, war 1901 mit 26 Jahren bei der Geburt ihres jüngsten Sohnes Antoine gestorben. Die drei Kinder aus dieser Ehe, Carl-Hugo, Oswald und Antoine von Seilern-Aspang, werden hauptsächlich von ihrer in New York lebenden Großmutter Anna Woerishoffer erzogen. Die zweite Eheschließung verwandelt Ilse Olden in Ilse Gräfin Seilern. Die neue Rolle steht ihr gut. Seitdem gehört sie, mehr noch kraft ihrer Ausstrahlung denn ihres Standes, tatsächlich zur allerersten Gesellschaft der dem Untergang entgegensehenden Donaumonarchie. Gräfin Ilses Schwiegermutter, Ida Zaluska von Junosza, die Tochter der Komponistin und Malerin Amelia Zaluska, entstammt dem polnischen Uradel. Die 1684 zu Grafen erhobenen Seilern-Aspang hatten mit Kanzler Johann Friedrich – Architekt der »Pragmatischen Sanktion«, welche Maria Theresia die Erbfolge sicherte – ihre größte Bedeutung erlangt und spielen sowohl in der k.u.k. Monarchie als auch im Vereinigten Königreich noch lange danach eine gesellschaftlich bedeutende Rolle. Das gräfliche Paar reist stets mit zwei Dienern und benützt in den Hotels nur eigene Bettwäsche. Das einzige Kind der beiden wird am 1. Februar 1916 geboren. Es erhält den Namen, Joseph Wladimir Seilern-Aspang.

In finanzieller Hinsicht überragen die amerikanischen Woerishoffer die austro-englischen Aristokraten Seilern-Aspang turmhoch, vor allem nach dem Ersten Weltkrieg auf Grund der damals ungeheueren Potenz des US-Dollars. Nicht zuletzt diese außergewöhnliche Familienkonstellation lässt so manches spätere Kunststück der Zauberin, der »Magicienne« Gräfin Ilse von Seilern begreifbarer werden. Carlo Graf Seilerns erste Schwiegermutter, Anna Woerishoffer, war eine Tochter der legendären New Yorker Zeitungsverlegerin Anna Ottendorfer. Die »Ottendorferin« und ihr ebenfalls aus Würzburg stammender Mann Jakob Uhl, ein Drucker, waren zwei Jahre nach der demokratischen Erhebung von 1833 nach Amerika geflohen und hatten dort 1845 die deutschsprachige *New Yorker Staats-Zeitung* gekauft. Jakob Uhl unterstützte mit seiner Zeitung die europäischen Revolutionen von 1848 und sammelte Geld für die Aufständischen in der alten Heimat. Nach dem Tod von Jakob Uhl führte die Witwe die Geschäfte zunächst allein erfolgreich weiter. 1859 heiratete sie in zweiter Ehe den 1850 noch von Jakob Uhl eingestellten Redakteur und mittlerweile zu den Herausgebern der Zeitung zählenden Oswald Ottendorfer. Auch er – 1826 in Zwittau im mährischen Teil des Habsburgerreiches geboren – hat eine Vergangenheit als Revolutionär in Europa hinter sich. Am 6. Oktober 1848 stand er neben Robert Blum auf den Barrikaden in Wien. Unter der Leitung von Ottendorfer erscheint die freisinnige *New Yorker Staats-Zeitung* bald als Tageszeitung. Es ist die drittgrößte in der neuen Weltmetropole. 1886 beträgt die Auflage des kurz *Staats* genannten Blatts 60.000 Exemplare. Als Anna Ottendorfer 1884 stirbt, hält niemand Geringerer als Carl Schurz – radikaler deutscher Revolutionär von 1848, General unter Abraham Lincoln im Bürgerkrieg, anschließend Innenminister der USA und Mitgründer der *American Anti-Imperialist League* – die Grabrede. Doch 1906, nach dem Tod von Oswald Ottendorfer, verkaufen dessen Stiefkinder – darunter Anna Woerishoffer – ihre Aktienmehrheit an der *Staats* für eine beträchtliche Summe. Anna Woerishoffer widmet sich fortan hauptberuflich der Philanthropie. Sie unterstützt auch den sozialreformerischen Aktivismus ihrer jüngeren Tochter Carola Woerishoffer, die in der *Women's Trade Union League* agiert. Mit 75.000 US-$ ihrer Mutter kann sie dessen ersten Streik-Fonds einrichten und als »special investigator« des neu gegründeten »Bureau of Industries and Immigration« gegen unmenschliche Arbeitsbedingungen ankämpfen. Carola Woerishoffer ist somit die sozialreformerische »Ottendorferische« Tante der drei Stiefsöhne von Gräfin Ilse. Damit nicht genug: Ilses Stiefschwiegermutter Anna Woerishoffer ist außerdem die hochkapitalisierte Witwe eines äußerst erfolgreichen Börsengenies. Charles F. Woerishoffer galt als »a big gun of Wall Street«. Im Auftrag des mächtigen Bankhauses Drexel, Morgan & Co. nahm er 1883 unter Einsatz seines gesamten eigenen Vermögens die Aktien der Northern Pacific Railroad erfolgreich unter Beschuss und trieb deren Präsidenten und Mehrheitsaktionär, Heinrich Hilgard Villard, in den finanziellen Ruin. Fast dreißig Jahre später zählt Carola Woerishoffer – die jüngere Tochter jenes einst

Abb. 3: Hugo von Hofmannsthal

vermögenslos aus Hessen nach Amerika gekommenen »big gun of Wall Street« – zur »revolt of the young rich«. Bei ihrem frühen Tod hinterlässt die ledige junge Frau ein auf damalige 3,21 Millionen US-Dollar geschätztes Vermögen, was heute in etwa 100 Millionen US-Dollar entspricht.

Die neue Gräfin Seilern bringt keine in irgendeiner Weise vergleichbare Mitgift, dafür neben ihrer allseits gerühmten Grazie ein erheblich schillerndes Maß zeitgemäßer Kultur in die reichlich verrückten Familien Seilern und Woerishoffer ein. Gräfin Ilse ist nicht nur mit dem berühmten Schriftsteller Hugo von Hofmannsthal befreundet, sie kennt auch Rainer Maria Rilke und dessen Werk sehr gut. Auch wenn Ilse fünf oder sechs Jahre jünger ist als die beiden bedeutenden Dichter, so fiel doch auch ihre Jugend in die Belle Époque des ausklingenden Ästhetizismus, der in Wien die deutliche Signatur eines zwischen Traum und Wirklichkeit schwebenden Spiels trägt. Ganz anders als in New York überwiegt hier im Zeitgeist der saturierten Bourgeoisie des Fin de Siècle, ein Gefühl von merkwürdiger Geringschätzung der als ziemlich unbedeutend empfundenen Gegenwart, die Geistesaristokraten und Snobs fast nur noch in traumwandlerischem Zustand halbwegs erträglich erscheint.

In der europäischen Damenmode dominieren um 1909 riesige Hüte und lange, sehr enge Kleider. »Der große dunkle, federnbeladene Hut konnte kaum durch die Tür. Geschnürt von oben bis un-

Abb. 4: Ilse Gräfin Seilern

ten, glich die Comtesse [Anna de Noailles] fast einer ägyptischen Statuette« – so liest es sich in den *Erinnerungen an Rainer Maria Rilke* von Marie von Thurn und Taxis-Hohenlohe. Rilke verleiht dem unerfüllten erotischen Verlangen und der träumerischen Sehnsucht als Inbegriffen narzisstischer Vollkommenheit in seiner Doktrin der »besitzlosen Liebe« Ausdruck. Doch alle jene Träume können sich auch unversehens in nicht zu bannende Gesichte des Schreckens wandeln. Im Schäferspiel des Zeitgeists empfindet sich so mancher aus der sogenannten besseren Gesellschaft Stammende als zu spät geboren und leidet an eingebildeten oder wirklichen Reizungen überfeinerter Nerven. In diesem Milieu und in diesen Kreisen schlägt die Geburtsstunde der Psychoanalyse. Von Karl Kraus ist das Bonmot überliefert, die Kur habe in Wien ihre Krankheit erschaffen. Hugo von Hofmannsthal fasst 1893 jenen Zeitgeist, jene Resignation vor dem eigentlichen Geist der Zeit vor einer technisch und organisatorisch entfesselten Moderne, die Wert hauptsächlich als Tauschwert begreifen möchte, so zusammen: »Man hat manchmal die Empfindung, als hätten uns unsere Väter [...] und unsere Großväter [...], als hätten sie uns, den Spätgeborenen, nur zwei Dinge hinterlassen: hübsche Möbel und überfeinerte Nerven. [...] Es ist, als hätte die ganze Arbeit dieses feinfühligen, eklektischen Jahrhunderts darin bestanden, den vergangenen Dingen ein unheimliches Eigenleben einzuflößen.«[24]

Hugo von Hofmannsthal ist sich der Bruchlinie bewusst, wenn er sagt, seine Zeit sei im Besitz eines entsetzlichen Verfahrens, das Denken völlig unter den Begriffen zu ersticken. Das »eigentliche Menschengefühl« sei »mit schrankenloser Empirie überwältigt« worden, und daraus sei ein Weltzustand entstanden, in dem »die ins Grenzenlose getriebene Mechanik des Denkens« den Menschen »im Sitz seiner seelischen Herrschaft über das Dasein enteignet« habe.[25]

In dieser Zeit gelingen Rainer Maria Rilke Gedichte zum Mythos des Narziss, die »eine restlose Abkapselung von der Welt durch die Schließung eines magischen Kreises, der das eigene Spiegelbild umfasst, thematisiert.«[26] In der Gedanken- und Empfindungswelt des Fin de Siècle spiegeln sich »seine Lebensangst, sein Aufbegehren gegen eine gegenständliche Entwicklung, die weder aufzuhalten noch rückgängig zu machen scheint, seine Flucht in ein verkrampftes Exilbewusstsein, seine Selbstvernichtungsphantasien, seine Versuche, aus dem ›bagne matérialiste‹ (Claudel) zu entkommen, die Oberflächendimension der ›Realität‹ zu durchstoßen und eine mythisch-religiöse Tiefenschicht zu erreichen.«[27]

Sowohl Hofmannsthal als auch Rilke lieben die Aristokratie, weil dort, zumindest in ihrer Zeit, der verheißungsvollste Luxus, sich ohne Angst und ohne Scham in aller menschlichen Eigentümlichkeit frei entfalten zu können, noch überlebt.

Ilse Oldens während der Jugendjahre in Bad Aussee und Wien geschlossene Freundschaften mit Hugo von Hofmannsthal und Rainer Maria Rilke, aber auch mit dem Romancier Jakob Wassermann, bestehen mühelos fort, ebenso der 1912 begonnene Briefwechsel mit dem englischen Komponisten Cyril Meir Scott. Verstreute Belege dafür finden sich in den jeweiligen Korrespondenzen und Tagebüchern. So besucht Ilse am 16. August 1912 Hugo von Hofmannsthal an seinem »verzauberten königlichen Wohnsitz« in Rodaun bei Wien.[28] »Man betrat« – so Hofmannsthals Freund, der Historiker und Diplomat Carl Jacob Burckhardt – »in diesem maria-theresianischen Pavillon ein intaktes, ein stark italienisches 18. Jahrhundert«. »Schön wie in einer Erzählung von Adalbert Stifter« – schwärmt auch die Tänzerin Grete Wiesenthal in ihrer knappen Autobiografie von dem Anwesen mit seiner feierlichen, gewundenen Freitreppe in den ersten Stock hinauf, dem großen Salon, den freskengeschmückten Wänden mit ländlichen Idyllen, den leicht erblindeten Spiegeln und kleinen Tischen, voller kostbarer Kunstgegenstände fremder Erdteile. Allerdings muss jedes Zimmer separat mit Holz und Koks geheizt werden, und es gibt keine elektrische Versorgung, keine Toilette und kaum fließend Wasser, hingegen ein Telephon, und nachts brennen Auerlichter und Petroleum-Lampen. Durch ihre eigentümlichen Licht- und Farbeffekte erzeugt die Gasbeleuchtung Raumstimmungen, wie sie der erhöhten Sensibilität des Fin de Siècle teuer sind. Im Arbeitszimmer des Dichters hängt ein Schlüsselwerk der Kunstgeschichte, *Yo Picasso*, das er 1912 in München gekauft hat. Die zeitgenössischen österreichischen Künstler, Gustav Klimt (»gräulich parfümiert«), Oskar Kokoschka (»Halbschwindler«) und Egon Schiele (»gemeiner Schwindler«) werden von Hugo von Hofmannsthal dagegen mit Verachtung gestraft.

Rainer Maria Rilke sehnt sich danach, eine völlig gleichgesinnte schwesterliche Seele zu entdecken. Es ist ein kaum erfüllbarer Traum. 1913 schreibt er der ihm eng vertrauten Fürstin Marie von Thurn und Taxis-Hohenlohe: »Ich frage mich, ob Gott es je zugibt, dass einem Vogel das Herz so schwer wird, dass ers mit seinen Flügeln nicht mehr heben kann? Kaum, oder muss man dann eben denken, dass es gar kein Vogel war, was da flatterte und dann liegen blieb.«[29]

»So gingen die Tage ungetrübt hin, und die strahlende Schönheit dieses Frühlings [1914] tat das ihre. Rilke las uns vor, in dem bizarr eingerichteten, ganz mit rotem Samt verhängten Zimmer, dessen einziger Schmuck orientalische Bronzen und eine Menge Buddhas waren. Im Hintergrund stand, erhöht um einige Stufen, die ein kostbarer chinesischer Teppich bedeckte, ein großer Diwan. Wir nannten diesen Raum den Salon der Scheherazade, man durfte ihn nur betreten, wenn man sich seiner Stimmung anzupassen vermochte. Rilke saß auf dem Diwan und hielt uns alle durch den Zauber seiner Worte gefangen«.

Welch treffsicheres Urteilsvermögen auch Ilse Gräfin Seilern in Kunstdingen eigen ist, lässt sich aus einem Brief vom 26. September 1913 an ihren jüngeren Bruder Rudolf herauslesen: »Sage bitte [Jakob] Wassermann, dass ich d[as] Film[skript] von Erwin Reiner's Masken [*Die Masken des Erwin Reiner*] erhalten habe, soeben gelesen und morgen an [Alexander] Moissi weiterschicke, glaube jedoch, dass er, obwohl [d]er [Film] sehr interessant und schön sei, Moissi nicht ganz entsprechen würde, weil, wie ich Wassermann schon sagte, Moissi nur rein pantomimische Darstellungen ohne begleitenden Text will. Dies ist für Wassermann. Unser beider [Graf Carlo und Gräfin Ilse] Ansicht ist, dass das Filmszenarium von Erwin Reiners Masken ebenso als der Roman von Unwahrscheinlichkeiten strotzt und dass ich auf keinen Fall darin mitwirken dürfte. Wenn Wassermann nicht so von seiner Unfehlbarkeit überzeugt wäre, und gestatten würde, dass man einige großen Striche und Veränderungen in der Charakteristik und in den Handlungen der einzelnen Personen des Stückes macht, dann ließe sich zweifellos daraus ein sehr guter Film machen, die Handlung könnte fesselnd und unterhaltend sein und die Milieux könnten Anlass zu den entzückendsten Bildern geben. Aber dazu müsste man die richtigen Lokalitäten wählen und vor Allem auch die richtigen Menschen und nicht eine Schar zusammengewürfelter Schauspieler.«[30]

Ein entsprechendes Drehbuch wird gegen Ende der Stummfilmzeit von Svend Gade verfasst. Der Plot selbst ist denkbar einfach: Baron Reiner, ein charmanter, aber skrupelloser Wiener Aristokrat, wirft ein Auge auf Virginia, ein Schulmädchen, das mit seinem Freund Manfred verlobt ist. Um die junge Frau verführen zu können, finanziert der Baron eine ozeanografische Expedition, die Manfred für Monate von Wien fernhält. Metro Goldwyn Mayer lässt den Roman von Jakob Wassermann 1928 unter der einfühlsamen Regie von Victor Sjöström – er ist das Idol des jungen Ingmar Bergman – verfilmen und bringt ihn als *The Masks of the Devil* mit John Gilbert in der Rolle des Baron Reiner weltweit mit großem Erfolg in die Lichtspielhäuser.

Durch ihren rebellischen, heiß geliebten Bruder Balder Olden sowie dessen engste Freunde, den Dichter René Schickele und den hellwachen »Gaukler« Egon Erwin Kisch, nimmt Ilse Seilern mit reichlich Sinn für ungewöhnliche Menschen ebenfalls aufmerksamen Anteil an der schöpferischen Arbeit der diametral entgegengesetzten, ganz und gar unromantischen Kunstströmungen des Post-Fin-de-Siècle vor 1914.

Für Rainer Maria Rilke stellt die jenseits kleiner exquisiter Kreise und Zirkel durchaus garstige Realität der Großstadt Paris eine kaum zu bewältigende Erfahrung dar, blind für die Tatsache, dass längs die Hochzeit eines globalisierten Finanzkapitalismus angebrochen ist, der binnen weniger Jahrzehnte nahezu sämtliche Winkel des Erdballs bis ins Innerste Afrikas oder Amazoniens bereits eingegliedert hat und mit unverhüllter Gier dabei ist, die letzten »weißen Flecken« der Weltkarte einzunehmen. Das Entsetzen, welches Rilke vor der Misere des Lumpenproletariats in Paris empfindet, gesteht er sich selbst unüberhörbar ein, veröffentlicht das 1903 entstandene Gedicht jedoch nicht zu seinen Lebzeiten.

Große Stadt mit Aufwand von Geräuschen
rollst Du laut und lachend um mich her
Deine Häuser glänzen, doch sie täuschen
und das Wohnen wird in ihnen schwer.
Wenn in deinen weitbewegten Nächten
eine Stille plötzlich um sich greift
wird es bang, als ob die Häuser dächten
an das Elend, das in ihnen reift.
Diese Stille ist nicht wie das freie
weite Schweigen, das auf Wäldern weht.
Alles ängstigt sich vor einem Schreie
und der unerhörte Schrei entsteht.
Und er kommt heran die leeren Straßen
und er nährt sich wie *ein* großes Tier
von der Stille, wachsend ohne Maßen
ist er nah, als stiege er aus mir.
Er ist alles, schwingt um alle Dingen
und durch alle Fugen tritt er ein
und die Stadt ist nur ein Ding, geringe
und vergessen, in dem großen Schrein.[31]

Balder Olden, der einer neuen, realistischeren Schriftstellergeneration angehört, tritt mit mehreren Büchern hervor, so 1910 mit *Der Hamburger Hafen*, einer Sammlung von Reportagen mit bunten und düsteren Charakteren aus dem Arbeitermilieu des immens großen Welthafens, der in der Rangliste des Warenumschlags nach London und Hongkong gleichauf mit New York liegt und über den jährlich 100.000 Auswanderer »aus Russland oder von der russischen Grenze her nach Amerika hinüber streben«. Olden schaut sich um in den Auswandererhallen im Hamburger Stadtteil Veddel, wo die Emigranten die Übergangstage zwischen ihrer Land- und ihrer Seereise verbringen: »Wie muss dem polnischen Bauersmann jammervoll zumute sein, wenn er, der kaum lesen und schreiben kann, keine fremde Sprache spricht, nichts gelernt hat, als den Spaten und den Pflug zu führen, gezwungen ist, all sein Hab und Gut zu verkaufen, um drüben, im Nebel der weitesten Ferne, eine neue Existenz zu suchen. [...] Das muss ein Gefühl sein, wie es den kultivierten Atheisten überkommt, der ans Sterben denkt, und dem sein Weltbewusstsein, seine Zwecküberzeugung lehrt, dass mit dem Tode nicht alles, alles zu Ende sein kann. Aber so grenzenlos dunkel, in unfassbarer Materie, in unahnbaren Formen liegt es vor ihm! Und so liegt vor dem Auswanderer eine grenzenlose Masse brodelnden Wassers, ein Riesenland, in dem fremde Sprachen gesprochen werden, Stadtwüsten mit ungeheuren Häusern, rasenden Dampfgefährten, tobenden, gefährlichen, gottlosen Menschen. Doch muss es sein. Er verkauft sein Hab und bisschen Gut, tauscht einen grünen Passagierschein für sich und einen gelben für sein Weib dagegen ein, packt einen Koffer voll mit Kleidern und Werkzeugen und einen Sack mit Brot, den er über die Schulter wirft.«[32]

Balder Olden berichtet aus Streikversammlungen, dem Schwurgerichtssaal oder aus den Hafenspelunken von St. Pauli. »Das Leben des Hafens ist das komprimierte Leben der Welt. Auf seine einfachste Formel gebracht. Und diese Formel ist jedem lesbar, und jeder muss sich ihrem Sinne fügen, wie den ewigen Gesetzen der Natur.« Zum Beispiel »der Schauermann: Brustumfang 1,10m. Schulterbreite 0,80m. Zyklopenbeine, Stiernacken, Arme wie Frachtkräne. Arbeitszeit bis zu zwölf Stunden täglich, Wochenlohn bis zu vierzig Mark und mehr. Er schleppt immer. Er schleppt Säcke und Kisten auf seinen Atlasschultern, löscht und ladet, ladet und löscht, kämpft für Handel und Fortschritt in einer Armee von Tausenden. Tausenden misszufriedener, aber zäher, lorbeerloser, aber unentwegter Kämpfer. [...] Sein Gang breit, müd, lastengewohnt. Auf seinen Schultern trägt er Tag für Tag ein Stück Kulturgeschichte. Er spricht wenig, er denkt wenig. Er trinkt viel. Er empfindet es mit der ganzen Wucht der Verbitterung, dass er lebenslang schleppen muss, schleppen, nur schleppen. Wenn er betrunken ist, durchrinnt ihn das Gefühl, mit Athletenkräften Ameisendienst tun zu müssen. Wenn er betrunken ist, empfindet er es, mit dem Herzen eines Menschen und der unerkannten Sehnsucht seines Menschenherzens, Lasttier zu sein. Wenn er betrunken ist, will er mit seinen Faustkräften durch. Weh dem, der ihn reizt! Der Schauermann bedenkt dann nichts – er stampft seinen Feind mit den Stiefelabsätzen zur Erde. Er macht Brei aus einem Menschen. Er fühlt sekundenlang nur den Triumph, riesenstark, unwiderstehlich stark zu sein. Aber im Herzen ist er ein guter Kerl. Und er geht auf in einer Idee. [...] Er zahlt seine Beiträge in alle [Streik]-Kassen und [Gewerkschafts-]Verbände, – es mag kosten, was es will. Er streikt wie ein russischer Terrorist im Gefängnis, der aus Trotz verhungert. Er streikt wütig, wie ein Stier, dem man das rote Tuch zeigt. Er würde verhungern für den Streik und kommt oft dem Hungern sehr nah. Er ist das soziale Salz des Hafens, das gärende Element [...].«[33]

Der Autor weiß selbst sehr genau, wo er stilistisch steht: »Diese Mischung aus Reporter und Dichter, die ich immer war, schon in

Hamburg, ist selten.«[34] Seine Texte stechen durch eine besondere Art von kritischem und zugleich poetischem Realismus hervor, welcher alle seine wichtigen Bücher und Feuilletons durchzieht und würzt. *Der Hamburger Hafen* – »Bilder von malerischer Ungeheuerlichkeit«, wie Balder Olden es selbst ausdrückt – ist ein Erfolg. René Schickele berichtet dem Autor am 22.9.1901 aus Berlin: »Ihr Buch ist sofort in 3. Auflage gedruckt worden, wie das bei Seemann so Usus ist. Rezensionsexemplare sind schon versandt, sagt man mir, ich werde mich persönlich überzeugen. Jedenfalls liegt das Buch hier in den Schaufenstern und auf der Stadtbahn in mehreren Exemplaren aus. [...] Ich flehe Sie an, doch bald nach Berlin zu kommen, ohne sich der halben Stadt zu versprechen, damit ich etwas von Ihnen habe.«[35]

Der junge Balder Olden hält sich tatsächlich gern in Berlin auf. Bereits als Achtzehnjähriger hat er dort im Jahr 1900 die große, fast sein ganzes Leben begleitende Freundschaft mit dem elsässischen Schriftsteller René Schickele geschlossen, den er dank seiner Stellung als Kulturredakteur des Hamburger *General-Anzeigers* immer wieder mit Rezensionen und Korrespondentenberichten aus anderen Städten beauftragen kann. Um die Jahrhundertwende beginnen auch die intensiven Freundschaften mit dem »rasenden Reporter« Egon Erwin Kisch aus Prag, dem revolutionären Theaterautor Ernst Toller und dem Schauspieler Albert Steinrück. Mit Kisch teilt Balder Olden in Berlin sogar eine Wohnung in der Nähe des Künstlertreffpunkts Café des Westens.

Das Jahr 1908 ist für die Schriftstellerkarriere von Balder Olden finanziell lohnend, auch wenn, wie er selbst sagt, ein soeben bei Scherl abgelieferter Roman »natürlich ekelhafter Familienblattschund« ist. »Die guten Sachen sind noch unverkauft.« Voller Optimismus schreibt er am 6. November an Ilse: »Mein Roman ist teilweise verkauft – funfzehnhundert Mark bekomme ich sofort, und es ist anzunehmen, dass er im Lauf dieses und des nächsten Jahres noch bessere Erträgnisse bringt. Die Arbeit des Frühlings und Sommers macht sich ganz logisch im Herbst bezahlt – die Bauern dreschen eben ihre Ernte, und ich lege sie in Reisen an. Du kannst Dir denken, dass ich sehr glücklich bin. Einmal über das Geld, dann auch, weil mein Beruf damit entschieden ist. Ich brauche mich nie wieder um eine Redaktion zu bemühen, sondern habe jetzt die möglichste Garantie, als freischaffender Schriftsteller einen unregelmäßigen, aber häufig genussreicheren und sicher erlebnisreicheren Weg zu gehen. [...] Ich habe soviele große Pläne fertig im Kopf, und seit ich weiß, dass ich das schreiben kann, was die Leute wollen, wird mir's auch nicht mehr an Arbeitslust fehlen.«[36]

Einen deutschlandweit bekannten Namen macht sich Balder Olden auch als Reisejournalist der *Kölnischen Zeitung*, in deren Auftrag er zuerst Dänemark, dann Schweden bis nach Lappland, Norwegen und Island bereist. Die überregionale Tageszeitung, ein Sprachrohr von Industrie und Finanz, gehört dem Verleger Alfred Neven-DuMont, dessen Sohn sich mit Gabriele, einer der beiden Töchter von Franz von Lenbach, verheiratet hat. 1911 wird er Auslandskorrespondent der *Kölnischen Zeitung* in Madrid, wo er bald den Dichter Antonio Machado, den späteren Außenminister der Zweiten Spanischen Republik, Julio Álvarez del Vayo, den Journalisten und Kriegsberichterstatter Ramón Pérez de Ayala und den damals noch reformistisch eingestellten Journalisten, späteren Sozialisten und Botschafter der spanischen Republik in Berlin und Paris, Luis Araquistáin, zu seinen Freunden zählt. Nach der Rückkehr ins Deutsche Reich gehört Balder Olden dem festen Mitarbeiterstab der *Kölnischen Zeitung* als Feuilletonredakteur an. 1913 plant er in deren Auftrag eine Reise zur Eröffnung des soeben fertiggestellten Panamakanals und von dort aus weiter nach Kalifornien zur Weltausstellung in San Francisco. Der Erdball ist auch damals schon vom Globalisierungsfieber gepackt, lediglich die Beschleunigung wird sich künftig noch so steigern, dass an Flucht in einen geographisch geschützten, vielleicht sogar privaten oder verborgenen Raum kaum mehr zu denken sein wird. Zu Oldens Zeit stellt es sich so dar: »Zwischen Australien und Madrid, zwischen Spitzbergen und Kapstadt, kreuz und quer um die Erdkugel, sausen zu jeder Stunde bei Tag und Nacht, auf Drähten, durch Kabel, in Ätherwellen diese Punkte und Striche, tragen Neujahrsgrüße und Berichte von Revolutionen, Erntemeldungen und Erdbebenmeldungen; Schiffe auf großer Fahrt geben Briefe in Punkten und Strichen in ein ganz bestimmtes, ganz privates Haus auf der anderen Seite des Globus ab, aus einem bestimmten Zimmerchen dieses ganz bestimmten Hauses diktierte jemand die Antwort ins Telephon, vom Telephon wird sie auf den Draht übersetzt, wandert durch Draht und Äther dem Dampfschiff nach, das inzwischen einen anderen Weltteil erreicht hat.«[37]

Die für den 15. August 1914 geplante offizielle Einweihung des Panamakanals wird aufgrund der angespannten Weltlage abgesagt.

Im Ersten Weltkrieg

WÄHREND DES ERSTEN WELTKRIEGES VERSCHWINDET Balder Olden jahrelang von der Bildfläche. Die letzte Zeitung, die er vor dem Aufbruch zu einer mehrmonatigen Rundreise durch alle deutschen Kolonien in Ostafrika, Kamerun, Togo, Südwestafrika und im pazifischen Raum liest, berichtet vom freundschaftlichen Empfang einer englischen Kriegsflotte in Kiel am 23. Juni 1914. Auf dem Staatsbankett äußert der britische Vizeadmiral Sir George Warrender, es gäbe nur zwei Gentleman-Nationen auf der Erde, nämlich die Deutschen und die Engländer.[38] Ehe das Dampfschiff mit Balder Olden an Bord in den Hafen von Mombasa in Deutsch-Ostafrika einläuft, ist das österreichisch-ungarische Kronprinzenpaar, Erzherzog Franz Ferdinand und Sophie Chotek, Herzogin von Hohenberg, am 28. Juni 1914 in Sarajevo an der Lateinerbrücke auf offener Straße einem Attentat durch den 19-jährigen Studenten Gavrilo Princip zum Opfer gefallen und der deutsche Kaiser Wilhelm II., laut Balder Olden »der schlimmste Dilettant der Weltgeschichte«[39], hat Österreich-Ungarn bedingungslose Bündnistreue für den Fall angeboten, dass es für das Komplott einer panslawistischen revolutionären Zelle dem ganzen Königreich Serbien den Krieg erklären wolle. »So etwas träumt man vielleicht nach einem Whiskygelage – Serbien sollte gezüchtigt werden für eine Untat, die zwei jugendliche Serben auf österreichischem Boden begangen hatten? Aber es war kein Traum, soviel Wahnsinn gebiert kein Traum, das konnte nur in der Wirklichkeit sein.«

Der Kriegstaumel überwältigt die von Spitzeln der Berliner Polizei belauschten Diskussionen in Arbeiterlokalen, welche sich meist um die Fragen drehen: »Was geht uns die österreichische Thronfolge an? Sollen wir dafür etwa unser Leben hingeben?« Der Taumel überwältigt selbst Geister wie Thomas Mann und Klabund. Er überwältigt auch, mehrere tausend Kilometer entfernt, Balder Olden: »Ich war der einzige Schriftsteller in Deutsch-Ostafrika und hätte als Kriegskorrespondent in des Generals Lettow-Vorbeck Auto durchs Land fahren können. Aber das Abenteuer überwand mich. Da nun einmal Kämpfe, Schlächtereien stattfinden sollten, drängte es mich dabeizusein. [...] So stieß ich sofort zu einer Schar undisziplinierter Kolonialverteidiger, ritt Patrouillen, von denen eine vier Wochen dauerte, tief ins englische Gebiet hinein, wo wir ein Stückchen Feldbahn sprengten, ein paar Salven mit einer ebenso undisziplinierten englischen

Freischar wechselten und mit einem erbeuteten Maultier stolz den Kampfplatz verließen.«[40] Balder Olden untertreibt an dieser Stelle. Bei der »Feldbahn« handelt es sich um die strategisch wichtige britische Uganda-Bahn. Stoßtrupps der deutschen »Schutztruppe«, die meist aus drei bis fünf Mann bestehen, dringen immer wieder bis an die Bahnstrecke vor, um durch Sprengungen Gleise zu zerstören. Auf ihren Patrouillen zerschneiden sie Telegrafenleitungen, sprengen Brücken und bringen allein 1915 mehr als 30 Züge zum Entgleisen. Ein Jahr lang gehört der Kriegsfreiwillige Balder Olden – als einer von insgesamt achtzig Patrouillenreitern – zu einer bunt zusammengewürfelten, berittenen deutschen Kompanie unter dem Oberbefehl von General Lettow-Vorbeck, die – unterstützt von Askaris, »schwarzen Landsknechten« (insgesamt wohl 12.000 Söldnern aus verschiedenen afrikanischen Ethnien, zu denen außerdem circa 45.000 Träger gehören) – nordwestlich des Kilimandscharo in etliche Scharmützel mit britischen Einheiten verwickelt ist. »Wir wurden Wilde, die verkommensten und verwegensten Soldaten der Afrikatruppe. An der Mauer des Urwalds ließen wir Feuer aufflammen, von denen die Wolken sich wie Blut und Schwefel färbten, zehn Meilen weit Freund und Feind verrieten, wo die ›Berittene Neunte‹ lag. Im ersten Halbjahr verloren wir zehn Prozent unserer Mannschaft durch Kämpfe, Typhus und Schwarzwasserfieber – wir lagen um unser Feuer, leerten Flaschen Whisky, deren Marken ›Stacheldraht‹ und ›Heldentod‹ hießen, grölend und tobend wie wilde Tiere [...]. Rings im Kreis um diese Feuer [...] schnarchten arme Teufel von Europäern, die sehr viel Schnaps gebraucht hatten, um zu vergessen, dass sie allein waren, nichts von ihrem eigenen Leben mehr wussten, keinen Brief von ihren Frauen, kein Wort von ihren Kindern hatten – seit endlos langer Zeit. Dass hinter ihnen eine verdorrte Pflanzung lag, ein zerstampftes Stück Lebensarbeit, verrottet aller Glaube an die Zukunft.«[41] Anfang November 1914 kommt es auf dem Gebiet der halbnomadischen Massai bei Longido unweit des Kilimandscharo zu einer größeren Schlacht, in der eine feindliche Brigade zurückgeschlagen wird. Danach wendet sich das Blatt, und die Briten gewinnen mehr und mehr die Oberhand. Wann, wie und wo genau Balder Olden in britische Kriegsgefangenschaft gerät, teilt er in seinen autobiografischen Skizzen nicht mit. Im August 1915 schreibt er aus dem Gefangenenlager Nairobi in Britisch-Ostafrika lakonisch an Ilse: »Ich bin Kriegsgefangener, und vermute bald nach Indien zu reisen. [...] Ich bin wirklich ganz wohl und nicht verwundet. Meine feste Überzeugung, dass ich nicht erschossen werden würde, hat sich als richtig erwiesen in einem wirklich unvergleichlichen Kugelregen. Gerade ein Jahr war ich Soldat – nun ist dies Glück zu Ende. Wir ritten Patrouille, nur ein kleines Häufchen Menschen, kamen wir in eine mächtige Mausefalle. Ich bin sehr traurig, Euch über diese Sache nichts weiter erzählen zu können. Nicht mehr kämpfen zu können, ist unendlich bitter für mich, der ich soviel Schwierigkeiten – infolge meiner schwachen Augen – hatte, in die erste Linie zu kommen.«[42] Olden gerät tatsächlich nach Indien. Weit über das Ende des Ersten Weltkrieges hinaus, vier Jahre lang, sitzt Balder Olden im großen *Camp of German Prisoners* in Ahmednagar im Hochland von Dekkan, etwa 200 Kilometer östlich des damaligen Bombay, hinter Stacheldraht. Im B-Lager, wo »bessergestellte Gefangene«, wie bemittelte Kaufleute, Ingenieure, Schiffsoffiziere und die in Ostafrika nach den Schlachten bei Tanga und Longido gefangen genommenen Offiziere interniert sind, hausen je 43 Mann in 50 mal 20 Meter großen Blechbaracken. Sie werden kaum bewacht, leisten sich unter Umständen Dienstboten aus dem A-Lager, wo die hygienischen Zustände ziemlich verheerend sind, und dürfen tagsüber Ausgang in die Umgebung nehmen. »In der heißen Zeit wurde eine dicke Schicht Kuhmist über die Dächer gebreitet, aber auch sonst war die Luft nicht ambrosisch. Häufig tobten Windhosen ungeheure Säulen Staub und Sand über das Lager. Soweit der Blick durch den Stacheldraht spähte, gab es nichts Schönes, kaum etwas Grünes zu sehen. In den wenigen Bäumen des Lagers saßen Ketten von Aasgeiern mit den widrig nackten Hälsen, die auf unsere Küchenabfälle lauerten.«[43] Im Gefangenenlager erwartet ihn eine Überraschung: »Als ich 1916 in Ahmednagar eintraf, erschien sogleich ein Herr in blitzend weißer Leinwand, der sich als Theater-Direktor vorstellte. Sein Instinkt sagte ihm, dass ich mich fürs Komödienspielen besonders eigne, – eigentlich eigne sich jeder Mensch dazu, wenn man ihm *seine* Rolle gäbe. Dass er sich für diesen Besuch festlich gekleidet hatte, war echte Lust am Theater; er war nicht nur der Direktor, er spielte ihn auch.« Vier Wochen im Jahr wird an Theaterstücken geprobt: »Was wir alles spielten! Den *Geizigen* [von Molière], in seiner Bearbeitung von Franz Blei – die Uraufführung, nein, die einzige Aufführung, die je stattfand! [...] Wir gaben mit großem Orchester und Chor das herrlichste Melodram der Weltliteratur: *Manfred* von Byron und Schumann. [...] Wir waren achthundert Mann, von denen mindestens vierhundert – jeder ›seine‹ Rolle – vortrefflich spielten.« Damenrollen werden von einem U-Boot-Kommandeur, einem Schutztruppensergeant und einem Buchhalter mit starkem Bartwuchs dargestellt. »Unser erster jugendlicher Held war ein prächtiger Kerl, schlank, groß, sehr blond und blauäugig, mit guter Aussprache, bühnensicher wie ein alter Mime. Was der für Blicke bekam, wenn er durch die Damengarderobe schritt – nicht ging, – schritt!«[44] Balder Olden ist nun Dramaturg des Gefangenen-Ensembles *Theater ohne Frau*. »Der Gipfel unserer Leistungen war die *Lokalbahn* von Ludwig Thoma. Da hatte ich alle Bayern des Lagers versammelt und lange gewählt, bis jeder die Rolle hatte, die ihm saß wie seine angeborene Lederhose. [...] Mit diesem Stück und diesem Ensemble hätten wir eine Tournee durch Deutschland machen können, die glorreich verlaufen wäre.«[45]

Aber am 2. April 1917 schreibt Balder an seine Mutter: »Noch ein Jahr wie das letzte, und ich bin unfähig für alles, was die Zukunft von mir erfordert«.[46] Im B-Lager versucht er zu schreiben und trägt am Abend mitunter daraus vor. Am 19. Januar 1918 berichtet er Ilse: »Las meine afrikanischen Erinnerungen öffentlich vor – ein Riesenerfolg! Das ganze Lager drei Abende lang vollzählig versammelt und eitel Begeisterung. Wird auch nach dem Krieg Erfolg haben. Schreibe jetzt einen afrikanischen Roman mit ganzer Seele.«[47] Und er zeigt zum ersten Mal sein Talent als Redner. Am 18. Juni 1919 schreibt er an seine Schwester: »Ich bin wieder als Volksredner aufgetreten in ›Politik‹. Meine Freunde sagen, das sei mein Talent, nicht Romaneschreiben, nicht Rezitieren, vergleichen mich mit den größten Rednern, die sie je gehört. Ich verzeichne das nicht aus Eitelkeit, sondern als Wink, was mir die Zukunft bringen könnte, an welchem Zipfel ich vielleicht die Zukunft packe. Man macht sich hier ein wirres Bild der Gegenwart und sucht sich hinein zu placieren.«[48]

Erst im März 1920 kann Balder Olden auf einem antiquierten und überfüllten Dampfschiff via Suez-Kanal und Rotterdam endlich nach Deutschland repatriiert werden. An Bord ist eine Grippeepidemie ausgebrochen, der er sich durch selbstgewählte Isolation in einem Rettungsboot ohne Erfolg zu entziehen sucht. Einige der unglücklichen Heimkehrer aus der Kriegsgefangenschaft müssen wegen der Überbelegung des Schiffes bereits in Suez von Bord gehen. Und die Zustände im Deutschen Reich sind nach den Verträgen von Versailles miserabel: »[N]och staken die deutschen Städte in eisigkaltem Elend, nachts waren die Straßen dunkel und gefährlich, in den Cafés glühten Azetylenlampen, deren Schein die Gesichter leichenhaft färbte.«[49] Balder Olden verfällt in eine tiefe Depression. Schließlich nimmt er die Hilfe eines Psychologen in Anspruch, um sich nach insgesamt fast fünfjähriger Kriegsgefangenschaft im zivilen Leben wieder zurechtzufinden.

Fernab des akuten Geschehens stellen sich Leid und Kummer des Krieges ganz anders dar. Leonhard Adelt, der während des Ersten Weltkriegs als Österreich-Berichterstatter des *Berliner Tageblatts* agiert und in seinen Büchern 1914 den Einsatz von Flugzeugen als Kriegsinstrumente propagiert, schreibt am 22. Dezember 1917 aus dem vornehmen Rodaun bei Wien an Ilse Seilern: »Sehr verehrte Frau Gräfin, [...] die ›*Kölnische Zeitung*‹, – die einzige Stelle, von der ich vordem überhaupt irgend etwas über Balder erfahren konnte – schrieb nur von seiner Gefangennahme am Kilimandscharo, und ich nahm infolgedessen an, dass er gleich nach der Kriegserklärung auf englisch-deutschem Grenzgebiet überrascht und dann interniert worden sei. Nun aber erfahre ich von Ihnen, dass er in unsere ostafrikanische Schutztruppe eingetreten und ein Jahr lang Mitkämpfer in diesem vielleicht schönsten Heldenepos des Weltkrieges gewesen ist. Dieser wichtige und für ihn so rühmliche Umstand sichert ihm eins: Balder wird nach seiner Freilassung ein Buch über den Afrikakampf herausbringen, das ihn sofort wieder in die Publizistik einführen und ihm einen Namen machen wird. Ich hoffe, er hat dieses Buch im Camp schon vorbereitet. [...] Verloren werden diese Kriegsjahre nicht für Balder sein – er brauchte eine harte Zucht, wie er sie jetzt durchgemacht hat, um sich und sein reiches Talent wiederzufinden: mehr Konzentration, und Balder wäre schon vor dem Kriege ein Autor von breitestem Erfolge geworden, der er nach dem Kriege hoffentlich werden wird.«[50]

Tatsächlich veröffentlicht die *Kölnische Zeitung* – beginnend im April 1920 – in zwölf Fortsetzungen Balder Oldens freie, literarische Schilderung, *Weltenbummel in Eisen*, der teils sehr bizarren Erlebnisse auf zwei von Arroganz, Kolonialismus und Rassismus gepeinigten Kontinenten. Thema der neunten Folge ist das ostafrikanische Hirtenvolk der Massai. Olden beschreibt die Methodik, mittels derer die Kolonialmächte die meisten autochthonen Völker, selbst kleinere Ethnien, durch Gewöhnung an Niedriglohnarbeit dazu brächten, sich den Weltwirtschaftszyklen einzugliedern und zur Tilgung der durch willkürlich verordnete Steuern entstandenen Schulden zu vollkommen rechtlosen Billigstarbeitskräften herabzusinken, welche teure Importprodukte begehrten und beim Einkauf über Schutzzölle noch mehr Steuern entrichten würden. Dagegen gelänge es den Massai, sich dem zu entziehen, ihren eigenen Bräuchen treu zu bleiben und dem sozioökonomischen Zugriff der Kolonialbehörden auszuweichen. Während des Ersten Weltkriegs verdingten sich Massai zeitweilig als Scouts und Spione, zum Unglück beider Kriegsparteien.

Balder Olden meint beobachtet zu haben, dass es den Massai größte Genugtuung verschafft hätte, die Kolonialisten in Kämpfe zu verwickeln, die beide europäischen Kolonialmächte schwächten.

Auch Ilses Gemahl, Graf Seilern-Aspang, ist zu den Waffen gerufen worden. Am 1. Januar 1916 schreibt Rudolf Olden an seine Schwester Ilse: »Carlo wird vielleicht alles, nur nicht die Cavalarie dort [in Triest, an der österreichisch-italienischen Isonzo-Front] finden, wo er sie zu finden scheint. Er ist doch ein großes Kind. Und ich komme mir immer schrecklich alt gegen ihn vor.«[51] Rudolf Olden möchte sagen, Rittmeister Carlos Vorstellungen von Krieg gehörten nur mehr der Phantasie an; der militärisch-industrielle Fortschritt in der Entwicklung von Massenvernichtungswaffen habe mit schneidigen Reiterattacken aus der Zeit der Napoleonischen Kriege nicht das Geringste gemein.

Rainer Maria Rilke schreibt bereits im August 1915 an Marie von Thurn und Taxis: »Was auch kommt, das Ärgste ist, dass eine gewisse Unschuld des Lebens, in der wir doch aufgewachsen sind, für keinen von uns je wieder da sein wird. Die Jahre vor uns, so viele es sind, was wird's sein, als mit zitternden Knien, ein Abstieg von diesem Schmerz-Gebirg, auf das man uns noch immer weiter hinaufschleppt.«[52]

Rilkes Entdeckerseismograf bleibt intakt. Am 11. November 1917 verabreden sich in Berlin der im Hotel Esplanade residierende Dichter und Ihre »gnädigste Gräfin« Seilern für den übernächsten Nachmittag zu einem Besuch bei der Bildhauerin Renée Sintenis. Ilse Gräfin Seilern »ist gerade aus der Schweiz gekommen, von der Rilke zu hören wünscht: ›ach, überhaupt von jener offenen Welt, in der Sie leben, und die einmal so weit und zuversichtlich die meine war‹«.[53] In den folgenden Tagen ist Rilke mit der Gräfin, die im selben Hotel logiert, regelmäßig verabredet, soweit ihre angegriffene Gesundheit es zulässt. Am 15. November besuchen sie gemeinsam Renée Sintenis in der Berchtesgadener Straße 36, rechtes Gartenhaus, 4. Stock links. Die burschikose Künstlerin ist gewissermaßen das diametrale Gegenbild Ilses: Mit 1,80 Meter unübersehbar groß, extravaganter Kurzhaarschnitt, kultivierte Androgynität, Prototyp der »Neuen Frau«.

Rudolf Olden, Ilses nun neunundzwanzigjähriger Bruder, schreibt nach seinen ersten Kriegserfahrungen als Kavallerist in Flandern am 5. Januar 1915 an die Mutter, er sei »begierig, noch mehr davon zu erleben, denn so allein wird man später sagen können, dass man dabei war.«[54] Noch empfindet er den Krieg als Befreiung von der schalen Monotonie des bürgerlichen Lebens. Nach einer Verwundung am Bein und der Wiederherstellung im Reservelazarett Homburg wird er im März 1915 zu einem verstärkten Dragonerregiment an die Ostfront versetzt. Dort wird er bereits im September 1915 zum Leutnant bei der 5. Infanterie-Brigade vorgeschlagen und schließlich vor Jahresende auch befördert. Während des Beförderungsprozesses fürchtet Rudolf – wie er seiner Tante Hedwig zu Liechtenstein im April 1915 klagt –, durch seine Stettiner Geburtsurkunde, »die mich mit hartnäckiger Bosheit als G.[unther] Op.[penheim] zu denunzieren pflegt«[55], das heißt den jüdischen Ursprung der Familie Oppenheim offenbart, diskriminierende Nachteile zu erleiden. Er ist sich des nicht nur unterschwellig lauernden Antisemitismus im preußischen Offizierskorps sehr wohl bewusst. Rudolf Olden nimmt am »Zug nach Russland, diesem großen und genialen Unternehmen«, teil. Es scheint sich die Hoffnung zu verwirklichen, dass er, der nicht einmal einen Bagatelladelstitel trägt, von den Offizieren als ebenbürtig anerkannt würde. Er ist bei der Einnahme von Kovno und der Besetzung des Rittergutes Dubatovka dabei, kommandiert dreizehn Dragoner und elf Infanteristen. »Ein wundervolles Gefühl« erfüllt ihn in Kurland, »zeitweise wohl der nördlichste deutsche Soldat« zu sein.«

Kriegstraumata können oft lange Zeit latent bleiben. Mehr als zwanzig Jahre später – 1938 – veröffentlicht Rudolf Olden in der sowjetischen Zeitschrift *Internationale Literatur* eine literarische Skizze aus dem Ersten Weltkrieg, *Das Gefecht von Ogurkischki*. Geschildert wird die Szenerie eines deutschen Kavallerie-Angriffs an der russischen Front. In der Einleitung schreibt der Kriegsteilnehmer: »Von den vielen kriegerischen Begebenheiten, die ich während der drei Jahre Frontdienst erlebte, die ich mit Spannung erwartet und von denen ich geglaubt hatte, sie würden mir Stoff zum Nachdenken für Jahrzehnte bieten, wenn ich sie überlebte, erinnere ich mich schon jetzt nur noch hie und da einer einzigen. Und diese ist das Gefecht von Ogurkischki. Dabei ist gar nichts Besonderes an diesem Gefecht, und wenn ich es jetzt erzähle, wird mich vielleicht niemand verstehen. Aber es ist nun einmal so, dass dann und wann die gewöhnlichen und keineswegs absonderlichen Ereignisse jenes Morgens, in meinem Gedächtnis auftauchen und dann jedesmal einen Stachel in meinem Gehirn zurücklassen, während alles übrige, was ich vorher und nachher vom Kriege sah, zu meiner Zufriedenheit jetzt schon in einem dumpfen Schwall des Unterbewusstseins verschwunden ist und, was während meiner Abwesenheit in dem gewohnten Kreis meiner Familie und meiner Freunde geschah, viel deutlicher in meinem Bewusstsein ist. So als ob ich im Geist zu Hause gewesen sei und nur mein Körper diese mit so viel Ungeduld erwarteten, aber tatsächlich belanglosen und im Grunde lang-

Abb. 5: Rudolf Olden, ca. 1914/15

weiligen Dinge des Feldzuges (oder wie man das Riesenunternehmen des Brudermordes nennen will) mitgemacht hatte. [...] Schon als man das erstemal auf mich schoss, war das eine unendliche Enttäuschung für mich. Weder während des Pfeifens der Kugeln noch nachher, als ich wieder in Deckung war, hatte ich eine Spur der Empfindung für Sensationen, die ich mir stets von diesen Augenblicken erträumt hatte, es war so, als ob gar nichts geschehen wäre, auch war mein Pferd ganz von selbst davon galoppiert, ohne dass ich ihm eine Hilfe gegeben hätte. Darum habe ich auch von da an das größte Misstrauen gegen die Schilderungen von Soldaten gehabt, die meist sehr wichtige und gewaltige Eindrücke im Feuer gehabt haben wollen, und höre weder gerne solchen Erzählungen zu, noch lese ich jemals Geschichten aus dem Kriege.« Bleibenden Eindruck des Weltkrieges haben bei Rudolf Olden zwei nach Landessitte an den Vorderhufen zusammengebundene, weidende Bauernpferde hinterlassen, die sich plötzlich mitten in einem Gefecht finden und von denen eines, von einer verirrten Kugel getroffen, tot zu Boden sinkt. »Ich habe später noch oft greuliche Sachen mit Pferden gesehen, in Kurland blieben sie im Herbst auf den Straßen im Kot stecken und erstickten, in Wolhynien strängte man sie aus, wenn sie im Sand nicht weiter konnten, und ließ sie am Wegrand krepieren, wo ihre Leiber aufschwollen wie Luftballons und die Beine klagend gen Himmel reckten. Von den Menschen zu schweigen, die oft noch elender zugrunde gingen.«[56]

1917 wird Rudolf Olden als Generaladjutant zum 24. Dragoner-Ersatz-Schwadron in Ostpreußen versetzt. Als Ordonnanzoffizier höherer Stäbe erlebt er »die Ödigkeit des Stellungskrieges«. Das letzte Kriegsjahr, 1918, ist er auf Grund einer Tuberkuloseerkrankung nicht mehr aktiv »kriegsverwendungsfähig« und wird auf einen »Adjutantenposten mit Bureaudienst« des Landsturm-Ersatz-Bataillons in Bad Nauheim abkommandiert. Er fühlt sich zunehmend leer und initiativlos, »stärkeren Mächten hilflos preisgegeben«[57], wie er am 1. August 1918 seiner Schwester andeutet. In Wirklichkeit begleitet Rudolf Olden im April 1918 einen Truppentransport frischen Kanonenfutters an die Westfront, wo er im Mai dem Militärgericht einer Division zugeteilt wird. Ob er als militärstaatsanwaltlicher Ankläger Disziplinarvergehen, Befehlsverweigerungen, pazifistische Propaganda und Desertionen verfolgen oder aber als Geschworener ahnden muss, lässt sich anhand der überlieferten Dokumente und Notizen nicht ermitteln. Doch mag ihm in diesen Monaten seine eigene kafkaeske Rolle als winziges Rädchen innerhalb einer gigantischen, wahnsinnigen, nichts als Opfer produzierenden Kriegsmaschinerie voll bewusst geworden sein. Möglicherweise liegt in dieser Gewissenskrise der Beginn seiner Wandlung von einem streng konservativen, nationalistisch gesinnten Kriegsenthusiasten zu einem skeptischen Liberalen mit wachsendem Verständnis für den Pazifismus begründet.

Hinzu kommt, dass sich in Wien seine Geliebte, Stefanie Bachrach, 1917 das Leben genommen hat. Laut Arthur Schnitzler ist auch Rudolf Olden danach dem Selbstmord nahe. Die Kapitulation Deutschlands und den Zusammenbruch Österreich-Ungarns erlebt er in der Donaumetropole. Die Stadt hat, am Ende des katastrophalen Krieges, mit der Eleganz und der Feinsinnigkeit der Novellen Arthur Schnitzlers nichts mehr gemein. In Wien löst Rudolf Olden auf Anraten von Fürstin Hedwig zu Liechtenstein sein Militärverhältnis ordnungsgemäß auf. Am 5. Dezember 1918 wird er vom preußischen Militärbevollmächtigten in Österreich im Rang eines Oberleutnants aus dem aktiven Heeresdienst entlassen und meldet sich als Reserveoffizier unter der Kontrolle des deutschen Konsulates.

Investigativer Journalismus avant la lettre und Romane mit Herzblut

RUDOLF OLDEN BLEIBT NACH KRIEGSENDE in Wien und versucht nun, im Journalismus Fuß zu fassen. Bald begegnet er Benno Karpeles, der ihn in die Redaktion der heute legendären, jedoch nur ein gutes Jahr bestehenden pazifistischen Zeitschrift *Der Friede* aufnimmt. Nach dem Sturz des Obrigkeitsstaats feiert die gesamte Redaktion, »dass endlich die Zensur des tausendmal verdienten Todes gestorben ist«. In *Der Friede* erscheint am 8.8.1919 mit *Ein Tag aus dem Leben des Christopher Columbus* auch der erste von insgesamt nur wenigen literarischen Versuchen Rudolf Oldens. Karpeles übernimmt ihn als Redakteur der eben gegründeten Zeitung *Der Neue Tag*. »In der Redaktion des *Neuen Tag* war ich zusammen mit Alfred Polgar, R.A.Bermann – besser bekannt als Arnold Höllriegel –, mit Karl Tschuppik, Egon Erwin Kisch, dem Zeichner Carl Josef, Karl Otten. Oft kam spät abends ein sehr magerer und sehr stolzer junger Mensch, dessen kurze Manuskripte Tschuppik mit zur Schau getragenem Respekt übernahm. Auch er war ein eben abgerüsteter Offizier. Man wusste nichts von ihm, als dass er auf eine besondere Art sah und schrieb und Joseph Roth hieß. [...] Ich zweifle, ob wir wirklich eine gute Zeitung gemacht haben. [...] Aber ich weiß, dass es die einzige Redaktion gewesen ist, die mir jemals Spaß gemacht hat, und das bisschen, was ich journalistisch kann, habe ich dort von Karpeles und Bermann gelernt.«[58]

1919 heiratet Rudolf Olden in Wien Marie-Christine Furtwängler. Sie ist die Tochter von August Fournier, der an der Universität Wien die Professur für Allgemeine Geschichte der Neuzeit (Napoleonische Epoche) innehat und wohl als der bedeutendste österreichische Historiker seiner Zeit gelten kann. Außerdem gilt er als der eleganteste Redner der Liberalen Partei im Parlament. Marie-Christine Furtwängler – Enkelin des berühmten Schauspielers Ludwig Gabillon – gibt ihre angehende Karriere als Schauspielerin auf und lässt sich als Psychoanalytikerin ausbilden. 1923 gibt Rudolf Olden im Münchner *Drei Masken Verlag* die *Erinnerungen* des kurz zuvor verstorbenen Schwiegervaters heraus und versieht diese mit einem kundigen Nachwort.

Graf und Gräfin Seilern-Aspang verlassen nach der Kapitulation der Streitkräfte Österreich-Ungarns und Ausrufung der »Republik Deutsch-Österreich«, als die zentrifugalen Kräfte den Vielvölkerstaat zerreißen und allgemeine Wirren den Zusammenbruch der k.u.k. Doppelmonarchie beschleunigen, ihre Villa Gall in Bad Ischl. Zuvor hat das Königreich Ungarn die Bindungen an die österreichische Reichshälfte gekündigt, in Prag ist die Republik der Tschechen und Slowaken ausgerufen worden, Triest von italienischen Truppen besetzt und in Galizien (Krakau, Lemberg) ein politisches Vakuum entstanden. Sie folgen dem Habsburger Kaiser Karl ins Exil, um zum Winter 1918/19 – zunächst noch in Wartestellung – im Luftkurort Davos, in der neutralen Schweiz, einen friedlicheren Aufenthalt zu suchen. Österreich erklärt sämtliche Adelstitel für erloschen und stellt deren öffentliche Führung unter Strafe. So lässt z.B. Adalbert Graf von Sternberg, Enfant terrible des alten Österreich, auf seine Visitenkarte »Geadelt unter Karl dem Großen, entadelt unter Karl Renner« drucken.

Balder Olden spiegelt die österreichische Nachkriegssituation in seinem Roman *Das Herz mit einem Traum genährt*: »Felizitas [von Braunsburg] gehörte zur besten Aristokratie des Landes, die freilich ganz verarmt war. Man führte ihr aufstrebende Metzgermeister zu, die ein Familienportrait brauchten, und wohlhabende Fremde, die ein Sommerandenken an diesen Alpensee kaufen mussten, alle Aristokraten rings um den See waren ihre Agenten. [...] Sie besuchten die Botschafter und Admirale, die nichts mehr waren, die jungen Oblomows, die ohne die Revolution jetzt Exzellenz wären und von winzigen Pensionen trübselig lebten, die Grafenfamilie, in der vier schöne, junge Schwestern an der Nähmaschine saßen, täglich drei Dutzend Kragen für Kindermatrosenblusen herstellten. All diese jäh aus den Himmeln ihrer Stellung gerissenen Menschen, die ihren Besitz verloren hatten, ihren Titel nicht führen durften, die nicht einmal ein Phantom besaßen, keinen aspirierenden Bourbon, keinen gefangenen Bonaparte, – sie hielten sich alle so weit am Rande des Lebens fest, in Bereitschaft, in Klassenbewusstsein, dass eine leichte Drehung des Bodens, ein kleines Erdbeben nach der anderen Seite, sie wieder in den Sattel bringen konnte. Sie waren ein Bund der Schwachen, aber Stolzen, dem Felizitas angehörte. [...] Eine kleine Pension aus ihrer Villa zu machen, wurde bedacht, wieder verworfen, [...] endlich doch wieder aufgenommen. Ihr Haus war ›vornehm‹, man traf und verliebte sich gern bei einer Baronin Braunsburg. Sie konnte jungen Damen und Herren wohlhabender Bourgeoisie die Häuser des alten Adels auftun. Für ein bisschen Aufzahlung hatten die ihre Sommerfrische unter siebenzackigen Kronen verbracht, mit Komtessen oder Baronen gebadet und getanzt.«[59]

Ilses Sohn aus erster Ehe, der inzwischen 17 Jahre alte Ricardo, verlässt Europa nach dem Ersten Weltkrieg gemeinsam mit seinem Vater, Carlos Stegmann, und bricht nach Argentinien zu seinerr dortigen Familie auf. Rudolf Olden versucht, seine Schwester in einem Brief vom 8. Februar 1920 zu trösten: »Dein Schmerz über Bürschels Abschied ging mir sehr nah. [...] Sicher ist diese weite Reise mit dem merkwürdigen Vater ein Experiment. Aber Bürschels Leben ist nun einmal auf Experiment angelegt und für einen sogenannten normalen Verlauf nicht geeignet. So muss man hoffen, dass es gelingt.«[60]

1920 konvertiert Ilse Gräfin Seilern zum Katholizismus. Bis dahin war sie – wie auch ihre Brüder und ihre Eltern – evangelisch. Die Mutter von Hans Olden, Ilses Berliner Großmutter Antonie Marckwald, war aus Leichtsinn vom jüdischen Glauben abgefallen – jedenfalls wurde dies zum Beispiel von ihrer Cousine Martha Marckwald und deren Mann, dem Maler Max Liebermann, so gesehen. Auch andere Mitglieder der Familie Marckwald hatten sich im 19. Jahrhundert evangelisch taufen lassen. Der Übertritt zum Protestantismus galt den treu am alten Glauben Hängenden als ein Akt des Opportunismus. Andere Möglichkeiten, sich zu distanzieren, gab es kaum, es sei denn, man wurde Agnostiker oder gar Atheist. Die Religion ist eine Sache. Die andere ist die jüdische Kultur, an die man gar nicht erst glauben muss, sondern die man einfach und selbstverständlich entweder besitzt oder nicht besitzt.

Im November 1920 ist Ilse schwer erkrankt und in Gefahr, wegen einer Sepsis einen Arm oder gar ihr Leben zu verlieren. Antibiotika sind noch nicht entdeckt. Im Krankenhaus in München erinnert sich Ilse an ihr Jahre zurückliegendes Gelübde, zum katholischen Bekenntnis konvertieren zu wollen, falls ihre beiden Brüder heil aus dem Krieg zurückkehren würden. Als Balder Olden von den Ärzten aufgefordert wird, die Nacht im Krankenhaus zu bleiben, da Ilse nicht mehr zu retten sei, rast der Bruder von Apotheke zu Apotheke durch die Stadt, um eine Schachtel *Spenglers Ika* mit den blitzenden Phiolen – ein in Deutschland nicht erlaubtes antibakterielles Wunderpräparat des berühmten Davoser Arztes Carl Spengler – aufzutreiben. Er »fährt zurück in die Klinik, kriecht angstbebend die Treppe hinauf .... Noch lebt sie! Aber die Schwestern heulen, sie lieben diese Patientin. Dr. Brunner wacht. Er nimmt die Schachtel, hat die Spritze vorbereitet, alle einschlägige Literatur nachgelesen, während Balder Olden durch München hetzt. ›Sie dürfen mich nie verraten! Es würde meine Stellung kosten.‹ [...] Eine Stunde später flammt Licht auf, die Nachtpflegerin kommt zu Gräfin Ilses Bruder. ›Ist sie tot?‹ – ›Nein! Die gnädige Frau will katholisch werden. Sie hat ein Gelübde getan, wenn ihr Mann und ihre Brüder gesund aus dem Krieg zurückkommen, will sie katholisch werden – und hat das Gelübde nicht gehalten. Jetzt reut sie's halt.‹« Schnell wird ein Priester verständigt, der ihr die entsprechenden Sakramente spenden und sie auf den Namen Elisabeth taufen soll. Balder Olden wird aufgefordert, den Glaubenswechsel als Vertreter der Familie gutzuheißen. »›Es wird sie entsetzlich aufregen, fürchte ich, Beichte, Taufe, Sterbesakramente ....‹ – ›Nein!‹ beschwört ihn die Nonne, ›Die heilige Mutter hat schon Vielen geholfen, vielleicht tut sie auch diesmal ein Wunder.‹ Sie schluchzt. ›So eine liebe Frau sterben zu sehen ... Und sie will doch leben!‹« Als die Wolken draußen schon rote Streifen zeigen, betritt ein Kaplan das Krankenzimmer. Nach einer halben Stunde kommt er zurück und sagt, die Patientin sei in den Schlaf gefallen. Das Fieber geht zurück. Als die Sonne noch nicht im Mittag steht, sagt Dr. Brunner zu Balder: »Gehen Sie nachhaus und schlafen Sie. Es ist keine Gefahr mehr.« Die Ordensschwestern des Spitals sehen sich in ihrem Glauben bestärkt: »Heute nacht hat die heilige Mutter ein Wunder getan. Eine sterbende Protestantin hat sich mit dem letzten Atemzug zur katholischen Kirche bekannt, da ist sie plötzlich gesund geworden.«[61] Sie schirmen Elisabeth einige Tage lang komplett ab, so dass es nicht einmal Ilses engen Freunden Annette Kolb und Carl Sternheim gelingt, sie in der Klinik zu besuchen. Balder Olden hat dieses »Marienwunder« in der köstlichen, lange Zeit für verschollen geglaubten Geschichte *Spenglers Ika* verarbeitet, in der es darum geht, ob die Spontanheilung entweder durch Taufe oder durch eine schulmedizinische Methode geschehen konnte. Vater Hans Olden jedenfalls begegnet dem Übertritt seiner Tochter zum Katholizismus mit großer Toleranz. Schon in einem anderen Zusammenhang hatte er ihr gegenüber geäußert: »Glissons! Wenn ich Eigenart nicht tolerieren wollte ... es wär arg. Du kennst doch den buddhistischen Glaubenssatz, der tiefer ist als unser ›Liebe Deinen Nächsten als Dich selbst‹, ›tat twam asi‹ – das bist Du. [...] An Dich schreib' ich leicht, zu Dir tret' ich leicht in's Zimmer. Du brauchst keine Lebensweisheit zu lernen, Du lebst sie, bist sie. Und es ist so angenehm, Dir die Kur zu machen. Man tut sich damit selber wohl.« Hans Olden ist vom schriftstellerischen Talent Ilses, wie es oft in ihren Briefen aufblitzt, hingerissen: »Nun habe ich gerade Deinen Brief [...] wieder vorgenommen und bin wieder so ergriffen davon wie beim ersten Durchlesen. Deine Schilderung aus dem entsetzensvoll unruhigen Krankenzimmer – aus der Situation heraus auf's Papier geschleudert – Du kannst selbst nicht ermessen, was für eine Meisterschilderung da unwillkürlich entstanden ist.«[62]

Hedwig zu Liechtenstein, die große Stütze der Geschwister Olden, stirbt 1921. Sie war 1877 durch die Heirat mit dem frisch geschiedenen Prinzen Rudolf von und zu Liechtenstein, dem Cousin ersten Grades der regierenden Fürsten Johann II. und Franz I., Mitglied des Fürstenhauses geworden und hatte den Kindern ihrer Schwester Rosa auch nach dem Tod von Prinz Rudolf 1888 über alle Fährnisse hinweg, leidenschaftlich und zuverlässig, gesellschaftlichen Rückhalt und Unterstützung jeder Art geboten. Noch viele Jahre später räsoniert Balder Olden in einem Brief an Ilse liebevoll über Tante Hedwig und jene Zeit, »als sie mit der Hohenfels, [Friedrich] Mitterwurzer etc. Gastspielreisen machte […] und Rudolfs ›Kätzchen‹ war. Schon damals begann sie, die Geschicke ihrer Familie zu lenken.«[63]

Dann wird 1921 Ilses frühreife Tochter Ilse Maria, genannt Nena, sechzehnjährig in Davos schwanger. Das Mädchen ist in den Monaten vor ihrer Niederkunft untröstlich, »ein verstörtes, gehetztes Kind«. Balder empfindet Mitleid für seine verzweifelte Nichte, auch Ilses möglicher Verlust des Sorgerechts für ihre Tochter mag die Familie sehr bekümmert haben. Sieben Wochen vor der Entbindung eines strohblonden Buben im Juni 1922 heiratet er, der Onkel, zunächst nur pro forma, in München seine Nichte. Während der Flitterwochen hält Balder weiterhin an der Liaison mit seiner Sekretärin Joe Lederer fest, doch dann verliebt er sich Hals über Kopf in die junge Frau. Zunächst lebt das Paar in einer Art vornehmer Landkommune am romantischen Grundlsee im steirischen Teil des Salzkammerguts, gerade mal ein Dutzend Kilometer vom altvertrauten Bad Aussee entfernt. Als eine gewisse Miss Word – möglicherweise als Kindermädchen – dorthin empfohlen werden soll, schreibt Balder Olden am 2. April 1924 an seinen Schwager Carlo Graf Seilern: »Gegen Miss Word haben wir gar nichts, glauben nur, dass sie sich hier nicht wohl fühlen würde. Wir leben zu primitiv und zu einsam – zumal jetzt in der Zeit der Schneeschmelze, bei kaum gangbaren Wegen. – Außerdem verlieben sich hier alle Frauen bis zur Weißglut in irgend Einen, der gerade da ist – immerzu Tragödien, viel elementarer als dort, wo's Kinos und Spazierfahrten gibt. […] Diese Bergeinsamkeit hat's in sich; wer das nicht mitmacht, versteht mich nicht.«

Im selben Brief bittet Balder Olden seinen Schwager um Contenance: »Ich lese aus Deinen Briefen immer die Absicht zur Solidarität innerhalb der Familie und freue mich darüber, bin Dir dankbar. Aber tritt mir doch nicht so leidenschaftlich auf meine politischen Hühneraugen! Warum politisierst Du alles? […] mein Krach mit [Freiherr von] Chlumetzky war eine interne Angelegenheit des Hauses, keineswegs eine politische. Ich habe nichts gegen Aristokraten, es stört mich in keiner Weise, dass Ilse ›Gräfin‹ ist. Ich hasse nicht einmal die angegrauten Legitimisten, die ich nur für schlechte Politiker halte. Aber ich hätte mit dem kleinen Kaiser Karl, den die nationalistische Presse beschimpft hat, Freundschaft schließen können. Ich hasse einzig die brutalen Militär-Politiker, mit denen Du auch nichts zu tun hast. Ich liebe die Juden, von denen alles Befreiende, Große, Tapfere in die Welt gekommen ist, oder die es mindestens gefördert haben. Das heißt: Ich liebe die Befreier und hasse die Bedrücker. Ich bin kein Marxist, aber ein Demokrat (wie Du es früher warst) und halte den Krieg für den Vater der Dummheit.«[64]

Anstatt den Sommer 1923 in Wien oder München zu verbringen, fahren Nena und Balder eine Woche später nach Klagenfurt, um ein Gut zu besichtigen, »das einen Haken haben muss: Was dort, für den Preis einer Villa im Salzkammergut, geboten wird, ist zu phantastisch. Wir rätseln herum und schreiben Briefe: riesig hoch verzinsliche Hypotheken? Nein. Zwangsmieter? Nein. Schwierigkeiten mit der Agrar-Komission? Nein. Man muss es endlich anschaun, der Verkäufer, intrim Amerika, hatte Grippe, ist aber jetzt gesund […] Wir nehmen einen Sachverständigen von hier mit ---- ich träume nichts anderes mehr als von diesem Gut; es heißt ›Klein-Sternberg‹, aber nach einem Berg, nicht nach einem Bankier. (Tennis gibt's dort auch, Pferde, Garage!) Bahnstation: Velden am Wörthersee.«[65] Unterstützt von Carlo Graf Seilern, der eine Bürgschaft übernimmt, und mit Hilfe von Nenas argentinischem Stegmann-Erbe gelingt es dem Paar, das 75 Hektar große Landgut mit Obstbaumplantagen und weiten Gemüsefeldern zu erwerben, das sich am Ende des prächtigen Wörthersees in Kärnten vom Fuß bis zum Gipfel eines stattlichen Hügels erstreckt. Zwei Jahre lang dürfen sie den Traum der Städter vom heilen Landleben verwirklichen. Sie helfen Kälbern, auf die Welt zu kommen, ackern, pflügen und tragen sonntags Tracht. Später schreibt Balder Olden in Anknüpfung an diese wildromantische Zeit den bereits erwähnten, 1929 veröffentlichten, wunderbar tragikomischen Roman *Das Herz mit einem Traum genährt*.

»Das Erwachen kam grausam vehement – plötzlich wusste […] ich, dass es nicht mein Beruf war, Herden zu weiden und Wechsel zu schreiben, ich schmiedete neue Reisepläne, und der Gutshof, der wirklich im Aufblühen gewesen, sank zurück in jenen schläfrig-schmuddeligen Zustand, in dem ich ihn übernommen hatte.« Und so reist Balder im Mai 1925 nach Argentinien, ohne seine Frau. Als es zur Versteigerung von »Klein Sternberg« kam, lag er mit einer gefährlichen Infektionskrankheit, die er sich auf der Schiffsreise zugezogen hatte, im Hospital von Buenos Aires. Als er »aus monatelangem Fieber erwachte, war meine Ehe geschieden, Klein-Sternberg verweht, aber nicht vergessen. Viele Jahre lang ließ er mich nicht los, dieser Traum, mit dem ich mein Herz genährt hatte.«[66] Erst nach seiner Rückkehr wird in Wien Balder Oldens Krankheit fachgerecht behandelt. Als er auf der kroatischen Insel Lošinj, wo er an einem Buch arbeitet, einen Rückfall erleidet, schafft ihn seine Privatsekretärin, Joe Lederer, gerade noch rechtzeitig ins Krankenhaus, wo ihm in einer Notoperation eine Niere entfernt wird. Joe Lederer rettet ihm das Leben und pflegt ihn gesund. Danach bleiben die beiden als Paar zusammen. Ende 1925 erfolgt die Scheidung von Nena, die sich während Balders Abwesenheit anders orientiert hatte. »Nach schweren Schicksalsschlägen, schwerer Krankheit kommt ein Zustand, den ich Euphorie der Genesung nenne. Da ist kein Ziel zu fern, kein Werk zu schwer, man war schon alt, fast schon tot gewesen, jetzt tanzt es sich wieder, das Herz schlägt Wirbel, ein Narr, wer zweifelt, dass er ewig lebt!«[67] Balder Olden verlegt seinen Lebensmittelpunkt wieder nach Berlin, wo er mit Verlegern und Herausgebern verkehrt, mit Kollegen und Freunden die literarischen Cafés und die Theater frequentiert. Er liefert journalistische Beiträge für die *Kölnische Zeitung*, die *Berliner Morgenpost*, die *Vossische Zeitung* und das renommierte *Tage-Buch*. Außerdem schreibt er für *Die Weltbühne* sowie für populäre Zeitschriften wie die *Berliner Illustrirte Zeitung* oder den *Uhu* aus dem Ullstein Verlag. Zum Bücherschreiben zieht sich Balder Olden gerne nach Forte dei Marmi am Ligurischen Meer zurück. Er fühlt sich im Leben zu Hause. Es sind sehr produktive Jahre. Zwischen 1922 und 1929 erscheinen *Kilimandscharo*, eine Novelle aus seiner Erinnerung an die Kriegserlebnisse in Ostafrika, *Ich bin Ich*, eine Biografie über Carl Peters, Parade-Apologet des deutschen Afrika-Kolonialismus, dann *Flucht vor Ursula*, die romanhafte Verarbeitung seiner unerfüllten Liebe zu einer jungen Aristokratin aus St. Petersburg, deren Familie Balder nicht als Schwiegersohn akzeptieren wollte, außerdem das in Tansania spielende Jugendbuch *Madumas Vater*. Seine Bücher erscheinen im Universitas-Verlag, der dem mittlerweile sehr beliebten und erfolgreichen Autor einen regelmäßigen monatlichen Vorschuss zahlt. Die *Vossische Zeitung* in Berlin empfiehlt *Kilimandscharo* mit folgenden Worten: »Man denke sich, dass die erregenden Spannungen Jack Londons, seine Freude am Abenteuerlichen und Leidenschaftlichen sich mit den Kunstmitteln eines Geistes kreuzen, der Sätze abzuschatten versteht, der ein erstaunliches Empfinden für Sinn, Klang, Tempo der Wortfügungen hat – und man kennt die besonderen Vorzüge des *Kilimandscharo.* Wer eine scharfe Gegnerschaft wider ein Menschentum liebt, das in Zurückgezogenheit und Siebenschlaf das Dasein verbringt, – der soll Balder Olden lesen.«

Politisches Gewissen

DAS BUCH *ICH BIN ICH* (1927) – Lebensbild des bekanntesten deutschen Kolonialpolitikers – bringt Balder Olden wegen der Beschreibung der von Carl Peters begangenen Gräueltaten gegen die autochthone Bevölkerung Ostafrikas vor Gericht, obwohl zahlreiche Nationalisten den Roman irrtümlicherweise für die Verherrlichung eines der Ihren halten. Nach vielen Monaten gewinnt er den von der Witwe des in seiner Ehre angeblich beschädigten Carl Peters angestrengten Prozess, da er entsprechende Dokumente vorzeigen kann, die seine Ausführungen zweifelsfrei belegen. Außer Angriffen aus dem *Alldeutschen Verband* erhält das in hoher Auflage verbreitete Buch, das Balder Olden selbst »für schweres Geschütz gegen die Nationalisten hält«, aufgrund der letzten Kapitel auch reichlich Beifall von der revanchistischen Ultrarechten und schließlich auch von der dem Nationalsozialismus zuneigenden Seite.

Thomas Mann hält *Ich bin Ich* für einen »glücklichen Wurf«. Er bemerkt, dass eine gewisse Homogenität des Verfassers mit dem Objekt als Ursache für die gelungene Charakterisierung anzunehmen sei. Ruth Greuner urteilt hingegen, Balder Oldens Konzeption des Buches habe sich in der These verfangen, das Leben von Carl Peters hätte sich nach einem inneren, »vorbestimmten tragisch-heroischen Gesetz erfüllt«, wodurch »beim Leser eine Art sportliches Mitleid erzeugt« werde, »eine Haltung, die der Verfasser nicht beabsichtigte, aber auch nicht zu verhindern wusste.«[68] Dies würde bedeuten, Balder Olden zu unterschätzen. In seinem Essay *Deutschland will Kolonien* aus dem Jahr 1936 bringt er die Reihe furchtbarer Skandale der fünfundzwanzigjährigen deutschen Kolonialgeschichte noch einmal unmissverständlich auf den Punkt: »Carl Peters, der Begründer der Kolonie Deutsch-Ost-Afrika, ließ zwei kleine Mädchen – das Geschenk eines Häuptlings – und seinen Diener totpeitschen, weil er sie im Verdacht hatte, miteinander geschlafen zu haben. Ein Prinz Arenberg, auf einsamem Posten in Kamerun, beging Scheußlichkeiten ohne Maß, die selbst das zu übertreffen scheinen, was aus den Konzentrationslagern gemeldet wird. So war es ein Spaß, den er sich nach guten Mahlzeiten gönnte, ein paar Schwarzen Dynamitpatronen in den After zu stecken und explodieren zu lassen. Als der Stamm der Herero in Deutsch-Südwest-Afrika rebellierte und der maßvolle, kluge Gouverneur Leutwein nicht rasch genug mit dem Aufstand fertig wurde, berief die Regierung ihn ab und schickte einen General von Trotha auf seinen Posten, der den ganzen Stamm in die Wüste drängte und verschmachten ließ. Die Herero wurden ›vor dem Aufstande 1904/05 auf 97.000, 1911 auf 20.000 Köpfe geschätzt‹, liest man im *Kleinen Brockhaus*, der nicht als revolutionäre Schrift gilt.«[69]

Die Diskussion um *Ich bin Ich* findet vor dem Hintergrund einer lautstarken Debatte über den Zusammenhang von Kolonialismus und Imperialismus statt. Einerseits hat sich eine *Liga gegen koloniale Unterdrückung* formiert, die bedrohten und unterdrückten Völkern zur Seite zu stehen versucht, obgleich ihre Stimme nicht selten in den breiten Massenmedien untergeht, andererseits wird dem Paradeapologeten des deutschen Kolonialismus, Hans Grimm, unter anderem für sein Buch *Volk ohne Raum* der Ehrendoktor an der Universität Göttingen verliehen. Mit Ausnahme von KPD und USPD sind alle politischen Parteien der Weimarer Republik prokolonialistisch und fordern die Rückgabe der ehemaligen deutschen Kolonien durch Revision der Versailler Verträge, von Großbanken und Großindustrie ganz zu schweigen. Auch Gustav Stresemann und Walther Rathenau machen aus ihren kolonialen Positionen keinen Hehl. Als Hans Grimm 1928 in *Dreizehn Briefe über Deutsch-Südwest* koloniale Ansprüche auf das heutige Namibia anzuheizen sucht, antwortet Balder Olden in *Das Tage-Buch* auf den »demagogischen Nonsense«, mit welchem man sich beschäftigen müsse, »weil Grimm nun einmal das Ohr der Nation hat [...] Dem Schrei nach Kolonien folgt der Schrei nach Kriegsflotten.«[70] Oldens Einspruch gilt in erster Linie den Rüstungsbestrebungen des Deutschen Reiches und stellt Kolonialismus in Afrika und Asien an sich noch nicht in Frage: »Im übrigen bitte ich, endlich zur Kenntnis zu nehmen, dass ich Afrika liebe, aber kein Kolonialschwärmer bin, so herrlich ich gut geleitete Kolonien finde, und so gern ich Deutsch-Ost verteidigen half.«[71] Während seiner Zeit in Ostafrika und Indien hat sich Balder Olden selbst ein Bild vom System kolonialer Unterdrückung und von dessen Wirtschaftsmodell machen können. Sicherlich hat er um die Geschichte des Maji-Maji-Krieges, in dem sich zehn Jahre vor seiner Ankunft in Ostafrika Vertreter von zwanzig indigenen Völkern zwei Jahre lang dem gemeinsamen Kampf gegen die fremden Ausbeuter stellten und schließlich im Sperrfeuer von Maschinengewehren durch Marineeinheiten niedergemetzelt oder zur Zwangsarbeit verschleppt wurden, gewusst. Balder Olden, ein bürgerlicher, vom aristokratischen Anarchisten Bakunin früh beeinflusster Liberaler, ist dabei, sich allmählich zu einem prinzipiellen Antiimperialisten zu wandeln. 1936 ist er davon überzeugt, in der ganzen Erscheinung von Carl Peters einen Vorläufer der Führer des Dritten Reiches dargestellt zu haben. Aus heutiger Sicht könnte man sagen, Balder Olden ist, wie jeder andere dem eurozentrischen Weltbild innerlich tief Verhaftete, dem irrsinnigen Unwesen eines Carl Peters – letzten Endes nur Speerspitze und Spielfigur mächtiger Interessen des Raubtierkapitalismus – nicht mit ganzer aufklärerischer Konsequenz gewachsen. Ähnlich wie Joseph Conrad in *Herz der Finsternis* beschreibt er die Symptome der durch die europäische oder die US-amerikanische (z.B. auf den Philippinen und auf Kuba) Expansionspolitik im Zeitalter des Imperialismus entstandenen Kolonialideologie, ohne jedoch selbst völlig aus deren Schatten treten zu können. Wenn – aus afrikanischer Sicht – der große Chinua Achebe seinen Schriftstellerkollegen Joseph Conrad einen »bloody racist«[72] nennen darf, würde er wohl auch für Balder Olden kaum andere Worte finden, auch wenn sich dessen Haltung von der so mancher Zeitgenossen gründlich unterschied. Zum Verständnis von Auftakt und Wirkungen europäischer Barbarei im 20. Jahrhundert sei auf Adam Hochschilds erschütterndes Buch *King Leopold's Ghost: A Story of Greed, Terror, and Heroism in Colonial Africa* aus dem Jahr 1998 hingewiesen. Der Autor zeigt darin, wie entsetzlich wenig von den darin geschilderten Verhältnissen vor dem Ersten Weltkrieg Eingang in die damalige Wahrnehmung der Kolonien gefunden hatte. Ganz im Gegenteil: 1932 äußert sich Reichsbankdirektor Hjalmar Schacht zu den *Grundsätzen deutscher Wirtschaftspolitik* dahingehend, dass »deutsche Aktivitäten in den Kolonialgebieten und in Übersee eines der wesentlichen Mittel sind, die es nicht nur Deutschland, sondern der ganzen Welt gestatten werden, die ökonomische Krise zu überwinden«. Der Kameruner Schriftsteller und Gelehrte Kum'a Ndumbe III. ist noch deutlicher: »Koloniale Verwaltung bedeutete vielmehr Zwang und Polizeigewalt mit dem Ziel [der maximalen] Ausbeutung der Kolonie zum Schaden der rechtmäßigen Besitzer des Landes.«[73] Balder Olden äußert sich im September 1936 in der von Bertolt Brecht, Lion Feuchtwanger und Willi Bredel herausgegebenen literarischen Monatsschrift *Das Wort* unmissverständlich: »Aus welchen Schichten aber würde das Deutsche Reich *heute* seine Kolonialbeamten rekrutieren! Die ganze Kolonie wäre ein einziges Dachau – und würde bald ein einziger Friedhof sein. [...] Dem Dritten Reich eine Kolonie geben, hieße, die Bevölkerung ausrotten.«[74]

Das ganze Ausmaß der bedrückenden Kolonialherrschaft aus dem Ungeist des Rassismus wird letztlich erst dann greifbar, als afrikanische Gelehrte sich des ihr zugrunde liegenden Systems selbst annehmen können. Ende der 1970er Jahre – sechzig Jahre nachdem das Deutsche Reich seine überseeischen Kolonien verloren hat – reicht Prinz Kum'a Ndumbe III. aus der Königsfamilie der Bele-Bele in Duala aus der ehemaligen deutschen Kolonie Kamerun in Lyon seine Dissertation *Hitler voulait l'Afrique. Les plans secrets pour une Afrique fasciste 1933-1945* ein. Der Großonkel des Prinzen, Ndumb'a Loba, hatte im Juli 1884 Kolonialverträge mit dem Deutschen Reich geschlossen, die von deutscher Seite bereits nach kürzester Zeit gebrochen wurden. Sein Großvater, Kum'a Mbape, hatte im Dezember 1884 den ersten Aufstand der Duala gegen die Kolonialmacht angeführt. Noch im selben Jahr wurde die Erhebung blutig erstickt, der Palast des Königs von deutschen Truppen geplündert und niedergebrannt. Die wissenschaftliche Arbeit von Kum'a Ndumbe III. erscheint 1993 auch auf Deutsch und trägt den Titel *Was wollte Hitler in Afrika? NS-Planungen für eine faschistische Neugestaltung Afrikas*. Der Autor untersucht darin auf der Grundlage umfangreichster Quellenforschung von A wie Archiv des Auswärtigen Amtes, Bonn, bis Z wie Zentralarchiv der DDR die durch und durch rassistisch geprägten Planungen des Dritten Reiches für die Zeit nach dem bis 1943 offiziell erwarteten »Endsieg«, wobei er Entwicklungslinien von der kolonialen Praxis des Kaiserreichs im 19. und frühen 20. Jahrhundert zum deutschen Faschismus mit Dokumenten belegt und entschleiert. Besonderes Gewicht erlangt das Werk dadurch, dass es sich eigener ideologischer Grundmuster zu enthalten vermag. Letzteres kann cum grano salis auch zu Gunsten von Balder Olden angeführt werden, der in Afrika sein literarisch und persönlich wichtigstes Thema gefunden hat. In seinen Afrika-Büchern gibt es sprachlich atemberaubend schöne Passagen, oft durchwoben mit unübersetzbaren Ausdrücken aus dem Kisuaheli. In seiner Liebe zu Afrika ist er Karen Blixen verwandt. Balder Olden erkennt die tief verankerten Werte afrikanischer Kulturen, denen eine erdrückende industrielle Revolution, wie mechanisch, immer näher rückt, um dem Denken und Handeln des Menschen aus dem Herzen brutal den Garaus zu machen.

Rudolf Olden lebt nach dem Weltkrieg sechs Jahre lang in Wien. In der Redaktion von *Der Neue Tag* kann er bei zwei echten Meistern ihres Fachs – Benno Karpeles und Arnold Höllriegel – seine journalistischen Fähigkeiten perfektionieren. »Rudolf Oldens journalistische Fertigkeiten waren beträchtlich. Wenige Striche – und eine Figur stand in ihren individuellen und sozialen Beweggründen erfasst. Keine Geheimnisse und Intrigen der Wiener Gesellschaft blieben ihm verborgen. Politische Prozesse, Wirtschaftsskandale, Korruptionsaffären, Kapitalverschiebungen, Besitzänderungen in der bürgerlichen und kleinbürgerlichen Presse bis hin nach Budapest, Pogrome, Kindsmorde – aus allem wob sich Rudolf Olden sein Bild.«[75] Anfang November 1923, noch vor dem Münchner Putschversuch Hitlers und Ludendorffs, porträtiert er Adolf Hitler und dessen Hintermänner als »Macht, die den Bestand der Demokratie in Deutschland tödlich bedroht.«[76]

Der Name Rudolf Olden wird bald über Wien hinaus bekannt. Auf ausdrücklichen Wunsch des Gründers und Herausgebers Siegfried Jacobsohn veröffentlicht er in dem radikaldemokratischen Periodikum *Die Weltbühne* in Berlin eine Serie österreichischer »Köpfe«. Außerdem gibt er gemeinsam mit dem österreichischen Romancier Hugo Bettauer in Wien die Zeitschrift *Er und Sie. Wochenzeitschrift für Lebenskultur und Erotik* heraus, die sich zum Ziel setzt, »die Beziehungen zwischen ›ihm‹ und ›ihr‹ aus dem Sumpf einer verlogenen Pseudomoral zur sittlichen, freien Höhe emporzuheben.« Mitte Februar 1924 erscheint die erste Ausgabe in einer Auflage von 20.000 Exemplaren. Die sehr erfolgreiche Zeitschrift wendet sich an ein breites Lesepublikum und behandelt »im Zeichen der großen erotischen Revolution« vorwiegend Fragen der Sexualität und bringt öffentlich zur Sprache, was sonst nur hinter vorgehaltener Hand gesagt wird. Erörtert werden Gleichberechtigung und die Emanzipation der Frau, Homosexualität, Jugendschutz, Prostitution, Probleme wie Alkoholismus, Drogenmissbrauch, Armut und Wohnungsnot. Nachdem die Staatsanwaltschaft nach der fünften Ausgabe gegen beide Herausgeber von *Er und Sie* Anklage wegen Vergehens gegen die öffentliche Sittlichkeit erhoben hatte, werden sie zwar im September 1924 vor Gericht freigesprochen, dann aber wird Hugo Bettauer im März 1925 in Wien von einem jungen Mitglied der zu der Zeit in Österreich noch illegalen NSDAP erschossen. Rudolf Olden erleidet einen schweren Schock. »Ich habe eine leichte Psychose zur Zeit«,[77] schreibt er der Schwester am 13. Oktober aus Wien.

Ohne Hinzuziehen der wichtigsten Zeugen schließt die Polizei kaum 48 Stunden nach der Tat ein »Komplott« aus. Die Anklageschrift der Staatsanwaltschaft folgt höhnisch den Mustern, die Hugo Bettauer häufig in seinen Kriminalromanen beschrieben hat: Schuld ist nicht der Mörder, sondern der Ermordete. Der Prozess gegen den Attentäter gipfelt, auch wenn sich die Anklagepunkte Mord und Besitz einer illegalen Waffe als erwiesen gezeigt hatten, in einem Freispruch des jungen Nazis wegen Sinnesverwirrung und Unzurech-

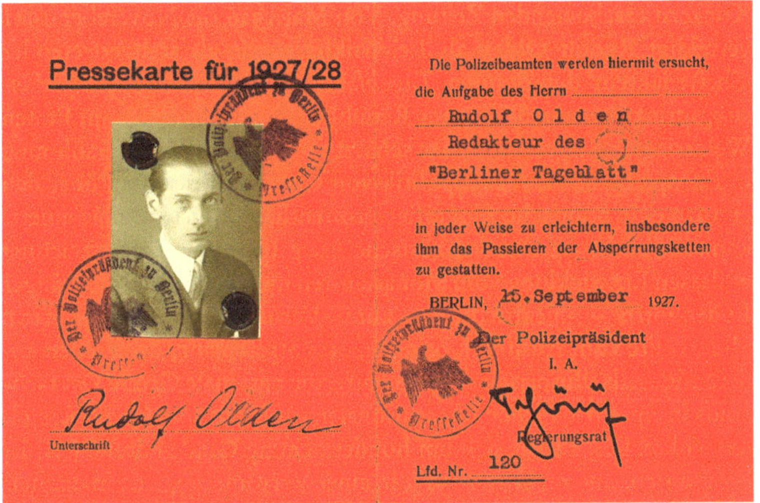

Pressekarte für 1927/28

Die Polizeibeamten werden hiermit ersucht, die Aufgabe des Herrn Rudolf Olden Redakteur des "Berliner Tageblatt" in jeder Weise zu erleichtern, insbesondere ihm das Passieren der Absperrungsketten zu gestatten.

BERLIN, 15. September 1927.

Der Polizeipräsident
I. A.
Regierungsrat

Lfd. Nr. 120

Rudolf Olden
Unterschrift

Der Polizeipräsident zu Berlin Pressestelle

Abb. 6: Pressekarte Rudolf Olden für 1927/28

nungsfähigkeit. Der Mörder Bettauers wird für zwanzig Monate in der Heilanstalt Steinhof interniert und Ende 1927 nach einem Entscheid des Obersten Gerichtshofs ins Zivilleben entlassen.

Hugo Bettauer war nicht nur der Autor des mit Greta Garbo verfilmten Erfolgsromans *Die freudlose Gasse*, er hatte 1922 auch den von ihm selbst so bezeichneten »kleinen Zukunftsroman« *Die Stadt ohne Juden* veröffentlicht, der von der Ausweisung sämtlicher Juden und Judenstämmlinge aus Österreich handelt, als das Land vor dem wirtschaftlichen Ruin steht und man einen Sündenbock sucht. Der Vertreibung der Juden folgt die Verdorfung Wiens, woraufhin die Ausgewiesenen schmerzlich vermisst und zurückgerufen werden. Das mehrmonatige Kesseltreiben gegen *Er und Sie* und der kaltblütige Mord an Bettauer lassen Rudolf Olden daran denken, in Wien den Hut zu nehmen. Hinzu kommt die – einvernehmliche – Scheidung von Marie-Christine, die jedoch Rudolf, wie auch dessen beiden Geschwistern und deren Familien, zeitlebens höchst freundschaftlich verbunden bleibt.

Ende 1925 engagiert Theodor Wolff, der Chefredakteur des *Berliner Tageblatts*, weithin anerkannter »Meister des politischen Feuilletons in Deutschland«, für ein sehr stattliches Salär Rudolf Olden als politischen Redakteur der innenpolitisch gemäßigt liberalen, wirtschaftspolitisch dem Großkapital nahestehenden, im Berliner Mosse-

Konzern erscheinenden Zeitung. Von Mai 1926 bis November 1931 verteidigt Rudolf Olden als Leitartikler sowie als stellvertretender Chefredakteur des *Berliner Tageblatts* die demokratischen Verfassungsprinzipien der Weimarer Republik. Der Teilnehmer am Ersten Weltkrieg und Reserveoffizier schätzt vor allem die um Versöhnung in Europa bemühte Außenpolitik von Gustav Stresemann, über den er 1929 eine politische Biografie veröffentlicht, der 1930 eine amerikanische und 1932 eine französische Ausgabe folgen. Darin zeichnet er dessen Entwicklung vom Monarchisten und ergebensten Anhänger Ludendorffs – »Siegfriedler« – zum »Vernunftrepublikaner« nach. »Ich wollte zum Ausdruck bringen, dass Stresemann, da er jeden anderen Weg als illusorisch erkannt hatte, die nationale Größe Deutschlands in einer friedlichen internationalen Organisation wiederherstellen wollte. [...] Er hat sich um hundertachtzig Grad gedreht. [...] Er befand sich, und nicht erst 1925, in einer Verwandlung, die in der heißen politischen Luft manchmal sehr schnell vor sich ging. [...] In den letzten Jahren [hat er] seinen Einfluss, seine politische Stellung, seine Existenz rücksichtslos aufs Spiel gesetzt, um eine Politik zu verfechten, die zwar von den Sozialdemokraten gebilligt wurde, aber im Bürgertum, dem er angehörte und von dem er abhing, nicht die leiseste Popularität besaß. Er war, bevor er [im Oktober 1929] starb, ohne politische Basis. Schüsse in seinem Garten, ein Attentatsplan nationalsozialistischer Offiziere, Korruptionskampagnen, die tägliche Anprangerung als Landesverräter, er hat das ganze Martyrium des Politikers durchgemacht, der Politik gegen seine Anhänger macht, des Pazifisten in einer nationalistisch-militaristischen Gesellschaft. [...] Die letzten Pläne, die ihn beschäftigten, waren darum auf die Gründung einer neuen Partei gerichtet. Und der Hauptzweck der neuen Partei sollte die Fortführung seiner auswärtigen Politik sein, der Annäherung an Frankreich und der Vorbereitung einer europäischen Union, für die er in seiner letzten Genfer Rede, am 9. September 1929, vier Wochen vor seinem Tod [...] Worte fand, die ihn bei seinen früheren nationalistischen Freunden aufs stärkste diskreditieren mussten.«[78] Zuletzt sei Gustav Stresemann die dauernde Sicherung des Friedens und die Einigung Europas im Bunde mit Frankreich eine Sache des Herzens und der leidenschaftlichen Empfindung geworden.

Auch für die sich der stichhaltigen, genauen Analyse von Fakten und – ohne Rücksicht auf Freund und Feind – kritischen Durchleuchtung der Positionen verpflichtete *Weltbühne* sowie für das linksliberale *Tage-Buch* verfasst Rudolf Olden während seiner Berliner Jahre regelmäßig Beiträge zu außen- und innenpolitischen Themen.

Ein Kollege vom *Berliner Tageblatt*, Walther Kiaulehn, beschreibt ihn als einen »Kerl wie Samt und Seide«, eine geradezu romantische Figur des Journalismus, von eleganter, bezaubernd aristokratischer Erscheinung. Trotzdem gilt Rudolf Olden als sprichwörtlich bescheiden, mit einem Hang zum Understatement, vor allem jedoch als absolut unbestechlich. Er ist stets willkommener Gast verschiedener politischer Salons in der deutschen Hauptstadt, wo der Informationsaustausch über die Hintergründe politischer, militärischer, wirtschaftlicher und anderer Entscheidungen stattfindet. Theodor Wolff selbst lädt einmal in der Woche wichtige Persönlichkeiten des öffentlichen Lebens zu offener Aussprache in seine Villa ein.

Seit 1927 engagiert sich Rudolf Olden als Rechtsberater tatkräftig in der *Deutschen Liga für Menschenrechte*, deren Ziele er in zahlreichen Gesprächen mit Harry Graf Kessler und Carl von Ossietzky diskutiert, und gibt in deren Auftrag eine Dokumentation über den Justizmord an dem unschuldig zum Tode verurteilten polnischen Landarbeiter Josef Jakubowski heraus. Im selben Jahr stellt sich im Redaktionsgebäude des *Berliner Tageblatts* ein Kollege aus Buenos Aires vor, der den Geschwistern Olden noch über viele Jahre hinweg eng verbunden bleiben wird. Ernesto Alemann ist Chefredakteur und zugleich Verleger des deutschsprachigen *Argentinischen Tageblatts*. Auf seiner Europareise knüpft er zahlreiche Kontakte zu Journalisten und Politikern, um fundierte Berichte über die Lage im Deutschen Reich für seine Leserschaft verfassen zu können. »Das Gesicht der deutschen Politik« im Mai 1927 stellt sich ihm als eine »Mischung aus Junker, Pfaff und Fabrikherr« dar, dahinter »lauert schrankenloser Machthunger« rechtsextremer Kreise um den Pressezaren Hugenberg. »Um die Reichswehr« ranke sich eine »Verbindung mit Fememördern.« Das Hauptproblem der Weimarer Republik sei fehlendes staatsbürgerliches Selbstbewusstsein, *Der Untertan* von Heinrich Mann lasse unverändert wilhelminisch duckmäuserisch grüßen. Es sei unschwer festzustellen, dass die Demokratie auch von einem großen Teil der intellektuellen und wirtschaftlichen Elite abgelehnt werde und eine Generation von Männern die Politik zu dominieren begänne, die durch den Weltkrieg brutalisiert wurde. Paul Zech hat die politischen Anschauungen des argentinischen Verlegers treffend zusammengefasst: »Er sah [in der zwar bedrängten, in ihren Grundwurzeln jedoch gesunden Mission der Demokratie] die Verkörperung aller freiheitlichen Bewegungen, frei von Demagogie und Klassenhass. Er vertrat im Grunde genommen jenen Liberalismus, wie er den Männern der südamerikanischen Freiheitsbewegung vorgeschwebt haben soll. […] Zu dieser Auffassung von einem liberalen Staatsbürgertum kam auch noch ein kleiner Schuss der ›Achtundvierziger‹ hinzu, dem schon sein Vater nachgejagt war.«[79]

Ernesto Alemann trifft auf einem Bankett der liberalen Deutschen Demokratischen Partei (DDP) mit Außenminister Gustav Stresemann zusammen, er begegnet Innenminister Carl Severing (SPD), dem preußischen Ministerpräsidenten Otto Braun (SPD) und Philipp Scheidemann (SPD), der am 9. November 1918 von einem Balkon des Reichstagsgebäudes aus die deutsche Republik ausgerufen hatte, sowie andere maßgebliche Persönlichkeiten der Weimarer Republik. Er gewinnt Rudolf Olden und den Reichstagsabgeordneten Theodor Heuss (DDP) als Mitarbeiter für seine Zeitung. Unter dem Pseudonym Karl Wurzbach beschäftigt sich Rudolf Olden, Reserveoffizier mit gutplatzierten Informanten, ausgiebig mit der Rolle der Reichswehr, die sich der verfassungsmäßigen Unterordnung im Staatsgefüge einer demokratischen Republik widersetze, die Bestimmungen des Versailler Vertrages hinsichtlich Bewaffnung und Mannschaftsstärke durch eine intensive geheime Kooperation mit der Sowjetunion systematisch unterlaufe und als halbverborgener Staat im Staat die junge Demokratie unterhöhle. Oldens gründliche Recherchen über die verdeckte Finanzierung und organisatorische Struktur der Schwarzen Reichwehr beweisen die enge militärische Zusammenarbeit zwischen dem Deutschen Reich und Sowjetrussland. Fakt ist, dass es die Reichswehr war, die Lenin und seine Mitverschwörer 1917 aus Zürich holte, um durch eine Revolution in Russland die deutsche Ostfront erst zu stabilisieren, dann den Zweifrontenkrieg ab September 1917 zu beenden und durch den Separatfrieden von Brest-Litowsk im März 1918 auch noch die Ukraine von Russland abzutrennen und deren Ressourcen zum Nutzen der Westfront auszubeuten. In den zwanziger Jahren findet sich Russland, nach dem Ende des jahrelangen Bürgerkrieges und dem Sieg der Bolschewisten, international isoliert und erwartet durch die geheime rüstungstechnische Zusammenarbeit zwischen Roter Armee und Reichswehr Rendite für die Zeit nach Ablauf der Sanktionen gegen beide Staaten. Rudolf Olden bewegt sich bei der Veröffentlichung seiner Enthüllungen über die Rote Armee und die Reichswehr auf einem gefährlich schmalen Grat, um nicht – wie wenig später Carl von Ossietzky und Kurt Tucholsky (»Soldaten sind Mörder«) – von der Reichswehrführung vor Gericht gezerrt zu werden. Oldens Artikel *Der Selbstmord in den Lüften. Treibt die Reichswehr Politik?*, der den Absturz eines Angehörigen eines Kavallerieregiments mit einem Kampfflugzeug während deutscher Militärübungen in Russland[80] enthüllt, erscheint in Kurzfassung und ungezeichnet am 28.8.1930 im *Berliner Tageblatt* und in Buenos Aires in ausführlicher Fassung am 21.9.1930 im *Argentinischen Tageblatt*, gezeichnet mit Oldens Pseudonym Karl Wurzbach.

In den späten zwanziger Jahren besinnt sich Rudolf Olden auf seine Ausbildung als Jurist und erhält 1926 die Zulassung als Rechtsanwalt beim Berliner Kammergericht. Er befasst sich hier fast ausschließlich und – insgesamt betrachtet – erstaunlich erfolgreich mit der Verteidigung von Opfern politischer Unterdrückung und Zensur, einschließlich politischer Justiz. Im Zusammenhang mit der heimlichen Wiederaufrüstung Deutschlands ist die Zahl der Landes- und Hochverratsprozesse gegen Journalisten und »Whistleblower« sprunghaft angestiegen: »Feme und politischer Mord tobten, die Republik anzuspeien war Sport, sie zu verteidigen Spiel mit dem Tod. Wer die Zeitungsarchive jener Jahre durcharbeitet, wird sich verneigen müssen vor einer Reihe politischer Schriftsteller, die schrieben, als gäbe es all das nicht – Revolver und Totschläger, Reichsgericht und Kerker –, die immer schärfer, bissiger, glänzender schrieben, je höher die Gefahr wuchs. [...] Sie bekamen täglich Briefe mit schrecklichen Todesdrohungen, ihre Frauen zitterten vor den ewigen Telefonanrufen ›Hier Feme‹, ›Hier Schwarze Hand‹, und vielleicht zitterten sie selbst.«[81] Dies schreibt Rudolfs Bruder Balder im biografischen Fragment *Stationen meines Lebens* über die erste Garde des Journalismus in der Weimarer Republik. Adolf Hitler dient sich der Reichswehr in einer Rede von März 1929, die dem Büro der *Deutschen Liga für Menschenrechte* im Wortlaut vorliegt, an; er droht, mit Emil Julius Gumbel und Berthold Jacob kurzen Prozess zu machen: »Jeden Weg werden wir gehen, der die Waffen stärkt, die Zahl vermehrt [...] Wenn die Herren von links heute hoffen, dass der Landesverratsparagraph verschwinde, so können sie sich gesagt sein lassen, sie mögen sich beeilen, dass sie nicht unter den einzigen Paragraphen fallen, den wir aufsetzen werden: Wer nur an Landesverrat denkt, stirbt ... .«[82]

Als der Mathematiker und Kriegsgegner Emil Julius Gumbel 1929 über die rechtsradikale Feme seit 1919 in einem Buch über die Opfer, die Mörder und die Richter der oft wie eine Justiz-Farce straffrei ausgehenden Fememordprozesse schreibt, stellt er seiner Einleitung ein mächtiges Wort des Otbert von Lüttich aus dem Jahr 1106 voran: »Ich muss nun reden von Verschwörung, Verrat und Freveltat, worüber die Wahrheit zu sagen gefahrvoll, Falsches aber sündhaft ist.«

Rudolf Olden und seine Mitstreiter Berthold Jacob, Paul Dreyfus oder Emil J. Gumbel – keiner von ihnen scheut die gefahrvolle Wahrheit, keiner von ihnen wird sie je verdrehen.

Gräfin Seilern in Davos

ALS ILSE GRÄFIN SEILERN IM Dezember 1917 in Berlin eine Lungenblutung erleidet und Anfang des Jahres 1918 sogar eine leichte Lungentuberkulose diagnostiziert wird, sucht sie zunächst das Kurhaus Semmering bei Wien auf. Dann aber legen es die politischen Umstände nahe, die Villa Gall in Bad Ischl und das für Aristokraten nicht ganz ungefährlich gewordene Wien mit dem mondänen Höhenluftkurort Davos im Schweizer Kanton Graubünden zu tauschen. Dort lebt Gräfin Seilern gemeinsam mit ihren heranwachsenden Töchtern erst im Grand Hotel, danach bis 1928 in der Villa Helvetia. Hier führt sie – ganz in der Tradition der großen Berliner und Wiener Jüdinnen Rachel Varnhagen und Yella von Oppenheimer, wenn auch in viel kleinerem Rahmen – einen feinen, freigeistigen Salon. Einmal in der Woche – am Donnerstag – treffen sich bei ihr Persönlichkeiten aus Kunst und Wissenschaft wie Jakob Wassermann, Georg Graf Arco, Albert Einstein, Klabund und Carola Neher zum Tee.

Der große Poet und Herzensbrecher Klabund ist mit Gräfin Seilern nachweislich bereits seit 1920 bekannt, als sie ihm in Budapest ein Entrée bei dem Schriftsteller und Mäzen Lajos Baron Hatvany verschafft. 1917 veröffentlicht Klabund eine wunderliche Davoser Erzählung, *Die Krankheit*: »Leben, das heißt hier: einer Protestversammlung Sterbender gegen den Tod anzugehören.« Mit unverschämt guter Laune erzählt der selbst an Tuberkulose erkrankte Autor von unheimlichen Fieberanfällen, vom Sterben, von der gesteigerten Sexualität der Unheilbaren. Einer Figur der Erzählung legt der Dichter die Worte in den Mund: »Die Schwindsucht ist überhaupt keine Krankheit. Sie ist ein Zustand des Leibes und der Seele. Ich wollte schon längst einmal eine Psychoanalyse der Schwindsucht schreiben.«[83]

Ende 1923 springt Klabund gerade noch rechtzeitig durch Ausglühen der Geschwüre im Kehlkopf dem Tod von der Schippe. Unmittelbar nach der Operation setzt er den Schlusspunkt zu seinem bekanntesten Stück, *Kreidekreis*. Am 26. Januar 1924 schreibt der rekonvaleszierende Dichter an die Gräfin: »Sehr verehrte gnädige Frau, einen herzlichen Gruß sende ich Ihnen! Hoffentlich geht es Ihnen schon besser? Mitte nächster Woche besucht mich auf ein paar Tage ein guter Freund mit seiner Gattin. Es ist nicht nur mein Freund, sondern auch einer der bedeutendsten Deutschen, die heute leben. Freilich auf einem ganz anderen als meinem Gebiet. Es ist der Chef der *Telefunken*, der Gesellschaft für drahtlose Telegraphie und Telephonie. Es ist der Graf Arco. Wenn Sie gestatten, würde ich Gräfin und Graf Arco zum Tee einmal mitbringen. Sie gehören zu jener Art Menschen, deren Bekanntschaft Sie nicht anstrengen würde.«[84] Der Erfinder Georg Graf von Arco ist Wegbereiter der Hochfrequenztechnik und der Technische Direktor der Telefunken-Gesellschaft. Im November 1914 zählte er in Berlin zu den Gründern des *Bundes Neues Vaterland*, Vorläufer der *Deutschen Liga für Menschenrechte*, zu deren Zielen es gehört, die durch den Krieg aus den Fugen geratene Gesellschaft zur Vernunft und die verfeindeten Seiten dahin zu bringen, miteinander zu reden, um ein Ende des für Europa selbstmörderischen Krieges zu erreichen. Als der von der Geheimpolizei verschärft überwachte *Bund* im Februar 1916 verboten wird, versammelt Graf Arco als Koordinator der informellen *Vereinigung Gleichgesinnter* die versprengten Kriegsgegner im Haus des Berliner Kunsthistorikers Werner Weisbach und führt Albert Einstein in diesen Kreis ein. Auf welchen Wegen könnte man der äußersten sittlichen Verrohung der Politik durch Machtkult und Anstachelung zum brutalen Völkerhass entgegentreten? Dies war die zentrale Frage, der sich der Kreis stellte.

Zu den großen Literaturereignissen der zwanziger Jahre gehört der in Davos spielende Roman *Der Zauberberg* von Thomas Mann. Gräfin Seilern liest das 1924 erschienene Buch erst viele Jahre später, im Sommer 1949, im fernen Argentinien, auf der im Río de la Plata gelegenen Isla Verde ihres Sohnes Ricardo Stegmann. Ihr Urteil über den *Zauberberg* sagt vor allem viel über die Kunstauffassung Ilses aus. Am 19. August schreibt sie ihrem Bruder Balder Olden: »Ich lese zur Zeit den *Zauberberg* – das erste mal, ein scheußliches Buch, mir kommt es vor wie der *Dr. Faustus*: so vollgeladen mit dem Wissen Anderer – und so durch und durch kalt. – Das Gegenteil von Deinen Büchern, die mit dem Herzblut geschrieben sind, und mit einem Lächeln.«[85]

In Davos findet Ilse Seilern ganz en privée Abwechslung in den bildenden Künsten, wie aus einem Brief Klabunds vom 21. März 1924 hervorgeht: »Liebe Gräfin, ich höre eben, Sie wollen eventuell das Frl. von Ordil modellieren: Ich fände das sehr hübsch, denn sie ist, bildhauerisch gesprochen, gewiss ein äußerst reizvolles Geschöpf. Sie würden aber auch ein gutes Werk tun. Lassen Sie sich von ihrem Stolz aber auf keinen Fall abhalten, sie zu honorieren. Denn es geht ihr

Abb. 7: Foto: Carola Neher, Geschenk an Ilse Gräfin Seilern, um 1926

sehr, sehr schlecht. Und sie ist ein sehr, sehr anständiger Mensch. (Eine durch die Zeitverhältnisse deklassierte russische Adelige). Ergebensten Gruß, auch an Ihren Herrn Gemahl, Ihr Klabund.«[86]

Die junge Schauspielerin Carola Neher, der aufgehende Stern am deutschsprachigen Theaterhimmel, schenkt der »verehrtesten Frau Gräfin [...] ein Bild von mir aus ›*Kreidekreis*‹, 4. Akt« und kritzelt rasch mit dem Bleistift die Worte dazu: »[...] ich denke oft und lieb an Sie – Sie haben mir soviel Schönes gesagt. Tausend Grüße.«[87]

Am 1. August 1927 stirbt Rosa Olden in Davos. Sie wird dort auf dem Waldfriedhof zur letzten Ruhe gebettet. Mit dem Tod der Mutter und einer bereits seit Längerem schwärenden Entfremdung von Graf Carlo, der heftig dem Glücksspiel verfallen ist und sogar einen alchemistischen Goldmacher finanziert, stehen die Zeichen im Leben von Ilse Gräfin Seilern erneut auf Veränderung.

Am 1. Januar 1928 schreibt Rudolf Olden aus Berlin an seine Schwester: »Wie hältst Du nur dieses Davos aus? [...] Das ist doch rein unmöglich. Und was für eine phantastische Existenz ist es, die

Carlo in London führt? […] Das kann doch nicht so weitergehen. Hättest Du rechtzeitig Deine ganze Familie unter Cura stellen lassen, so würdest Du wahrhaft keine Sorgen haben.«[88] Am 8. August legt Rudolf Olden nach: »Was für eine schwierige Lage, die Carlo bewusst geschaffen hat, geeignet, sein Sensationsbedürfnis und seinen Tätigkeitsdrang noch auf längere Zeit zu befriedigen; aber vielleicht auch dazu gemacht, irgendwelche guten Entschlüsse zu finden, da ja, österreichisch gesprochen, ›wirklich etwas geschehen muss!‹ Das Ziel, Carlo unter Tutel zu bringen, ist zu drängend, als dass Du nicht ernsthaft versuchen müsstest, es zu erreichen. Von der stolzen Ablehnung zukünftiger Hilfe seiner Brüder wird der arme Manni [Ilses Sohn Joseph Wladimir Seilern-Aspang] kein kgl. britischer Marinemörder werden können.«[89] Rudolf Olden ist durch und durch Jurist. Er lässt nicht locker, im Interesse seiner Schwester und seines Neffen den Schwager wegen Verschwendungssucht zu entmündigen. »Ich glaube, man müsste, im Interesse Mannis und in seinem [Carlos] Interesse seinen Tätigkeitsdrang lahmlegen. Er lebt noch zwanzig Jahre und kann, in wenigen Jahren, wieder ein wohlhabender Mann sein, – wenn man ihn zum Puzzeln oder Kreuzworträtseln veranlasst. Mut!«[90]

Ein Jahr später, mit Brief vom 18.7.1929, lässt Rudolf Olden dem Schwager »sehr herzlich gratulieren«. Er schreibt an Ilse: »Ich bin sehr glücklich, so gute Nachrichten zu hören. Denn ich halte es wirklich für eine ausgezeichnete Nachricht, dass der arme Carlo wirklich unter Cura kommt, wohin er schon sein ganzes Leben lang gehört hätte. […] All diese Jahre, seitdem er seine massivsten Renten ausbezahlt erhielt und schnell verstreute, bin ich nie das Gefühl von einer drohenden Katastrophe losgeworden und habe Deinen Gleichmut bewundert. Endlich, wenn er entmündigt ist, wirst Du sicher sein, dass nichts mehr geschieht. Gib nur schön acht, dass er nicht aus dem Sanatorium entspringt und wieder Dummheiten macht.«[91] Selbst Ilses Vater, der inzwischen 70-jährige Autor und unverändert leidenschaftliche Theatermensch Hans Olden, nimmt an den »schwer wiegenden Erlebnissen« Ilses mit einem reichlich unverantwortlichen Ehepartner Anteil. In einem Brief an die Tochter vom 28. Juli 1929 schreibt er: »Dabei – ich kann mir nicht helfen – hab ich ein bisschen Mitgefühl mit dem hingerichteten Carlo. Wen darf man denn schließlich für seine Artung und Unartung verantwortlich machen! Und jetzt, zum bösen Ende, scheint er ja in fairer Weise sein Debet auf sich genommen zu haben. Das ist, zum Teufel auch, doch nichts Geringes, was er da mit sich anstellen ließ. Deinen Stiefsöhnen aber möcht' ich die Hand drücken. Und namentlich dem Jüngsten.«[92] Mit Letzt-

Abb. 8: Franz I. Fürst von Liechtenstein, Christoph Stegmann-Olden, Ilse Gräfin Seilern, Vaduz, ca. 1924

genanntem ist Count Antoine Seilern-Aspang gemeint, der sich gegen Ende der zwanziger Jahre zum Kunsthistoriker und Kunstsammler entwickelt. Der Magnat und Kunstsammler Karol Graf Lanckoroński-Brzezie – in Wien geboren und in Paris aufgewachsen, kaisertreu und zugleich polnischer Patriot aus Galizien, einer der letzten europäischen Grandseigneurs, in Kontakt mit Balzac, Garibaldi, Napoleon III. stehend – wird in Wien sein Mentor. Dieser war 1875 auf einer sehr aufwendigen Reise nach Ägypten von Hans Makart und Franz von Lenbach begleitet worden. 1888 ging er auf Weltreise – von Marseille über Sri Lanka (Ceylon) nach Indien, China, Japan und über Nordamerika nach England – und hatte dabei eine großartige Sammlung asiatischer Kunst zusammengetragen. Vorher schon hat er in Europa Werke von Donatello, Giambellin, Rembrandt, Botticelli, Signorelli, Tizian, Burne-Jones, Courbet, Makart, Böcklin oder Segantini erworben. Alfred Lichtwark hatte 1900 nach einem Besuch von dessen Wiener Palais geschrieben: »Der Graf ist ein Lebenskünstler. Als ich eine Bemerkung machte, dass die Räume trotz der kostbaren Gemälde und Kunstwerke aller Zeiten gar nicht wie Museum aussähen, meinte er, er habe einen Garten, kein Herbarium anlegen wollen.«[93] Arthur Schnitzler versucht 1904 Karol Graf Lanckoroński im Schauspiel *Der einsame Weg* als Graf Ronsky widerzuspiegeln. Als Ilses Schwiegermutter Anna Woerishoffer 1931 stirbt, erwirbt Antoine aus dem beträchtlichen amerikanischen Erbe ein stattliches Palais im vornehmen Londoner Stadtteil South Kensington – »a great gloomy house«. Die Adresse, 56 Princes Gate, wird später durch die gleichnamige Kunstsammlung und das durch Antoine für das Gebäude in Auftrag gegebene Fresko *The myth of Prometheus* von Oskar Kokoschka, Berühmtheit erlangen.

Hugo von Hofmannsthal, Ilses Freund seit Ausseer Jugendtagen, stirbt im Juli 1929. Er erleidet einen Schlaganfall, als er sich eben anschickt, zur Beerdigung seines Sohnes Franz aufzubrechen, der durch Selbstmord aus dem Leben geschieden ist. Ein bekanntes Foto von Arthur Benda zeigt die sterbliche Hülle des Dichters auf einer hölzernen Bahre liegend. Er ist nur mit der Kutte eines Franziskaners bekleidet. Über diese so sonderbare theatralischen Mise en Scène ist viel spekuliert worden. Dabei hatte Hofmannsthal doch 1912 an Richard Strauss geschrieben: »Ich bin ein sehr freidenkender Mensch, aber beim Sozialen hört bei mir der Spaß auf.« Ein Jahr vor dem Ausbruch des Ersten Weltkrieges hatte der seismografisch feinfühlige Dichter das zutiefst verhängnisvolle Unheil auf seine Weise weit vorausgeahnt: »Wir müssen es nun eingestehen […], wir haben eine Heimat, aber kein Vaterland – an dessen Stelle nur ein Gespenst. Dass man für dieses Gespenst vielleicht einmal das Blut seiner Kinder wird hingeben müssen, ist bitter zu denken.«[94]

Der Glast von Monte Carlo

1929 VERLÄSST ILSE GRÄFIN SEILERN Davos und die Schweiz, um in Roquebrune-Cap-Martin im französischen Département Alpes Maritimes die von ihr gemeinsam mit Tochter Marion in spanisch-argentinischem Stil entworfene Villa Santa Narcisa zu beziehen. Marion, verheiratet mit dem aus Südtirol stammenden Schmetterlingsforscher Friedrich Reichsgraf von Hartig, ist die Eigentümerin. Von dort begibt sich Gräfin Seilern nach Paris, um einen Chef de Cuisine anzuheuern. Sie kontraktiert den Weißrussen Nikolai Wasiljewitsch Philippow, der in Russland vor der Revolution Bahnhofsvorsteher war und anfänglich nur für Gerichte nach seinem Geschmack die Garantie übernimmt. Nikolai präsentiert sich an Markttagen frühmorgens zur Levée bei der Gräfin, händigt ihr – ganz so wie in dem berühmten Libretto von *Der Rosenkavalier* – ein schwarzes Buch aus, in welches Madame das jeweilige Tagesmenu für Lunch und Dîner einträgt. Daraufhin fährt Nikolai zum Einkaufen nach Menton-Garavan und kommt regelmäßig mit zwei großen, prall gefüllten Körben zurück. Am Abend fährt Ilse Gräfin Seilern zuweilen im Wagen ihres englischen Kavaliers, Graham Saint Clair-Keith, ins nahe gelegene Fürstentum Monaco, um gemeinsame Freunde und Bekannte zu treffen oder das Casino zu besuchen. Christoph Stegmann-Olden, Nenas Sohn, der in jenen Jahren gemeinsam mit Ilses Sohn Joseph Wladimir in Roquebrune heranwächst, überliefert mehrere treffliche Anekdoten: »Uns allen war klar, dass Ilse ein Snob war. ›Ich lebe in höheren Sphären‹, sagte sie uns, und empfahl: ›Wenn jemand unbedingt fallen möchte, dann gib ihm einen Stoß.‹ Sie war nicht nur ein Snob, sondern auch noch kokett. In ihrem Pass machte sie aus der Null ihres Geburtsjahrs 1880 eine Sechs. Aber Snob und kokett hin oder her, es hinderte sie nicht daran, sich 1939, in Genf, auf den Gepäckträger meines Fahrrads zu setzen, und wir rasten den Boulevard des Philosophes hinab. [...] Eines Tages sandte sie mir eine lange schriftliche Mitteilung, detaillierte Anweisungen für das Benehmen eines werdenden Gentlemans. Wir seien schließlich keine Proletarier. Sie bestand darauf, dass wir eine gesellschaftliche Rolle einzunehmen hätten. Um Gräfin Seilern sammelten sich zahlreiche schillernde Persönlichkeiten, insbesondere aus Kreisen der alten russischen Aristokratie des Zarenreiches, Hochstapler und Gauner, einer charmanter als der andere. Ilse liebte Monte Carlo. Es gab eine Zeit, in der sie, in Begleitung ihres Freundes Graham Saint Clair-Keith, regelmäßig das berühmte Casino aufsuchte, um den Abend [...] am Roulette-Tisch zu verbringen. Eines Tages behauptete sie, auf diese Weise das Geld für die Haushaltung zu verdienen. Ihr Erfolgsrezept sei, nie ›gegen‹, sondern immer ›mit‹ dem Tisch zu spielen.«[95]

Monte Carlo ist nicht nur Sitz des berühmten Spielcasinos. Im selben Gebäude schlägt das von René Blum gemanagte und von Léonide Massine geleitete Ballet Russe de Monte Carlo regelmäßig sein Winterquartier auf, um die neuesten Ballettkreationen für die kommende Spielsaison in Paris, London und New York einzustudieren. Im Ballettstück *Rouge et Noir* kommt der Spielsaal von Monte Carlo gar selbst vor: Tanzende Münzen erscheinen den unglücklichen Spielern dort im Fiebertraum. Im Probesaal unter dem Dach des Spielcasinos sitzt seit den Tagen des *Ballet Russe* von Serge de Diaghilev die – nun endgültig exilierte – russische Aristokratie neben Ballettomanen aus der gesellschaftlichen und künstlerischen Pariser Szene. Die Älteren unter ihnen erinnern sich noch mit Entzücken an die Verwandlung einer farblos mechanisch 32 vorgeschriebene Touren perfekt auf der Spitze tanzenden Karsawina zur wunderbaren Entfaltung ihrer genialen Ausdrucksmöglichkeiten unter den Augen des geistvollen russischen Choreografen Michel Fokine. Der Auftakt jeder Spielsaison – so steht es nun auch im Vertrag der *Ballets Russes* mit dem monegassischen Fürstenhaus – findet im Frühling am Opernhaus von Monte Carlo statt. Tout Paris findet sich dazu alljährlich an der Côte d'Azur ein, obwohl die neuesten Stücke danach in Paris, London und New York zur Aufführung kommen. »Man sah [Coco Chanel] als *Bel Indifférent* auf dem Frühlingsball des [Szenografen und Mäzens] Comte Étienne de Beaumont. Im Sommer sah man sie, gelenkiger als eine Katze, in Flanellhosen in den Bäumen von *La Pausa* herumklettern. Im darauffolgenden Jahr feierte sie, zusammen mit Misia [Sert], [Salvador] Dalí und [dem Komponisten George] Auric, das Wiedererwachen des russischen Ballett-Geistes mit der unvergleichlichen Danilowa.«[96] Salvador Dalí lässt sich in Coco Chanels Villa La Pausa, auf dem Sims des gewaltigen Kamins räkelnd und kokett in einem Buch blätternd, vom deutschen Gesellschaftsfotografen Wolfgang Vennemann ablichten. Die Filmschauspielerin Pola Negri lässt sich von ihm beim Sonnenbaden überraschen. Monte Carlo ist auch nach dem Tod von Serge de Diaghilev, dem Erneuerer des klassischen Balletts in Form eines Gesamtkunstwerks, ein internationaler Treffpunkt der sehr besonderen Art geblieben. Christoph Stegmann-Olden lernt

Abb. 9: Im Casino von Monte Carlo, ca. 1935

dort die Schriftstellerin Annette Kolb kennen, die seit mehr als dreißig Jahren mit Ilse befreundet ist. Wolfgang Vennemann hat sich im Haus der Gräfin Seilern ein Fotoatelier eingerichtet. Der Schriftsteller und Übersetzer aus dem Französischen Hans Jacob, vor 1933 Konferenzdolmetscher des deutschen Auswärtigen Amtes, und seine Frau Mila nehmen Ilses Enkelsohn unter ihre Fittiche.

Der Briefwechsel zwischen Ilse Seilern und ihrem Vater Hans Olden belebt sich während dessen letzten Lebensjahren aufs Neue. Gegenseitige Lektürevorschläge finden beiderseits Gehör: »Auf meinem Besorgungszettel stehen zur Zeit« – schreibt der Vater im Mai 1930 – »die folgenden Werke: Frank Harris – auf Deine Empfehlung, obgleich mir die Oscar Wilderei vor Jahren einmal sehr über geworden war. Dann Joe Lederer, die sich mir mit dem ›*Mädchen George*‹ in's Herz geschrieben hat. Warum hat ein[e] so reizvolle[r] Autor[in] nun nicht einen viel breiteren Erfolg? Die in Berlin heute zentralisierte deutsche Literatur wird so ganz von Protektion und wechselseitiger Handwäscherei bewegt und belebt, dass die nicht Mitwaschenden Widerwillen und Mutlosigkeit ankommen muss. [...] Dann macht ein Buch von sich reden, das unter dem Pseudonym ›Diotima‹ (Du weißt doch, wer das dermaleinst war) erschienen ist und ›*Die Kunst zu lieben*‹ heißt. Es soll gut und verwegen sein. Also was man so für's Haus braucht. Hast Du eigentlich Sachen von Pitigrilli (ebenfalls ein Pseudonym[97] für einen in Turin lebenden Arzt und sehr graziösen Schreiber) gelesen? Sonst empfehle ich ›*Die Jungfrau von 18 Karat*‹.«[98]

Afrika

BALDER OLDEN BRICHT ANFANG 1930 im Auftrag der *Kölnischen Zeitung* und in Begleitung des Fotografen Wolfgang Vennemann für eine große Reportagereise nach Afrika auf. »Ich will den tauigen Schöpfungsmorgen noch einmal erleben, den ich unter [Afrikanern] empfand, noch einmal Europa und seine Händel aus der großen Perspektive betrachten, die man plötzlich empfindet, wenn man unter einem Dach von Palmblättern erwacht, zwischen sich und seinen Problemen eine Entfernung von Tausenden von Meilen weiß. Bananen – Frauen – Wanderfahrt, das heißt in der klingenden Suaheli-Sprache: *Mdisi – Bibi – Safari.* Das waren die Worte voll Poesie in den stündlich improvisierten Gesängen, die ich vor Zeiten in Afrika hörte. Ein Lied [...] hatte einen Kehrreim, den habe ich tausendmal gehört: ›Napenda wä, napenda wä, napenda wä kapissa.‹ Das ist ein Ruf, der sich an Gott und die Welt, an Weib und Bruder und Kind, an alles Lebende, an Sonne und Sterne richtet, und es heißt in deutscher Sprache: ›Ich liebe dich, ich liebe dich, ich liebe dich unaussprechlich!‹ Das möchte ich wieder hören. Singen sie's noch?«[99]

Von Kairo aus, wo er Thomas und Katia Mann auf der Pferderennbahn begegnet, reist man mit dem Dampfschiff auf dem Nil stromaufwärts. Unterwegs »[...] schläft man im Frühsommer gern in der Wüste, auf einer Decke, ohne Zelt, und erlebt dann ein Glück des Schlafens, das der Mensch in Europa nicht ahnt. Glasklar ist der Himmel, die Sterne blitzen, dass man glaubt, nie im Leben Sterne erlebt zu haben, die Luft ist weich, man trinkt sie, ihr Geschmack erinnert an kühle Milch [...] und alles Liebe fällt einem ein, das man im Leben je besessen hat. So schläft man ein, und bis in den tiefsten Schlaf hinein weiß man von einem physischen Glückszustand, dem kein anderer zu vergleichen ist. Wenn man aufwacht, ist man von allem Ich weit fort gewesen, wie nach einem Haschischrausch, ohne Schwere, ohne Zeit, und findet dennoch spielend zurück zu dem problembeladenen Wesen, das man nun für die Dauer des Tages wieder zu sein hat.«[100]

Überall, auf der Eisenbahnreise in Richtung Sudan, im Café, im Basar, spricht Balder Olden mit den Menschen. Ein früherer Kameltreiber erzählt ihm sein Leben: »Ich bin einen weiten Weg gegangen, und ich blicke mit Stolz auf mein Leben zurück. Als kleiner Knabe saß ich auf der Sakija [hölzerne Radpumpe des Ziehbrunnens] und habe den Ochsen getrieben, der Wasser pumpte, all meine Kinderjahre hin-

Abb. 10: In Ägypten, 1930

durch, vom frühen Morgen, bis die Sonne niederging. Dann war ich groß und hatte starke Knochen, aber ich wollte nicht mehr auf den Feldern des Effendi [Grundherr, reicher ägyptischer Baumwollpascha] arbeiten, um winzigen Lohn, deshalb bin ich Kameltreiber geworden. Von Assuan zum Roten Meer, vom Nil in die Oase Kurkur, die Oase Dachle, die Oase Farâfre, ich kenne alle Karawanenwege, die durch die Wüste führen, und alle Oasen. Tausende und Tausende von Nächten habe ich im Wüstensande unter Sternen geschlafen. Ich habe Piaster auf Piaster gelegt, bis ich meinen Handel beginnen konnte. Es ist schön, so in Ruhe zu sitzen. Durstige kommen und gehen; ich bin groß unter den Kaffeesiedern des Bazars, ich schenke ihnen voll ein und erzähle gern, was ich erlebt habe. Oft klingt es ihnen wie ein Märchen. Ich trage reiche Gewänder. Aber ich fühle die hohen Jahre, müde bin ich und todesbereit. Ich bin einen weiten Weg gegangen und blicke mit Stolz auf mein Leben zurück.«[101]

Über viele Tausende von Meilen führt die Reise Balder Olden und Wolfgang Vennemann durch Kenia bis nach Uganda: »Das Volk der Buganda, ein Blutgemisch aus Bantunegern, hamitischen Niloten und Pygmäen, ist die intelligenteste Rasse Afrikas und hat an sich gerissen, was die Weißen an Technik und Wissen nur immer erreichbar machten. Auf den Namirembe-Hügeln versammeln sich sonntags in der evangelischen Kirche an siebentausend evangelische, auf dem Nsambya viertausend katholische Buganda, von denen viele ihre Kinder täglich in die Missionsschulen schicken. Ich habe diese Schulen besuchen dürfen, die Elementar- und die Realschulklassen, die technischen Institute für Bauhandwerker, Maschinenschlosser, die Hebammenschule, und fand dies akademische Kampala auf der Höhe europäischer Zivilisation. Gesittet, höflich und ernst traten die Schüler auf, aber ohne Spur von Negerdemut vor unserer weißen Herrlichkeit.«[102]

IM JUNI 1930 TRIFFT BALDER Olden in Roquebrune-Cap-Martin ein. Ilses Bruder ist nicht allein. Noch vor der Reise durch Ostafrika hatte er sich im Februar 1929 in Berlin unsterblich in die 28 Jahre jüngere Oberschülerin Margaret Kershaw verliebt. Er stellt ihr nach, schickt ihr Blumen und gewinnt mit seinem Charme das Herz der jungen Frau. Margaret, oder »Primavera«, wie man sie in der Familie Olden wegen einer gewissen Ähnlichkeit mit Botticellis Allegorie des *Frühlings* liebevoll nennt, wird Balders letzte große romantische Liebe. Ihr widmet er den Roman *Ziel in den Wolken*. Das bald unzertrennliche Paar bleibt fast bis zum Jahresende 1931 in Santa Narcisa. Das ganze Jahr 1932 und die ersten drei Monate des Jahres 1933 leben die beiden in Berlin.

Bei ihrer Ankunft in Europa befand sich das Deutsche Reich bereits inmitten gewaltigster Stürme, die nach dem Zusammenbruch des Weltwirtschaftssystems 1929 zu toben begannen: »Als ich [Berlin] 1931 wiedersah, schien es in Not und Jammer ertrunken. Die Bettelei war Epidemie geworden, auf den Straßen sah man Menschen, die sich in Hungerkrämpfen wanden. Wie hatten die Gesichter sich verändert! Die Augen sprühten Mörderblicke, Hass wurde geschürt und stieg in braunen Lohen empor bis zu den Wolken. Als wären die wenigen guten Jahre nur Karneval gewesen, als fielen nun die Masken und graute der Karfreitag, als sei es Sünde und Diebstahl gewesen, dass man den fröhlichen Tag genossen hatte, so schaute nun die Welt drein.«[103]

Am Ende wird eine noch kurz zuvor fast völlig bedeutungslose fanatische Splitterpartei – mit ungeheuren Geldmitteln aus Kreisen der Ruhrlade, vom Bankhaus Stallforth, von Ford und anderen Großkapitalisten ausgestattet sowie mit Protektion aus dem Schoß der Reichswehr versehen – an die Spitzen der staatlichen Macht befördert. Nach dem Auseinanderbrechen der Großen Koalition unter dem sozialdemokratischen Reichskanzler Hermann Müller am 27. März 1930 findet sich im Parlament keine tragfähige Mehrheit von Parteien mehr, welche die junge Demokratie in Deutschland aus prinzipieller Überzeugung heraus verfechten wollte. Wechselnde Präsidialkabinette unter Reichspräsident Hindenburg lavieren angesichts der sozialen Verheerungen und der Verelendung von Millionen beschäftigungs- und brotloser Bürger, ohne wirkungsvolle Konzepte zu finden, den sozialen und wirtschaftlichen Problemen Einhalt zu gebieten, ohne Interessen der 14.000 Mitglieder der ostelbischen Großgrundbesitzerkaste sowie der Industriebarone der Ruhrlade zu beschädigen. Die SPD rechtfertigt ihr ständiges Nachgeben und Manövrieren mit Gründen der vermeintlichen Staatsräson. Im Aufwind befinden sich ausschließlich demokratiefeindliche, totalitär gesinnte Parteien. Bei der nächsten Reichstagswahl am 14. September 1930 vervielfacht die NSDAP die Zahl ihrer Abgeordneten von 12 auf 107 und zieht als zweitstärkste Fraktion in den Reichstag ein. Bei der darauffolgenden Wahl am 31. Juli 1932 verdoppelt sich deren Zahl auf 230. Die NSDAP, nun zahlenstärkste Fraktion, stellt mit Hermann Göring gar den Parlamentspräsidenten. Die SPD stellt nach derselben Wahl nur mehr 133 und die mit ihr konkurrierende Kommunistische Partei Deutschlands 89 Abgeordnete. Getreu ihrer leninistisch-stalinistischen Ideologie gilt der KPD die Sozialdemokratie als Hauptfeind. Der Stimmenzuwachs für die NSDAP geht jedoch eindeutig auf Kosten des in mehrere kleine Parteien aufgesplitterten bürgerlichen Lagers und zeugt vom Versinken der frustrierten Mittelschicht. Im selben Zeitraum steigt die Arbeitslosigkeit von 4,4 auf mehr als 6 Millionen Menschen an, bei einer Bevölkerung von 80 Millionen Einwohnern. Währenddessen setzen die Präsidialkabinette, beginnend mit Reichskanzler Heinrich Brüning, alles daran, den schrankenlosen Obrigkeitsstaat zu restaurieren. Rudolf Olden schildert die Lage am 10. Mai 1930 im *Argentinischen Tageblatt* so: »Der kühnste, überlegenste und ausgreifendste Versuch, die Politik Deutschlands wieder in die Bahnen junkerlicher Reaktion zu führen, hat begonnen.« Zu einer ähnlichen Einschätzung kommt Harry Graf Kessler. Am 16. Mai 1932, nach einem Gespräch mit dem Verleger Wieland Herzfelde, schreibt er in sein Tagebuch: »Ich sagte ihm, der Titel von [Theodor] Plieviers Buch *Der Kaiser ging, die Generäle blieben* werde von Tag zu Tag aktueller. [...] In einem großen Bogen hat die Entwicklung, die durch Noske und Ebert [beide SPD] eingeleitet wurde, so wie Plievier sie schildert, zur Herrschaft der Militärs über Deutschland zurückgeführt, und an der Spitze steht merkwürdigerweise wieder derselbe Mann, Hindenburg.«[104]

Im Angesicht der drohenden Machtübernahme durch die Nationalsozialisten verfasst Balder Olden – *in extremis* – die romanhafte Biografie über Sir Roger Casement, *Paradiese des Teufels*, die als Vorabdruck in der von Manfred Georg herausgegebenen Mittagszeitung *Tempo* und – bereits aus Furcht vor den Schlägertrupps der Nazis – Anfang 1933 als wenig beworbenes Buch im Universitas-Verlag in

Berlin erscheint. *Paradiese des Teufels* ist eine literarische Biografie des irischen Freiheitskämpfers Sir Roger Casement, der zwischen 1902 und 1913 – seinen Handlungsspielraum als britischer Diplomat voll ausnutzend – das gigantische Versklavungs- und Zwangsarbeitersystems in der riesigen, als privatwirtschaftliches Unternehmen des belgischen Königs Leopold II. organisierten Kolonie Kongo aufdeckte. Jahrelang waren an sich glaubwürdige, sogar fotografisch dokumentierte, aber in abseitigen baptistischen Missionszeitschriften publizierte Augenzeugenberichte in der Weltöffentlichkeit vollständig ignoriert worden. Unter Tausenden war ein gewisser Edmund Dene Morel im Hafen von Antwerpen der Einzige gewesen, der aus den Schiffsladungen – Import vor allem von Kautschuk in riesigen Mengen, Export ausschließlich von Gewehren, Munition und Soldaten – die richtigen Schlüsse zog. Als Casement um einen Konsularbericht an das britische Parlament gebeten wird und dafür 1903 Ortsbesichtigungen im Kongo durchführt, enthüllt sich ihm das ganze Ausmaß des mit unvorstellbarer Grausamkeit wütenden belgischen Kolonial-Faschismus, der Millionen von Opfern unter den Afrikanern produziert.

Der Titel der *Paradiese des Teufels* von Balder Olden ist vermutlich an das Buch *The Putumayo, the Devil's Paradise* von Walter Hardenburg aus dem Jahr 1912 angelehnt, durch das die während des Kautschuk-Booms zwischen 1879 und 1912 an den Uitoto, Bora-Miraña, Ocaina, Uinona, Nonuya, Murnane, Nadöbö, Andoke und anderen indigenen Völkern im Amazonas-Gebiet begangenen Verbrechen erstmals im englischen Sprachraum publik gemacht worden waren. Walter Hardenburg ist ein junger US-amerikanischer Ingenieur, der mehr oder weniger zufällig Zeuge bestialischer und systematischer Versklavung ganzer indianischer Völkerschaften am oberen Amazonas durch die in London an der Börse notierte *Peruvian Amazon Rubber Company* wird. Das Unternehmen unterhielt im heutigen Dreiländereck von Peru, Brasilien und Kolumbien eine Art Privatstaat von der flächenmäßigen Ausdehnung Bayerns und wütete mit »Correrías«, das heißt Sklavenjagden, auf die Urbevölkerung. Die Gefangenen wurden in Ketten gelegt, mit einem Brandzeichen versehen, ausgepeitscht, gefoltert, mit Verhungern bedroht, wer davon überlebte, wurde zum Einsammeln von Gummisaft gezwungen. Frauen wurden zu Sexsklavinnen erniedrigt, Kinder nicht selten ermordet. Walter Hardenburg kann es erst nicht glauben, dass solch korporativ verfasster Sadismus in seinem fortschrittsgläubigen 20. Jahrhundert überhaupt möglich sein kann. Er ist dermaßen erschüttert

Abb. 11: Schutzumschlag, *Paradiese des Teufels. Das Leben Sir Roger Casements*. Universitas-Verlag, 1933

und empört, dass er nach einem Aufenthalt im Gebiet von mehr als einem Jahr einen Bericht verfasst, der am 22. September 1909 im Magazin *Truth* in London veröffentlicht wird. Hardenburg schreibt: »Das Management der *Peruvian Amazon Rubber Company* zwingt die Indigenen entlang des Rio Putumayo dazu, Tag und Nacht unentgeltlich zu schuften. Es beraubt die Ethnien ihrer Ernten. Es versklavt Frauen und Kinder. Bei Arbeitsverweigerung läßt es die Menschen zu Tode peitschen. Ihre Leichen werden Hunden zum Frass vorgeworfen. [...] Man ergötzt sich am Leiden und am Todeskampf mit Kerosin übergossener und angezündeter Menschen.«

Die Enthüllungen von Walter Hardenburg provozieren einen dermaßen lauten, unüberhörbaren Aufschrei in der Öffentlichkeit, dass sich das britische Parlament mit der Sache befassen muss und letztlich die Regierung unter Premier Asquith dazu zwingt, eine Untersuchungskommission in das Gebiet zu entsenden. Erstens muss die *Peruvian Amazon Rubber Company*, ein an der Londoner Börse notiertes Unternehmen mit einem britischen Board of Directors, als britisches Unternehmen gelten. Zweitens sind die peitschenschwingenden Sklavenaufseher vom Firmengründer und Mehrheitsaktionär der Company, Julio César Arana, in Barbados, der britischen Zuckerrohrplantagenbesitzung in der Karibik, angeworben worden und müssen als britische Untertanen angesehen werden.

Wieder ist es Sir Roger Casement, inzwischen britischer Botschafter in Rio de Janeiro, dem zwar nicht explizit das Mandat erteilt wird, den Anschuldigungen Hardenburgs nachzugehen, der aber – als Kandidat für diese Mission von der *Anti Slavery & Aborigines Protection Society* vorgeschlagen – im Auftrag des britischen Außenministeriums die »commercial prospects« der Region im weitesten Sinne unter die Lupe nehmen soll. Auch wenn die beschuldigte Kautschuk-Corporation die 1910 in Amazonien eingetroffene britische Untersuchungskommission keinen Moment aus den Augen lässt und außerdem im Verborgenen die einheimische Justiz und Presse massiv einschüchtert, so gibt der dem Untersuchungsausschuss des britischen Unterhauses vorgelegte Report von Roger Casement keinerlei Raum für Zweifel an der Verlässlichkeit der Beobachtungen Hardenburgs. Der parlamentarische Untersuchungsausschuss kommt zu dem Schluss, dass der in London registrierte Board of Directors der Kautschuk-Corporation schuldig sei: »Selbst derlei Mitglieder des Direktoriums, welche lediglich an Sitzungen teilnehmen und Schecks ausstellen, können sich ihrer kollektiven moralischen Verantwortung nicht entledigen, wenn in ihrem Wirtschaftsunternehmen grober Missbrauch aufgedeckt wird.«

Der Fall gelangt vom Untersuchungsausschuss zum Obersten Gerichtshof, der die Repräsentanten der Investoren der Kautschukfirma gleichfalls schuldig spricht. Daraufhin löst Arana die Firma 1913 auf. Wohlgemerkt lautet die Anklage nicht auf Völkermord im Amazonasbecken, auch wenn überlebende Ethnien wie zum Beispiel die Uitoto zwei Drittel ihrer Mitglieder verlieren und über Generationen hinweg schwerst traumatisiert werden. Nie haben sie auch nur die geringste Entschädigung erhalten. Walter Hardenburg war nicht der Erste, der an der City of London mit dem Finger auf jene Barbarei gezeigt hat, aber er war der Erste, dem es mit der Hilfe von Sir Roger Casement gelang, eine Menschenrechtskampagne gegen den Völkermord an der indianischen Bevölkerung Amazoniens in Gang zu setzen, welche die Company zum Rückzug zwang. In der Folge wurde die Kautschukgewinnung nur nach Asien verlagert.

Bereits vor Hardenburg haben zwei kleinere lokale Zeitungen, *La Felpa* und *La Sanción*, sowie zwei lateinamerikanische Richter versucht, der Barbarei ein Ende zu setzen. Sobald diese Zeitungen 1907 zu berichten begannen, setzte Arana über Mittelsmänner eine antisemitische Hetzkampagne gegen ihren jüdischen Besitzer, Benjamin Saldaña Rocca, in Gang.

Es folgen Bedrohung und im April 1912 die Ermordung Saldañas. Auch einer der unbeugsamen peruanischen Richter, Carlos Valcárcel, kann sich seines Lebens nicht mehr sicher sein und flieht ins Exil nach Panama. Dort schreibt er das 1913 veröffentlichte Buch *El Proceso del Putumayo y sus Secretos Inauditos*. 1924 verarbeitet der kolumbianische Romancier José Eustacio Rivera die schrecklichen Geschehnisse am Río Putumayo zu dem Roman *La Vorágine*.

Über Sir Roger Casement ist viel geschrieben worden. Er schließt sich nach seiner Rückkehr als Botschafter in Rio de Janeiro nach Europa dem irischen Aufstand an und versucht, ausgerechnet vom Deutschen Reich Waffenhilfe für die Rebellen zu erhalten. 1916 wird er in London als Hochverräter gehängt. 100 Jahre später ziert er als Held des irischen Freiheitskampfes eine Briefmarke der Republik. Nirgends jedoch wird – soviel ich weiß – sein Einfluss auf Balder Olden erwähnt, der 1913, vor dem Aufbruch als Reporter in die deutschen Kolonien in Übersee sowie zur geplanten Eröffnung des den Welthandel strategisch beschleunigenden Panamakanals, mindestens so sehr vom Rohstoff-Imperialismus und von der bemäntelnden zivilisatorischen Mission der Industriestaaten überzeugt gewesen sein dürfte wie Roger Casement bei Antritt seines Dienstes als Diplomat des British Empire. Die im Kongo verbrachten Jahre müssen Casement zutiefst erschüttert haben. Sein Weltbild – Chinua Achebe stellt fest: »Africa is to Europe, as the picture is to Dorian Gray« – dürfte tiefe Risse bekommen haben. Liest man die während seiner Erkundungsreisen im Gebiet des Río Putumayo verfassten Tagebücher, wird man den Eindruck nicht los, Casement habe die globale Dimension von Sklaverei, Zwangsarbeit und Völkermord bereits voll und ganz erkannt. Diesmal aber liegt das Herz der Finsternis nicht in den Kolonien, sondern mitten in der City of London, wo ein beträchtlicher Teil der ökonomischen Potenz des Amazonasbeckens konzentriert ist. Die halbe kolonisierte, geknechtete Welt scheint in den Jahren vor dem Ersten Weltkrieg das Joch der Unterdrückung und der Ausbeutung abwerfen zu wollen.

In Mexiko wird 1911 der mit dem US-amerikanischen Kapital eng verschnürte Präsident Porfirio Díaz durch eine Revolution gestürzt. Roger Casement attackiert auch die Monroe-Doktrin, der zufolge Lateinamerika allein dem Extraktivismus der USA vorbehalten sei. Sowohl im Kongo als auch in Amazonien hat sich für Casement die sogenannte Zivilisation als grauenhafteste Farce entpuppt. Diese Erfahrungen peinigen sein Gewissen. Sie verwandeln ihn zuerst in einen Alarm auslösenden Antikolonialimperialisten und letztendlich in einen aktiven Revolutionär.

Balder Oldens zeitgenössische Leser verstehen sehr gut, dass der Autor der von Roger Casement inspirierten *Paradiese des Teufels* die Nationalsozialisten meint, wenn er Sklaverei und die Henkersknechte kolonialer Terrorherrschaft beschreibt.

Propheten in deutscher Krise

RUDOLF OLDEN GIBT 1932 IM Rowohlt Verlag den Sammelband *Das Wunderbare oder Die Verzauberten. Propheten in deutscher Krise* heraus. Es ist eine symptomatische Annäherung an die Ursachen von Heils- und Geheimlehren, der Erklärungsversuch politischer Fanatismen und Massenpsychosen. In seiner Einleitung, »Über das Wunderbare«, schreibt er: »Es ist in der kurzen Geschichte der deutschen Republik ein so ungeheurer Umschwung vom Rationalen zum Irrationalen geschehen, dass auch der Blinde ihn sehen muss. Natürlich gibt es keine politische Partei, die ohne irrationale Behelfe auskäme; versucht es eine, ist sie bald am Ende ihres Einflusses. Aber das ist vielleicht einzig, wie entschieden und unverkennbar hier und heute sich ein Volk von der ratio weg und dem offen deklarierten Wunder zugewendet hat. Ein Zweifaches ist festzuhalten: mit dem Irrationalen des Mittels verband sich die Wirkung des Persönlichen, um den eminenten Erfolg der Nationalsozialistischen Partei herbeizuführen. Es soll hier keine Kritik des Parteiprogramms unternommen werden. Genug, dieses Programm entstand erst lange nach der Bewegung, und es wurde aufgegeben, lange vor dem Sieg, nicht weil es widerlegt wurde, sondern weil es sich als unvereinbar mit den Interessen wichtiger Anhänger erwies. [...] Als die Partei auf ihr Programm verzichtete, tat ihr das keinen Eintrag. Sondern die Mittel bestanden in der Verstärkung der Methode aller Gemeinschaften: durch Fahnen, Symbole, Uniformen, Marschkolonnen, gleichen Schritt und Musik ein Einheitsgefühl zu verbreiten, das heißt also, aus Individuen eine Masse herzustellen. Das Entscheidende blieb der Einfluss des Führers auf die Masse. Die Klugen werden nun mit einem Lachen der Befreiung ausrufen: Suggestion des großen Redners. Wahrhaftig, sie haben recht. Nur, was ist Suggestion? Warum gelingt sie nicht August Weber [Deutsche Volkspartei] oder [dem Zentrumspolitiker Eduard] Dingeldey, aber wohl Adolf Hitler? Und dann, was ist das: ein großer Redner? Wir sind schon wieder bei Übertragung und Identifizierung angelangt. [...] Wunderbar ist es aber auch, dass es neben den großen Propheten kleine gibt. Warum folgt nicht ein ganzes Volk dem Wundertäter? Er wirkt auf die Hälfte eines Volkes, die andere Hälfte stößt er ab, sie findet ihn lächerlich, mesquin, grotesk. Das ist der Inhalt dieses Buches vom Wunderbaren. Es wird gezeigt, auf wie vielfältige Weise das Wunder in die Erscheinung tritt. [...] Freud hat von der

›Masse zu Zweit‹ gesprochen. […] Bei alledem scheint immer eines gemeinsam: Führer und Geführte teilen mit dem Glauben auch die Eigenschaft, dass die Scheidewand zwischen Bewusstsein und dem, was unter ihm liegt, gelockert ist. Eine Eigenschaft also, die auch Neurosen zu Grunde liegt. Von einer bekannten Nervenheilanstalt ist einmal gesagt worden, der Unterschied zwischen Arzt und Kranken sei nur daran zu erkennen, wer gerade den Schlüssel habe. Aber das gehört auch zum Wunderbaren: dass der Eine den Schlüssel hat und der Andere sich willig einschließen lässt. Politik, – um noch einmal vom Allgemeinen zu sprechen, – könnte man auch dahin definieren, dass sie ein ewiger Kampf zwischen der ratio und dem Wunderbaren ist. In der Krise kommt die ratio ins Gedränge, ihre Waffen, die gerade noch scharf schnitten, sind plötzlich stumpf, der Zweifel frisst an ihr, sie emigriert oder wird eingesperrt. Es ist die Große Zeit. Ist ein Volk satt, sein Gehirn unbelastet, so vermag es wieder seinen Vorteil abzuwägen, die Zeiten werden klein, langweilig und heiter. Gott schenke uns eine kleine Zeit.«[105] In seiner späteren Hitler-Biografie unterstreicht Rudolf Olden: »Die Not hat das irrationale Bedürfnis gelöst, es flottiert im Raum und sucht nach einer neuen Bindung. Der Halt, der sich ihm am eindringlichsten darbietet, der ihm am eifrigsten aufgedrängt wird, ist der Glaube an Hitler.«[106]

Der Glaube allein macht's noch nicht. Was Rudolf Olden in seinen Artikeln im *Berliner Tageblatt* immer wieder enthüllt, ist die Obstruktion der Justiz, ist die Obstruktion internationaler Vereinbarungen, ist fortwährender Rechtsbruch und die strafrechtliche Verfolgung der Aufdeckung des Rechtsbruchs, ist ein äußerst mächtiger Staat im Staat, der sich fast nahtlos aus der OHL (Oberste Heeresleitung), der faktischen Regierung des Deutschen Reiches von 1916 bis 1918, rekrutiert hat. Dieses ins Staatsgefüge festgekrallte Ungeheuer spielt Katz und Maus mit der deutschen Republik. Es ist revanchistisch und hat im Geheimen bereits die Grundlagen für geplante große Rüstungsprojekte geschaffen. Die Industriebarone an der Ruhr versprechen sich davon mächtigen Gewinn und spenden der extremen Rechten, die ihnen gleichzeitig verspricht, die Rechte der Arbeiter drastisch einzuschränken und die in Gewerkschaften und Linksparteien organisierte Arbeiterbewegung zu zerschlagen, schier unbeschränkte Finanzmittel. Der Hugenberg-Konzern hat eine gigantische »deutschnationale Beeinflussungsmaschine« (Rudolf Olden) in Gang gesetzt, die jeden vernünftigen Einwand überdröhnen soll. Als Robert Kempner, der Justiziar der Polizeiabteilung im Preußischen Innenministerium, 1931 einen Antrag auf Verbot der NSDAP und

Abb. 12: Schutzumschlag von *Das Wunderbare oder Die Verzauberten*, hrsg. von Rudolf Olden, Berlin 1932

Strafverfolgung Hitlers stellt, wird dieser abgeblockt. Durch sein beachtliches Netzwerk hat Rudolf Olden Zugriff auf erstklassiges Material, aus dem sich zweifelsfrei erschließen lässt, dass die Ablösung der parlamentarischen Demokratie durch eine faschistische Diktatur geplant, gesteuert und vorbereitet wird.

Rudolf Olden ist in Berlin längst nicht mehr nur als politischer Zeitungsredakteur tätig, sondern fungiert zunehmend auch als unermüdlicher, mit »märchenhaft preußischem Pflichtgefühl« (Gabriele Tergit) im Sinne Immanuel Kants ausgestatteter Strafverteidiger in politisch motivierten Prozessen, als ein »Advokat im Zola'schen Sinne des Wortes«, wie sein alter Freund Lajos Baron Hatvany es formuliert. Er ist einer der Anwälte von Carl von Ossietzky, dem von Reichswehr und Rüstungsindustrie unter Beschuss genommenen Herausgeber der *Weltbühne*. Darin erscheint am 12. März 1929 aus der Feder von Walter Kreiser, einem in Luftfahrtfragen kundigen Journalisten, ein Artikel – *Windiges aus der deutschen Luftfahrt* –, der die Verschwendung von Staatsgeldern in der privaten Fliegerei kritisiert. Obwohl sich die Kritiken hauptsächlich gegen den Etat des Reichsverkehrsministeriums richten, könnten sie auch auf Gelder des Reichswehrministeriums bezogen werden. Die Justiz leitet gegen den Verfasser des Artikels und gegen Carl von Ossietzky als den presserechtlich verantwortlichen Redakteur ein Verfahren wegen Landesverrats und des Verrats militärischer Geheimnisse ein. Als sich die deutsche Regierung weiter nach rechts wendet, erhebt der Oberreichsanwalt Anklage wegen Landesverrats. Das Komplott zwischen Reichswehrministerium und Reichsanwaltschaft wird vollends makaber durch die Anwendung des Spionageparagrafen in der Anklageschrift, um so jedwede öffentliche Erörterung der Anklage zu verhindern. In der Beweisaufnahme sagt der militärische Sachverständige, ein Major des Reichswehrministeriums, aus, eine der in dem Artikel genannten Privatfluggesellschaften sei ein getarnter Bestandteil der Reichswehr. Den Angeklagten wird ihre Versicherung, dass ihnen diese Tatsache nicht bekannt sei, nicht geglaubt. Carl von Ossietzky wird am 10. Mai 1932, nach einem international aufsehenerregenden Prozess, vor dem Strafsenat in Leipzig wegen *Spionage* zu anderthalb Jahren Gefängnis verurteilt. Die französische Zeitung *Le Monde* kommentiert: »Unter dem Vorwand des Verrats will man töten, was von der Freiheit der Presse in der deutschen Republik noch übrig geblieben ist.«

Für Ossietzky steht bei diesem Prozess in erster Linie die Frage zur Debatte, ob die Republik verfassungsmäßig bürgerlich oder militärisch regiert werde. Am 1. Juli 1932 muss sich der Herausgeber der *Weltbühne* außerdem wegen der Äußerung »Sagte ich Mord? Natürlich Mord. Soldaten sind Mörder« von Kurt Tucholsky vor dem Berliner Landgericht wegen »Beleidigung der Armee« verantworten. Kläger ist Reichswehrminister Wilhelm Groener. In seinem Plädoyer zieht Rechtsanwalt Rudolf Olden vergleichbare Äußerungen von Goethe, Kant, Lao-tse, Erasmus von Rotterdam, Friedrich II. von Preußen und anderen Geistesgrößen oder Berühmtheiten heran und erreicht durch die Argumentation, das Wort »Mörder« sei im sittlichen, nicht im juristischen Sinne gebraucht, in diesem Fall den Freispruch Ossietzkys. Der Angeklagte selbst sagt: »Wir Anhänger des Friedens haben die Pflicht, immer wieder darauf hinzuweisen, dass der Krieg nichts Heroisches bedeutet, sondern dass er nur Schrecken und Verzweiflung über die Menschheit bringt.« Gegen Ende Dezember 1932 wird Ossietzky von der Regierung unter Reichskanzler Kurt von Schleicher, die auf der Abrüstungskonferenz in Genf bereits am 11. Dezember die Außerkraftsetzung der militärischen Bestimmungen des Versailler Vertrages und damit die Rüstungsfreiheit in Deutsch-

Abb. 13: Rudolf Olden und Carl von Ossietzky
vor dem Landgericht Berlin, Juli 1932

land erwirkt hatte, in die Weihnachtsamnestie eingeschlossen. Es wird ihm dringend nahegelegt, Deutschland zu seiner eigenen Sicherheit baldmöglichst zu verlassen. Ossietzky lehnt ab.

Zwischen Juni 1930 und 1932 wird das Deutsche Reich von instabilen nationalkonservativen Koalitionsregierungen mittels sukzessiver Notverordnungen regiert, welche oft erst nach ihrem Erlass knappe parlamentarische Mehrheiten finden. Schleichers Amtsvorgänger Reichskanzler Heinrich Brüning macht – so Rudolf Olden – »der Armee und dem Großgrundbesitz jede Konzession, Panzerkreuzer und eine nie dagewesene Steigerung der Getreidezölle kennzeichnen seine Regierung«. Brüning rühme sich, »den Preis des Brotgetreides auf das Zweieinhalbfache des Weltpreises gebracht zu haben«, drücke »die Löhne und die Unterstützung der Arbeitslosen herunter«, während »die Ausfuhr, der Massenkonsum und die industrielle Produktion ständig« zurückgingen und »die Arbeitslosigkeit von Million zu Million« steige.[107] – »Der Reichspräsident [Hindenburg], den manche mit Unrecht für sentimental halten, entließ ihn [Brüning], als seine Offiziere und Gutsnachbarn es forderten. [...] Brüning, der die Demokratie retten wollte, hatte den Reichstag getötet. Alles spielte sich im Dunkel, hinter Vorhängen und zwischen Kulissen ab. Was in den Zeitungen gedruckt wurde, war nur ein schwaches Abbild des wirklichen Geschehens.«

Unter Brünings Nachfolger, Franz von Papen, folgt »die skurrilste Episode der deutschen Geschichte, [...] die Ouvertüre zur faschistischen Diktatur.« Reichskanzler Franz von Papen vermag sein Notverordnungsprogramm nicht mehr durch das Parlament zu bringen, da die SPD im Angesicht von Massenstreiks durch ihre Zustimmung ihre Glaubwürdigkeit vor den eigenen Wählern verspielen würde. Um einem Misstrauensvotum zu entgehen, löst von Papen das Parlament auf. Im November 1932 finden erneut Parlamentswahlen statt. Die NSDAP verliert zwei Millionen Stimmen und 35 Mandate. »Die nationalsozialistische Partei war über den Kamm ihres Erfolges hinaus. [...] Die Erfolgskurve war phantastisch gewesen, aber mehr als ein Drittel der Nation, das musste ein klarer Blick erkennen, war nicht zu gewinnen.« Der Kölner Bankier Kurt Freiherr von Schröder, der seit einem Jahr unter den Industriellen am Rhein und an der Ruhr als Werber für Hitler auftritt, schätzt die kurzfristige Verschuldung der Nazi-Partei zu diesem Zeitpunkt auf 13 bis 30 Millionen Reichsmark. »Ohne Geld keine Propaganda, keine Zeitungen, keine Autos und Gehälter für die Tausende Unterführer, keine SA und SS, keine Braunen Häuser, keine Uniformen, keine Revolver.« Am 4. Januar 1933 wird Franz von Papen in Bad Godesberg fotografiert, als er die unter strenger Geheimhaltung verabredete Zusammenkunft zwischen Baron von Schröder und Adolf Hitler verlässt. Thema ist: Der neue »Reichskanzler von Schleicher muss stürzen. Wie kann Hitler dann zum Zuge kommen?«[108]

Mitte Januar 1933 haben sich die Finanzen der NSDAP plötzlich gebessert. »Die Schwerindustrie hatte wohl ursprünglich die braunen Hemden nur bezahlt, um ein Gegengewicht gegen die Arbeiterklasse zu schaffen, und sie hatte nicht daran gedacht, den Mann regieren zu lassen, den sie aushielt. [...] Aber derselbe Papen, der Hitlers Subventionierung durch die Industrie bedrohte, als er selbst regierte, hatte die Verbindung zwischen ihr und Hitler wieder hergestellt. Von Schleicher hatte ihn gestürzt, er wollte von Schleicher stürzen.« Am 9. Januar 1933 erbittet und erhält Franz von Papen von Reichspräsident Hindenburg dessen Einverständnis, hinter dem Rücken des Reichskanzlers Kurt von Schleicher mit Hitler über eine Neubildung

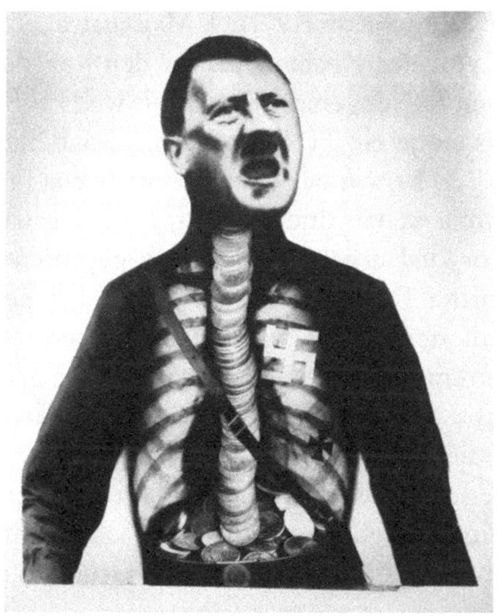

Abb. 14: John Heartfield: Hitler

der Regierung zu verhandeln. Am 22. Januar ziehen 10.000 Angehörige der SA vor der Parteizentrale der KPD auf, während am selben Tag Adolf Hitler mit dem Sohn des noch immer zögernden Reichspräsidenten Hindenburg, Oskar von Hindenburg, in Funktion des Adjutanten, zusammentrifft, welcher von anderer Seite bekniet wird, dem »böhmischen Gefreiten«, der »kein Herr« sei, »den sein Äußeres wie seine Umgangsformen [...] als subaltern« qualifizierten, die Schlüsselgewalt über das Amt des Reichskanzlers zu versagen. Rudolf Olden wird in seiner Analyse nicht dem allzu simplifizierenden Trugschluss von Gottfried Reinhold Treviranus, deutschnationaler Minister im Kabinett Brüning, folgen, der 1968 rückblickend in *Das Ende von Weimar* schreibt: »[Das] Amoklaufen Hitlers, das sich in der Natur dieses Vorganges nicht seismographisch vorher aufzeichnen lässt, wurde erst durch die Schwabenstreiche eines Dutzends Männer, die zur Machtüberlassung führten, überhaupt ermöglicht.«[109] Einer solchen Trivialisierung steht Rudolf Oldens Analyse entgegen: »In diesen Tagen gab es in Deutschland das nicht mehr, was man Politik zu nennen pflegt. An die Stelle des Reichstags und der offenen Aussprache in den Zeitungen war etwas ganz anderes getreten, das man unter [König] Friedrich Wilhelm III. [von Preußen] das Kabinett nannte, unter [Kaiser] Wilhelm II. die Camarilla und jetzt ›das Palais‹. Das Palais, das ist die Amtswohnung des Reichspräsidenten von Hindenburg in der Wilhelmstraße. [...] Man hatte in seltsamem Zusammenwirken von der Rechten bis zu den Sozialdemokraten aus Hindenburg einen Kaiser gemacht, aber mit weit größerer Machtvollkommenheit, als sie je ein Hohenzollernkaiser besaß. [...] Hindenburg ist Junker. [...] Es war der letzte Versuch, das Junkertum zu retten, aus dem Kanzlerschaft und Diktatur Hitlers erwuchsen.«[110]

Denselben Vorwurf erhebt Hans Jacob gegenüber dem früheren Reichsinnenminister Rudolf Breitscheid, als sich beide im Februar 1940 zufällig auf der Polizeipräfektur von Paris wiederbegegnen: »Die Sozialdemokratie hat in meinen Augen eine geradezu tragische Schuld am Aufstieg der Nationalsozialisten [...]. Sie, Herr Dr. Breitscheid, sind an dieser historischen Schuld ihrer Partei, in stärkstem Maaße beteiligt. Ich habe Ihnen dieses bereits in Berlin zur Zeit des Kabinetts Brüning gesagt, als Sie die Schwäche Ihrer Partei und Ihr ewiges Nachgeben und Manövrieren mit ›Gründen der Staatsräson‹ rechtfertigten.«[111]

Das Parlament in Flammen

AM 30. JANUAR 1933 IST es so weit. Der »Held von Tannenberg«, Reichspräsident Paul von Hindenburg, ernennt den früheren Reichswehr-Gefreiten Adolf Hitler aus Braunau am Inn zum Kanzler des Deutschen Reiches. Hindenburg »ging schlafen in dem Bewusstsein, nach seinem Eid gehandelt zu haben. Stets und diesmal wieder hatte er sich geweigert, eine Diktatur zu errichten. Er hatte einen parlamentarischen Kanzler ernannt. Der sollte sehen, ob ihm das Volk die Mehrheit gab. Bei allen Schritten hatte er die Billigung von Professoren des Staatsrechts, höchst gelehrten Fachmännern, so des berühmten Carl Schmitt, erfahren.«[112]

Rudolf Olden erhält die Schreckensnachricht während der letzten Berliner Mitgliederversammlung der *Liga für Menschenrechte.* Auf dem Heimweg vom Monbijouplatz in seine Wohnung in der Genthiner Straße schaudert ihn vor dem bedrückenden Bild der Straßen, auf denen ihm Gesichter mit Zügen von widerwärtiger Gemeinheit, Rohheit und Brutalität begegnen. Aus den Kehlen siegestrunkener, fackelbewehrter Braunhemden schlägt ihm abertausendfach frenetisches Gegröle entgegen: »›Wenn das Judenblut vom Messer spritzt, dann geht's nochmal so gut!‹«

Eine geplante Versammlung der *Deutschen Liga für Menschenrechte* am 3. Februar 1933 im Berliner Beethoven-Saal, auf der Carl von Ossietzky sprechen soll, wird auf Grund einer der fadenscheinigen Notverordnungen verboten. Daraufhin überlegt die Vereinigung, einen Kongress zur Verteidigung der gefährdeten oder bereits per Notverordnungen kassierten, doch prinzipiell unveräußerlichen Freiheits- und Menschenrechte einzuberufen. Das Büro der *Liga* übernimmt die Vorarbeit, obgleich die gesamte Veranstaltungspost vorsichtshalber über die Privatadresse von Rudolf Olden läuft. Im Sinne des Versammlungsrechts gilt er als der Einberufer und Organisator dieser letzten überparteilichen Veranstaltung der Weimarer Republik im Festsaal der Kroll-Oper am Königsplatz in Tiergarten. Rudolf Olden ist längst einer der bekanntesten Strafverteidiger der Stadt, dem man nur schwerlich einen bewussten Verstoß gegen das geltende Vereinsgesetz unterstellen kann. Sein Name genießt hohes Ansehen und soll ein mögliches Verbot durch die Polizei verhindern. Olden unterschreibt die Einladungen an Käthe Kollwitz und Albert Einstein. Die Bildhauerin sitzt am 19. Februar 1933 im Präsidium des Kongresses.

Einstein befindet sich bereits im Ausland, er wünscht telegrafisch Gelingen und Erfolg. Nahezu tausend Persönlichkeiten des öffentlichen Lebens, Journalisten, Künstler, Wissenschaftler plädierten und protestierten leidenschaftlich gegen den drohenden Verlust der von Generationen von Menschen mühsamst erkämpften, in der Verfassung der Republik verbrieften Freiheitsrechte. Wie zum Trotz steht der von Rudolf Olden in Berlin einberufene Kongress unter der Überschrift »Das freie Wort«. Grundlos wird die Veranstaltung durch die Polizei aufgelöst. Zwei Tage zuvor, am 17. Februar 1933, hatten Ernst Toller, Erich Mühsam, Carl von Ossietzky und Rudolf Olden noch auf der letzten Berliner Veranstaltung des *Schutzverbandes Deutscher Schriftsteller* gesprochen: »›Wir werden uns wahrscheinlich nicht mehr wiedersehen‹, sagte Ossietzky, ›aber in dieser Stunde, in der wir zum letzten Mal zusammenkommen, wollen wir uns eines geloben: nämlich, uns selber treu zu bleiben und mit unserer Person und unserem Leben für das einzustehen, woran wir geglaubt und wofür wir gekämpft haben.‹«[113]

Balder Olden kommentiert später: »Ich sah ihn mit entsetzten Augen noch entstehen, diesen Garten der Qualen: Deutsches Reich. Auf offener Straße droschen die Totschläger der SA Menschenschädel zu Trümmern, Zuchthäusler wurden Polizeibeamte, jedes Haus, in dem man sich schlafen legte, konnte über Nacht zur Todesfalle werden. Mit jedem Wort des Protestes sprach man sich selbst das Urteil. Was die eigenen Augen gesehen hatten, durfte der Mund nicht wiedergeben.«[114]

In der Nacht vom 27. auf den 28. Februar 1933 schlagen Flammen aus der Kuppel des Reichstags. Wenige Stunden später werden Notstandsgesetze verkündet und sämtliche bürgerlichen Freiheitsrechte aufgehoben. Die Kommunisten werden der Brandstiftung beschuldigt und die öffentliche Meinung mit absichtlich falschen Informationen überrollt. Hitler fordert, alle Kommunisten zu erhängen. Noch in derselben Nacht wird eine riesige Verhaftungswelle in Gang gesetzt. Der KPD werden ihre 81 Reichstagsmandate willkürlich entzogen, ihre Parlamentarier verhaftet. Bereits am Nachmittag des 28. Februar unterschreibt Reichspräsident Hindenburg das Todesurteil der Weimarer Verfassung. Ohne die Abgeordneten der ausgeschalteten KPD, ohne verfassungsrechtlich garantierte persönliche Freiheitsrechte schafft sich das eingeschüchterte Rumpfparlament nach den Wahlen vom 5. März 1933, durch die Zustimmung der bürgerlichen Parteien – im Chor mit Rechtsnationalisten und der NSDAP –, mittels des ungeheuerlichen »Ermächtigungsgesetzes« selbst ab. Die SPD kann sich allein nicht mehr wehren und wird überstimmt. Aber auch die der parlamentarischen Demokratie mit nur mäßiger Überzeugung verschriebenen bürgerlichen Parteien können nicht überleben, wenn die Versammlungsfreiheit abgeschafft, alle Vertrauensleute bespitzelt, die telefonische Kommunikation überwacht und das Postgeheimnis gebrochen werden.

Hermann Göring sagt auf einer NSDAP-Veranstaltung am 3. März 1933: »Ich habe keine Gerechtigkeit auszuüben, sondern nur zu vernichten und auszurotten [...] Das wird ein Kampf sein gegen das Chaos, und diesen Kampf werde ich nicht nur mit polizeilichen Mitteln führen. Das hätte ein bürgerlicher Staat getan [...].«[115]

Die Odyssee der Geschwister Olden

Exil in Prag, Paris und London

Ich lebte still und harmlos – Das Geschoss
War auf des Waldes Tiere nur gerichtet
Meine Gedanken waren rein von Mord –
Du hast aus meinem Frieden mich heraus
Geschreckt, in gärend Drachengift hast du
Die Milch der frommen Denkart mir verwandelt

(Friedrich Schiller: *Wilhelm Tell*,
von Balder Olden *Mir wäre nichts*
Besonderes passiert vorausgeschickt)

BEIDE BRÜDER OLDEN BEFINDEN SICH unmittelbar nach dem Reichstagsbrand in Gefahr, Opfer des nun staatlich dirigierten Terrors zu werden. Rudolf Olden wird sofort – noch während der Reichstag in Flammen steht und überall Menschen festgenommen werden – durch mehrere nächtliche Telefonanrufe dringend davor gewarnt, am nächsten Tag nach einem Gerichtstermin in seine Wohnung zurückzukehren. Er trifft Vorkehrungen zur Flucht. Vor Gericht wird ihm die Nachricht überbracht, dass er von der Gestapo beim Kammergericht, wo er gewöhnlich plädiert, erwartet werde. Auch seine Wohnung werde bereits überwacht. Rudolf Olden bringt seinen Fall zu Ende, lässt seine junge Lebensgefährtin Ika Halpern benachrichtigen, übernachtet bei Freunden und fährt nach München.[1] Dort leiht er sich Skier und flüchtet damit über den Böhmerwald in die Tschechoslowakei.

Sieben Jahre sind vergangen, seit Rudolf Olden von Theodor Wolff aus Wien nach Berlin geholt und durch seine Leitartikel für das liberale *Berliner Tageblatt* sowie Beiträge zur *Weltbühne* so bekannt geworden ist, dass er von Kurt Tucholsky als einer der etwa zweihundert wirklich bedeutenden Persönlichkeiten in Berlin bezeichnet wird. Vor allem dass er als einer der Verteidiger in den beiden Prozessen gegen den Herausgeber der aufklärerischen, antimilitaristischen *Weltbühne*, Carl von Ossietzky, aufgetreten war, macht ihn zur Zielscheibe für die Nazis.

In Prag hält es Rudolf Olden gerade so lange, wie er für die Veröffentlichung seiner aufklärerisch-kämpferischen Broschüre *Hitler der Eroberer. Die Entlarvung einer Legende* benötigt. Im Frühsommer 1933 ist es die erste Publikation des Berliner Malik-Verlags im tschechoslowakischen Exil. Der komprimierte Abriss der wahren

Hintergründe für den Zusammenbruch der Weimarer Republik wird in 6.000 Exemplaren gedruckt und bald in mehrere Sprachen übersetzt.

Der Schwester teilt Rudolf Olden am 13. Mai 1933 mit: »Am Sonntag soll man nicht durch Österreich, alles ist so unsicher, aber Montag früh starten wir [Ika Halpern und Rudolf]. Ich denke über Genf, wo ich gern bei dem Völkerbund hören will, was sich tut.«[2] Am 18. Mai schickt er aus der Schweiz eine Postkarte nach Frankreich: »Liebste Ilse! Ich habe noch ein paar Besprechungen in der Schweiz (Genf). Dann komme ich gleich, ich freue mich sehr darauf. Tirol war erschütternd durch die vollkommene Einheitlichkeit der Gesinnung, die überall hervortrat. Das alles hält sich nicht lang mehr.«[3] – Am selben Tag schreibt er Ilse auch einen Brief: »Alle die hierher und nach Wien kamen, waren eine Zeit lang ungemein vergnügt. Aber der Ernst des Lebens beginnt langsam für die Emigration. Dass Österreich ein zweifelhafter Faktor geworden ist, trägt viel dazu bei. Übrigens bin ich kein Emigrant. D.h. ich möchte es noch nicht sein. Nur dass man nicht genau weiß, wann zurückkehren. [...] Wann ich komme? Ach, es ist weit, und ich muss schauen irgend eine Arbeit zu tun. Nach der Gewohnheit der Familie habe ich keine Schätze angesammelt [...]. Meine Adresse ist vorläufig c. ›*Der Tag*‹ Wien IX. Canisiusgasse 8 (Canisius ist ein Heiliger.) Ist Carlo [Graf Seilern] dort?«[4]

Zu Beginn der NS-Herrschaft wollen nicht wenige Emigranten – selbst wider besseres Wissen – glauben, ein Hitler würde sich nicht länger als ein paar Monate an der Macht halten können.

Nach dem Besuch in Wien schreibt Rudolf Olden am 14. April 1933 aus der Pension Flora in Prag an seine Schwester in Roquebrune: »Es ist richtig anständig und generös von Carlo, dass er mir helfen will, und ich danke ihm vielmals. [...] Wir möchten möglichst bald nach dem Westen fahren. Vor allem, ehe Österreich gefährlich wird. Danke Dir tausendmal für die Einladung. Wir kommen, sobald wir können. Auch das ist eine Geldfrage. Meine Schuldner, wie gesagt, zahlen so furchtbar ungern. Sie schreiben sogar nicht gern, und es scheint auch nicht einfach zu sein, in Deutschland zu prozessieren. Ich müsste gleich etwas bekommen, um hier abhauen zu können. (Wir sind arme Flüchtlinge.) [...] Ich glaube, ich werde bald in England etwas zu tun haben. Hast Du ein Radio? Ich stelle mir vor, dass das ein ausgezeichnetes Lehrmittel ist.«[5]

Am 21. April 1933 zeigt sich Rudolf Olden in einem weiteren Brief an seine Schwester besorgt darüber, ob ihnen in Zukunft gültige Reisedokumente zur Verfügung stehen werden: »Es würde sicher

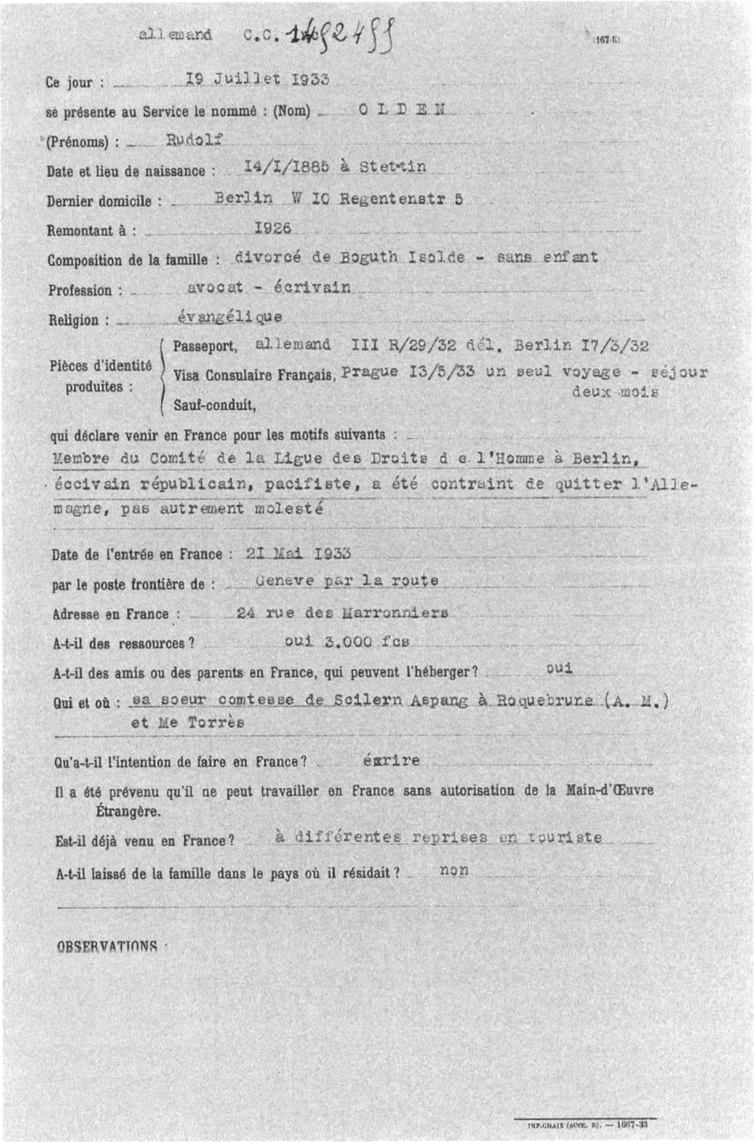

allemand C.C. 1462455 (167-E)

Ce jour : 19 Juillet 1933

se présente au Service le nommé : (Nom) O L D E N

(Prénoms) : Rudolf

Date et lieu de naissance : 14/I/1885 à Stettin

Dernier domicile : Berlin W 10 Regentenstr 5

Remontant à : 1926

Composition de la famille : divorcé de Boguth Isolde - sans enfant

Profession : avocat - écrivain

Religion : évangélique

Pièces d'identité produites :
Passeport, allemand III R/29/32 dél. Berlin 17/3/32
Visa Consulaire Français, Prague 13/5/33 un seul voyage - séjour deux mois
Sauf-conduit,

qui déclare venir en France pour les motifs suivants : Membre du Comité de la Ligue des Droits de l'Homme à Berlin, écrivain républicain, pacifiste, a été contraint de quitter l'Allemagne, pas autrement molesté

Date de l'entrée en France : 21 Mai 1933

par le poste frontière de : Geneve par la route

Adresse en France : 24 rue des Marronniers

A-t-il des ressources ? oui 3.000 fcs

A-t-il des amis ou des parents en France, qui peuvent l'héberger ? oui

Qui et où : sa soeur comtesse de Scilern Aspang à Roquebrune (A. M.) et Me Torrès

Qu'a-t-il l'intention de faire en France ? écrire

Il a été prévenu qu'il ne peut travailler en France sans autorisation de la Main-d'Œuvre Étrangère.

Est-il déjà venu en France ? à différentes reprises en touriste

A-t-il laissé de la famille dans le pays où il résidait ? non

OBSERVATIONS :

IMP. CHAIX (SUCC. B). — 1667-33

Abb. 15: Visumsantrag von Rudolf Olden für Frankreich, Prag, 13.5.1933

gut sein, sich möglichst bald um eine andere Staatsbürgerschaft umzusehen. Mit Sicherheit werden die Deutschen in Bälde die Pässe der Emigranten ungültig machen, indem sie – nach russischem Muster – eine Erneuerungspflicht einführen. Nun hat Elsa [Elisabeth Fürstin von Liechtenstein] gerade jetzt eine Einbürgerungssperre verhängt, – aber doch nur gegen die Kapitalflüchtlinge. Leider bin ich keiner! Glaubst Du, sie würde mich vielleicht aufnehmen? Ich will ihr ein treuer Untertan sein, sie auch nicht im Land stören und gern überall Land und Dynastie gegen ungerechte Vorwürfe verteidigen. Es wäre sehr freundlich von Dir, wenn Du sie fragtest. Ist es notwendig, so könnte ich auf der Durchreise meinem neuen Vaterland die Reverenz erweisen. Sehr dankbar werde ich Dir für eine baldige Antwort sein. Wir möchten gern reisen, sowie es geht. – Balder ist derzeit hier. Fährt aber wahrscheinlich gleich nach Wien weiter. Das Semester fängt hier früher an, und Primavera kann nicht mehr immatrikuliert werden.«[6] – Aus der erhofften liechtensteinischen Staatsbürgerschaft wird nichts, aber tatsächlich öffnet der seit 1929 regierende Fürst Franz I. von Liechtenstein, der Gemahl der Wiener Bankierstochter Elisabeth von Gutmann, seine Schatulle und lässt weder Rudolf noch Balder Olden in der ärgsten Not im Stich. Rudolf Oldens Reise nach dem Westen kann beginnen, nachdem ihm das französische Konsulat in Prag am 13. Mai ein Aufenthaltsvisum von zwei Monaten bewilligt hat.

Wahrscheinlich noch in Genf skizziert Rudolf Olden unter dem Titel *Die jüdische Leistung in Deutschland* einen nie zustande gekommenen Sammelband mit Beiträgen von Albert Einstein bis Sigmund Freud, der rechtzeitig zu Beginn des dritten Vorbereitenden Jüdischen Weltkongresses im August 1934 in Genf vorliegen sollte.[7] Ob Rudolf Olden in Genf auch versucht hat, eine Anstellung beim Völkerbund zu finden? Jedenfalls war er seit langem gut mit dem österreichischen Diplomaten Egon Ranshofen-Wertheimer bekannt, der seit 1930 als Abteilungsleiter des Völkerbundes arbeitete. Alle (modernen) Vorkriegszeiten sind bereits von argwöhnischer Überwachung und putativer (Brief-)Zensur beherrscht.

Zurückhaltend schreibt Rudolf in seinem Dankesbrief an Ilse vom 23. Mai: »Tausend Dank für die 1000 Francs. Ich möchte schon dauernd so ganz zu Dir fahren. Aber es ist etwas Eventuelles mit einem Jahr, das mich hier festhält. Vielleicht wird es denn doch nichts sein.«[8] Aus dem Genfer »Eventuellen« wird nichts, aber dafür kommt es endlich zum lang ersehnten Wiedersehen der beiden Geschwister in Südfrankreich. – Am 6. Juni 1933 schreibt Rudolf der Schwester dann aus Paris: »Hab tausend Dank für die gute Zeit. Es war mir schrecklich leid, dass ich nicht länger bleiben konnte. [...] Hier sind hauptsächlich Emigranten, denen es mehr oder weniger schlecht geht. Manche sollen schon unter Brücken schlafen. Aber die Mehrzahl zehrt an irgendwelchen Resten. Ich will nichts Empfehlendes von der großen Stadt sagen, die man immer fliehen möchte, wenn man in ihr ist, – aber sie bietet Anregungen, traurige und manchmal fröhliche. Ich möchte bald nach Oxford gehen, mich für drei Monate verstecken und endgültig englisch lernen.«[9]

Nach dem erzwungenen Rücktritt des Berliner Kammergerichtspräsidenten Eduard Tigges wird am 26. Juni 1933 angezeigt, dass »die Zulassung des Rechtsanwalts Rudolf Olden, Berlin, zur Rechtsanwaltschaft bei dem Kammergericht [...] gemäß des Gesetzes über die Zulassung zur Rechtsanwaltschaft vom 7. April 1933 [...] zurückgenommen [wird], weil er sich *im kommunistischen Sinne* betätigt hat.«[10] Dabei handelt es sich um eine Art Berufsverbotsvordruck. Im Formular hätte auch angekreuzt werden können, »weil er nicht arischer Abstammung ist«. Inzwischen haben, am 10. Mai 1933, nationalsozialistische Studenten und Professoren auf dem Opernplatz in Berlin, auf dem Römerberg in Frankfurt, auf dem Königsplatz in München, vor dem Zwinger in Dresden und an anderen namhaften Orten in Deutschland Scheiterhaufen errichtet, um Bücher und kritische Gedanken zu verbrennen. Heinrich Heine hatte es bereits in *Almansor* prophezeit: »Das war ein Vorspiel nur, dort wo man Bücher verbrennt, verbrennt man auch am Ende Menschen.« Der antisemitische Mob tobt und bringt sich auf den Straßen Deutschlands in blutige Rage.

Rudolf Oldens Weiterreise von Paris nach England verzögert sich indes, wie er der Schwester am 4. Juli mitteilt: »Man hat mir noch eine andere jüdische Arbeit angeboten, ob ich sie annehme, entscheidet sich übermorgen. Wahrscheinlich ja, – nur dann habe ich noch mindestens zwei Monate hier zu tun. Wann werde ich endlich nach England gelangen?«[11]

Am 6. Juli folgt Ika Halpern ihrem Verlobten mit dem Flugzeug nach Paris. Gegenüber der Ausländerbehörde erklärt sie am 31. Juli, sie könne als Jüdin nicht mehr in Deutschland leben, zumal sie mit einem aus Deutschland nach Frankreich geflüchteten Israeliten verlobt sei.[12] Auf die Frage, was sie in Frankreich zu tun vorhabe, antwortet sie knapp: »études«, also Studien. Ein neues Projekt kommt zustande, und so erarbeiten Rudolf Olden und Ika Halpern, auf dem Weg von Prag nach London, in Paris für das *Comité des Délégations*

Juives das sehr wichtige *Schwarzbuch Tatsachen und Dokumente zur Lage der Juden in Deutschland.* Es ist eine erschütternde Dokumentation der unmittelbar nach der Machtübernahme Hitlers erfolgten entfesselten Diskriminierung und Verfolgung jüdischer Bürger in Deutschland. Bis Ende des Jahres 1933 sind bereits sechzig- bis fünfundsechzigtausend Menschen aus Nazideutschland geflüchtet. Unter ihnen werden zehn- bis zwölftausend politische Flüchtlinge gezählt. Bei der Mehrzahl der ihrer Existenz beraubten Menschen handelt es sich um unpolitische Opfer des Hitler'schen Rassenwahns, jüdische Anwälte, Ärzte, Gelehrte, Geschäftsleute, Unternehmer, brave Bürger also, die sich in erster Linie als »gute Deutsche« empfanden, dem Antifaschismus mehr oder weniger unbedarft gegenüberstanden, 1933 vielleicht sogar einen Mussolini akzeptiert hätten und gerne in Deutschland geblieben wären. Balder und Rudolf Olden hingegen können und wollen auch nicht zurück ins Deutsche Reich.

Die Ausländerbehörde Frankreichs zeigt sich zunächst skeptisch. Ende November 1933 fordert sie das Außenministerium auf, über ihre Vertretung in Berlin Auskünfte über Rudolf Olden einzuholen: »Es hat den Anschein, als ob ausschließlich unsere Botschaft in Berlin dazu qualifiziert wäre, genaue Auskünfte über den Antragsteller, dessen Familie und insbesondere die Umstände, unter denen er Deutschland verlassen hat, zu erteilen.«[13] Das Außenministerium antwortet am 31. Januar 1934, man habe in Berlin nur Exzellentes über Olden in Erfahrung bringen können, und empfiehlt, ihm zu gestatten, sich in Frankreich fest niederzulassen. Die Sache hat nur einen Haken, wie aus dem Bewilligungsschreiben des Innenministers an den Préfet de Police hervorgeht: Olden darf nur in Frankreich bleiben, sofern er keiner bezahlten Beschäftigung nachgeht. Aber wovon soll Rudolf Olden leben, wenn er keine Brotarbeit annehmen darf, auch wenn der französische Konsul in Berlin in einem Schreiben an den französischen Außenminister vom 7. März 1934 noch so Wohlmeinendes anhängt? »Rudolf Olden ist für seine den Frieden bejahenden, Frankreich wohlgesinnten Beiträge im *Berliner Tageblatt* bekannt«, wird ihm attestiert.[14] Zu diesem Zeitpunkt haben Rudolf und seine Verlobte Ika Halpern – sie haben am 11. November 1933 englischen Boden betreten – ihre Zelte längst in London aufgeschlagen.

Als Hubertus Prinz zu Löwenstein im damals französisch verwalteten Saarland, dem im Januar 1935 eine Volksabstimmung über die Frage des Anschlusses an das Deutsche Reich bevorsteht, die Wo-

Abb. 16: Ika Halpern-Olden

chenzeitung *Das Reich* gründet, hauptsächlich um von Saarbrücken aus vor den Schandtaten der Nazis und ihren Kriegsplänen zu warnen, ernennt er Rudolf Olden zum Chefredakteur. Es erscheinen insgesamt nur vier Ausgaben. Nachdem die Saarländer in der Volksabstimmung zu neunzig Prozent für den Anschluss ans Deutsche Reich gestimmt haben, können Rudolf Olden und Prinz zu Löwenstein gerade noch rechtzeitig unversehrt aus dem Saarland herauskommen. Olden zieht ein ernüchterndes Resümee: »Ich bin weit entfernt davon, zu behaupten, die Anti-Hitlerianer würden gesiegt haben, wenn sie nicht den vergeblichen Versuch unternommen hätten, die Nationalisten mit Nationalismus zu übertrumpfen. Trotzdem war es, glaube ich, notwendig, der zum Überdruss demonstrierten nationalen Macht den sozialistischen und christlichen Geist entgegenzusetzen; auszusprechen und zu bewähren, dass es höhere Werte gibt als die Nation, dass die Freiheit der Überzeugung und des Glaubens über der Zusammengehörigkeit mit Sprachgenossen steht. Der Papst [Pius XI., 1937 Verfasser der Enzyklika *Mit brennender Sorge*] hat es wenigstens theoretisch ausgesprochen […]. Sonst niemand! Wären die Politiker diesen Weg gegangen, so hätte die Saarwahl der Beginn eines neuen, besseren Kampfes sein können. So war sie nur das Rückzugsgefecht in einem längst verlorenen Krieg.«[15]

Wehmütig, aber kämpferisch erinnert Rudolf Olden seine Schwester in einem Brief aus Saarbrücken an die unbeschwerten Jahre ihrer Kindheit in der Belle Époque, denen gegenüber die Gegenwart wie ein grausiges Spektakel irrsinnig gewordener Gespenster anmutet: »Was für ein Glück waren die berüchtigten 80er Jahre gegen heute (nebbich)! Es ist eine unruhige, böse Zeit und Sir Oswald [Mosley, der Führer der British Union of Fascists] wird sie nicht bessern. (Er ist auch eher ein Nebbich.)«[16] Ungeachtet dessen halten Rudolf und Ika an ihren Plänen fest, nach dem saarländischen Abenteuer wieder nach Großbritannien zurückzukehren.

Als Hitler im Jahr darauf – 1935 – im Deutschen Reich die allgemeine Wehrpflicht dekretiert, ist nicht mehr zu übersehen, dass die Kriegsvorbereitungen des Deutschen Reiches ernsthaft begonnen haben. Balder Olden sagt: »Ich wusste längst, dass Hitler von all seinen Versprechungen nur die Greuel wahrmachen würde, weil sie das einzige waren, was er wahrmachen konnte. [...] Zehntausende der tapfersten Deutschen zur Dauerfolter verdammen, den Geist in Eisen legen, sechshunderttausend Juden unter grässlichster Seelenpein in den Hungertod treiben, Galgen und Schafotte über das Reich hinsäen, Inquisitionskammern in jedem Marktflecken des Landes errichten, die Hochschulen in Kasernen verwandeln, die Freunde des internationalen Friedens zu Feinden der Nation und vogelfrei erklären, zarte Kinder beim ABC zu Mördern und Folterknechten erziehen, aus der deutschen Justiz, die seit langem erbärmlich krankte, eine grauenhaft stinkende Leiche machen – diesen ganzen Teil seines Programms, das in den Boxheimer Dokumenten[17] festlag, konnte er im Handumdrehen ausführen.«[18]

Balder Oldens Bruder Rudolf meint seit Langem erkannt zu haben, dass Hitler nichts anderes sei als der Vollstrecker des Willens der altpreußischen Herrenklasse, für welche der Hauptzweck des Staates die Armee sei.[19] Er glaubt voraussehen zu können, dass jene alte Herrenklasse im Großen und Ganzen auch im Offizierskorps des Dritten Reiches bestehen könne – ein Urteil das sich bis zum vorletzten Jahr der monströsen Tyrannei auch bestätigt hat.[20] Nicht bestätigt hat sich seine Vorhersage, dass die Führer der nationalsozialistischen Massenbewegung sich dieser alten Herrenklasse angleichen und alle Unassimilierbaren ausscheiden würden, so wie sie es 1813 und 1860 getan haben. Hitler mag sich zwar lang vor der sogenannten Machtergrei-

Abb. 17: Rudolf Olden (li.) bei der Abreise nach Großbritannien, undatiertes Foto

fung als ihr vermeintlicher »Agent der Macht« entpuppt haben, es stellt sich jedoch bald heraus, dass die Pöbelherrschaft – Ochlokratie nannten die alten Griechen das kurze Zwischenstadium auf dem Weg von der Demokratie zur Tyrannis – der nicht assimilierbaren Herrenklasse an den Kragen gehen würde.

Rudolf Olden beginnt gleich nach seiner Ankunft in London, für eine ausführliche Biografie über Adolf Hitler zu recherchieren. Bereits als er in Prag war, war seine vierzigseitige Broschüre, mit dem Titel *Hitler der Eroberer. Die Entlarvung einer Legende*, in 6.000 Exemplaren anonym – »ein deutscher Politiker« wird als Autor genannt – in Wieland Herzfeldes exiliertem Malik-Verlag erschienen und kurz darauf in sieben Sprachen übersetzt. Seine Intention war, die Öffentlichkeit über die wahren, hinter der »Machtergreifung« stehenden Interessen aufzuklären und Alarm schlagend ins Zeitgeschehen einzugreifen. Die roten Fäden der Arbeitshypothese von Hitler als »Agenten der Macht« sind die von Rudolf Olden über Jahre hinweg investigativ recherchierten Verbindungen seines durch die Reichswehr protegierten Aufstiegs. Er sei »das Kind der Reichswehr« schlechthin, das »Werkzeug« ihrer Interessen. Mit Hilfe seines wesentlich jüngeren, 1905 als Sohn von Hans Olden und dessen dritter

Ehefrau Marie Latzel geborenen Bruders, Peter Olden, der 1929 mit einem Stipendium für Geschichtsstudien in die USA ging und dort blieb, fährt er fort, in Österreich Zeugen jeder Art, Bekannte, Kindheitsfreunde, Verwandte aus dem Leben des jungen Adolf Hitler zu befragen. Einer der Zeugen ist der in Paris im Exil lebende Hauptmann Karl Mayr (der im Februar 1945 im KZ Buchenwald sterben wird), der 1919/20 als Leiter der Nachrichtenabteilung des Münchner Wehrkreiskommandos Hitler den Befehl gab, die zu der Zeit noch winzige Deutsche Arbeiterpartei, die Keimzelle der NSDAP, auszuspionieren. Peter Olden stellt in Wien in mühsamer Detektivarbeit Nachforschungen über einen der am strengsten zensierten Lebensabschnitte Hitlers an: dessen elendige Jahre im Wiener Männerasyl.[21] Das unter anderem auf diesen Recherchen basierende Buch von Rudolf Olden birgt brisantes Material zur Biografie des deutschen Diktators – ein nicht ungefährliches Unterfangen. In Berlin durchsucht die Gestapo auch prompt die Wohnung von Peter Oldens Mutter. Dieser wird von dem amerikanischen Botschafter in Berlin, dem Historiker William E. Dodd, den er noch als Professor an der University of Chicago kennengelernt hatte, darauf hingewiesen, dass die Aktion eigentlich ihm gegolten habe.

Auch Balder Olden emigriert nach dem Reichstagsbrand unverzüglich in die Tschechoslowakei. Am 13. März 1933 sucht er zunächst in der spanischen Botschaft in Berlin Schutz. Eine alte Freundschaft verbindet ihn mit Luis Araquistáin – 1911 sein Kollege als Journalist in Madrid und nun, während der Zweiten Republik, dem sozialistischen Regierungschef Largo Caballero eng verbundener Politiker –, der von 1932 bis 1936 die Republik Spanien als Botschafter in Berlin vertritt. »Mitten in Berlin plötzlich auf spanischem Boden stehen – das war ein Gefühl! Und solche Freundschaft zu finden!«[22], teilt er seiner Schwester in einem Brief aus Karlsbad vom 21. März begeistert mit. Trudi Araquistáin, die Schweizer Ehefrau des Diplomaten, geleitet Balder Olden und seine Lebensgefährtin Margaret Kershaw im Wagen des Botschafters persönlich über Aussig nach Karlsbad. Als sie die Grenze überqueren, sehen sie bereits Namen und Bild von Rudolf Olden auf der an der Grenzstation angeschlagenen Fahndungsliste stehen. Im Brief aus Karlsbad fragt Balder Olden die Schwester: »Steht über die deutschen Greuel viel in den englischen und französischen Blättern? Sie spotten jeder Beschreibung, selbst der des *Simplicius Simplicissimus.* Aber dies deutsche *Paradies des Teufels* versteht es gut, sich abzusperren – der ganze Bericht wird wohl erst in Jahren erscheinen. Immerhin: wozu ist der Völkerbund da, wenn er solche Greuel mit ansieht? Und sie totschweigen hilft? [...] Selbst bessere Zeiten, wenn sie einmal kommen, löschen diese Zeiten nicht aus [...]. Ein ganzer Stab jüdischer Ärzte ist gestern in Böhmen angekommen, die in Operations-Kitteln aus dem Spital vertrieben wurden, die meisten selbst spitalreif geprügelt, mit ihrem Chef, einem international berühmten Internisten. Und schlimmer noch geht es Zehntausenden.«

Balder Olden stutzt nicht schlecht, als man ihm ins tschechische Exil nachruft: »Diese Zeit braucht ihren Gestalter [...]. Was wollen Sie denn? Sie hätten doch weiß Gott nicht zu fliehen brauchen!«[23] Im Auftrag von Goebbels wagt es dessen Socialite Thea von Harbou, die nun inbrünstig vom Nationalsozialismus überzeugte Drehbuchautorin von Fritz Langs Film *Metropolis*, Olden zu schreiben, er sei viel zu früh über die Grenze gegangen. »Prangte [doch] mein Carl-Peters-Roman ›*Ich bin Ich*‹ in vielen deutschnationalen Bücherschränken, zahlreiche Nationalisten hielten [mich] für einen der Ihren. Als Nichtjude, als Frontkämpfer – [beides törichte Illusion!], – durch Jahrzehnte Mitarbeiter bürgerlicher, auch konservativer Zeitungen und Zeitschriften, war ich der Reichstagsbrandstiftung völlig unverdächtig und hätte weiterleben können, wie ich bisher gelebt hatte. [...] Mir war der Gedanke, die Hitlerregierung schweigend zu dulden, unvorstellbar.«[24]

Im Sommer 1933 arbeitet Balder Olden in Franzensbad fieberhaft an einem antifaschistischen Tendenzroman: »Es ist 2h10, ich habe bis jetzt diktiert, – ich dichte jetzt in die Maschine [...] Der Vinus perlt, die Zigarette glimmt! Meine Arbeit – ich kann es jetzt schon verraten, weil ich bei Seite 60 (im Druck 80) stehe, mich also niemand mehr überholen kann – ist – kennst Du ›*Paris*‹ von Zola? (Ich weiß, Du kennst es), ›*Onkel Tom's Hütte*‹, ›*Im Westen nichts Neues*‹, some thing like that. Ein Roman, der Deutschland im Querschnitt von Dezember 1932 bis Mai 1933 schildert. [...] Es ist der Roman, der mehr Waffe gegen die Barbaren bedeutet als alle Broschüren und Artikel, hoffentlich viel mehr Hieb als Dichtung. Aber – leider vielleicht – er wird dichterisch. I can't help it. Ich bin fest überzeugt, dass er, wenn er ins große Ausland kommt, mehr Licht auf diese Monate wirft als alle andere Berichterstattung. Nur wird er? [...] Eine große englische Agency wartet auf die ersten 100 Seiten, die in wenig Tagen abgehen. [...] Mir scheint, dass ich, und nur ich berufen war, dieses Buch in diesem Augenblick zu schreiben. Diese Mischung aus Reporter und Dichter, die ich immer war, schon in Hamburg – ist selten. Und in der kritischen Zeit in Berlin gewesen, vertraut mit allen sozialen Elementen dort – und so voll Wut – und ganz ohne Rücksicht. Ich mache mir eine Freude daraus, alle Brücken zum Hitler-Reich abzubrechen. [...] Vielleicht kommt die Zeit, wo wir [Hitler] besser strafen. Aber er ist ja gar nicht interessant – das Übel steckt tausendmal tiefer. Die Barbarei und Armseligkeit der ganzen Nation war nötig, um ihn erscheinen zu lassen, er war nur der richtige Erwecker der Brutalität, die schon glimmte, als ich in Freiburg 113-er war.«[25]

Der Titel des Werkes lautet schlicht *Roman eines Nazi.* »Diesen Roman habe ich nun geschrieben, nicht im Fieber der Wut, sondern so kalt, wie nur der tiefste ehrliche Hass macht. Er soll dort wirken, wo Leitartikel und Pamphlete nicht hindringen, er soll bildhaft machen, was die zivilisierte Menschheit heute noch nicht fassen kann. Nur ein Tausendstel, ein Zehntausendstel aller Greuel, von denen ich wusste, durfte ich andeuten, – nur soviel, wie die Menschen mit ihren stumpfen Organen und trägen Herzen gerade noch aufnehmen können. [...] Selbst wenn mein Buch ein Fehlschlag werden sollte, wenn mir der große Fanfarenstoß nicht gelungen ist, – was meine Kraft vermag, habe ich getan.«[26]

In Deutschland steht das Buch, in dem zahlreiche Details über die Umstände der Machtübernahme durch die Nazis und die von ihnen sofort errichteten Konzentrationslager verarbeitet werden, selbstverständlich auf dem Index verbotener, umgehend zu vernichtender Bücher. Überhaupt schneidet die Zensur den populären Autor im Lauf der Zeit vom größten Teil seines muttersprachlichen Lesepublikums ab. Das Buch erscheint noch im selben Jahr in englischer Übersetzung unter dem Titel *Dawn of Darkness* in London im Verlag Jarrolds Publishers. Ein Jahr später wird es unter dem Titel *Blood and Tears* in New York von der Appleton Century Co. verlegt. Ende 1935 folgt auch eine gekürzte russische Fassung, mit einem Vorwort von Nina Nemtschenko[27] in einer Auflage von 10.000 Exemplaren im Staatsverlag Goslitisdat.[28]

Der Schriftsteller hofft auf eine sofortige, dem Buch *Onkel Toms Hütte* vergleichbare Wirkung. Vierzehn Tage nach Erscheinen des Buches findet er es »unglaubhaft«, dass »eine so wohlgelungene Pionierarbeit ohne Widerhall bleibt.«[29] Rudolf Olden glaubt im Dezember 1933 freilich zu beobachten: »Balders Buch ist offenbar ein Erfolg.«[30] Doch das internationale Echo bleibt – insgesamt betrachtet und gemessen an den Erwartungen des Autors – ziemlich schwach. Margaret Kershaw klagt: »People didn't want to hear his voice.« Immerhin rezensiert der streitbare englische Publizist Henry Wickham Steed *Dawn of Darkness* ganzseitig in der *Sunday Times.* Zum Echo im Vereinigten Königreich äußert sich Rudolf Olden am 26. Dezember 1933 in einem Brief an Margaret Kershaw: »Die politische Situation ist allerdings weder für [Balder Olden] noch für [Lion] Feuchtwanger [*Die Geschwister Oppenheim*] besonders gut. Gerade als die beiden Bücher erschienen, setzte hier der neue Kurs ein, der Hitler durchaus eine Chance geben und das Beste aus ihm machen will. Und das wird wohl noch einige Zeit so bleiben. Darum wird die Anti-Hitler-Literatur mit Interesse, aber ohne politischen Enthusiasmus aufgenommen.«[31]

Balder Oldens *Roman eines Nazi* wird allerdings am 24. März 1934 auf der Titelseite des *Pariser Tageblatts* angekündigt und erscheint dort zwischen dem 25. März und dem 24. Mai 1934 nach der Originalfassung komplett in 55 Fortsetzungen. Der Autor wird vor allem für seine Kunst der Charakterisierung in der dokumentarischen Gestaltung der Gegenwart gewürdigt. »Bei mir wird nichts erdichtet, nichts erfunden«, hatte Balder Olden bereits nach dem Erscheinen des Carl-Peters-Romans gesagt. Diesem Vorsatz bleibt er treu. Ruth Greuner, die den *Roman eines Nazi* 1981 unter dem Titel *Anbruch der Finsternis* neu herausgibt, schreibt in ihrem Nachwort: »Was die Bewegung der Zeiten mit diesem Text freigab, löst Betroffenheit aus. Erschrecken, Abwehr, Furcht vor unabweislicher Konfrontation begleiten die Lektüre des Romans, der wie eine Flaschenpost plötzlich vor uns auftaucht. Am Ende stellen sich nach aller Beklommenheit Gefühle tiefen Respekts vor jenem Zorn ein, mit dem hier ein gehetzter, angesichts des Abgrunds zu Außerordentlichem entschlossener Mensch den befreienden Entwurf wagt.«[32]

An die Zeitschrift *Leben*, die den Besitzern des *Prager Tagblatts* gehört, kann der inzwischen finanziell klamme Exilschriftsteller Balder Olden gerade mal »zwei neue Kurz-Romane, Ilse-Seilern-Romane« verkaufen. »Wir müssen jetzt versuchen, sie als Buch unterzubringen, dann wirst Du Liebesbriefe aus der ganzen Welt bekommen, (weil Dein Bild auf den Deckel kommt.) […] Wenn Du [Alexander Roda] Roda siehst – ich lass ihn und seine entzückende Frau so viel grüßen! Er soll nicht bös sein, dass ich ihn und seine Familie so schrecklich enden ließ – ich musste sehr sympathische, gute, frohe Menschen [im *Roman eines Nazi*] zu Modell für die Naumanns [als Vertreter der gutbürgerlichen jüdischen Intelligenz] nehmen und geriet zwangsläufig, aus allerwärmster Freundschaft, auf sie. Sag ihnen das, gell?«[33]

Nachdem die amerikanische Buchausgabe von *Roman eines Nazi* erschienen ist, schreibt der Autor stolz, dass er eine lange Kritik bekommen habe, die als ›The book of the day‹ überschrieben sei. Hoffnungsvoll fährt er fort: »Vielleicht, da die Stimmung in Amerika jetzt sehr anti-hitlerisch geworden ist, kommt das Buch dort zur rechten Stunde und wird ein seller, wenn schon kein bestseller – darauf habe ich gar keine Illusionen mehr.«[34]

Im Oktober 1933 fragt Balder Olden seine Schwester: »Hast Du das Zukunftsbild von H.G. Wells gelesen? Ich glaube, er hat recht, so wird es kommen. [...] Und täglich rücken wir einen Sprung näher auf den nächsten Krieg, kein Sternlein am Himmel.«[35] Wells prophezeit in *The Shape of Things to Come*, dass der Krieg in Europa, an der polnischen Grenze, beginnen und eine Atombombe abgeworfen werde. – Auch berichtet Balder aus Prag: »Es ist lustig, mit einer Rede und etlichen Artikelchen bin ich ein Prager Berühmtheitchen geworden, das spüre ich überall. Die Rede war allerdings effektvoll. Wir sind oft eingeladen und haben sehr angenehme Beziehungen, im *Prager Tagblatt* [...] weht eine so angenehme Luft, dass ich fast täglich dort bin. – Auch hier, wie in Paris, wird gegen die Emigranten gehetzt, ›dreckiges Emigrantenpack‹ sagte gestern ein Abgeordneter im Landtag –, aber direkt verspüren wir nichts. Wie schaurig gemein die Welt doch geworden ist, wie unnobel die Herzen. Die ›Krapulinski‹ und ›Waschlappski‹, die edlen Polen von vor hundert Jahren, wurden sogar in Deutschland als Märtyrer der Freiheit gefeiert. Und heute ruft ein französischer Komponist im Konzert eines deutschen Musikers [Kurt Weill] in Paris ›Heil Hitler!‹. Und dass der Fürst von Liechtenstein die Rottermörder[36] nach drei Monaten begnadigt hat, ist schließlich auch kein Spaß.«[37]

Thea von Harbou, die vor dessen Emigration mit Balder Olden befreundete Filmschauspielerin und Drehbuchautorin, schreibt ihm am 31. Oktober 1933 giftig aus Berlin: »Ich habe erfahren, dass Sie ein Buch gegen Hitler geschrieben haben, von dem Sie sich im Ausland ein großes Geschäft versprechen. Dass ein deutscher Schriftsteller in der heutigen Zeit seinem Land oder dessen Regierung – was in diesem Falle absolut identisch ist – auf solche Weise in den Rücken fällt – die Beurteilung dieser Stellungnahme überlasse ich Ihrem Gewissen. Aber nehmen Sie es mir nicht übel, wenn ich daraus die Konsequenzen ziehe und meinerseits jede Verbindung mit Ihnen löse. [...] Mein Entschluss entspringt nur meinem Sauberkeitsgefühl und dem Erstaunen darüber, dass ein Außenstehender Dinge zu beurteilen wagt, die sich im Fluss befinden und die zu beurteilen man bestenfalls nach den nächsten fünf Jahren in der Lage sein wird. Lassen Sie mich dem nur noch hinzufügen, dass nach meinem Dafürhalten eine Handlungsweise wie die Ihrige alle Maßnahmen der Regierung, die auf Ausschluss einer bestimmten Schicht von Volksgenossen hinzielen, vollauf rechtfertigt.«[38] Das ist durchaus als Drohung zu verstehen, hatte doch Thea von Harbou noch Anfang Juli 1933 – höchstwahrscheinlich im Auftrag von Goebbels, der im *Roman eines Nazi* unter der Maske Dr. Schnierwind auftritt – Balder Olden zur Rückkehr nach Deutschland aufgefordert.

Freundschaften im tschechischen Exil pflegen Balder Olden und seine Lebensgefährtin und Mitübersetzerin ins Englische Margaret Kershaw besonders mit Wieland Herzfelde, dem Herausgeber der ab Herbst 1933 erscheinenden Literaturzeitschrift *Neue Deutsche Blätter*, und dessen Bruder John Heartfield, dem Meister der politischen Fotomontage und Illustrator der *Arbeiter-Illustrierte-Zeitung* (*A-I-Z*). Die Brüder haben ihren 1917 in Berlin gegründeten Verlag mit ins Prager Exil gebracht. Zum Team des Malik-Verlages gehören insbesondere Franz C. Weiskopf und dessen Partnerin Alex Wedding. Balder Olden überlässt dem Verlag neben einem Kapitel aus dem *Roman eines Nazi* auch jenen merkwürdigen Brief von Thea von Harbou sowie seine Stellungnahme *Mir wäre nichts Besonderes passiert* zur Veröffentlichung in den *Neuen Deutschen Blättern*.[39]

Upton Sinclair wiederum bedankt sich am 30. Januar 1934 aus Los Angeles bei Balder Olden für die gelungene Übersetzung seines im Malik-Verlag unter dem Titel *Auf Vorposten* erschienenen Buches *American Outpost. A book of reminiscences*. Im »Nachklang« des Buches erzählt Sinclair von den verzweifelten Bemühungen, das von ihm und seiner Frau Craig produzierte Kolossalwerk *¡Qué viva México!* des sowjetischen Filmregisseurs Sergei Eisenstein vollendet zu sehen, ehe das Genie »und sein Stab auf dem Gipfel eines Vulkans stehen werden, um Schnee und Feuer unter dem Schatten des Himmelsgewölbes zu photographieren, wenn der Erzengel Gabriel seine Posaune zum jüngsten Gericht bläst«[40], heißt es pathetisch.

Als der Prager Kunstverein Mánes 1934 eine große internationale Karikaturenausstellung veranstaltet, lehnen Deutschland und Italien ihre Teilnahme ab. In der Einleitung des Kataloges wird darauf verwiesen, dass »Menschen sich früher übereinander lächerlich gemacht haben, es heute aber notwendig ist, die Anderen zu hassen.« Und so fordert ein Reichsgesandter im tschechoslowakischen Außenministerium die Entfernung von John Heartfields Karikatur *Adolf – der Übermensch* aus dem Schaufenster des Ausstellungsgebäudes. Der 1887 gegründete Kunstverein lehnt einen solchen Eingriff einstimmig ab, nicht aus politischen Gründen, sondern weil er »sich lediglich für berufen und für verpflichtet [hält], die Freiheit der Kunst in unserem demokratischen Lande gegen einen Angriff zu verteidigen, der in Hitler-Deutschland möglich und selbstverständlich ist, in der Tschechoslowakei unvereinbar mit der Verfassung des Landes wäre.«[41] Im Allgemeinen gab es »in den Ländern, auf die es ankam […], noch keinen Nazi-Widerstand, zumindest nur schwachen. Da herrschte Demokratie, gab es eine liberale Presse von höchster Bedeutung, gab es offene Herzen. […] Dem Flüchtling von Distinktion, dem Schriftsteller von Ruf, taten sich viele Türen auf. Ihm – nicht seinem Wort!«[42]

Leider geht die Zeitschrift *Leben*, die in Prag zu Balder Oldens dürrem Einkommen beiträgt, im Mai 1934 ein. Am 19. Juni wendet sich der mittellose Schriftsteller hilfesuchend an seine Schwester an der Côte d'Azur: »So sitzen wir bei einer phantastischen Hitze […] in diesem Hotel, die Rechnung steigt wie die Sintflut, und der erste Juli wird eine Katastrophe, denn auf diesen Tag habe ich ein à conto von 3500 Kronen fest versprochen, und wenn das nicht kommt, ist alles nachtschwarz. Wenn Du via Fürst L.[iechtenstein] mir diese Summe (ca. 2500 francs frs.) beschaffen kannst, wäre Zeit gewonnen, sodass wir vielleicht Anfang August zu Dir kommen können, das wäre phantastisches Glück …. Ich träume davon, ein Mémoire zu schreiben ›*50 Jahre Deutscher*‹, in dem soviel Interessantes und Lustiges vorkäme, dass man vielleicht ein Serial damit erzielte und viele Einzelabdrucke auch in deutscher Sprache, während des Entstehens.«[43]

Der 1. Juli verstreicht ohne Geldeingang, und die Pension Flora beginnt eine Hölle zu werden: »Jeden Morgen wurde ich angeläutet (für mich mitten in der Nacht) und zuletzt vor ›schweren Unannehmlichkeiten‹ gewarnt – nämlich Ausweisung als lästiger Ausländer und dergleichen. […] Dann endlich kamen aus Vaduz (ohne ein Wort) 3000 Kronen, d.i. 2000 Frs. Ach Bimmchen, seitdem leben wir wieder! Und dann kam ein Telegramm aus Moskau ›Wir laden Sie herzlichst ein etc.‹; dort beginnt am 15. August ein internationaler Schriftstellerkongress, große Theater-Festspiele und tausend andere Dinge – große Reisen durch Russland u.s.f. Ich bin zu allem eingeladen, Eisenbahnen, Hotel etc. – völlig geldloses Leben mit ungeheuren Eindrücken und Studien, das ganze kann sechs bis acht Wochen dauern. Von deutschen Schriftstellern nur Heinrich Mann (der nicht kommt), Feuchtwanger und ich – außer einigen Kommunisten. Schade, dass ich Rudi dort nicht treffe! […] Natürlich hoffe ich, mit zahlreichen Zeitungsartikeln schon während dieser Zeit etwas Geld zu verdienen und später eine reiche Ernte zu haben, obwohl der Markt ja so furchtbar eng ist. Die russischen Schriftsteller hatten mir schon früher geschrieben, dass ich – obwohl bürgerlicher Schriftsteller – in ihren antifaschistischen Reihen willkommen wäre.«[44]

In Prag begegnet Balder Olden auch der Schauspielerin Carola Neher, der Witwe des 1928 in Davos jung verstorbenen Dichters Klabund. Aus Graubündner Tagen ist die inzwischen zum Bühnenstar avancierte Carola Neher mit Balders Schwester persönlich bestens bekannt. Klabund und »die Neherin« wohnten in Davos stets in der Villa Stolzenfels des Kunsthistorikers Erwin Poeschel und waren am Jour fixe – donnerstags – gern in der Villa Helvetia bei Ilse Gräfin Seilern zu Gast. Im Oktober 1933 berichtet Balder Olden der Schwester: »Die Neher ist hier in Prag und gastiert zwei- oder dreimal im Monat, zwar keine Jüdin, aber links beschrieben, und zuletzt war sie mit dem berühmten Dirigenten [Hermann] Scherchen verheiratet, der Jude ist.«[45] Am 7. August 1934 schreibt Balder nach Südfrankreich: »Die Carola Neher ist schon seit einem Jahr oder länger in Moskau und erzählt begeistert – sie ist momentan hier [in Prag] – hat sehr nach Dir gefragt und lässt Dich herzlichst grüßen –, dass dort ein ganz anderes Arbeiten ist, als es je in Deutschland war, viel ernster und ganz ohne Kabalen, Intrigen.«[46]

Zu Gast in der Sowjetunion

IM SOMMER 1934 FOLGT BALDER Olden der hintersinnigen Einladung zum 1. Allunionskongress der sowjetischen Schriftsteller nach Moskau. Hauptorganisator ist Michail Kolzow, ein politischer Kommissar, Leiter des Zeitschriftenverlages Jourgaz und zum großen Teil auch der in- und ausländischen Propaganda. Maxim Gorki präsidiert der internationalen Versammlung, unter besonderer Präsentation der französischen, doch auch der exilierten deutschen und österreichischen sowie der spanischen und zahlreichen anderen Abordnungen der Literaturen der Welt mit antifaschistischer, linker, vor allem (pro)kommunistischer Ausrichtung. Das Leitreferat wird von Karl Radek gehalten und thematisiert die »Aufgaben der proletarischen Kunst«. André Malraux, Isaak Babel und Klaus Mann halten beachtliche und beachtete Reden. Ein allseitiger Stimmungswandel scheint in der Luft zu liegen. Boris Pasternak, einem reinen Lyriker, der bis zu diesem Kongress als Abseitsstehender galt, wird hier fast zärtlich gehuldigt.

Ilse Seilern erzählt später: »Ich habe damals allen immer wieder gesagt, dass er [Balder Olden] die Einladung zuerst abgelehnt hat, weil er sich als bürgerlicher Schriftsteller nicht zur Teilnahme berechtigt fühlte, und erst die Versicherung der Russen, dass sie gerade Wert darauf legten, auch antifaschistische Schriftsteller bürgerlicher Herkunft auf dem Kongress zu sehen, habe ihn zur Reise nach Moskau veranlasst. Bei meinen Freunden und in der Familie wurde über seinen Entschluss nur geflüstert. Als Balder dann über die dortigen Schulen begeistert am Moskausender sprach, wollte man mir in rücksichtsvollster Weise dies beschämende Ereignis verheimlichen«.[47]

Im Anschluss an den zweiwöchigen Kongress, an dem auch seine Schriftstellerkollegen Franz C. Weiskopf, Friedrich Wolf und Wieland Herzfelde teilnehmen, bereist Balder Olden in Gesellschaft der Schriftsteller Oskar Maria Graf, Ernst Toller, Theodor Plievier und Albert Ehrenstein zwischen September und November des Jahres 1934 weite Teile der Sowjetunion. Von Moskau führt die Route über Charkow mit Besichtigung des riesigen Traktorenwerkes, entlang des Asowschen Meeres auf die Krim, nach Rostow zu den Fischern am Don, über Naltschik in Aserbaidschan zu landwirtschaftlichen Kollektiven und Mustergütern im vorderen Kaukasus, nach Baku und zu den Ölfeldern in der Kaspischen See, von dort nach Tiflis und zum

Weinlesefest nach Grusinien. Im Saal eines alten, italienisch anmutenden Hofes mit efeubewachsenen Arkaden setzen die Spitzen der Tifliser Sowjetbehörden den Schriftstellern zu Ehren ein Abschlussbankett an. »Plötzlich stand hinten Olden auf – er, der genau wie ich [Oskar Maria Graf], nie eine Rede gehalten hatte – und schmetterte hingerissen: ›Kameraden! Towarischtschi! Ihr wisst, ich bin kein Kommunist, ich bin aufgewachsen in den Traditionen halb-liberaler Deutschnationaler, aber hier in der Sowjetunion habe ich einen geistigen Umwandlungsprozess erlebt!‹ Er wurde immer getragener und hob zuletzt sein Glas: ›Ich bin Euer Partisan, Towarischtschi! Ich gehe durch dick und dünn mit der sozialistischen Sowjetrepublik für die Weltrevolution!‹ Alle standen auf und zollten lauten Beifall. Ein allgemeines Verbrüdern und Umschlingen begann, wir küssten einander und tranken, tranken.«[48]

Als distinguierter Reiseführer der Gruppe, zu der auch die spanischen Dichter Rafael Alberti und María Teresa León gehören, fungiert der futuristische Dichter und Politaktivist Sergei Michailowitsch Tretjakow, der neben Majakowski, Eisenstein und Meyerhold zum Urgestein der russischen Kulturrevolution gehört. Man bemüht sich, den prominenten Gästen die Highlights der neuen, sozialistischen Gesellschafts- und Wirtschaftsordnung vor Augen zu führen, um die antifaschistischen bürgerlichen Schriftsteller aus Westeuropa für das weltkommunistische Projekt zu gewinnen oder im besten Fall später dafür einzuspannen. Im Jargon der Kommunisten heißt dies, aus dem »Club der Harmlosen« eine »getarnte Front« zu rekrutieren. Die geladenen Sympathisanten reisen ohne Spesen, doch nie ohne verdeckte intime Aufsicht.

Aus London schreibt Rudolf Olden am 24. Oktober 1934 spitz an Ilse: »Balder soll in Leningrad sein. Er war überall in Russland mit Toller, der es mir erzählte. Ich habe nur aus Moskau eine Nachricht, er war entzückt vom Bolschewismus.«[49] Balder Olden zeigt sich mehr als nur »entzückt«, und geblendet kehrt er »als ein ganz neuer, bis ins Fundament veränderter Mann [...] nach Prag zurück, wo fast jeder Mensch mir erzählte, was ich in Russland gesehen hatte. Man hatte uns Potemkinsche Dörfer gezeigt, behauptete jeder, Hungertyphus, Knutenherrschaft, Bettlerscharen, Tyrannei hatte man uns versteckt, das wussten sie alle.«[50] Er habe »während eines dreimonatigen Aufenthaltes in Russland mehr Erkenntnis als während der Jahrzehnte meiner Fahrten durch alle Weltteile«[51] gewonnen, wiederholt er 1937 im Rahmen einer Stellungnahme zu seinen Büchern in der in Moskau erscheinenden deutschsprachigen Literaturzeitschrift

Das Wort: »Bis dahin hatte ich nur erkannt, dass die Welt krankt, und auf die Wunden gedeutet. Seither weiß ich, dass es konkrete Wege gibt, um zu gesunden.«[52] – »Dort war alles in Aufstieg und Blüte, aber alte Leute sah ich nicht. Die waren abgeschrieben, den Übergang von einer Civilisation zur nächsten vertragen nur die ganz Jungen.«[53] Erfüllt von tausenderlei Eindrücken, berichtet er nach seiner Rückkehr in die Tschechoslowakei durch Vorträge und mit Beiträgen in verschiedenen Zeitschriften enthusiastisch über diese Reise: von einem erstaunlichen Propagandafeldzug der sowjetischen Luftflotte für die sozialistische Gegenwartsliteratur, der massiven Alphabetisierung von 70 Prozent der sowjetischen Bevölkerung binnen weniger Jahre, über seine Audienz bei dem – wie wir heute wissen – unter gespenstischer Überwachung stehenden Staatsdichter Maxim Gorki, in dessen Datscha unweit von Moskau, von lustigen Hemdeneinkäufen mit Oskar Maria Graf in einem Moskauer Kaufhaus oder »von den ›Mädchen von Baku‹, die die traditionellen Fesseln der mohammedanischen Religion tatsächlich abstreifen, um sich zu bilden, einen Beruf erlernen und sich mutig emanzipieren.«[54]

Ilse Gräfin Seilern berichtet nicht nur mehrfach, dass in ihrer aristokratischen Familie ein Sturm der Entrüstung losbricht, als diese erfährt, dass ihr Bruder sich bei den Bolschewiken aufhält und sich im Auslandsrundfunk der Sowjetunion, *Radio Moskau*, positiv über die Errungenschaften der kommunistischen Gesellschaft äußert. Sie gerät in eine Zwickmühle, denn zur selben Zeit geht in Santa Narcisa auch ein Verehrer ihrer Tochter Nena, Prinz Nikita Petrowitsch Meschchersky ein und aus, ein Sohn des weißrussischen Obersten Prinz Peter Nikolaiewitsch Meschchersky und der in Tokio geborenen Tochter Vera des zaristischen Diplomaten Baron Karl von Struve, der ganz anders gearteten politischen Präferenzen als Balder Olden folgt. Nenas 1922 geborener Sohn, Christoph Stegmann-Olden, will später erfahren haben[55], Prinz Nikita sei 1942 bei Smolensk von Partisanen als Kollaborateur der Wehrmacht hingerichtet worden. Selbst Rudolf Olden fragt in seinem Brief an Ilse vom 15. Juni 1934 aus London besorgt an, ob es wahr sei, was als »grauenhafte Mär« umgehe, dass »die *Santa Narcisa* […] ein Fascisten-Nest geworden [sei]. Kann ich jeden, der es behauptet, für einen irrsinnigen Schurken erklären?«[56]

Was hat Balder Olden im Sommer 1934 in der Sowjetunion außer Vorzeigeobjekten wahrgenommen, das ihn so nachhaltig – als Utopie letztlich bis ans Ende seines Lebens – beeindruckt hat? In erster Linie könnten es die in riesigen Auflagen verbreiteten Bücher sein, die proletarische Lesekultur, die demonstrative Willenskraft der Revolutionäre, allgemeine Alphabetisierung, Bildung und Kultur für die Arbeiter, im Gleichtakt mit der rapiden Industrialisierung des Landes, die vermeintlich fortgeschrittene *Egalité* der Menschen im täglichen Umgang, die postulierte Gleichberechtigung der 186 im Riesenreich lebenden Völker und Sprachen sowie die enorme Emanzipation der Frauen; damit zusammenhängend die Überwindung der bedrückenden Macht mittelalterlicher patriarchaler Religionen, die Dynamik einer jungen, wissbegierigen Gesellschaft und die anscheinend existierenden Möglichkeiten einer nichtkapitalistischen, futuristisch technologischen Zivilisation, wie sie in seinem Bericht über einen Aeroplan, der eine fliegende Zeitungsdruckerei darstellt, zum Ausdruck kommt. Getreu dem marxistischen Lehrsatz »Das gesellschaftliche Sein bestimmt das Bewusstsein« sind zweifelsohne Psychotechniken »fürsorglicher Betreuung« entwickelt oder perfektioniert worden, um bei ausländischen Staatsgästen mit großem protokollarischem Aufwand eine »tschekistische Gewährleistung der richtigen Wahrnehmung der Sowjetunion«[57] zu erzielen, dessen Wirkung jedoch stark vom Einzelnen abhing. Einige der die Errungenschaften der russischen Oktoberrevolution preisenden Berichte Balder Oldens sind als separate »Schriften und Briefe aus dem Exil« in der von Ruth Greuner 1977 besorgten Neuausgabe der *Paradiese des Teufels* abgedruckt. Darin findet sich auch ein Nachdruck der 1938 in *Das Wort* in Moskau erschienenen Retrospektive *Anno vierunddreißig in der UdSSR*, in der Balder Olden betont, dass er dort »so unwissend und so skeptisch an[kam] wie nur irgendeiner aus dem Lager der bürgerlichen Demokratie, den erst der Faschismus zum Revolutionär gemacht hat. Dann schien ich mir ein Gulliver, der durchs Land der Riesen, der Liliputaner, der Pferde reist – ich sah lauter Wunder und traute lange Zeit den eigenen Augen nicht. Was ich in einem Leben voll ewigen Reisens gesehen hatte, in Ägypten, von einer Welt, die vor Jahrtausenden lebendig gewesen, in Indien, wo jeder Europäer sich verzaubert glaubt, in Zentral-Afrika, wo tollste Knabenträume und waghalsigste Filmphantastik plötzlich Wirklichkeit waren – all das schien mir jetzt abgestanden, war nicht mehr groß, nicht kühn, nicht Fata Morgana.«[58]

Im Bewusstsein von Balder Olden stehen die gewaltigen Leistungen jener fremdartigen, kollektiven Gesellschaftsform in deutlichem Widerspruch zum eigenen, kläglich individuellen Bemühen, den scheinbar unaufhaltsamen Siegeszug des Faschismus in Mittel- und Südeuropa irgendwie aufhalten zu können. Er selbst zieht einige Jahre später in *Stationen meines Lebens* eine trostlose Bilanz: »Heute wissen wir alle, dass ich die Macht des Bösen damals unterschätzt habe, aber nicht den Geist des Bösen. Wir wissen auch, dass mein ›*Roman eines Nazi*‹, obwohl er in England, Amerika, Russland viel gelesen wurde, so wenig Wirkung hatte wie alle anderen Bücher der emigrierten deutschen Literatur, die von schauriger Wahrheit strotzenden Berichte von [Willi] Bredel [*Die Prüfung*], [Wolfgang] Langhoff [*Die Moorsoldaten. 13 Monate Konzentrationslager*] und anderen aus dem KZ, wie alles, alles Gedruckte, Gezeichnete, Gesprochene, das an das Weltgewissen rühren wollte. Es gab kein Weltgewissen wie in den Tagen der Sklavenbefreiung, wie noch vor wenig Jahrzehnten die Kongo-Greuelberichte Sir Roger Casements.«[59]

Kennt der im Herbst 1934 begeistert nach Prag zurückgekehrte Balder Olden im Jahr 1937/38 auch das Stück, in dem er von jetzt an spielen soll? Während der fast vier Jahre, die zwischen der Reise des Dichters durch die Weiten der Sowjetunion und dem Erscheinen des genannten Beitrags in *Das Wort* liegen, hat sich die sowjetische Gesellschaft rasant verändert. Der Marxismus konnte bereits den Sieg Lenins nicht zutreffend erklären. Karl Marx zieht blutige Revolutionen durchaus in Betracht, aber er schließt aus, dass sich aus der Diktatur des Proletariats die eines einzelnen Individuums kristallisieren könnte. Stalin – vor dessen schrankenloser Machtgier und krankhaft paranoider Verschlagenheit selbst Lenin vor seinem frühen Tod im Jahr 1924 wirkungslos zu warnen versuchte – lässt die Bolschewisten und andere Revolutionäre der ersten Stunde inmitten Zigtausender Ahnungsloser ermorden. Wie viele der russischen Kameraden von 1934 überlebt auch Sergei Tretjakow, der futuristische Dichter und Reiseführer der sympathisierenden bürgerlichen Dichter, den Terror Stalins nicht. Er wird am 16. Juli 1937 im Kreml-Krankenhaus unter der absurden Anklage verhaftet, für die deutschen und japanischen Geheimdienste gearbeitet zu haben, und am 10. September zum Tode verurteilt. Im Prozess gibt Tretjakow fälschlicherweise zu, wegen hoher Spielschulden Verrat begangen zu haben, obgleich bekannt ist, dass gerade er nie Karten gespielt hatte. Am 9. August 1939 wird der Dichter im Gefängnis exekutiert.

Auch Carola Neher ist in die Fänge und Mühlen des staatsterroristischen Geheimdienstes NKWD geraten. Im Juli 1936 wegen angeblicher Kurierdienste für »trotzkistische Terrororganisationen« verhaftet, wird sie nach einem 25-minütigen Prozess zu zehn Jahren Lagerhaft im Gulag verurteilt.[60] Paradoxerweise fällt es fast allen Teilnehmern der Tretjakow'schen Revolutionsreiseführung zeitlebens enorm schwer, sich selbst davon zu überzeugen, dass ihre Träume von einer sozialistischen Gesellschaft längst in die Hände von Verbrechern, brutalen Meuchel- und Massenmördern gefallen sind.

Dessen ungeachtet schließt Balder Olden seinen 1937 geschriebenen und 1938 in Moskau veröffentlichten Artikel im Hinblick auf den Spanischen Bürgerkrieg mit den enthusiastischen Worten: »Rafael Alberti und María Teresa León, die Seele voll eines Landes, das dem ihren um Jahrhunderte voraus war, trennten sich in Sewastopol von uns und reisten zurück in ihre spanische Heimat. Mit Stolz wissen wir sie, unsere Freunde und Reisegefährten, an der Spitze der geistigen Phalanx, die seit mehr als einem Jahr unermüdlich die Milizen zum Kampf und die Zivilisten zum Ausharren aufruft. Sie brauchen keine Schlagworte und Phrasen, wenn sie den Spaniern eine Zukunft ausmalen, die aus den Krämpfen und Wehen dieser Zeit geboren werde. Sie können das, was dort entstehen soll, in Bildern voll lebendiger Farbe malen, denn sie haben mit ihren wachen, scharfen Augen voll Liebe diese Zukunft selbst geschaut.«[61]

Im Sommer 1934 freilich träumen noch immer viele Menschen von der Weltrevolution und einer neuen, brüderlichen und zugleich modernen Gesellschaft, zitieren Ilja Ehrenburgs brutale Worte vom »großen Umschmelzungsprozess einer großen Menschengruppe« oder der »gewaltigen Umschaltung von Millionen Gedanken, Gefühlen und Willen.«[62] Am 23. August 1934 schickt die Reisegruppe internationaler Schriftsteller eine gemeinsame Solidaritätsadresse – *Protest gegen Pachlewi-Terror in Persien* – mit der Forderung »unverzüglicher Freilassung der unschuldigen Opfer der Pachlewi-Diktatur« über das Meer nach Teheran hinüber.[63]

Oskar Maria Graf, ein kosmopolitischer Altbaier aus Berg am Würmsee, nimmt Balder Olden in seinem zwischen 1936 und 1938 verfassten Typoskript *Reise in die Sowjetunion* und dessen Eloge auf den Kommunismus beim Abschlussbankett von Tiflis deutlich auf die Schippe: »Als wir am anderen Tag ziemlich spät im Schlafwagen aufwachten, sagte ich zu Olden: ›Du, Du hast eine herrliche Rede gehalten … Tretjakow hat sie schon nach Moskau telegrafiert. Sie erscheint sicher heute oder morgen in der *Iswestija*, in der *Prawda* und in der *Deutschen Zentral-Zeitung* …‹

Mein Freund Balder rieb sich die verklebten Augen aus und kam langsam zu sich. ›Soso, meinst Du? … Ich weiß gar nicht mehr, was ich alles gesagt habe.‹ Er schaute benommen auf mich.

›Das war ja ganz was Revolutionäres, was Du da gesagt hast‹, klärte ich ihn auf und spielte den Treuherzigen: ›Ich hab gar nicht gewusst, dass Du so ein wilder Bolschewist bist … Mensch, Du hast gesagt, Du bist ein Partisan für die Sowjetunion und gehst mit ihr durch dick und dünn bis zum Sieg der Weltrevolution ...‹ – ›So? ... Das hab ich gesagt?‹ staunte er und wurde ganz wach. Seine gutmütigen Säufersackaugen schauten mich an. ›Das wird sicher allerhand Konsequenzen haben ... Bolschewiken sind doch nicht beliebt auf der Welt, das weißt Du doch ... Und stell' Dir vor, Du bist Emigrant wie ich, Du fährst wieder in die Tschechoslowakei zurück. Ob sie Dich da wieder in die ČSR hineinlassen, ich weiß nicht ...‹, malte ich ihm aus. Das versetzte ihm einen gelinden Schrecken. Er wurde ganz ratlos, rieb sich die Stirn, schüttelte den Kopf und brummte: ›Herrgott, das ist aber unangenehm! ... Hmhm, dumm sowas, sehr dumm! ... Verflucht, der Wein und der Wodka waren aber auch so gut ... Und die Menschen! ... Sie sind doch alle so reizend ... Mir ist einfach die Zunge durchgegangen ...‹ Da hockte er nun, halbaufgerichtet auf seinem Schlafwagenbett, der gute, grundehrliche Balder, rieb sich wieder und wieder die Stirn, brummte und verfluchte innerlich die ganze Politik, die ihm immer fremd gewesen war. Ich lächelte leicht und meinte ironisch: ›Ich hab dir's ja immer gesagt, Balder – man soll sich nicht mit sowas einlassen ... Man soll das nicht!‹ Er merkte noch immer nicht, dass ich spöttelte. Er nickte und meinte: ›Ich hab doch aber die Politik gar nicht gemeint! ... Davon versteh' ich doch nichts! ... Mir haben doch bloß die Menschen so gefallen ...‹ – ›Ja, aber die Menschen machen doch die Politik!‹ stichelte ich weiter. ›Ja, leider, leider‹, gab er zu: ›Hm ... Ich bin für die Idee, ja‹ – ›Aber die Ausführung ist halt was anderes, was?‹ fiel ich ihm lächelnd ins Wort und tröstete ihn schließlich: ›Na, warten wir erst ab, vielleicht liest kein Mensch in Prag Deine schöne Rede ...‹

Er wurde lebendiger, griff ins Gepäck, zog eine Wodkaflasche raus, rieb den Korken dran, reichte mir die Flasche, und ich trank auch. Er streckte sich und sagte, sich ganz aufrichtend: ›Ah, ach was ... Jetzt bin ich wieder ganz mobil! Wird schon werden!‹

›Balder, wir sind Mittelstand ... Wir gehen nicht unter!‹ lachte ich breit: ›Wir lieben die Genüsse des Lebens und sind für den Fortschritt, basta.‹«[64]

Staatenlos

AM 1. NOVEMBER 1934 WIRD Balder Olden die deutsche Staatsbürgerschaft aberkannt und sein Name von der Gestapo auf die dritte Ausbürgerungsliste des Reichs- und Preußischen Ministeriums des Inneren gesetzt. Die Gestapo hält ihn fälschlicherweise für den Autor der anonym erschienenen Broschüre *Hitler der Eroberer* seines Bruders Rudolf Olden. Im Dossier der Preußischen Geheimen Staatspolizei ist über Balder Olden zu lesen: »Olden ist ausgesprochener Marxist. Er ist Mitglied des PEN-Klubs. Seine literarische ›Produktion‹ ist sehr reichhaltig. Seine sämtlichen Werke zeichnen sich durch die versteckte probolschewistische Tendenz ihres Inhalts aus. Sie impfen dem unbefangenen Leser marxistisches Ideengut in kleinen Dosen, dafür aber umso sicherer ein. Großes Aufsehen erregte sein Roman *Ich bin Ich*, eine Lebensbeschreibung des Afrikaforschers Carl Peters, der durch die darin enthaltenen Entstellungen zu einer Beleidigungsklage der Witwe des Forschers gegen Olden führte. Olden war Mitarbeiter des kommunistischen Malik-Verlages. Als dieser nach der nationalsozialistischen Erhebung nach Prag flüchtete, ging O. mit und half dort, die Wühlereien gegen das neue Deutschland fortzusetzen. U.a. schrieb er eine Broschüre *Hitler der Eroberer*, in der er den Führer beleidigt, verhöhnt und auf die gemeinste Weise gegen das nationale Deutschland hetzt. Er betätigt sich auch an anderen Zeitungen und Zeitschriften, insbesondere an Emigrantenblättern, als Mitarbeiter, und zwar immer mit der Tendenz, das Deutschland der Gegenwart als einen Staat darzustellen, in dem sich Geisteskranke, Verbrecher, Sadisten und ähnlich Veranlagte an der Macht befänden und ihre Macht – ihren geistigen Qualitäten entsprechend – nur zur Befriedigung ihrer anormalen Gelüste zu gebrauchen verständen. In der Pariser Emigrantenpresse *Pariser Tageblatt* erschien vor kurzer Zeit ein Roman von O. unter dem Titel *Roman eines Nazi*, der in der widerwärtigsten Form sämtliche nur erdenkliche Greuellügen auftischt, über ›von Dolchen zerfetzte Frauenrücken‹ phantasiert und feststellt, dass im Dritten Reich nur Berufssadisten als Führernaturen anerkannt werden. Selbstverständlich wird in diesem Machwerk auch der Reichstagsbrand nach bekanntem Muster einer gründlichen ›Untersuchung‹ unterzogen, deren Ergebnis vernichtend für die nationalsozialistische Regierung ist.«[65]

Auf derselben Ausbürgerungsliste stehen, unter anderen, Carola Neher, Klaus Mann, Erwin Piscator und Prinz Hubertus zu Löwenstein. »Dies Ausbürgerungsdekret war nicht nur ein Orden, sondern auch eine mächtige Hilfe – Besseres hatte dies zertretene und versklavte Vaterland seinen treuesten Söhnen nicht zu geben. Es wurde uns natürlich nicht vom Konsul des Dritten Reiches offiziell zugestellt, aber die Listen wurden in allen Zeitungen der Erde abgedruckt – ich bekam, mit Glückwünschen, einen Ausschnitt aus Holländisch-Indien –, und die schwedischen Konsulate gaben uns auf Wunsch eine hochoffizielle Bestätigung. Das war ein kostbares Stück Papier, halb Todesurteil, halb Diplomatenpass.«[66] Fortan sind die Expatriierten staatenlos, ihr in Deutschland befindliches Vermögen wird ersatzlos beschlagnahmt und enteignet. Zynisch heißt es am Ende der von Reichsinnenminister Wilhelm Frick gezeichneten amtlichen Bekanntmachung: »Die Entscheidung darüber, inwieweit der Verlust der Deutschen Staatsangehörigkeit auf Familienangehörige der in dieser Bekanntmachung genannten Personen auszudehnen ist, bleibt vorbehalten.«

Bissig nimmt Balder Olden zum Verlust der Staatsangehörigkeit Stellung und veröffentlicht am 28. November 1934 in *Der Gegen-Angriff* – einer wöchentlich in Prag erscheinenden, unter dem Einfluss der Komintern stehenden Exilzeitschrift – eine provokative *Antwort an den Völkischen Beobachter*: »Das Ganze sieht aus wie eine Zeitungsente. Bin ich überhaupt gemeint? Erstens bin ich nie kommunistischer Schriftsteller gewesen. Zweitens bin ich nicht Verfasser der anonym erschienenen Broschüre *Hitler der Eroberer*. Drittens sieht die von der gegenwärtigen Reichsregierung beschworene Verfassung eine ›Ausbürgerung‹ nicht vor. [...] Einen so guten Deutschen wie mich, der 1914 sein beträchtliches Vermögen in Kriegsanleihen angelegt und restlos verloren hat, einen der in Summa achtzig Patrouillenreiter Lettow-Vorbecks, die gerade heute wieder in Deutschland wie Nibelungenhelden gefeiert werden, der immer auf Vorposten und Patrouille war, dann (bis 1920!) als Kriegsgefangener in Indien für Deutschland vieles gelitten hat, – den sollte eine deutsche Regierung in Acht erklären? Einen, der Patriot genug war, im *Roman eines Nazi*, Deutschland einen Spiegel vorzuhalten, während die Schädlinge Speichel leckten und dafür von Goebbels grimmig verhöhnt wurden – den sollte dies wahrheitsliebende Deutschland ausstoßen? Ein Greuelmärchen, weiter nichts.«[67]

Rudolf Olden wird laut Reichsanzeiger am 2. Dezember 1936 ausgebürgert. Sein Name erscheint auf derselben Liste wie der von Thomas Mann. Im Archiv des Auswärtigen Amtes in Berlin befinden sich

A.A. eing. 13 SEP. 1935 Nm.

83-76 12/9

Abschrift I A 9049/5013 c

Preußische Geheime Staatspolizei Berlin, den 26. August 35

63661/2325/34 E II 182

An den

Herrn Reichs- und Preußischen

Minister des Innern

Betr.: Aberkennung der deutschen Reichsangehörigkeit des Schriftstellers Rudolf Olden.

Dortiges Aktenzeichen: I A 2053/5013 c.

Im Nachgange zu meinem Schreiben vom 30. Juli d.J. - Geschäftsz. wie oben - teile ich noch folgendes mit:

Aus der Hetzbroschüre "Stabschef Röhms Memoiren" von Karl Gröhl, gegen den dort unter dem Aktenzeichen I A 7136/5013 c ebenfalls ein Verfahren auf Aberkennung der deutschen Reichsangehörigkeit schwebt, ist ersichtlich, (Vgl. S. 23) daß Rudolf Olden und nicht sein Bruder Balder der Verfasser der Schrift „Hitler, der Eroberer" ist. Da in der amtlichen Begründung zur Aberkennung der deutschen Reichsangehörigkeit des Balder Olden dieser als Verfasser der Schrift bezeichnet worden ist, dürfte es nicht zweckmässig sein, in der Begründung der Ausbürgerung des Rudolf Olden nunmehr diesen als Verfasser zu bezeichnen

Es

An

das Auswärtige Amt.

Abb. 18: Dossier der Preußischen Geheimen Staatspolizei zur Aberkennung der deutschen Staatsangehörigkeit des Schriftstellers Rudolf Olden, 26.8.1935, Seite 1

Kopien von Akten der Preußischen Geheimen Staatspolizei – »Betr.: Aberkennung der deutschen Reichsangehörigkeit des Schriftstellers Rudolf Olden« –, die am 26. August 1935 intern den Irrtum einräumen, »dass Rudolf *Olden* und nicht sein Bruder Balder der Verfasser der Schrift *Hitler, der Eroberer* ist. Da in der amtlichen Begründung zur Aberkennung der deutschen Reichsangehörigkeit des Balder Olden dieser als Verfasser der Schrift bezeichnet worden ist, dürfte es nicht zweckmäßig sein, in der Begründung der Ausbürgerung des Rudolf Olden nunmehr diesen als Verfasser zu bezeichnen.« Man findet leicht Ersatzbegründungen: »Es ist weiterhin hier bekannt geworden, dass Rudolf Olden in der Zeitschrift *Die Sammlung* Nr. 11 im Juli d.J. [1935] einen Artikel ›*Die neue Wehrfassung in Deutschland*‹ geschrieben hat. Eine Fotokopie dieses Artikels füge ich [Wilhelm Stuckart] in der Anlage bei. Nach weiterer vertraulicher Mitteilung ist Rudolf Olden zusammen mit einem Schriftsteller *Weisskopf*, dessen Personalien z.Zt. noch nicht feststehen und über den ich nach Abschluss der Ermittlungen eingehend berichten werde, der Autor des Buches *Schutzhäftling Nr. 880*. Das Buch [von Paul Wilhelm Massing alias Karl Billinger] ist in deutscher Sprache im Verlag Editions du Carrefour [1935] in Paris erschienen und enthält Greuelberichte aus der Schutzhaftzeit des Verfassers; es ist bereits beschlagnahmt und eingezogen worden. Antrag auf förmliches Verbot ist dort gestellt.«[68]

»Vertraut der Wahrheit und der Zeit«

IM ENGLISCHEN EXIL RICHTET SICH Rudolf Oldens Blick auf Österreich, das geliebte Land seiner Kindheit und Jugend, das ihm und seinen Geschwistern über lange Jahre eine echte Heimat war. Am 15. Juni 1934 schreibt er an Ilse nach Südfrankreich: »Sicher hast Du so, wie ich, in den letzten Tagen Angst um Österreich gehabt. Es ist schrecklich, dass dieser letzte deutsche Winkel auch noch verloren geht für die geistige Freiheit. Für einen Schriftsteller ist es besonders schlimm, – wo soll er noch Bücher verkaufen? Die Fey und Starhemberg [Führer der austrofaschistischen Heimwehr] hatten den Bürgerkrieg lange vorbereitet und wussten, dass die Arbeiter sich nicht so ergeben würden, wie die deutschen [der Aufstand der österreichischen Sozialdemokratie wurde zwischen dem 12. und dem 15. Februar 1934 militärisch unterdrückt]. Hier, unter den Engländern, auch sehr konservativen, die aber doch immer Sinn für fair play haben, ist merkwürdig viel Sympathie für die Arbeiter und fast gar keine für die Heimwehr. Als gestern ein *die hard* im *house of commons* den Ausdruck *rebels* gebrauchte, protestierte das ganze Haus fast ohne Ausnahme. So wenig England von Österreich weiß, so haben sie doch ein sicheres Gefühl dafür, dass die Arbeiter die Verfassung verteidigten. Der englische Gesandte hatte ebenso wie der französische gewarnt. Aber nur noch die Italiener haben etwas in Wien zu sagen. Sir Austen Chamberlain hat [dem österreichischen Botschafter] Franckenstein seine tiefste Indignation ausgedrückt. Mädi [Marie-Christine Furtwängler] schrieb mir, dass sie persönlich nicht berührt wurde. Aber natürlich sind alle Intellektuellen außer sich.«[69]

Im März 1934 beschäftigt sich Rudolf Olden in der sechzigseitigen Broschüre *Warum versagten die Marxisten?* (Verlag Europäischer Merkur, Paris) mit der Frage, warum die beiden großen Linksparteien Deutschlands, SPD und KPD, im entscheidenden Moment nicht in der Lage waren, rechtzeitig eine gemeinsame Front zu bilden, um die Machtübernahme durch die Nationalsozialisten gemeinsam, zum Beispiel durch Ausrufung des Generalstreiks, zu verhindern. In der Tat hatte der 6. Weltkongress der Komintern 1928 zum Kampf »Klasse gegen Klasse« aufgerufen und die zu »Sozialverrätern« und »Sozialfaschisten« gestempelten Sozialdemokraten als Hauptfeind ausgerufen. Harsche Reaktionen auf Oldens Broschüre von kommunistischer Seite lassen nicht lange auf sich warten. Im *Gegen-Angriff* vom 24. März 1934 wirft ihm Kurt Stern vor, »zu jener Gattung ewiger Weimarianer, die wir – wie sich zeigt zu Unrecht – für ausgestorben hielten«, zu gehören: »Vom ersten bis zum letzten Wort erbringen Sie den klaren Nachweis, dass Sie von Marxismus ebensoviel verstehen, wie Hindenburg von der Literatur.«[70]

Etliche Monate später werden die Stalinisten auch im Spanischen Bürgerkrieg ihre These gewaltsam zu Ende führen und linke Gegner ihres fanatischen Totalitarismus – wie Andreu Nin oder José Robles – heimtückisch ermorden. In Barcelona wird George Orwell Zeuge davon, wie die Bequemlichkeit eines therapeutischen Mythos die Wahrheit erstickt und mit Dogmen zudeckt: *tiranía aplastante!*

Nachdem der deutsche PEN-Club von den Nazis gleichgeschaltet worden und im November 1933 aus dem internationalen PEN-Club ausgeschieden ist, ergreifen Anfang 1934 Rudolf Olden, Lion Feuchtwanger, Max Herrmann-Neisse und Ernst Toller die Initiative zur Gründung des *Deutschen PEN-Clubs im Exil.* Sie beabsichtigen, ein Forum zu schaffen, auf dem die Misshandlung der freien Meinungsäußerung und die Zensur im Dritten Reich öffentlich angeprangert, die Existenz einer alternativen, freien deutschsprachigen Literatur unüberhörbar und weithin sichtbar gemacht wird. Rudolf Olden führt von 1934 bis 1940 unbezahlt, das heißt mehr oder weniger aus eigener Tasche, das Sekretariat der Schriftstellervereinigung, unter der Ägide des nur repräsentativ in Erscheinung tretenden Präsidenten Heinrich Mann. Er versucht von Anbeginn, jeden kommunistischen Führungsanspruch außen vor zu halten. So schreibt er am 5. April 1935 an Alfred Kantorowicz, dieser und seine Parteigenossen hätten nun schon zwei Vereine, den *Schutzverband Deutscher Schriftsteller im Ausland* (dessen Generalsekretär der 1931 der KPD beigetretene Kantorowicz ist) »und jenen anderen, aus dem Sie einen Weltkongress entwickeln wollen. Ob es wirklich besser ist, dass Sie sich noch eine dritte Hülse für denselben Inhalt anschaffen, scheint mir zweifelhaft. Außerdem aber ist es doch auch möglicherweise ratsam, wenn von einem Verein gesagt werden kann, dass er nicht unter kommunistischer Leitung steht.«[71]

Werner Berthold, Charmian Brinson, Marian Malet, Gabriele Tergit und viele andere heben in ihren Veröffentlichungen hervor, welch Bedeutendes Rudolf Olden oft auf seinem einsamen Posten als Sekretär des Deutschen *PEN im Exil* geleistet habe, als er die über den Erdball versprengten deutschen Schriftsteller und Schriftstellerinnen versammelt, Hilfsaktionen für Bedürftige eingeleitet, sich um Geld und lebensrettende Visa für die Flucht in die USA oder nach Mexiko bemüht habe. Rudolf Olden hat mehr als ein Leben gerettet. John Heartfield, Wieland Herzfelde, Carl Rössler und die 1935 krank aus Shanghai nach Europa zurückgekehrte Joe Lederer wären ohne die kompromisslose Hilfe Oldens kaum je aus den bereits besetzten Städten Prag und Wien herausgekommen.

Selbstverständlich ist Rudolf Olden auch an der zäh verlaufenden politischen Kampagne für die Verleihung des Friedensnobelpreises an seinen Kollegen und Mandanten Carl von Ossietzky beteiligt. Es gilt beharrlich zu sein. Die britische Öffentlichkeit erfährt von Ossietzky und seinem Martyrium überhaupt erst durch einen Leserbrief von Henry Wickham Steed, dem früheren Chefredakteur von *The Times*, an seine ehemalige Zeitung »auf dringende Bitte einer stattlichen Zahl deutscher Schriftsteller und Persönlichkeiten des öffentlichen Lebens Deutschlands im Exil«.[72] Nachdem er sich bei der englischen Presse, in der Aristokratie und bei Kirchenoberen einige Körbe eingehandelt hat, schreibt Rudolf Olden am 28. Juli 1934 an Berthold Jacob: »Niemand will auf die klugen Emigranten hören, in gar keiner Weise.«[73] Unverdrossen schreibt sein Kollege Jacob am 10. Juni 1934 aus Straßburg an den – wie alle vorausgehenden Nobelpreisträger – vorschlagsberechtigten Sir Austen Chamberlain in London:

»Sir: Mögen Sie mir bitte gestatten, Sie im Namen der *Deutschen Liga für Menschenrechte*, die sich aus politischen Flüchtlingen Deutschlands in Frankreich zusammensetzt, über folgenden Sachverhalt in Kenntnis zu setzen: Wir haben dem norwegischen Nobelpreiskomitee den deutschen Publizisten, bedeutenden Anwalt für den Frieden und bis 1933 Herausgeber der Zeitschrift *Die Weltbühne*, Carl von OSSIETZKY, als Kandidaten für den Friedensnobelpreis 1935 vorgeschlagen.

Der Präsident des Nobelkomitees hat uns nun informiert, dass ausschließlich einem bestimmten Personenkreis oder auch bestimmten Institutionen das Recht gebührt, Vorschläge zu machen. In diesem Zusammenhang haben wir erfahren, dass Sie zu denen gehören, die Vorschläge für Kandidaten machen können.«[74]

Schließlich wird Carl von Ossietzky ein Jahr später von der Friedensnobelpreisträgerin des Jahres 1931, Jane Addams, einer in der Friedensbewegung engagierten US-amerikanischen Feministin und Soziologin, für den Preis vorgeschlagen. Auch Jan Masaryk, der tschechoslowakische Botschafter im Vereinigten Königreich und Sohn des Präsidenten Tomáš Masaryk, wird darüber ins Benehmen gesetzt. Zu den Unterzeichnern der Petition von Jane Addams gehören u.a. der amerikanische Philosoph John Dewey, der die demokratische Staatsform als wesentlichen Lebensstil definiert, für eine demokratische Erziehung eintritt und zu den Gründungsmitgliedern der – auch heute wieder unvermindert aktiven und wichtigen – *American Civil Liberties Union* gehört. Auch der Ethnologe Franz Boas sowie der Direktor der New School for Social Research in New York, Alvin Johnson, die Herausgeber von *The New Republic*, Bruce Bliven und *The Nation*, Oswald G. Villard und weitere herausragende amerikanische Intellektuelle machen sich für Carl von Ossietzky stark. Berthold Jacob, Ika und Rudolf Olden und viele andere Aktivisten der international geführten Kampagne tragen das Ihre zur Verleihung des Preises an Carl von Ossietzky bei, den er im Jahr 1936 schließlich erhält. Verwandte Alfred Nobels hingegen missbilligen öffentlich die Ehrung, und Knut Hamsun – »frei, wohlhabend und in jeder Hinsicht gesichert« – ergreift »das Wort gegen einen verteidigungslosen, sprachlich gefesselten Gefangenen.« Dem schwerst von Folter und Misshandlung gezeichneten Ossietzky wird die Ausreise und der Empfang des Friedensnobelpreises in Oslo von den Nazis verwehrt. Am 4. Mai 1938 erliegt er in Berlin den Folgen der während der KZ-Haft in Sonnenburg bei Küstrin und Esterwegen im Emsland erlittenen Qualen.

Trotz allen Engagements an mehreren Fronten findet Rudolf Olden noch Zeit, sich durch die Vermittlung von zahlenden Feriengästen um die sich allmählich trübende finanzielle Situation seiner Schwester Ilse zu kümmern. Am 15. Mai 1935 schreibt er ihr aus London: »[Ernst] Toller ist wieder hier und will, mit seiner jungen Frau, auf kurze Zeit an die Riviera fahren. Soll ich ihn reizen, Dich zu besuchen? Er ist dreimal nicht verstimmt und stolz auf einen Theatererfolg, den er in Manchester [mit *Rake out the Fires*] hatte.«[75] In ihren melancholischen Stunden versäumt es Rudolf nicht, die Schwester aufzumuntern: »Eben schreibt mir Theodor Wolff, Du seiest ›fabelhaft‹ und ›königlich‹ und wie er bedauert, Dich nicht öfter zu sehen. Das nur, weil Du manchmal über Einsamkeit klagst …«[76]

Balder Olden übersiedelt im Frühling 1935 gemeinsam mit Margaret Kershaw von Prag nach Südfrankreich, vorerst zur Schwester Ilse, die 1935 mit ihrem Sohn Joseph Wladimir und ihrem Enkelsohn Christoph aus der Villa Santa Narcisa in Roquebrune-Cap-Martin in das nur fünf Kilometer entfernt gelegene Pian les Tilleuls, ein großes, von einem Olivenhain umgebenes, malerisch gelegenes provençalisches Landhaus bei Menton-Garavan, umgezogen ist. Die Bevollmächtigten des Woerishoffer-Trusts nahmen den Kursverfall des Dollars nach der Liquidation des britischen Goldstandards von 1931 sowie einen Dividendenausfall zum Anlass, die Apanage von Graf Carlo um ein Drittel zu kürzen. Ilse hatte sich bei zähen Verhandlungen mit dem Zivilgericht in Paris von ihrem Bruder Rudolf repräsentieren lassen. Die Verhandlungen waren dadurch erschwert, dass der entmündigte Graf Carlo nur durch einen vom Zivilgericht ernannten Conseil Judiciaire – einen Pfleger, der in Verdacht auf Veruntreuung stand – vertreten werden kann. Am 29. Mai riet Rudolf seiner Schwester zum Fortzug: »Leider, ist wohl die *Narcisa* wirklich über die Verhältnisse«.[77]

Am neuen Domizil findet auch die Schauspielerin Lydia Busch – 1945 debütiert sie in dem halbdokumentarischen Spionagedrama *The House on Ninety-Second Street* unter dem Künstlernamen Lydia St. Clair – Zuflucht. Der deutsche Fotograf Wolfgang Vennemann betreibt im Haus ein Atelier und wird sich später mit einer bösen Überraschung revanchieren. Ganz in der Nähe lebt seit 1935 auch der expressionistische Dichter Fritz von Unruh. Balder Olden hatte 1933 über ihn in *Ausgebürgerter Unruh*[78] geschrieben – nachdem sein Exil in Ligurien von italienischen Faschisten überfallen worden war. Fritz von Unruh entstammte einer uradeligen preußischen Offiziersfamilie. Den Nazis ist der erklärte Antimilitarist schon früh ein Dorn im Auge, schrieb er doch, »dass wir ja alle gedrillt werden, um Gottes Ebenbild zu zerschießen«, und warnte als viel beachteter Redner schon seit 1932 vor dem Krieg, der Europa restlos zerstören würde. Seine 1932 uraufgeführte Komödie *Zero* prophezeit: »Auf dem Potsdamer Platz werden Schafe weiden.«

Die Gegend um Roquebrune-Cap-Martin gilt als vornehme, englisch angehauchte Enklave an der Côte d'Azur. Auch Coco Chanel hatte sich hier, umgeben von der Dünung der Olivenbäume und sanftem Seewind, eine herrliche Villa, La Pausa, erbauen lassen. Berühmtheiten wie Jean Cocteau, der sie dort 1935 auf Knien bittet, ihn anzuhören, um ihr von einem geplanten Theaterstück – *Œdipe roi* – zu erzählen, und sie anfleht, die Kostüme zu entwerfen; Jean Renoir, der gerade den Film *La règle du jeu* vorbereitet – auch er wirbt um ihre Mitarbeit –, oder Serge Lifar, weißrussischer Maître de ballet der Großen Oper in Paris, halten sich gern dort auf. Balder Olden macht sich in einem fünfseitigen Text, *Wunschträume in Stein*, Gedanken über Ort und Zeit: »An der Côte d'Azur wird heute nicht gebaut, es seien denn Häuschen, grell bemalt, in kleinen Gärten, die französische Zwergkapitalisten sich dorthin setzen, wo vor fünf Jahren noch der Boden zweihundert Francs pro Quadratmeter kostete und für die internationale Plutokratie reserviert war. Aber gerade jetzt, während dieser Pause im Bauen [um 1935], lässt sich betrachten, wie die Letzten unter den Reichen ihre Sehnsüchte in Stein kristallisiert haben. [...] Die Villa ›*La Pausa*‹ hat sich eine Frau gebaut, die ihre ungeheure Laufbahn nur ihrem Geschmack verdankt, Madame Chanel. Sie hat als Midinette angefangen, als kleine Schneiderin, und ist heute – immer noch eine junge Frau – Besitzerin einiger Mode-Salons in Paris, Cannes, Arcachon, in die man sich nur mit einem Empfehlungsbrief einführen kann. Ein Scheckbuch allein ist dort noch keine Legitimation. [...] Aber alle Tempelhaftigkeit der Salons von Madame Chanel ist doch gering im Vergleich zu ihrem Schloss, diesem vollendeten Wunschtraum einer in die höchsten Zellen irdischer Lebensform drängenden Seele. Vor allem ist es dem profanen Auge nahezu unsichtbar, geheimnisvoll in riesige Gärten und Alleen gebettet. Seine Architektur ist groß und klösterlich, meisterhaft so in die Landschaft gepasst, dass man von außen die großen Dimensionen des Baues kaum wahrnimmt. Die Säle im Erdgeschoss, die aus unsichtbaren Radiatoren nicht nur erwärmt, sondern auch zentral bekühlt werden können, sind wie zur Andacht gebaut, große, schweigende Räume, durch deren Fenster man das ungeheuerste Bild des Meeres empfängt, fast ohne Mobiliar, ganz ohne Schmuck. Die edelsten Hölzer, der edelste Marmor, die edelsten Schmiedearbeiten sind hier so kunstvoll und unaufdringlich verbaut, dass man nur langsam, in andächtiger Prüfung, begreifen lernt, dass jeder dieser Räume eine Schatzkammer ist. [...]

Die Bibliothek besonders ist ein Raum von so sakraler Geschlossenheit, dass von deutschen Zeitgenossen nur ein Stefan George darinnen denkbar wäre. Selbst die Schlafzimmer sind von höchster Würde, Stilechtheit und unhörbarem Pomp, dass ein Traum, wie wir ihn gern träumen, von Amoretten und Schäferinnen etwa, wahrscheinlich nicht darin geträumt werden kann. Nur die Bäder mit dem Glanz phantastischer Riesenspiegel und blitzender Armaturen sind auch für heitere Stunden denkbar. [...] Es gibt längs dieser Küste noch aberhundert Wohnstätten, die nur als Wunschtraum ihrer Besitzer geformt sind, [...] viele, die schon Patina angesetzt haben und nicht mehr aus ihrer Umgebung fortzudenken sind, blitzneue, die noch wie eine Vergewaltigung der pathetischen Landschaft wirken. [...] Die Midinette von einst, der selbst Asbest kaum reinlich genug scheint, der erfolgreiche Schriftsteller [Blasco Ibáñez], der sich unter die Heroen der Epik reihen möchte, die Tochter des kanadischen Viehherdenbesitzers [Mrs. Floss] im antiken Schloss, der Jüngling, der zwischen Apéritif und Dîner, an schwindelnden Graten hinschreitend, Lebensgefahren bestehen möchte, der gefeierte Künstler, der die Früchte seines Ruhmes im Schutz anonymer Stallmauern genießen will – jeder hat sich das Epos seiner Sehnsucht gebaut.«[79]

Pian les Tilleuls ist viel bescheidener, aber es beherbergt die sehr umfangreiche und wertvolle Bibliothek der Gräfin Seilern. Doch die Angst vor dem langen Arm der Nazis und Misstrauen gegenüber fast jedermann sind selbst in der mediterranen Atmosphäre zu spüren. Am 28. August 1935 schreibt Balder Olden aus Roquebrune an W.G.Höper nach Krumpendorf am Wörthersee in Österreich: »Sie haben vor ein paar Wochen meine Schwester nach meiner Adresse gefragt, aber meine Schwester – und überhaupt kein Mensch – gibt heute Adressen preis. Das sind die heutigen Zeiten, in denen jeder seinen Privat-Mörder beschäftigt, selbst nichts zu essen hat, während sein Mörder gut bezahlt wird. Ich war lange in Prag, immer belauert und in Gefahr. [...] Die ersten Jahre nach meiner Trennung von Nena – bis zum Hitler-Umsturz – waren die schönsten meines Lebens. Buch um Buch, Erfolg um Erfolg. Dann kam das Schreckliche, ich bin emigriert und in die schärfste Opposition getreten, expatriiert worden – jetzt irre ich ein bisschen ziellos in der Welt umher [...].«[80]

»Ob die Engel heute ohne Widerspruch mitansehen, wie ihre Schutzempfohlenen all über den Menschenstern hin gequält, gehetzt, getötet werden? Ob sie nicht mit Vorstellungen erst, dann mit verzweifeltem Zorn vor den hintreten, der sich allmächtig nennt und all das geschehen lässt, sich empören, niederschmettern und verstoßen lassen? Wenn es schon vor dem [Ersten] Weltkrieg zu solchem Aufruhr kam, wie soll es denn heute anders sein? – Und ich weiß sogar etliche, die in Menschengestalt durchaus unter Emigrantenleben gehen, Klarheit spendend, helfend, Hoffnung säend. Ihrer sind wenige, die *Révolte des Anges* [Anspielung auf den Roman von Anatole France] hat wohl erst begonnen. Nennen darf ich sie nicht, sie sind Emigranten wie wir, es hieße vielleicht, sie dem Tyrannen denunzieren, in dessen Gewalt sie wieder geraten könnten.«[81]

Noch bleiben die Engel im französischen Exil nicht aus, sie garantieren Beistand gegenüber politischem Hass und Zerstörungswut. Auch Iwan Bunin, der vor den Bolschewisten geflohene russische Romancier und nun staatenlose Literaturnobelpreisträger von 1933, hat unter ihren weiten Fittichen den rettenden Schutz im französischen Exil gefunden. Paris garantiert den Emigranten Meinungsfreiheit in Exilverlagen, Zeitschriften und Zeitungen. Das Versammlungsrecht wird geachtet. Aber der Verlust stetiger Verlagseinnahmen macht Balder Olden ziemlich zu schaffen. Rudolf Olden zeigt sich in seinem Brief an Ilse vom 1. September 1935 sehr um den Bruder bekümmert: »Dein letzter Brief hat mich so erschreckt. Was soll mit Balder werden?«[82] Schon am 6. Februar 1934 hatte er Ilse seine Sorge anvertraut: »An Balder schrieb ich schon lang, er solle hierher kommen. Es ist schlimm, dass er melancholisch ist. Ich weiß nicht, ob sein Buch trägt.«[83]

Sicherlich trägt Balder Olden mancherlei Last mit sich herum. Aber in Prag hatte ihn ja die Gestapo zu alledem irrtümlich auch noch für den Verfasser der anonym erschienenen Broschüre seines Bruders Rudolf Olden, *Hitler der Eroberer. Die Entlarvung einer Legende*, gehalten, für den Mann, der »den Führer beleidigt und verhöhnt« habe. Unterdessen setzt Rudolf Olden die Demaskierung des Diktators in der 1935 in Amsterdam erscheinenden, mit Hilfe von Peter Olden recherchierten, investigativen Biografie *Hitler* unbeirrbar fort. Tyrannen aller Art fürchten Witz und Karikatur ganz besonders. Rudolf Olden spielt auf den grotesken Germanenkult der Nazis an und vergleicht den »Führer« mit Karl Hetman, einer buckligen Figur aus *Hidalla* von Frank Wedekind, der einen Verein zur Erzeugung körperlich vollkommener Menschen gründet. Die ersten Sätze seines noch im selben Jahr in Paris erscheinenden Buches *Hindenburg oder der Geist der preußischen Armee* lauten: »Hitlers Eintritt in die Geschichte erregte Lachen in der Welt. Das änderte sich langsam, endgültig erst, nachdem er zu Regierungswürden aufgestiegen war. [...] Wie kommt es, dass der Mann vor ein paar Jahren noch lächerlich war? Die Macht lässt jeden, der sie besitzt, zu einem Gegenstand ernsthafter Betrachtung werden. Ehe Hitler sie ausübte, war der deutsche Diktator zu einer komischen Figur nicht so ungeeignet. [...] Der Parteiführer hatte etwas von einem kollernden Truthahn. Man konnte ihn auch für einen Sancho Pansa nehmen, der sich die Rolle des Don Quijote anmaßte.«

Im September 1935 reist Ilse Gräfin Seilern nach London und Oxford. Endlich kann sie nun mit Rudolf, dem klaren, klugen und kritischen Kopf, persönlich über alle Sorgen und Nöte der Familie sprechen. In London wohnt sie wie immer in Princess Gate 56 bei ihrem jüngsten Stiefsohn, Count Antoine Seilern, der ihr zeitlebens mit großer Achtung und Dankbarkeit verbunden bleibt. Rudolf Olden und die 23 Jahre jüngere Psychoanalytikerin Ika Halpern haben am 21. Dezember 1933 in Westminster geheiratet. Ihre Trauzeugen sind Lion Feuchtwanger und Joe Lederer. Ika Olden ist eine Tochter des Bankiers,

Zionisten und engen Vertrauten von Chaim Weizmann, Dr. Georg Halpern, und der Engländerin Emily Lampert. Ihr Vater wirkt zwischen 1921 und 1933 in Berlin und London als einer der ersten Direktoren des Gründungsfonds *Keren Hayesod*, des finanziellen Arms der Zionistischen Weltorganisation, um auf einer genossenschaftlichen Basis jüdische Einwanderung und Besiedlung in Palästina zu finanzieren. Georg Halpern lebt bereits in Palästina.

Gilbert Murray, Professor für Altphilologie an der Universität Oxford, stellt Rudolf und Ika Olden sein am Rande der alten Universitätsstadt gelegenes Cottage unentgeltlich zur Verfügung, nachdem die Mittel des Paares bald nach ihrer Ankunft auf der Insel aufgebraucht sind und fortwährende finanzielle Schwierigkeiten sich einstellen. Im Herbst 1935 sind die Nöte so groß, dass der Sekretär des *Academic Assistance Council*, Walter Adams, hilfesuchend schreibt, Olden werde innerhalb der nächsten drei bis vier Wochen so gut wie mittellos sein, aber er brauche über vier bis fünf Monate hinweg eine gewisse Sicherheit, um sein Buch über Hitler zu Ende schreiben zu können.[84] Mit mäßigem Erfolg versucht Rudolf Olden dann durch die englische Ausgabe seiner 1935 zuerst bei Querido in Amsterdam erschienenen Biografie Adolf Hitlers – *Hitler the Pawn* (London 1936) – die britische Öffentlichkeit über die wahren Ziele des Dritten Reiches aufzuklären. Das Buch wird beachtet und mehrfach prominent mit gebührendem Respekt rezensiert.[85] Auf starke Zweifel stößt allerdings Rudolf Oldens Theorie vom Fortdauern des »tiefen Staates«, das heißt von der unverminderten Dominanz des preußischen Militärapparates über die millenaristische Mobilisation unter dem Kult eines Führers hinaus. In der Besprechung des langjährigen Berlin-Korrespondenten Frederic A. Voigt im *Manchester Guardian* vom 16. Oktober 1936 heißt es: »Die deutsche Politik wird weniger von dem wiedererstarkten Militärapparat und dessen Kommandoebene bestimmt als durch die nationalsozialistischen Führer, insbesondere durch Hitler selbst. Es kommt der Wirklichkeit näher, zu sagen, die Armee sei ein Werkzeug der NSDAP, als zu sagen, die Partei sei ein Instrument der Wehrmacht. Dies heißt nicht, dass es keine Spannungen zwischen der Generalität und Hitler gäbe. Die deutsche Armee ist auf dem Wege, zur mächtigsten Armee der Welt zu werden, und hat daher allen Grund, das nationalsozialistische Regime tief dankbar zu akzeptieren. Das Dritte Reich ist eine Art Islam und dem nüchternen Geist des alten Preußen und dessen Armee völlig fremd. [...] Nach meiner Einschätzung ist es ein Jammer, dass Olden die deutsche Realität durch ein falsches Medium präsentiert. Doch selbst wenn dies das Gesamtbild etwas verzerrt, so ist diese Verzerrung erlaubt. Oldens Buch ist bewundernswert, es ist das Beste, was bisher über Hitler geschrieben wurde. Es finden sich dort Oldens wissenschaftliche Präzision, sein Respekt vor aufrichtiger Geschichtsschreibung, und es wird erhellt durch tiefste Kenntnis des eigenen Landes, seiner Mentalität und seiner Traditionen.«

Emil Julius Gumbel kritisiert in seiner Besprechung in *Das Wort* im Dezember 1936, »dass im ganzen Buch die Arbeiterbewegung als der natürliche Gegensatz zu den Nationalsozialisten nicht in Erscheinung tritt«, worunter auch die zentrale These von *Hitler* leide: »Denn in ihr tritt nicht scharf genug hervor, welchen Mächten die Nazis dienten, wie und warum sie von der Schwerindustrie und den Junkern unterhalten wurden.« Rudolf Olden hält sich zugute, die tatsächlichen Ereignisse ohne Illusionen darzustellen und ernüchtert dargelegt zu haben, dass die deutsche Arbeiterbewegung keinen entscheidenden Widerstand zur Verhinderung der Machtübergabe geleistet habe und das liberale Bürgertum verschwunden sei. Hingegen würdigt Gumbel, dass Olden »den Beweis für seine einleuchtende These *Es gibt keine Staatsstreichpläne in Deutschland gegen die Reichswehr, aber auch keine ohne sie*« durch die eingehende Analyse von Hitlers Buch *Mein Kampf* sowie der beiden großen Phasen der nationalsozialistischen Bewegung erbringt, welche ihre Vehemenz während der Jahre 1919 bis 1923 der Hyperinflation und von 1929 bis 1933 der ›Weltkrise‹ verdanke. »Er zeigt die große Aufgabe dieser Autobiographie: die Verschleierung. Keine Angabe stimmt wirklich. [...] Nicht einmal über das wichtigste Erlebnis eines Nationalisten, den Krieg, berichtet Hitlers Buch. Es schweigt über die legendäre Geschichte seines Eisernen Kreuzes. Olden analysiert eingehend die sieben darüber verbreiteten Lesarten, von denen keine stimmen kann. Denn in der Geschichte des Regiments, in dem Hitler gedient hat, wird nichts darüber berichtet.«

Rudolf Olden habe auch die schleichende Unterminierung der Republik durch Feinde der Demokratie präzise herausgearbeitet: »Die Schlüsselstellungen in den Ämtern waren, im Rahmen der Gesetze, längst in den Händen der Partei, als sie – nur der Form nach von unten her – sich die Macht voll nahm. [...] Seine Leute beginnen ihre Regierungstätigkeit, indem sie den Reichstag anzünden; er ermordet seine ältesten Freunde, die Treuen, unter deren Schatten er groß geworden ist [...]. Ein Mensch ohne Schulbildung [...] beginnt als Reichswehrspitzel, wird Führer unzweifelhafter Mörder, Zuhälter und Hochstapler, und schwingt sich auf dieser Basis zum Führer der Nation auf. [...]

Welche sozialen Kräfte haben einen solchen Aufstieg aus dem Nichts [...] ermöglicht? Dieses Problem steht vor jedem, der sich mit dem heutigen Deutschland auseinandersetzen muss.« Die Rezension von Gumbel endet durchaus harsch: »Tatsächlich aber ist die entscheidende Ursache für die einstweilige Stärke Hitlers doch einfach die Angst sowohl der bereits Beherrschten, wie ganz Europas, vor dem, was nach dem Nationalsozialismus kommt. Dies sagt Olden leider nicht.«[86]

Die Hitler-Biografie wird 1936 auch in New York und in tschechischer Sprache in Prag veröffentlicht. Im Januar 1936 schildert Rudolf Olden der Schwester seine etwas verzwickte Situation: »Obwohl der ›*Hitler*‹ nicht so schlecht geht. Sie drucken schon nach [bei Querido in Amsterdam]. Es ist ein Märchentraum, dass man bei bleibender Diktatur Bücher gegen sie in Deutschland verkaufen könnte. Gott, was für ein Geschäft wäre das! Dann erst wäre die Emigration ein lohnender Aufenthalt. Ich glaube nicht, dass wir immer in Oxford bleiben werden. Für Ika ist es zu fad, und für mich reichen, glaube ich, die Bibliotheken nicht. Es ist tatsächlich so etwas in Gang, mir die Möglichkeit zu irgendeiner Vorlesungstätigkeit zu verschaffen. Aber sehr weit gediehen ist es nicht, und ich weiß nicht einmal, ob es ein reines Glück wäre. Ein bisschen unsicher ist alles. Ich fühle mich ein bisschen ermüdet, obwohl ich nicht weiß, wovon. Ich möchte gern ein großes Schreibzimmer haben mit sehr vielen Büchern und dann etwas Ordentliches schreiben. Aber immer sind meine Bücher in Kisten, auf Speichern, und mein Schreibzimmer ist klein, und im Grund ist es sehr fraglich, ob die Welt notwendig braucht, was ich schreibe.«[87]

Die Welt hätte es freilich bitter nötig, und wenigstens die jungen Studenten in Oxford hören Rudolf Olden aufmerksam zu, wie er Ilse am 5. Mai 1936 berichtet: »Gestern, als meine Vorlesung zu Ende war, konnte ich den Saal kaum verlassen, eine Menge von Untergraduierten beiderlei Geschlechts, die keinen Platz mehr fanden, hatten sich auf dem Boden gelagert. Das Interesse für den deutschen Liberalismus ist sehr ehrenvoll, wie es überhaupt sehr ehrenvoll ist für einen ungelehrten Outsider wie mich, Vorlesungen in dem heiligen Oxford zu halten. Wenn Dir die Verwandten von der anderen Seite vorhalten, dass ich ein verdächtiger kulturbolschewistischer Emigrant bin, so erwidere ihnen, dass die zukünftigen Primeministers und Peers zu meinen Füßen sitzen und von mir lernen.«[88]

In der Republik Frankreich schlagen die politischen Wellen 1936 hoch. Die starke Konfrontation zwischen rechts und links verschärft sich. Im Februar wird der sozialistische Spitzenpolitiker Léon Blum von einer Gruppe junger Fanatiker aus seinem Wagen gezerrt und zusammengeschlagen. Mit knapper Not retten ihn Arbeiter einer nahe gelegenen Baustelle und bringen ihn ins Krankenhaus. In der ultrarechten Presse war gegen Léon Blum gehetzt worden. Dann, am 26. April 1936, gehen bei strömendem Regen 85 Prozent der Wahlberechtigten bei den Parlamentswahlen zu den Urnen. Das Bündnis links stehender Parteien siegt, und Léon Blum wird französischer Ministerpräsident. Es folgt ein Börsensturz. Die neue Regierung verkündet die Vierzig-Stunden-Woche, erlaubt die Bildung von Gewerkschaften, führt Kollektivverträge und bezahlten Urlaub ein, verlängert die Schulpflicht, reformiert die Zentralbank, verstaatlicht die Rüstungsindustrien. Kurzum: Die Dinge entwickeln sich in Frankreich offensichtlich in einer Deutschland entgegengesetzten Richtung, provozieren in der Linken teils übertriebene Hoffnungen, aber lassen vorläufig das Los des Exils zeitweise in erträglicherem Licht erscheinen.

Im Juni 1936 ziehen Balder Olden und Margaret Kershaw von Pian les Tilleuls im Département Alpes Maritimes ins benachbarte Département Var um, wo sie sich im Fischerdorf Le Lavandou niederlassen. Dort lebt bereits seit Mitte der 1920er Jahre der österreichisch-italienische Schriftsteller Emil Alphons Rheinhardt, der sein gastfreundliches Haus für Emigranten jedweder Couleur offen hält. »Hier ist es unbeschreiblich schön – endlose Spaziergänge, und jeder mit großen Überraschungen. Das ganze Land eine einzige Blumengärtnerei, das Beste in wilde Macchia eingebettet, Berge, Täler, Wälder, das Meer so kunstvoll ineinander gelagert, dass man nicht aufhört … zu staunen. Die Leute sind zurückhaltend-liebenswürdig wie alle Franzosen, wer nicht aus dem Var stammt, ist ein Fremder.«[89]

Am 1. August 1936 schreibt Balder aus Le Lavandou an Ilse: »Der Kreis ist viel größer geworden – bei Rh.[einhardt] sind noch zwei Freunde und seine frühere Frau angekommen, […]. Wir haben viel Musik – die geschiedene Frau ist Sängerin – Literatur, Rezitation, x Zeitungen, Radio, sprechen viel französisch, sehen viele (fast nackte) wunderschöne Mädchen, die Arbeit macht Freude, gar kein Streit, gar keine Verstimmung in der Luft – nur dieses immerhafte Angstgefühl wegen Spanien und vor dem Krieg, der sich dort braut. […] Spanien macht uns allen das Herz zentnerschwer – das ist eigentlich nicht mehr Politik, das ist die eigenste Privatsache aller Menschen, die ein Herz und Nerven haben. Ein friedliches Land, das sich verfassungsgemäß und demokratisch reformieren will, von der eigenen Armee überfallen, ein Krieg ohne Kriegsrecht, Gefangene werden füsiliert, –

und halb Europa sympathisiert mit den entmenschten Verbrechern. Zum Glück sind alle Menschen, die wir hier sehen, der gleichen Ansicht.«[90] Und am 30. September 1936 schreibt er: »Ein Kommen und Gehen, die beiden Mann, [Ernst] Toller, Arnold Zweig, zwei Partien Spitzel der Gestapo, [Ludwig] Marcuse, [Leopold] Schwarzschild – es hört nicht auf. Nombril de la terre [Nabel der Welt] – Le Lavandou. Auch [Fritz von] Unruh will kommen, schreibt lange, liebe Briefe. Heinrich Mann mit seinem Töchterchen ist uns die liebste Gesellschaft geworden, ist auch der liebenswürdigste von allen. Er ist gar nicht feierlich, obwohl er so wirkt, im Anfang – lustig und bon camarade. Ich bin immer so froh, wenn ich eine Stunde mit ihm zusammen war.«[91]

Margaret Kershaw ergänzt die Liste von politisch engagierten Sommergästen in einem Brief aus dem Jahr 1985 an Christoph Stegmann-Olden um die Namen von Ellen Gottschalk, Bodo Uhse und Egon Erwin Kisch.[92] Die politische Aktivistin Ellen Gottschalk wird 1937 Frankreich verlassen, um in Indien ihren zukünftigen Mann, den eben aus sechsjähriger Haft entlassenen Geschichtsphilosophen Manabendra Nath Roy, im schwierigen Kampf gegen die britische Kolonialherrschaft zu unterstützen. Roy war Mitgründer der kommunistischen Parteien Mexikos und Indiens, 1929 von der Komintern ausgeschlossener Freiheitskämpfer und Marxismuskritiker. Er hatte Lenin bereits 1920 in Kernpunkten widersprochen und meistert nach seinem Ausschluss aus der Komintern den Scheideweg hin zu einer als *radical humanism* zusammengefassten Synthese politischen Denkens, darin weitaus intellektueller, wenn auch machtloser als der viel populärere Mahatma Gandhi.

Balder Oldens enger Freund René Schickele lebt zur selben Zeit wie er in Nizza. Man besucht sich gegenseitig, sooft es geht. Gräfin Seilern ist längst in die alte Freundschaft mit eingebunden. Wie weit man einander vertraut war, belegt ein im Mai 1935 verfasster Brief – einer von vielen – des elsässischen Schriftstellers an seine gräfliche Freundin.[93]

Einen Monat später teilt der elsässische Schriftsteller der »lieben, verehrten Frau Ilse« mit: »Ja, jetzt hat es ›geschnappt‹! Die Hoffnung, an einem dieser Tage an Ihrer kaisertreuen Tafel zu sitzen, ist vorbei. (Übrigens haben mich die phantastischen Erfolge der Demokratie seit März 32 zum Monarchisten gemacht, – was nur natürlich ist, da mir die Natur die wichtigsten Voraussetzungen zum Kommunisten ebenso versagt hat wie etwa Ihnen oder Ihrem Bruder Balder.) Ich bin nämlich in die ›Brunstzeit‹ eingetreten, was sich beim schreibenden

Volk so zeigt, dass es nicht mehr aufhört Papier zu bekritzeln und mit imaginären Gestalten Unzucht zu treiben. So was geht vorüber wie alles andre. Und dann darf ich mich wohl melden? Von Balder höre ich nichts und nehme an, dass er mir mit dem besagten Naturzustand zuvorgekommen ist. Schade, Thomas Manns waren fünf Tage hier und er hätte so gut Gelegenheit gehabt, nach dem lebenden Türkenkopf zu werfen! Ich lasse ihn und sein blasses Frauchen bestens grüßen. Hoffentlich ist sie inzwischen zu einer knusprig braunen Provençalin geworden.«[94]

Schickeles Wohnsitz, Villa La Floride ist einer der beliebtesten Treffpunkte der an der Côte d'Azur verstreut lebenden Exilgemeinschaft: »Liebe Frau Ilse, die beiden Jüngsten von Thomas Mann haben uns überfallen und kampieren bei uns. Mädy [Elisabeth Mann] hat ihren 18. Geburtstag am Schopf gefasst, um ihr Chauffeurexamen zu machen und ist andern Tags mit einem kleinen ›Fiat‹ (Preis 400 frs.) losgefahren. Sie spielt Klavier, ihr um ein Jahr jüngerer Bruder [Michael Mann] die Geige, beide sind Schüler des Zürcher Konservatoriums. Sie geben Samstagabend ¾ 9 Uhr ein Konzert im ›Centre Universitaire‹, dem rosa Gebäude mit den Obelisken an der Promenade des Anglais. Wenn Sie irgendwie können, so kommen Sie! Und alles, was in den Wagen geht. Vielleicht sagen Sie's auch den Nachbarn und den Bernfelds [Dr. Siegfried und Suzanne] und was sonst in Ihrer Nähe kreucht und fleucht.«[95]

Am 30. September 1936 schildert Balder Olden der Schwester die sich verschlimmernde Lage der Schickeles: »René geht es nicht gut, aber er arbeitet wie besessen, ein neues Buch. Sie haben ihren Ford verkauft!! Für 3000 Frcs., mit denen Hänschen nach U.S.A. fährt. Sein Bruder [Rainer Schickele] will ihn dort zuende studieren und Amerikaner werden lassen. Alles sehr, sehr traurig – Schickeles ohne Sohn, ohne Auto, ohne Chauffeur (in dem Haus, das ohne Auto ein Gefängnis ist). Aber sie wollen es möbliert, mit Bibliothek, vermieten.«[96] Am 29. Dezember berichtet Balder Olden aus Le Lavandou mehr: »In Nizza habe ich den Anfang von Schickeles neuem Roman [*Die Flaschenpost*] gelesen – er fängt bezaubernd an, frech und poetisch zugleich. Überhaupt – das war eine große Freude, Schickele wieder so auf den Beinen zu sehen. Er war die ganze Zeit froh und gesund, trotz aller Sorgen, fährt bald nach Paris, um Fühlung zu nehmen.«[97]

In *Die Flaschenpost* erzählt der Autor von Vorahnungen im Leben seines Protagonisten Richard Wolkes, der in einem »rebenumspannten und aus den Mauern bunt blühenden Haus an der Blauen Küste, auf einem Hügel, in Blumenduft und Meeresatem« lebt. »Richard Wolke gilt den Leuten auf seinem Hügel als ein liebenswürdig-gütiger Narr. Vor kurzem war er noch ein Anderer, hat die Menschen gesucht, Freunde geliebt, Frauen um sich versammelt, und sein mächtiges provençalisches Bett war dem Eros geweiht. Dann wuchs die Angst. [...] Sein Schicksal wird Alfonso XIII., Exkönig von Spanien, der mit seiner Freundin Pipette ein Nachbarhaus auf dem Hügel bezieht. Zwar gibt der Spanier sich als etwas ganz anderes aus, er nennt sich Casimir Castro und deutet an, dass er ein politisch Verfolgter sei, den Tag und Nacht zwei Geheimagenten beobachten. Aber Wolke weiß, das sind des Exkönigs Leibwächter, eine Verschwörung der Potentaten ist im Gang, der Pharaonen, Habsburger, Kapetinger und Bourbonen, alle Greuel der Weltgeschichte sollen von vorn anfangen, ›mit den entsprechenden technischen Verbesserungen der Neuzeit‹. Jetzt kreisen alle Gedanken um Alfonso und Pipette, sogar in seinen Träumen erscheint der drohende Monarch, und auch dafür hasst ihn Wolke, denn ›anständige Menschen stören einander nicht im Schlaf‹.«[98]

Im Teilnachlass Balder Olden im Deutschen Exilarchiv hat sich neben dem Text über *Die Flaschenpost* auch eine »Einladung mit Übernachtung für Mittwoch 10. März [1937] in die Villa Synaya« in Sanary-sur-Mer von Lion Feuchtwanger erhalten. Feuchwanger ist erst einen Monat zuvor von einer zweimonatigen Moskaureise – einem literarischen Staatsbesuch mit Empfang bei Stalin im Kreml – nach Frankreich zurückgekehrt. Am 8. Januar war er im Kreml von Stalin persönlich empfangen worden und durfte ihn dort interviewen. Der Wortlaut des Interviews hat sich als Mitschrift der Dolmetscherin zum Teil erhalten. Feuchtwanger wohnt gemeinsam mit dem Botschafter der USA in Moskau, Joseph E. Davies, dem zweiten großen politischen Schauprozess bei. Er hat weder am vermeintlichen rechtsstaatlichen Anschein des Prozessverfahrens noch an den Schuldsprüchen und Todesurteilen etwas auszusetzen. Das Vorwort seines in einer sowjetischen Ausgabe von 200.000 Exemplaren erscheinenden Buches *Moskau 1937. Ein Reisebericht für meine Freunde* wurde von Stalin angeblich persönlich redigiert. Der Verleger, Artemi Chalatow, wird noch 1937 verhaftet und ein Jahr später hingerichtet. Das im November 1937 in Moskau erschienene Buch selbst wird vom unberechenbaren Kurswechsel der Diktatur überrollt und verschwindet schon nach wenigen Monaten aus Bibliotheken und Buchhandlungen. Während sowjetische Schriftstellerkollegen bass darüber staunen, dass Feuchtwanger hintenherum das schreiben und veröffentlichen darf, was ihnen strikt verwehrt ist, verabscheut der freisinnige Teil des westlichen Publikums die leichtfertige Verherrlichung des Regimes und die monströse Vergötzung Stalins. Leopold Schwarzschild zerreißt die geschichtswidrige Mär in der Luft und wirft Lion Feuchtwanger vor, »Werte hinzugeben [...], die Geschlechter und Geschlechter in Jahrhunderten erkämpften!«[99]

Die Manipulierbarkeit westlicher Intellektueller, das abgelenkte Verhältnis von Wahrnehmung und Rationalisierung ist Thema zahlreicher postsowjetischer Quellenstudien. Die täglichen detaillierten geheimdienstlichen Rapporte von Feuchtwangers rechenschaftspflichtiger Dolmetscherin haben sich im Archiv der Allunionsgesellschaft für kulturelle Verbindungen mit dem Ausland (VOKS) erhalten. Seit 1925 ist der Umgang mit westlichen Journalisten und Schriftstellern dem Umgang mit offiziellen Vertretern feindlicher Staaten gleichgestellt. Nicht legitimierter Austausch kann im schlimmsten Fall als Vaterlandsverrat bestraft werden. Lion Feuchtwanger erreicht Moskau im Salonwagen und wird – so wie vor ihm Oskar Maria Graf, Balder Olden oder André Gide – im feinen Jugendstil-Luxushotel Metropol, vis-à-vis dem Bolschoi-Theater, aber auch in Sichtweite der Lubjanka, des damaligen Hauptquartiers, des zentralen Gefängnisses und des Archivs des sowjetischen Geheimdienstes, untergebracht. Im Interview mit Feuchtwanger redet sich Stalin in seinen Äußerungen über die Prozesse regelrecht in Rage. Als er so weit geht, seine Wahnvorstellungen allgegenwärtiger Konspiration mit dem Hinweis auf die biblische Gestalt des Judas zu verquicken, wendet Feuchtwanger ein: »Über Judas – das ist eine Legende.« Stalin widerspricht dem Schriftsteller. Für ihn ist der »Verrat« Trotzkis, Radeks oder Sinowjews bereits in deren Judentum angelegt.[100] Im Jahr 1953 wird nur Stalins Tod eine Massendeportation sowjetischer Juden in bereits vorbereitete Lager verhindern. Darüber spricht z.B. der sowjetische Fotograf Evgueni Khaldei in dem Dokumentarfilm *Photographe sous Staline* von Marc-Henri Wajnberg.[101]

Im Sommer 1937 geben Lion und Marta Feuchtwanger eine Cocktail-Party in Sanary. »Es erschienen seltsam viele Menschen, Lanatsch [Anna Schickele] und Frau Meier-Gräfe, Mopsa [die Tochter von Carl und Thea] Sternheim, [...] Irmchen ist in Hollywood, [Carl] Sternheim noch halb bei Verstand, lebt in Belgien, schlecht und recht [...]. Es war der halbe Münchner Kreis von 1921.«[102]

Mehr als vier Jahre leben die Brüder Olden nun bereits im Exil. Am 11. November schreibt Balder aus Le Lavandou nach Roquebrune an Ilse: »Wir treiben alle auf Eisschollen, durch stürmische Arktik, aber auf Eurer Eisscholle scheint mir für den Augenblick die Fiktion von herrlich-guter alter Zeit mit Bratäpfeln und schlichtwürdiger Aristokratie. Eisschollen halten meist viel länger, als man glaubt, Jahrzehnte lang. [...] Nietzsche, – der sich hüten soll, mir im Dunkeln zu begegnen, – predigt das gefährliche Leben. Ich predige das ruhige, selbst als Fiktion. Das ist auch mein ganzer Kommunismus – Friede, Ruhe, Essen und meine Bücher lesen! (Meinetwegen auch Musik, Radio und die Bücher von anderen.) Salaam! Pax vobiscum.«[103]

Balder Olden scheint zu diesem Zeitpunkt wie Lion Feuchtwanger und manch anderer von der das faschistische Ungeheuer lediglich beschwichtigenden Politik Englands und Frankreichs tief Enttäuschte seine Hoffnungen allein auf die Sowjetunion zu setzen: »Im November wird die russische Verfassung abgestimmt, in der der Paragraph steht ›Alle vom Fascismus Verfolgten haben ihre Heimat in Russland.‹ Dann gibt es keine Visa-Schwierigkeiten mehr, und wir wandern.«[104] Hingegen spricht sein Bruder Rudolf am 25. April 1937 im Brief an die Schwester Stalins Großen Terror an: »Bei uns werden bald die letzten Kommunisten sein, denn was macht Russland? Es geht seinen alten asiatischen Weg.«[105] Im selben Brief schreibt er frei von jeder Romantik: »Dass ich in einem Buch über Klabund stehe, wusste ich nicht; ich habe kaum je etwas von ihm gelesen. Nur was den schönen Vers von Salis-Seewis angeht, so ist es deshalb so wahr, dass die Gerechtigkeit ewig ist, weil sie kaum je zeitlich ist. (So fürchte ich).«

Bei Salis-Seewis heißt es: »Getrost, ihr edlen Unterdrückten / Wenn euch kein Strahl der Hoffnung blinkt! / Ihr, die verpflanzt in arge Zeiten, / Mit der Gewalt zu kämpfen wagt, / Ihr sollt dem Lichte Bahn bereiten / Und fühlt die Schauer, eh' es tagt. / Denkt, wenn im Kampf für Menschenrechte / Ihr des Erfolges Glanz entbehrt, / Dass durch des Missgeschickes Nächte / Der Unschuld Haupt sich still verklart. / Schaut fest nach euerm hohen Ziele, / Verschmäht die nahe Hindernis. / Und stürzt, gedrängt vom Pflichtgefühle, / In des entflammten Abgrunds Riss. / Ihr Märtyrer für Menschenwürde, / Vertraut der Wahrheit und der Zeit: / Vergänglich ist des Druckes Bürde, / Doch ewig die Gerechtigkeit.«

Anfang des Jahres 1935 veröffentlicht der kleine Pariser Exilverlag Les Éditions du Mercure de l'Europe mit großer Verspätung Rudolf Oldens Buch *Hindenburg oder Der Geist der preußischen Armee*. Kritiker wie zum Beispiel Curt Geyer, Chefredakteur des sozialdemokratischen *Neuen Vorwärts*, bewundern die Konsequenz, mit der Olden mit strengster Logik seine historisch-politische These von der

Kontinuität des »reaktionären Willens der Träger des Geistes der preußischen Armee [welcher] wie der verkörperte Hegelsche Weltgeist« durch alle Stadien der Republik durchgehalten worden sei, herausarbeitet. Dabei habe auch die Überbelichtung »der Erkenntnis des Wesens der Hindenburgschen Persönlichkeit nicht geschadet«. Geyer vermisst jedoch eine Darstellung der »großkapitalistischen Problematik, der Agrarkrise, der Weltwirtschaftskrise in den entscheidenden Jahren der deutschen Republik«. Ähnlich äußert sich Kurt Kersten, der das Fehlen einer »Schilderung und Analyse der Rolle« bemängelt, »die im preußischen Militärstaat Industrie und Finanzkapital gespielt haben«, sowie auch eine »die Darstellung der Arbeiterbewegung, des großen Klassenkampfes im Winter 1932/33, als die Krise ihren Höhepunkt erreichte und Junker wie Industrie aus Furcht« vor der Revolution von links den Nazis die Macht verliehen. Kerstens unter der Überschrift *Der ungetreue Eckehart* in der Exilzeitschrift *Neue Deutsche Blätter* veröffentlichte Kritik[106] schießt teilweise über das Ziel hinaus, denn Olden thematisiert in seinem Buch primär die Formierung und Prägung des »Staates im Staate« im Schoße der Reichswehr und sekundär dessen Aufrüstungsbündnis mit Teilen der Schwerindustrie oder den rechtsgerichteten korporativen Massenmedien, die »deutsch-nationale Beeinflussungsmaschine« des Hugenberg-Konzerns: »Es war der letzte Versuch, das Junkertum zu retten, aus dem Kanzlerschaft und Diktatur Hitlers erwuchsen.«[107] Die Geschichtsdeutung von Rudolf Olden steht in klarem Widerspruch zur marxistisch-leninistischen Theorie, wie sie von vielen seiner Zeitgenossen hochgehalten wird, obgleich auch er Krieg für die logische Folge des imperialistischen Kapitalismus ansieht. Sein Buch stellt ein Grundlagenwerk zum Verständnis des Scheiterns der Weimarer Republik dar. Laut Balder Olden[108] hatte Rudolf es bereits während der letzten Jahre der Weimarer Republik konzipiert, dann aber wegen seiner Tätigkeit als Anwalt bei den Reichswehrprozessen zunächst zur Seite gelegt. So erscheint es erst im selben Jahr wie seine 364 Seiten umfassende Hitler-Biografie. Von *Hitler* werden in Großbritannien sowie im deutschsprachigen Raum bis September 1936 insgesamt 30.000 Exemplare verkauft. Balder Olden meint zu Recht: »Es ist ein großer Erfolg.«[109] Am 30. September 1936 schreibt er an seine Schwester Ilse: *Hitler* »ist – dank meiner Korrekturen – auch in Russland begrüßt«. Er fährt fort: »[W]ir bekamen eben einen Offenen Brief an André Gide, Heinrich Mann, Frans Masereel, Rudolf Olden, Balder Olden, Lion Feuchtwanger, Arnold Zweig, Upton Sinclair. Ist das nicht komisch: drei dieser

Adressaten waren am Tage des Eintreffens im Lavandou zusammen, dazu die Sekretärin Feuchtwangers [Lola Humm-Sernau]?«[110] Manchmal unterlagen solcherlei Zufälle auch etwas strengeren Gesetzmäßigkeiten. In Moskau sitzt die vollständig von der Geheimpolizei NKWD kontrollierte Auslandsabteilung des sowjetischen Schriftstellerverbandes, die ausländische Schriftsteller und Intellektuelle auch außerhalb der Sowjetunion überwacht.[111] Trotzdem kommt es vor, dass einer der offiziell in die Sowjetunion eingeladenen Autoren nicht spurt, sich am abgekarteten Spiel stößt oder von entgegengesetzten Einsichten überwältigt wird und sich weigert, zum Popanz der Propaganda zu werden. Ein leuchtendes Beispiel dafür ist der hellsichtige André Gide, dessen im November 1936 veröffentlichtes Buch *Retour de l'URSS* samt der in der Schweiz erscheinenden Übersetzung ins Deutsche durch Ferdinand Hardekopf schlichtweg entlarvend und systemschädigend wirkt, indem es Konformismus und Personenkult kritisiert und einen ausgeprägten »Superioritäts-Komplex« der Sowjets ausmacht. Obgleich bis September 1937 circa 150.000 Exemplare des Buches verkauft werden, kommt keine intellektuell rechtschaffene Debatte zustande. Der französische Literaturnobelpreisträger Romain Rolland bezeichnet gar André Gide als Verräter und Gefangenen der Trotzkisten. »Lion Feuchtwanger und Egon Erwin Kisch behandeln in ihren polemischen Äußerungen den großen Schriftsteller nicht nur wie einen Verräter, sondern wie einen etwas geistesschwachen, genußsüchtigen alten Sünder, dessen Verrat zwar ekelhaft, aber kaum von geistiger Bedeutung ist.«[112] Als man in Moskau nach einem Gegengift sucht, verfällt man auf Lion Feuchtwanger, der sich bereitwillig vor den Karren Stalins spannen lässt, vom Diktator sogar persönlich zum ersehnten »Gespräch« empfangen wird und die in ihn gesetzten Erwartungen mit seinem Buch *Moskau 1937* letztlich auch zur vollen Zufriedenheit der Komintern erfüllt.

Aus einem Brief an den in die USA geflüchteten Ökonomen Karl Brandt vom 9. November 1935 wird ersichtlich, wie marginalisiert sich Rudolf Olden in seiner Oxforder Umgebung zuweilen vorgekommen sein mag. »Mir scheint mein hiesiger Aufenthalt noch immer ein bisschen wie ein Erholungsaufenthalt, und ich habe kein Bild davon, was aus Deutschland geworden ist. Es muss dort, sagt mir die Überlegung, eine tiefgreifende Veränderung und Zerstörung vor sich gegangen sein, aber eine Vorstellung vermag ich mir davon nicht zu machen. Vergeblich befrage ich manchmal Besucher aus Deutschland, sie sagen es mir auch nicht.«[113]

Im englischen Exil beobachtet Rudolf Olden mit Argwohn bei der Ober- und Mittelschicht Sympathien für den Faschismus Hermann Görings und anderer deutscher oder spanischer Generäle. Es gäbe keine Einigung mit solchen, die »nur in der Allüre, nur im sozialen Niveau […] vom Nazitum verschieden« seien. Olden beschäftigt sich ohne Wenn und Aber mit der Weltlage und so auch mit den hinter der imperialen britischen Außenpolitik stehenden Interessen und wagt es, in der *Neuen Weltbühne*, im *Neuen Tage-Buch*, der *Pariser Tageszeitung*, selbst in der literarischen Monatsschrift *Das Wort* in Moskau – als rückhaltloser Exilant mit mächtiger Feder – energisch das Wort zu ergreifen. Zu seinen regelmäßigen Gesprächspartnern in London gehört auch der ihm seit den Wiener Jahren zumindest namentlich bekannte Autor des in Österreich verbotenen Buches *The Hapsburg Monarchy* und frühere Chefredakteur der *Times*, Henry Wickham Steed. Im Gegensatz zu den meisten britischen Beobachtern hat dieser schillernd streitbare Publizist von Anfang an klar gesehen, dass es sich bei der sich aus dem Antisemitismus von Arthur de Gobineau, Richard Wagner, Houston Stewart Chamberlain, Madison Grant und anderen speisenden radikalisierten Heilsideologie der Nazis um *das* wichtigste Element ihres totalitären Herrschaftssystems handelt.

Warum erhält Rudolf Olden trotz wiederholter Empfehlungen durch Freunde von Rang und Namen keine feste Anstellung beim deutschsprachigen Programm der BBC, um direkt zu den Deutschen zu sprechen? Sein Gastgeber in Oxford, Professor Gilbert Murray – selbst Altphilologe, Schwiegervater des Universalhistorikers Arnold Toynbee, des Director of Studies am *Royal Institute of International Affairs* –, schreibt Rudolf Olden eine entsprechende Eignung zu, »als aufrichtiger Deutscher mit bedeutenden historischen Kenntnissen, fehlendem jüdischem Akzent [sic!] und ohne revolutionäre Verbindungen.« Nie erfolgt eine Antwort.

Fürchtet man, Oldens bekannt gewordene, scharf formulierte Kritik an Chamberlains *Appeasement*-Politik könnte Unheil anrichten und trotz vorheriger Zensur zwischen allen Zeilen herauszuhören sein? Unverblümt äußert sich der Exilant aus Deutschland in dem von Leopold Schwarzschild in Paris und Amsterdam herausgegebenen *Neuen Tage-Buch* – trotz einer Auflage von höchstens 15.000 Exemplaren *das* Leitorgan der deutschen Exilpresse, aus dessen faktenreichen Reportagen *Le Figaro*, *Manchester Guardian* oder *Daily Mail* regelmäßig zitieren – zum Münchner Abkommen zwischen Hitler, Mussolini, Großbritannien und Frankreich (vertreten durch

Neville Chamberlain beziehungsweise Édouard Daladier), welches die Tschechoslowakei preisgäbe und verräte: »Was ist es, das Chamberlain Sicherheit gewährt? – Das Wort des Reichskanzlers und Führers auf einem Blatt Papier.«[114]

Rudolf Olden stößt hier in dasselbe Horn wie Wickham Steed und Winston Churchill. Nachdem die Regierungen Frankreichs und Großbritanniens in der Nacht zum 30. September 1938 die Tschechoslowakei ihrem Schicksal überlassen haben, lässt Churchill in den Morgenzeitungen sofort seine Erklärung veröffentlichen. Das Münchner Abkommen, die willkürliche Teilung des souveränen tschechoslowakischen Staats, bedeute die totale Kapitulation der westlichen Demokratien vor den Drohungen der Nazis. Ein solcher Zusammenbruch werde weder Großbritannien noch Frankreich Frieden und Sicherheit bringen. Jan Masaryk, der tschechoslowakische Botschafter in London, zittert, als er seinem sowjetrussischen Amtskollegen Iwan Maiski am nächsten Morgen begegnet: »Sie haben mich in die Sklaverei an die Deutschen verkauft, wie sie früher Neger als Sklaven nach Amerika verkauft haben.«[115]

Das Neue Tage-Buch beschäftigt sich auf der Grundlage gewissenhafter Auswertung von Banken- oder Rohstoffhandelsdaten und Statistiken aus der Wirtschaftsforschung eingehend mit der Finanzakrobatik der Nazis, welche durch eine verschleierte Staatsverschuldung riesigen Ausmaßes, ohne jede mögliche Deckung aus Steuermitteln, die Voraussetzung für zugleich geheime wie gewaltige Rüstungsprojekte schuf, die sich ausschließlich durch einen letztlich siegreichen Angriffskrieg amortisieren ließe. Die Reichsbank unter ihrem Direktor Hjalmar Schacht bläht das Geldvolumen rapide auf, teils durch den massiven Rückkauf von ziemlich wertlosen Staatsanleihen, teils durch die Notenpresse. Wie Detektive gehen Leopold Schwarzschild und seine hochqualifizierten Mitarbeiter der Frage nach: »Woher bezieht Hitler das Geld?« Es kommt ans Licht, dass Wechsel, mit denen Rüstungsfirmen wie zum Beispiel Krupp und Rheinmetall bezahlt werden, als bloße »commercial instruments«[116] ausgegeben werden und dadurch in den Statistiken für Rüstungsaufträge überhaupt nicht erscheinen. Als das deutsche Wirtschaftsministerium Ende 1935 seine Zahlen für die Staatsverschuldung bekanntgibt, kann Schwarzschild nachweisen, dass diese viereinhalbmal so hoch sein muss wie offiziell angegeben. Daraufhin verbietet das Deutsche Reich die weitere Veröffentlichung von kompromittierenden Wirtschaftsdaten. Als die Reichswehr 1934 das erste Panzerbataillon aufstellt, sagt er voraus, der deutsche Angriff werde blitzartig erfolgen. Grundlegende Vorarbeiten für solcherart Analysen und Prognosen im Zusammenspiel von Rüstung und Waffengeschäften mit Kapital und Finanzoperationen sind viele Jahre zuvor, spätestens seit Ausrufung der Weimarer Republik, von Berthold Jacob und Paul Dreyfus begonnen worden. Im Mittelpunkt der journalistischen Arbeit von Berthold Jacob steht die Aufdeckung der illegalen Wiederaufrüstung und der Aufstellung einer Schattenarmee in der Stärke von geschätzten 33 Divisionen für die Vorbereitung eines zukünftigen Revanchekrieges sowie der kontinuierlichen und vehementen allgemeinen Militarisierung des Deutschen Reiches seit 1919. Niemand weiß darüber besser Bescheid als der seit 1932 in Straßburg exilierte Journalist. Berthold Jacob ist dem NS-Staat nicht nur als Jude und Liberaler verhasst, mehr noch fürchten sie sein detailliertes und »geheimes« militärisches Wissen.

Am 9. März 1935 wird er aus Basel von einem Agenten der Gestapo ins Deutsche Reich verschleppt, was in der internationalen Presse hohe Wellen schlägt und einen diplomatischen Eklat mit der Schweiz verursacht, die im März 1935 zwei Sonderstaatsanwälte nach Paris und London entsendet, um dort Ermittlungen aufzunehmen. Auch Henry Wickham Steed, Ika und Rudolf Olden, Ernst Toller oder Gottfried Reinhold Treviranus werden über ihre Verbindung zu Berthold Jacob und zum Thema der Bespitzelung durch Spezialagenten der Nazis im Ausland befragt. Wenige Tage nach der Abreise des Schweizer Staatsanwalts aus London werden zwei deutsche Exilantinnen, Mathilde Wurm und Dora Fabian, die bei der Ermittlungsarbeit eine wichtige Rolle spielten, unter nie aufgeklärten Umständen tot aufgefunden. Mehrfach werden der Fall Jacob und andere staatsterroristische Aktivitäten der Nazis gegen Deutsche im Exil im *House of Commons* zur Sprache gebracht, so bereits am 28. März 1935 vom liberalen Parlamentsabgeordneten Dingle Foot. Auch der konservative Parlamentarier Charles Cayzer lässt nicht locker und bemüht sich, den Fall Jacob an sechs Sitzungen auf die Tagesordnung zu bringen. Im Vorfeld der Olympischen Spiele von 1936 versucht die Regierung in Berlin diplomatische Eskalationen vorübergehend zu vermeiden und verbringt Berthold Jacob ein halbes Jahr nach seiner Entführung in die Schweiz zurück. Von dort wird er umgehend nach Frankreich ausgewiesen. In der *Pariser Tageszeitung* vom 24. und 25. Juni 1936 berichtet er von dem Verhör durch Reinhard Heydrich, den obersten Chef der Gestapo. Anders als zum Beispiel im Fall des mit Jacob in seiner Bedeutung vergleichbaren US-amerikanischen Journalisten Seymour Hersh stammt das Wissen Berthold Jacobs über sämtliche Aspekte der Reichswehr allein »aus seinem eingehenden, langjährigen

Studium öffentlich zugänglicher Informationen über die Armee – wie er es 1935 seinen Nazi-Entführern in Berlin zu ihrem Erstaunen nachweisen konnte.«[117] Ein geplantes Buch von Berthold Jacob, *War against the war lords*, lehnt sein Verlag in London ab: »[…] der Verleger bekam Angst und entschuldigte den endlosen Aufschub der Veröffentlichung mit der Furcht verklagt zu werden.«[118] Charmian Brinson und Richard Dove schreiben 2014: »Der Fall Wurm und Fabian bleibt ungeklärt. Man sollte die Verwicklung des MI5 genauer unter die Lupe nehmen und der Frage nachgehen, wieweit der Geheimdienst zur Erfassung von Nazi-Umtrieben angehalten war beziehungsweise inwieweit das britische Außenministerium die Überwachung der in London ansässigen *Auslandsorganisation* unterbinden ließ, um das Nazi-Regime zu schonen.«[119]

Nicht weniger rätselhaft ist das Schicksal von Paul Dreyfus. Auch er beschäftigt sich seit vielen Jahren hauptsächlich mit mehr oder weniger geheim gehaltenen und vertuschten Rüstungs- und Finanzthemen, ist Autor einer 1920 veröffentlichten politischen Biografie über General Erich Ludendorff sowie eines Bandes über den Waffenhandel deutscher Rechtsradikaler. Seine Ankunft in Frankreich Ende August 1933 beunruhigt die Sûreté vom ersten Moment an. Zwei Tage nachdem der frühere Berlin-Korrespondent des *Daily Herald* und Direktor der Nachrichtenagentur *Zeit-Notizen* die grüne Grenze überschritten und die Wohnung von Berthold Jacob in Straßburg aufgesucht hat, um von dort nach Paris weiterzureisen, wird seine unverzügliche Beschattung angeordnet. Man glaubt dem Flüchtling nicht, ohne einen Teufelspakt mit den Nazis aus der am 8. März 1933 angeordneten »Schutzhaft« in Berlin entlassen worden zu sein:[120] Dieser Ausländer sei imstande, von den Nazis einen Geheimauftrag in Frankreich angenommen zu haben. Nachforschungen des französischen Konsuls in Berlin hätten ergeben, dass Dreyfus moralisch nichts vorzuwerfen sei. Bei ihm handele es sich »um einen Journalisten mit einem gewissen Niveau, der in Intellektuellenkreisen bekannt ist. Im Gegensatz dazu muss er politisch als Bolschewist gelten. Somit kann er als politischer Flüchtling gelten.«[121] Bei seiner Entlassung aus der »Schutzhaft« musste Paul Dreyfus in Berlin geloben, sich nie wieder der Politik zu widmen, nie wieder zu veröffentlichen, der Konfiskation seines nicht unbeträchtlichen Vermögens sowie seiner persönlichen Papiere zuzustimmen und das Deutsche Reich nicht zu verlassen. Schließlich wird er in Frankreich als politischer Flüchtling anerkannt, aber seine Aufenthaltsbewilligung auf jeweils nur drei Monate beschränkt. Der Innenminister ordnet eine möglichst unauffällige Überwachung – »surveillance discrète«[122] – an. Als Dreyfus die Beschattung bemerkt, ändert er sein Verhalten, verschließt seine im Hotel abgefassten Schriften, telefoniert nicht mehr und empfängt Briefe nur mehr postlagernd, was ihn seinen Überwachern nur noch suspekter macht. Der Generaldirektor der Sûreté nationale meldet am 21.12.1934 dem Nachrichtendienst im Kriegsministerium (E.M.A. 2° Bureau S.C.R.) den vermeintlichen Flüchtling Paul Dreyfus als »agent secret hitlérien«, das heißt als Geheimagent im Dienst des NS-Regimes. Zudem äußern sich auch befragte Genossen vom rechten, nationalistischen Flügel der SPD abfällig über Dreyfus. Möglicherweise hatten sie seinerzeit für die von Dreyfus bekämpften Kriegsanleihen von 1914 votiert. Jedenfalls erteilt der mit den Ermittlungen betraute Kommissar dem Polizeipräfekten im Januar 1935 folgende Auskunft zu Paul Dreyfus, zu seiner Gefährtin Fanni Schramm und dem mit ihm befreundeten Schriftsteller Leo Lania:

»Von Seiten der vor den Nazis nach Frankreich geflüchteten Parteiführungen wird ihm keinerlei Vertrauen entgegengebracht. Diese geben zu bedenken, dass Dreyfus genauso gut ein Agent im Sold der deutschen Regierung sein könne.«[123]

Von politischen Emigranten für einen Agenten im Solde Hitlers gehalten zu werden, ist fatal. Daraufhin empfiehlt der Inlandsgeheimdienst dem Außenministerium einen Landesverweis. Währenddessen arbeitet der politische Flüchtling im Hotelzimmer still und konzentriert vor sich hin, ohne dass es der Sûreté gelänge, Aufschluss über den Inhalt seiner offenbar nicht zur ersichtlichen Veröffentlichung vorgesehenen Schriften zu erlangen:

»Dreyfus verlässt sein Zimmer, wo er viel schreibt, nur selten. Da er sehr verschlossen ist, fällt es schwer, seine Arbeit einzuschätzen. Geht er aus, so schließt er diese weg. Er trifft sich in der Regel mit Landsleuten, mit Journalisten- und Schriftstellerkollegen, die jedoch in keiner Weise verdächtig sind.«[124]

Paul Dreyfus arbeitet mit Berthold Jacob und Rudolf Olden an einem großen zeitgeschichtlichen Gemeinschaftsprojekt. Das geplante mehrbändige Werk soll den Titel *Geschichte der Macht in der deutschen Republik* tragen. Um die ärgsten finanziellen Probleme der drei Autoren zu lindern und die Arbeit an der monumentalen Publikation zu finanzieren, erhalten Dreyfus, Jacob und Olden jeweils eine bescheidene Unterstützung der *American Guild for German Cultural Freedom* aus New York, in deren Archiv sich eine sechsseitige Synopsis des geplanten Gemeinschaftswerkes erhalten hat. In der Skizze sind Wesen und Verlauf des Kampfes um die Macht in der deutschen

Republik umrissen. Dieser sei durch »drei Gruppen gekennzeichnet […]: Sozialdemokratie, Armee, Nationalsozialisten, jede die andere erzeugend, der anderen verbündet, die erste zu Beginn, die dritte am Ende der Republik siegreich, die zweite aber die eigentlich schicksaltragende, die Waffenträgerin, zunächst bemüht, durch die erste ihren Willen durchzusetzen, dann abwartend, endlich durch die dritte ihr Ziel erreichend.«[125] Die Verfasser der Synopsis merken an, dass diese Entwicklung nur dann hätte vermieden werden können, wenn sich die Sozialdemokraten im November 1918 als »unumschränkte Herrscher« bemüht hätten, eine eigene Exekutive zu schaffen, anstatt damit kaiserliche Generäle zu beauftragen. Die Republik hat ihrer Analyse und These nach versäumt, selbst Macht zu werden.[126]

Am 22. August 1935 – während der von der Gestapo entführte Berthold Jacob gerade in Berlin in Isolationshaft sitzt – empfiehlt der »Controleur Général des Services de Police Administrative« dem Direktor des »6° Bureau« in einem als »confidentiel« gestempelten Schreiben die Ausweisung des unerwünschten Ausländers:

»Es ist mir eine Ehre, Ihnen anzuzeigen, dass ich aufgrund von Informationen der Polizeipräfektur wie auch des Außenministers Paul Dreyfus als verdächtig und seine Präsenz in Frankreich als unerwünscht erachte.«[127] Doch Paul Dreyfus findet in dem Parlamentsabgeordneten und nachmaligen Minister Marius Moutet einen prominenten Fürsprecher. Moutet stellt in seinem Schreiben an den Chef der politischen Polizei vom 11. September 1935 lapidar fest, dass die gesamte Lebensgeschichte des Inkriminierten in aller Deutlichkeit beweise, dass er unmöglich ein Freund des Naziregimes sein könne, und verweist zudem auf dessen Mitarbeit am Braunbuch über die kriminelle Polit- und Justizfarce des Reichstagsbrandes, *dem* Vorwand für die Errichtung der totalitären Diktatur. Er verlangt die Anhörung des Verdächtigen.[128] Am 21. September werden auch die 1903 gegründete Asylrechts-Organisation *Comité de Défense Sociale* bei Perrier de Feral, dem Direktor der Sûreté nationale, und am 26. September die *Ligue Française pour la Défense des Droits de l'Homme et du Citoyen* im Innenministerium vorstellig. Trotzdem schwebt das Damoklesschwert eines Landesverweises unverändert über Dreyfus' Haupt, zumal der Polizeipräfekt gegenüber dem 6° Bureau der Sûreté Anfang November 1935 auf der Ausweisung besteht und droht, im Falle der Weigerung des Asylanten, das Land zu verlassen, Artikel 7 des Gesetzes vom 3.12.1849 mit ganzer Härte zur Anwendung zu bringen.[129]

Im Falle einer schweren Störung der öffentlichen Ordnung habe der Innenminister das Recht, selbst einen Ausländer mit geregeltem

Niederlassungsrecht unverzüglich auszuweisen. Die Bürokratie erhebt gegen Dreyfus überdies den irrsinnigen Vorwurf, er sei nicht bereit, das Konsulat des Deutschen Reiches in Paris persönlich aufzusuchen, um sich dort um einen deutschen Ausweis zu bemühen. Erneut interveniert der Parlamentsabgeordnete Marius Moutet, diesmal durch ein Schreiben an den Innenminister.[130] Daraufhin bestimmt das Außenministerium zumindest, dass Dreyfus gegen seinen Willen auf keinen Fall an Nazideutschland übergeben werden darf.[131] Marius Moutet wird am 4. Juni 1936 zum Minister für die Kolonien im Kabinett von Léon Blum ernannt und bleibt bis zum 10. April 1938 in diesem Amt. Möglicherweise steht hinter der anscheinend geplanten, der Sûreté im April 1937 bekannten »mission« von Paul Dreyfus in Nordafrika der Versuch des Ministers, den von ihm geschätzten Publizisten aus der Schusslinie zu holen. Allerdings wird die Sûreté nicht müde zu wiederholen, dass die Landsleute »dieses Fremden« ihn der Kontaktaufnahme mit der Gestapo verdächtigten.[132] Im Dezember 1937 antwortet der Préfet de police, dass es nicht möglich gewesen sei, eine Agententätigkeit für die Gestapo festzustellen. Der Verdacht beruhe auf den Anschuldigungen oder Diffamierungen einer Reihe von Deutschen, die ihm vorwerfen, in der Intrige gegen den Herausgeber des *Pariser Tageblatts*, Wladimir Poliakow, durch den Chefredakteur der Zeitung, Georg Bernhard im Verein mit Willi Münzenberg, für Ersteren Partei ergriffen zu haben. Er könne weder ausschließen noch bestätigen, dass Dreyfus die Reise nach Nordafrika tatsächlich angetreten habe. Seine Korrespondenz mit Berthold Jacob setze der Verdächtige unvermindert fort, und man könne davon ausgehen, dass er sich einer zweifelhaften Aktivität widme. Dreyfus sei jedenfalls in Frankreich unerwünscht, und es sei angezeigt, ihn endlich festzunehmen und auszuweisen.[133]

Rudolf Olden kommt im Dezember 1937 mit einem Visum des französischen Generalkonsulats in London für zwei Wochen nach Frankreich, und wahrscheinlich versucht auch er vergeblich, das Schicksal seines Mitautors am geplanten Monumentalwerk *Geschichte der Macht in der deutschen Republik* noch rechtzeitig zu wenden. Es ist das einzige Mal, dass der diskrete Sekretär des PEN-Clubs die Ligue pour la Défence des Droits de l'Homme als Referenz in einem seiner Visaanträge offen benennt.

Schließlich ergeht am 29. April 1938 ein vom Innenminister, Albert Sarraut, unterschriebener Ausweisungsbescheid gegen Paul Dreyfus, der allerdings vorläufig mangels eines sicheren Aufnahmelandes nicht unmittelbar vollstreckt werden kann. Rudolf Olden versucht in seiner

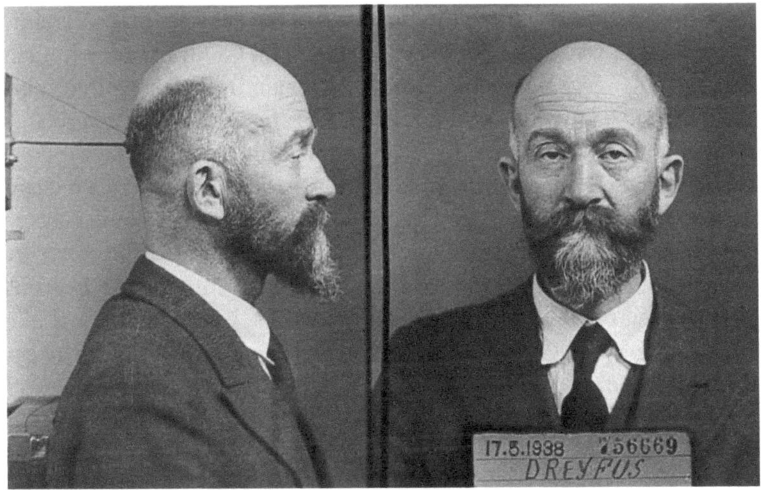

Abb. 19: 17.5.1938. Expulsé!

Funktion als Sekretär des Deutschen PEN im Exil, Sarraut durch einen Brief aus London vom 10. Juni 1938 umzustimmen.

»Wie seine Bücher, wie sein politisches Handeln beweisen, war Paul Dreyfus auf friedfertige, aber nicht pazifistische Weise einer unserer besten Kämpfer für die Sache des Friedens, die er gegenüber der Öffentlichen Meinung in Deutschland immer verteidigt hat. Er betrachtet den Frieden auch als die Sache Frankreichs. Er war einer der ersten, ja der hellsichtigste und mutigste Gegner des Hitlerischen Nationalsozialismus und dessen Vorboten. Die Presse des 3. Reiches hat aus Dreyfus' Festnahme ein freudiges Ereignis gemacht. Es ist uns versichert worden, dass die damaligen Angehörigen der französischen Botschaft in Berlin bereitstehen, unsere Aussagen zu bestätigen [...]. Wir wären sehr froh, wenn einem Mann wie ihm, der sein ganzes Leben der Verteidigung von Schutzlosen und Unterdrückten gewidmet hat, ständiges politisches Asyl im Heimatland von Freiheit und Gastfreundschaft gewährt würde.«[134]

Am 19. Juni stellt Rudolf Olden erneut einen Visumsantrag für eine einwöchige Urlaubsreise nach Frankreich, dem sofort stattgegeben wird. Bei seiner Einreise am 29. Juni gibt er als Referenz in Frankreich merkwürdigerweise seinen englischen Kollegen Henry Wickham Steed mit Adresse in London, Landsdawn House, Holland Park, an.

Aus New York bietet Prinz Hubertus zu Löwenstein im Namen der *American Guild for German Cultural Freedom* in einem Brief an

Paul Dreyfus seine Unterstützung an.[135] Der Präsident der Vereinigung, Wilbur Cross, zugleich Gouverneur von Connecticut, wie auch Robert Wagner, Senator für New York, seien über den Fall verständigt, und Dreyfus könne jederzeit auf Hilfe seitens der amerikanischen Demokratie zählen. Ein Satz im Schreiben Löwensteins bereitet dem französischen Innenministerium so starkes Kopfzerbrechen, dass es sich zur Klärung der Fragen, welcher Wert diesem beizumessen sei und ob jene Organisation Bedeutung oder Einfluss in den Vereinigten Staaten besäße, an das Außenministerium wendet. Löwenstein schreibt an Dreyfus: »Ich darf Ihnen [...] versichern, dass alle Bezeugungen von Gastfreundschaft seitens der französischen Schwesterrepublik, die Ihnen Ihre wertvolle Arbeit erleichtern sollten, von uns und sämtlichen einflussreichen Kreisen der Vereinigten Staaten als ein Beweis der Rücksichtnahme gegenüber dem freisinnigen Geist der USA verstanden wird.«

Im Dezember weist das Innenministerium den Polizeipräsidenten an, Dreyfus einen »titre d'identité et de voyage« auszustellen, damit der rechtskräftig des Landes Verwiesene ausreisen könne, sobald er ein aufnahmebereites Asylland gefunden habe.[136]

In Deutschland setzt das Regime 1936 im Vorfeld der Olympischen Sommerspiele die Prügelattacken der SA vorübergehend aus, gestattet einer Abordnung des Internationalen Roten Kreuzes unter der Leitung von Carl Jacob Burckhardt – der traute Freund Hugo von Hofmannsthals –, zwei Konzentrationslager zu besuchen, lässt den bereits todkranken KZ-Häftling und Friedensnobelpreisträger Carl von Ossietzky in ein Krankenhaus der Polizei überführen, organisiert die Sportwettkämpfe von Berlin und Garmisch-Partenkirchen in Form von Propagandaveranstaltungen –, um danach umso blutiger zu wüten. Als Ossietzky am 4. Mai 1938 an den Folgen der erlittenen KZ-Haft stirbt, erfüllt Rudolf Olden die Pflicht, den Freund ein letztes Mal in der Öffentlichkeit zu verteidigen. In seinem Leserbrief vom 13. Mai 1938 an den *Daily Telegraph* tritt er der im Nachruf der hitlerfreundlichen Zeitung geäußerten Schmach entgegen, Ossietzky hätte auf Grund seiner kommunistischen Anschauungen Aufmerksamkeit erregt. »Darf ich an dieser Stelle als jemand, der regelmäßig zu Ossietzkys wöchentlich erscheinender *Die Weltbühne* beitrug, als sein Anwalt in mehreren Gerichtsprozessen und als sein persönlicher Freund feststellen, dass Carl von Ossietzky nie Kommunist war und in seinen Schriften niemals kommunistische Anschauungen äußerte? Seine politische Haltung konnte am genauesten als die eines antimilitaristischen Liberalen beschrieben werden. Seine Pein und sein Tod

Annexe No 1
Dreyfus

COPIE

THE P. E. N.

A World Association of Writers

c/o Albion House
59/61 New Oxford Street
London W.C.1.

Londres, le 10 Juin 1938.

Monsieur le Ministre,

C'est avec une douloureuse surprise que le Bureau du "PEN CLUB", Union Internationale des Ecrivains, a appris que M. Paul DREYFUS, un de nos éminents adhérents, a fait l'objet d'une mesure d'expulsion du territoire français.

Nous sommes en ce cas forcés de croire qu'il ne peut s'agir que d'une erreur sur la personnalité de notre confrère. Il était, en effet, Correspondant du quotidien londonien "THE DAILY HERALD", Directeur de l'Agence de Presse "ZEIT-NOTIZEN"; dans ses livres, dans toute sa conduite politique, M. DREYFUS a été un de nos meilleurs militants - pacifique, pas pacifiste - pour la cause de la Paix qu'il a toujours défendue contre l'opinion allemande, et souvent même contre l'opinion anglaise, et il estime que la cause de la Paix est également la cause de la France.

Il a été, l'un des premiers, le plus clairvoyant et le plus courageux adversaire du nationalsocialisme hitlérien et de ses prédécesseurs, et lors de son arrestation et de son emprisonnement la presse du IIIe Reich a fêté ce fait comme un heureux évènement. Nous sommes également assurés que le représentants de l'époque à l'Ambassade Française à Berlin seront prêts à confirmer nos déclarations.

M. Paul DREYFUS s'occupe actuellement d'études sur l'Histoire Contemporaine et nous serions heureux si par une mésure de justice et de bienveillance, il pouvait obtenir le droit d'asile sur le sol traditionnel de la Liberté et de l'Hospitalité, en faveur d'un homme qui a consacré toute sa vie à la défense des faibles et des opprimés.
Agréez Monsieur le Ministre, l'assurance de notre considération la plus distingué.

Signé: Rudolf Olden
Honorary Secretary

A Monsieur le Ministre
de l'Intérieur
Paris

Abb. 20: Schreiben von Rudolf Olden an Minister Albert Sarraut, 10. Juni 1938

sind allein seiner galanten Haltung im Kampf gegen eine Politik geschuldet, welche die erschöpften Länder Europas zu einem neuen Wettrüsten zwang.«[137]

Bereits im Herbst 1936 hatte Rudolf Olden versucht, durch einen wegen der befristeten Gültigkeit seines in London ausgestellten Frankreich-Visums nicht allzu langen Ferienaufenthalt im Hause seiner Schwester die ersten Anzeichen einer ominösen Krankheit zu lindern. Gemeinsam mit seiner Frau Ika ist er auch in Le Lavandou zu Gast. Balder Olden schreibt am 2. November an Ilse Seilern: »Jetzt war Rudi hier, zum ersten Mal seit 1930 konnte ich ein paar Stunden mit ihm sprechen – und nach anderthalb Tagen musste er schon wieder weg, um am 13ten in London zu sein. (!) […] Er ist viel enger mit uns verbunden, als ich in Prag dachte, er ist gar kein treuloser Bruder … . Ika erzählte mir gelassen, dass Du ihr gesagt hast ›Du schleppst einen Sterbenden nach England.‹ Ich sagte ihr dasselbe. ›England im November ist Verderben für Rudi. Ilse hat völlig recht.‹

Am andern Tag fuhren sie ab. Ich hatte alle Überredungskunst aufgeboten, um Rudi für Khartum [in der britischen Kolonie Sudan] zu interessieren, und es war mir auch geglückt, ihn zu überzeugen, dass er dort gesund werden könnte, ohne Zeit oder irgendetwas anderes (Geld, englisches Bürgerrecht etc.) zu verlieren. Aber sobald sie auftrat, gab es nur noch ›Wie Du meinst, Ika‹… .«[138]

Sicherlich werden die Brüder Zeit gefunden haben, einander ihre gegensätzlichen politischen Standpunkte zu verdeutlichen. Kaum je wird Balder dem Bruder, anders als Ruth Greuner 1969, vorgehalten haben, er sei »in idealistischen Geschichtsbetrachtungen befangen, […] von bürgerlich-liberalen Rechts- und Staatsauffassungen beherrscht« und daher »außerstande, hinter den politischen Auseinandersetzungen seiner Tage reale Klasseninhalte zu erfassen«, da er »sein eigenes weltanschauliches Dilemma in anachronistischer und manchmal auch anmaßender Weise auf die Beurteilung der Strategie und Taktik der Kommunistischen Partei Deutschlands [projiziere].« Balder sprach eine andere Sprache. Abgesehen davon hätten solcherlei ideologische Phrasen dem scharfen Verstand des Bruders ohnehin nicht standgehalten. Rudolf ist nach den Analysen von Berthold Jacob und Paul Dreyfus felsenfest davon überzeugt, dass die Nazis ihr Programm des Vernichtungs- und Eroberungskrieges intensiv vorbereiten, und ist allein aus diesem Grund bereit, den aktuell in Exilkreisen kursierenden Aufruf zur Schaffung einer die KPD einschließenden Volksfront mitzutragen.

Am 12. November 1936 schreibt Rudolf aus London: »Liebste Ilse, in Meran batest Du mich, Dir eine Abschrift jener Deklaration zu geben, die ich, betreffend der Moskauer Prozesse, verfasste. Hier ist sie, ich wünschte, sie könnte Dir irgendwie dienlich sein. Die Hoffnung ist nicht stark. Denn wo sind die Menschen, die sich durch Argumente beeinflussen lassen, wer will sie auch nur hören? Es sind nur wenige. Überall lässt sich die Menschheit nur durch Triebe treiben.«[139]

Balder Olden gibt im Herbst 1936 vage Pläne, sich als Kriegsberichterstatter des Spanischen Bürgerkriegs auf Seiten der Republik akkreditieren zu lassen, aus Gesundheitsgründen auf und schreibt an Ilse: »Ich habe den Brief an die Botschaft in Paris nicht abgeschickt, weil ich mich völlig unfit fühlte. Ein Winter in Madrid ist furchtbar, selbst mit Confort. Aber unter Belagerung und ohne Geld. [...] Jedenfalls muss man gesund sein und einen Outfit haben, wenn man etwas leisten will. Jetzt fühle ich mich aber besser geeignet, weil die Hände nicht mehr zittern. Und es drängt mich dorthin – ein alter Reporter, so nahe dem interessantesten Geschehen in der Welt Zeit seines Lebens. Es ist auch, außer Ludwig Renn [als »Comandante«], kein deutscher Schriftsteller von Bedeutung dort.«[140] Auf die Frage Ilses, was er über Spanien denke, antwortet er: »Spanien ist meine Krankheit. Immer, immer, immer daran denken müssen – es ist schrecklich. Wenn ich bei Dir bin, erkläre ich Dir alles, einstweilen nur dies: es ist Hitler, nichts als Hitler, der Frankreich einkreisen will. Franco ist sein employé, war vor dem Putsch in Berlin, um sich instruieren zu lassen. Siegt er, dann wird auch Frankreich faschistisch, aber trotzdem eines Tages von Deutschland besetzt. England ist dann von seinen Kolonien getrennt und wird sie bald verlieren, ist dann nur noch ein Staat ohne Weltbedeutung. Vielleicht kommt es darüber zum Krieg, aber viel zu spät, denn das von drei Seiten belagerte Frankreich, gleichfalls von seinen Kolonien – und Kolonialtruppen – abgetrennt, ist kein erstklassiger Verbündeter mehr. Dass Franco gegen die ›Marxisten‹ kämpft, ist abgedroschene Lüge. Als seine Meuterei anfing, hatte Spanien eine bürgerliche Regierung und einen Präsidenten, der Demokrat war. Aber die Dummköpfe aller Länder glauben alles, wenn es heißt: gegen die Kommune! So Tscheka, der den Engländern flucht, weil sie Spanien nicht blockieren, sodass Schiffe aus Russland mit Waffen und Lebensmitteln die spanischen Häfen erreichen können. – Das ist die Sache in ganz kurzen Linien, ich lege Dir noch zwei Zeitungsausschnitte bei.«[141]

Ob Balder Olden zuvor eine Aufforderung der spanischen Botschaft in Paris erhalten hatte? Denkbar. Botschafter der Republik Spanien in Frankreich ist von September 1936 bis Mai 1937 Balders alter Freund und Kollege Luis Araquistáin, der dem Autor 1933 für die Flucht von Berlin nach Karlsbad den Botschaftswagen zur Verfügung gestellt hatte. Der Spanische Bürgerkrieg dauert fort. Jetzt lässt Mussolini von Mallorca aus Barcelona bombardieren.[142] Das Mallorquiner Bankhaus Juan March wickelt gewaltige Finanzgeschäfte zu Gunsten der Aufständischen und ihrer massiven Bewaffnung ab, wobei es sich zugleich unermesslich bereichert. »Spanien fährt fort, mich Tag und Nacht zu quälen. Ich schneide Dir ein Stück aus der heutigen ›*Humanité*‹ aus. Entweder stürzt Mussolini – oder er verschlingt Spanien. Aber dann ist Frankreich von den Faschisten eingeschlossen und keine Macht mehr, auch kein Schutz mehr für unsereinen«,[143] schreibt Balder im April 1937 an Ilse.

Luis Araquistáin und Balder Olden haben eine ähnliche politische Entwicklung durchgemacht. Keiner von ihnen ist Marxist, als sie sich in den zwanziger beziehungsweise in den dreißiger Jahren fortschrittlichen linken Bewegungen anschließen oder mit ihnen sympathisieren. Araquistáin hat gerade sein Studium der Nautik abgeschlossen, als er sich, bald als großer Polemiker anerkannt, in Madrid ein Entrée in den Journalismus verschafft. Er ist zunächst reformistisch orientiert und avanciert im Lauf der zwanziger Jahre zum wichtigsten Berater des sozialistischen Politikers Francisco Largo Caballero, der am 4. September 1936 sowohl die Regierungsverantwortung als auch das Kriegsministerium Spaniens übernimmt. Während der Amtszeit als Botschafter der Republik in Berlin hat sich Araquistáin im Angesicht der faschistischen Machtübernahme in Deutschland radikalisiert. Er beschließt, alles zu tun, um ein solches Szenario in seiner Heimat zu verhindern.

In Paris ist die spanische Delegation vor allem mit zwei Aufgaben beschäftigt: mit der Propaganda für die militärisch sowohl von innen als auch von außen (Mussolini und Hitler) angegriffene Republik und dem Kauf an Nachschub von Waffen – ein insbesondere während der ersten Monate des franquistischen Putschversuches äußerst schwieriges Unterfangen, da die »feindliche Neutralität Großbritanniens« (Araquistáin) sowie die blinde Inhibition des pazifistischen französischen Premierministers Léon Blum dringend benötigte Lieferungen von Rüstungsgütern an die absolut demokratisch verfasste Republik verzögern. Die einzigen Länder, die bereit sind, der Spanischen Republik – miserables – Kriegsmaterial zu verkaufen, sind Mexiko und

Abb. 21: Zwei Tage vor Beginn des II. Congreso de Escritores para la defensa de la cultura, Juli 1937 in Valencia, Spanien. Von links nach rechts: Theodor Balk, Egon Erwin Kisch, Ludwig Renn, Erich Weinert, Bodo Uhse, Willi Bredel, Nordahl Grieg. © Foto Walter Reuter

Russland. Am 31. März 1937 führt die italienische Luftwaffe das in der Kriegsgeschichte erste gezielte Bombardement auf die Zivilbevölkerung einer europäischen Stadt aus. 46 heute namentlich bekannte Flieger werfen um 8.30 und dann um 16.30 Uhr auf die baskische Ortschaft Durango 15 Tonnen Explosive ab, töten 336 Bewohner und zerstören 321 Gebäude. Als das deutsche Luftgeschwader *Legion Condor* am 26. April 1937 den heimtückischen und grausamen Luftangriff mit Brandbomben und Maschinengewehren auf die völlig wehrlose Bevölkerung der baskischen Ortschaft Guernica fliegt, betraut Luis Araquistáin im Namen der republikanischen Regierung Pablo Picasso mit dem Auftrag, das Zerstörungswerk der Faschisten darzustellen.

Selbst wenn es stimmen sollte, dass das Bild in Wirklichkeit ein als Kind in Málaga erlebtes Erdbeben reflektiere, wie der spanische Historiker José María Juarranz de la Fuente nach vierzehnjähriger Forschungsarbeit (sic!) behauptet, um die politische Interpretation des Bildes ins Reich der Legende zu verweisen, so hebt dies nicht die davon ausgehende Erschütterung auf. Klaus Mann urteilt, seit Matthias Grünewald, der Renaissance-Maler, sei solche Qual auf keiner Leinwand ausgedrückt worden.

Mit Hilfe seines Mitarbeiters Max Aub gewinnt Luis Araquistáin die Schriftsteller André Gide, Romain Rolland und Antoine de Saint-Exupéry für die Sache der spanischen Republik. Und es gelingt ihm und einem vielköpfigen Mitarbeiterstab, den Spanischen Pavillon auf der Pariser Weltausstellung allein schon durch die Gestaltung zu einem unübersehbaren Fanal für die Freiheit des Volkes zu machen. Die sehr umsichtig geführte internationale politische Propaganda für die Spanische Republik wird von Paris aus durch das PR-Genie Willi Münzenberg gemanagt, der gemeinsam mit dem Außenminister der Republik, Julio Álvarez del Vayo, die Nachrichten- und Presseagentur *Agence Espagne* gegründet hatte.

Luis Araquistáin tritt in dem Moment von seinem Posten als Botschafter der Republik Spanien in Frankreich zurück, als in Madrid der gemäßigt sozialistische Regierungschef Largo Caballero nach einer monatelangen Kampagne der Kommunisten am 17. Mai 1937 gestürzt und durch den moskaufreundlicheren Politiker Juan Negrín ersetzt wird. Araquistáin und Largo Caballero führen ihre Kampagne jedoch unbeirrt fort. Als Largo Caballero im Oktober 1937 in Madrid fünf Theater mit Anhängern seiner Politik und der Gewerkschaft CNT füllt, die sich von seinem Diskurs mit deutlich antikommunistischen Tönen begeistern lassen, verbietet die Regierung Negrín weitere Kundgebungen und lässt den sozialistischen Politiker schließlich im Beisein Araquistáins festnehmen. Im spanischen Parlament erhebt Luis Araquistáin sofort Einspruch gegen die willkürliche Verhaftung. In seinen Schriften über den Spanischen Bürgerkrieg beklagt er die Manie der Kommunisten, alle anderen Parteien und gewerkschaftlichen Organisationen – wie in Sowjetrussland – unter ihre alleinige Führung und Herrschaft bringen zu müssen. Die öffentliche Meinung in Spanien habe den Kommunisten in Wirklichkeit längst den Rücken gekehrt.

Warum aber führt Italien in Spanien Krieg? Araquistáin ist davon überzeugt, dass es ein zwischen den Diktatoren Primo de Rivera und Mussolini 1926 mit britischer Zustimmung geschlossenes, gegen die französische Republik gerichtetes, geheimes Zusatzabkommen gebe, dessen Text König Alfonso XIII. von Spanien nach seiner Abdankung heimlich mit ins italienische Exil genommen habe. Möglich. Aber was nun in Spanien vorgeht, wird immer weniger vom spanischen Volk bestimmt. Am 17. Dezember 1936, dem Tag nach dem Sturz des Justizministers Andreu Nin, kündigt die *Prawda*, das Organ der Kommunistischen Partei der Sowjetunion in Moskau, an: »Der Reinigungsprozess gegen die Trotzkisten und Anarchosyndikalisten hat in Spanien begonnen. Er wird mit der gleichen Energie durchgeführt werden wie in der Sowjetunion.«[144] Chefreporter in Spanien, in Diensten der regierungsamtlichen *Prawda*, ist bis November 1937 Michail Kolzow, der gleichzeitig für den sowjetischen Geheimdienst NKWD arbeitet.[145] Auf der anderen Seite hatte Mussolini kurz nach dem Abschluss eines Freundschafts- und Neutralitätsabkommens zwischen Italien und der Sowjetunion im September 1933 in seinem Hausorgan *Il Popolo d'Italia* geschrieben, die beiden großen Revolutionen, Faschismus und Bolschewismus, gäben sich nun die Hände, um die anderen Nationen gemeinsam in die Zukunft zu führen.

Nazideutschland räumt der Sowjetunion seit 1933 gewaltige Kredite ein, welche zum Teil zum Kauf deutscher Rüstungsgüter verwendet werden müssen. Die französische Regierung unter Ministerpräsident Pierre Laval schließt daraufhin im Mai 1935 einen Pakt mit Sowjetrussland, um eine weitere deutsch-sowjetische Annäherung zu verhindern und die jeweiligen Grenzen zu sichern. Die Achsenmächte fürchten, dass sich im Kriegsfall die spanische Neutralität, so wie im Ersten Weltkrieg, wohlwollend gegenüber Frankreich erweisen würde. Araquistáin meint, dass Russland dies verstanden habe, als es sein Schicksal mit dem Frankreichs verband, wogegen er daran zweifle, dass die mit sich selbst beschäftigte französische Republik sich darüber klar geworden sei, was es bedeute, Spanien ihren Feinden zu überlassen. Die Achsenmächte hätten die Spanische Republik angegriffen, um die franco-russische Entente zu schwächen und um für den nächsten Krieg zwischen Mittelmeer, Atlantik und den Pyrenäen strategischen Gewinn zu erzielen. Großbritannien habe León Blum Anfang August 1936 andererseits damit gedroht, keine Garantien mehr für die französischen Grenzen zu übernehmen, sollte Frankreich in Spanien militärisch intervenieren. Die franco-russische Entente habe das kontinentale Gleichgewicht der Kräfte empfindlich gestört, und aus der Prämisse des Kräftegleichgewichts habe die City of London beschlossen, durch eine verschleierte finanzielle Intervention ein faschistisches, antifranzösisches und antirussisches Spanien herbeizuführen. Im Übrigen sei man auch nicht blind gegenüber einer möglichen Neuverteilung des noch immer erheblichen spanischen, oder sogar des riesigen französischen Kolonialbesitzes in Afrika. Erfüllte Deutschland die ihm zugedachte Rolle als Puffer zwischen Frankreich und Russland, könnte man Hitler sogar koloniale Zugeständnisse als Teil des Appeasements machen. Nur vor dieser Generallage werden die in Nazideutschland wiederaufgegriffenen Kolonialplanungen begreifbar, zu denen Balder Olden im September 1936 unmissverständlich Stellung genommen hat.

Im englischen Exil zeigt sich auch Balders Bruder wenig zuversichtlich. Um den Jahreswechsel von 1938 auf 1939 schreibt Rudolf Olden, der im Sommersemester 1936 begonnen hat, an der Universität Oxford Vorlesungen über die Geschichte des Liberalismus in Deutschland zu halten, an seine Schwester Ilse nach Roquebrune: »Ich bin für ein paar Tage hier [in Dorset] an der See, mit Murrays. Er und ich sind elend und verfallen wegen der Politik, – am Horizont dämmert der Verfall des britischen Reiches herauf, und dann wird das Leben in den nächsten hundertfünfzig Jahren sehr unbequem sein. – Die arme Ika, die die Erholung nötiger hätte, muss das Baby pflegen, das schön und klug in eine dekadente Welt hineinwächst. Du solltest einmal kommen und es ansehen. Denn wir werden wohl ein paar Jahre lang nicht mehr reisen können. Wenn überhaupt noch einmal. [...] Bis jetzt schickt England die Flüchtlinge (nicht alle wie es scheint) zurück. Kein Asyl! Der politische Flüchtling ist kein gern gesehener Gast mehr, was er hier einmal war. Grauen über uns!«[146]

Was das Familienleben Rudolfs angeht, sind die Jahre in Oxford eine recht glückliche Zeit. Im Februar 1938 wird Ika von einer reizenden Tochter, Mary Elizabeth Antonia Olden, entbunden. Am 12. Januar 1939 fordert Rudolf seine Schwester auf: »Liebste Ilse, [...] was Deine Nichte Cou T See betrifft, so wird sie am 3. Februar ein Jahr alt. Noch immer ist sie ungetauft. Das ist ein schwieriges Thema, und ich hatte immer gehofft, Du würdest dabei helfen. Nie hätte ich gedacht, dass Du sie so lange warten lassen würdest. Sonst geht es ihr ja gut, Gott scheint geduldig zu sein.«[147]

Am 16. April 1939 warnt Rudolf Olden die bei Menton-Garavan dicht an der italienischen Grenze lebende Familie der Schwester eindringlich: »Ist es Dir schon aufgefallen, wie stark es nach Pulver riecht? Es ist ja nicht gesagt, dass der Krieg unbedingt schon im Mai anfängt. Aber der Herr Hitler ist ein Schlimmer und vermutlich wird es nicht lange dauern. Es wäre ja nicht klug von ihm, und ganz sicher kann man auch nicht sein, ob der Generalstab es ihm erlaubt, aber möglich ist es doch nur allzusehr. Noch unsicherer aber scheint es, dass Mister Chamberlain Signor Mussolini verführen kann. Bisher war doch alles falsch, was im Zeichen des Regenschirms geschehen ist. Man darf also auch darauf nicht viel Hoffnung setzen. Was aber wird dann aus der Ecke, die Du mit Deiner zahlreichen Familie bewohnst? Hast Du eine Ahnung oder Vorstellung? Man kann ja mit dem Luftgewehr dorthin schießen, ich meine von Italien aus. Kann man denn dann dort wohnen? Es heißt, die Deutschen wollten von Italien aus Frankreich angreifen. Wenn daran etwas ist, so lässt sich in Garavan schlecht wohnen. Weißt Du, wo die Franzosen sich zu verteidigen gedenken? Ich stelle mir vor, in Pian des Tilleuls würde eine vorgeschobene Feldwache sein, und kluge Leute halten sich lieber hinter der schweren Artillerie auf und da noch möglichst weit dahinter. Ich wüsste einen guten Platz für Dich: bei Isa Montgomery. Dort werden sie nicht einmal hinfliegen, während man hier schon Laufschritt in der Gasmaske übt. (Für CooTsee gibt es noch keine.) Nun, von Gas halte ich nicht viel. Aber Brandbomben sind auch nicht schön. Kurz, wollt Ihr Euch nicht nach einem guten Platz in der Etappe umsehen, Ihr seid doch alle keine Frontkämpfer? Man soll sich nicht an Plätzen aufhalten, an denen man nur einen nuisance value besitzt, wo man stört statt zu nützen. Aber hast Du Dir das nicht alles schon selbst gedacht?«[148]

Bereits seit März 1939 hat ein Flüchtlingsstrom italienischer Juden über die französische Grenze nach Nizza eingesetzt, um der über Nacht verschärften »Rassengesetzgebung« Mussolinis zu entkommen. Wovor Rudolf Olden warnt, materialisiert sich tatsächlich im Mai, als Italien und Deutschland in Berlin den »stählernen Pakt« über militärische Zusammenarbeit schließen.

Im Vereinigten Königreich halten sich zum gleichen Zeitpunkt fast 80.000 Flüchtlinge aus Deutschland und Österreich auf, davon kann ein Zehntel als politische Exilanten angesehen werden. Die überwiegende Mehrheit der Immigranten ist auf Grund der Verfolgung ob jüdischer Herkunft oder Religionszugehörigkeit auf die Insel geflüchtet. Oft verwischt sich dieses Unterscheidungsmerkmal, denn auch unter den politischen Exilanten befinden sich zahllose Juden. Der britische Inlandsgeheimdienst MI5 nimmt vor allem die *Red Menace*, die rote Gefahr, ins Visier: »Das Gros der ›politischen Dossiers‹, welche der MI5 über Flüchtlinge aus Deutschland und Österreich zusammenstellte, fällt unter die Rubrik ›Kommunisten oder des Kommunismus Verdächtige‹, also unter eine weitgefasste Kategorie, die verschiedenste, sich oft widersprechende linksgerichtete und antifaschistische Tendenzen umfasst. Ein als ›GEHEIM‹ gestempelter Report des MI5 mit dem Titel ›Taktiken deutscher kommunistischer Flüchtlinge‹ schließt bedauernd: ›Jeder dieser Emigranten hat selbstverständlich einen englischen Professor oder Parlamentsabgeordneten hinter sich, der ihnen einen guten Charakter und antifaschistische Gesinnung attestiert, so dass es wirklich sehr schwierig ist, sie zur Strecke zu bringen und einzusperren.‹«[149]

Ähnlich jenen ihm wohlbekannten Professoren und Parlamentariern versucht auch Rudolf Olden, hilfsbedürftigen Menschen ohne Ansehen das nackte Überleben zu ermöglichen. Als Erich Wollenberg, der von 1924 bis 1934 als militantes Mitglied der KPdSU und Offizier der Roten Armee in Russland gelebt hatte und dann ohne Pass und Visum, dafür mittellos und in panischer Angst vor NKWD *und* Gestapo, aus Prag nach Paris kommt, empfiehlt Olden den Autor von *Die Rote Armee* der *Writer's Guild* im März 1939 für ein Stipendium.[150]

Rudolf Olden ist in dieser Zeit enorm produktiv. Aus den Akten der *Pariser Tageszeitung* geht hervor, dass er verpflichtet war, wöchentlich zwei Zeitungsartikel zu senden, um monatlich etwa fünfzehn Pfund zu verdienen.[151] Zwischen 1934 und 1940 schreibt er 109 Beiträge, darunter zahlreiche Leitartikel für das *Pariser Tageblatt* beziehungsweise die *Pariser Tageszeitung,* außerdem regelmäßig für *Die Neue Weltbühne, Das Neue Tage-Buch, Die Sammlung* und *Das Wort.* Er ist so etwas wie ein Non-profit-Auslandskorrespondent der insgesamt gesehen überaus unterfinanzierten Emigrantenpresse. Vom eigentlichen journalistischen Tagesgeschäft fühlt sich Rudolf Olden in Großbritannien ausgeschlossen: »Ich bin leider ganz heraus aus dem Journalismus, oder besser gesagt, ich bin hier nicht wieder hineingekommen. Nach ein paar schwachen Versuchen, meine Meinung englischen Zeitungen aufzudrängen, habe ich das als hoffnungslos aufgegeben. Sie waren damals jedenfalls um Jahrzehnte hinter unseren Erkenntnissen zurück und lächelten nur mitleidig über den monomanischen Unsinn, den man sie lehren wollte. Am unbelehrbarsten war die Linke, geradezu verliebt in Hitler, der endlich das schwere Unrecht gut machen wollte, das den Deutschen in Versailles, natürlich von den Franzosen, angetan worden war. Das hat sich seither ein bisschen geändert. Aber jede Nation zieht ihre eigenen Irrtümer und Erkenntnisse denen der anderen vor, und man kann nur wenig nützen.«[152]

Balder Olden fährt in den Jahren 1937, 1938 und 1939 jeweils für Wochen oder auch Monate von Le Levandou, wo die Lebenshaltungskosten niedrig sind, nach Paris. Er sucht nicht nur Abwechslung vom sanft dahinplätschernden Leben an der Côte d'Azur, sondern hofft auch, Inspiration zur Überwindung des merkwürdigen Versiegens eigenschöpferischer Kräfte zu finden. Auch schreibt er für verschiedene Printmedien des Exils mit Sitz in der französischen Hauptstadt wie das *Pariser Tageblatt* oder die *Pariser Zeitung* sowie als Literaturkritiker für *Die Neue Weltbühne.* Außerdem nimmt er in führenden Rollen an vielen antifaschistischen Aktionen teil. Beide Brüder Olden unterzeichnen im Dezember 1936, neben zahlreichen Vertretern von SPD *und* KPD, weiterhin Heinrich Mann (Nizza), Klaus Mann (Amsterdam), Wieland Herzfelde (Prag), Lion Feuchtwanger (Sanary-sur-Mer), Egon Erwin Kisch (Paris), Emil Julius Gumbel (Lyon) und Arnold Zweig (Palästina) den im Januar 1937 in der *Neuen Weltbühne* publizierten *Aufruf für die deutsche Volksfront, für Frieden, Freiheit und Brot.* Etwas markig heißt es: »Die Emigration hat eine Aufgabe von größtem historischen Ausmaß: die der Aufmarschabteilung des Großen Generalstabs, an deren Stelle, wenn der Kriegszustand erklärt ist und das Heer mobilisiert ist, die Operationsabteilung tritt. In ihr mögen Kräfte tätig sein, die wir heute nur ungenügend kennen, weil sie sich in dem verdunkelten Vaterland bergen. Die Pflicht der Vorbereitung können sie denen nicht abnehmen, die vor dem Griff der Geheimen Staatspolizei geschützt sind.«[153] Wirklich geschützt? Die Zeit zwischen 1936 und 1942 ist durch den Kollaps der Diplomatie und den Aufstieg der Geheimdienste geprägt. 1937 agiert in Paris bereits die Auslandsorganisation der NSDAP – eine Hilfstruppe für die deutschen Nachrichtendienste. Gleichwohl optimistisch schreibt Balder Olden in sein Pariser Manuskript der *Stationen meines Lebens*: »Die Idee der Menschenrechte muss in den Herzen der Menschen lebendig gehalten werden. Fast alle großen Revolutionen sind im Exil vorbereitet und geschürt worden, denn kein Revolutionär ist zäher und feuriger als der emigrierte.«[154]

So mühsam, wie der gemeinsame Aufruf von an sich untereinander inkompatiblen Weltanschauungen zur Bildung einer Einheitsfront zustande kommt, so wenig Bestand hat er. Im Grunde ist er eine Totgeburt. Im Sommer 1937 sind die Gemeinsamkeiten zwischen Freisinnigen, Linksliberalen, Sozialdemokraten, Linkssozialisten und Wertkonservativen auf der einen und Kommunisten der von Moskau aus dirigierten, stalinhörigen Richtung auf der anderen Seite bereits weitestgehend aufgezehrt. Kurz nach dem Münchner Abkommen im Herbst 1938 prophezeit Trotzki, dass auch der offiziellen Volksfront-Politik der Komintern ein baldiges Ende bevorstehe, da Stalin unübersehbar eine Allianz mit Hitler anstrebe, der alle beiderseitigen Feinde liquidieren werde. Traurig über die hereinstürzende Katastrophe erinnert sich der Romancier Leonhard Frank in *Links wo das Herz ist*: »1937 lebten die Franzosen noch unbesorgt in den Tag und in die Nacht hinein, obwohl Deutschlands Aufrüstung seit vier Jahren in vollem Gange war.«[155]

Anlässlich der Pariser Weltausstellung veranstaltet der *Schutzverband Deutscher Schriftsteller im Ausland* im Quartier Latin die aufwühlende Ausstellung *Das deutsche Buch in Paris 1837–1937*. Die Eröffnungsrede hält Lion Feuchtwanger. Danach ergreifen Anna Seghers und Balder Olden das Wort. Im Saal befinden sich große Porträtfotos der von den Nazis ermordeten Schriftsteller Erich Mühsam und Theodor Lessing sowie das Porträt des im KZ Esterwegen zu Tode gequälten Friedensnobelpreisträgers Carl von Ossietzky.

Bei seiner Rückkehr nach Le Lavandou schreibt Balder Olden am 1. Juli 1937 an Ilse, »in Eile, weil Du auf einen Brief wartest: Ich habe in einer großen Versammlung gesprochen, war auf der Ausstellung und so fort – eine tolle, herrliche Zeit war das. Paris ist schon die schönste Stadt der Welt, die lustigste, sauberste – nur Geld verdienen könnte ich dort nicht. Keinen Pfennig mehr als hier. […] Annette [Kolb] sah ich zweimal – sorgenumdüstert. In ihrer schönen Wohnung zitternd vor dem Huissier [dem Gerichtsvollzieher], auch von Schickele sehr schlechte Nachrichten. Alles in Seenot, unjung und nicht mehr ganz gesund.«[156] Am 7. Juli berichtet er ausführlicher: »Die Tage in Paris waren ein einziger Glanz, viele alte Freunde, Kampfstimmung und große Hoffnungen – alles auf Spanien. Ich wurde eingeladen, zum Schriftstellerkongress nach Valencia und Madrid zu fahren, aber das Datum war ungewiss, und ich konnte nicht länger bleiben […]. Am ersten Tag des Kongresses[157] fand, zur Begrüßung, ein Luftbombardement über Valencia statt. […]

Annette […] wird sehr alt, hat zuviel Sorgen. Ganz allein, fleißig und berühmt, – und kann ihre Miete nicht mehr aufbringen. Mit zwei Büchern in einem Jahr nicht mehr die Miete! Doris [von Schönthan] und [Bruno von] Salomon traf ich bei dem Begräbnis der ermordeten Brüder [Carlo und Nello] Rosselli, an dem ich teilnahm. […] Auch Bruno Frank und seine entzückende Frau sah ich, alles, alles fragt nach Dir, liebt Dich und grüßt Dich. Gesprochen habe ich zur Eröffnung einer Ausstellung ›*Das deutsche Buch*‹, die deutsche und französische Schriftsteller vereinigte. Worüber? Über alles, was ich weiß, – es war mehr ein outburst als eine Rede. Schade, dass Du mich nie öffentlich sprechen hörst (und ich mich selbst auch nicht), es muss etwas Elementares haben. Vorher hatte ich, wie immer, Lampenfieber, den ganzen Tag, und verfluchte, die Einladung angenommen zu haben. Wenn ich erst oben stehe, bin ich direkt glücklich. […]

Lilo Dammert und [Hanns] Eisler sah ich auch häufig, mit Films beschäftigt, voll von ihrem Aufenthalt in Russland. Ich bin sehr traurig abgereist, weil ich eben doch das große Leben liebe, die Theater,

Abb. 22: Der Fischerort Le Lavandou, zeitgenössische Postkarte

die Bilder, die Menschen, die Politik, das Dabeisein. Primavera kam nach Toulon mich abholen, und dort bin ich wieder sehr traurig abgefahren – wir hatten viele schöne Stunden dort. Aber als wir hier [in Le Lavandou] wieder, dem ersten Abend, mit unseren Freunden im Café Tabac beim Apéritif saßen, war ich abermals glücklich, zurück zu sein. Wo ich bin, ist das Glück – insofern bin ich gut geboren. Trotzdem möchte ich im Herbst näher zu Dir und mehr in die Welt, folglich Nizza. Solange Dorf, jetzt schon zwei Jahre lang, ist nicht mehr gut.«[158]

Ein Brief aus North Carolina von Louise Redfield Peattie, die mit ihrer Familie – dem Botaniker und Schriftsteller Donald Peattie und mehreren Kindern – lange Zeit in Menton-Garavan an der Côte d'Azur gelebt hatte, versucht, den guten alten Freund aus der Ferne aufzumuntern: »Come on! Erzähle uns in einer Geschichte, was es bedeutet, im Exil zu leben, in Liebe, im Underground, mit einem wunderbaren Kopf, der wie der Deinige mit Narben von Duellen gezeichnet ist, eine Geschichte mit Allem, Frauen, Schönheit, Abenteuern. Du bist ein großes altes Ungeheuer, und ich sehne mich danach, mehr von Deinen Kopfgeburten kennenzulernen.«[159]

Auch ohne Kenntnis der Briefe von Balder Olden an Louise Redfield Peattie ist anzunehmen, dass die amerikanische Freundin den *Mood* starker Niedergeschlagenheit und Trübsinns, des aufkommenden Gefühls wachsender Aussichtslosigkeit des Widerstands im Angesicht des faschistischen Siegeszuges in Europa, aber auch den

Galgenhumor Balder Oldens richtig erfasst hat. Nach ihrem Umzug von North Carolina nach Kalifornien erneuert Louise Redfield Peattie ihre Ermutigung:

»Ich denke, *Blut und Tränen* hatte einfach nur einen schlechten Start. Als das Buch herauskam, waren die Menschen noch nicht bereit für das Thema Nazideutschland. Liefere uns etwas Neues und Unbekanntes über die Leidenschaft des Exils, voller Anklänge an ein goldenes Deutschland, das es so nicht mehr gibt [...], und stelle eine Liebesgeschichte wie die deine mit jemandem wie Gretel [Margaret Kershaw], die die Amerikaner in ihr Herz schließen können, in den Mittelpunkt. Mein Himmel, wie gerne würde ich dieses Buch lesen!«[160]

Von Juni bis November 1938 erhält Balder Olden eine monatliche Werkbeihilfe in Höhe von 50 US-Dollar von Seiten der *American Guild for German Cultural Freedom* in New York. Befürwortet hatten seinen Literaturförderungsantrag die wesentlich jüngere Kollegin Erika Mann, die Balder Olden als einen »sehr begabten Autor mit der Fähigkeit, etwas ganz besonderes zu liefern, sofern seine finanzielle Situation weniger bedrückend ist«[161], beschreibt.

Einen weiteren Fürsprecher hatte Olden in seinem treuen Freund René Schickele. Schickele empfiehlt Oldens geplanten autobiografischen Roman *Stationen meines Lebens* mit den Worten: »Ich kenne große Teile des Buches, an dem er arbeitet: sie sind ausgezeichnet. Es ist jammervoll, dass er immer wieder von der Arbeit am Buch abgehalten wird.«[162]

Ilse hat Balder als Gedächtnisstütze für die geplante Autobiografie zwei Körbe mit Familienbriefen mitgegeben. Am 19. November 1937 schreibt er der Schwester aus Le Lavandou: »Ich lese seit Tagen (s. Nächten) Hedwigs [Fürstin zu Liechtenstein] Briefe und lerne sie jetzt erst ganz kennen. Sie war schon mit 27 Jahren, aus dieser Zeit gibt es ein Bündel Briefe an Rudolf [Fürst zu Liechtenstein], ganz die alte! Gott, war sie gescheit – manchmal zu gescheit! – und fleißig, tüchtig, energisch. [...] Clan, Familie – damit war sie eins, so völlig solidarisch, dass endlose Opfer ihr selbstverständlich waren. Von den materiellen abgesehen – wieviel Briefe hat sie allein für uns entworfen! [...] Ich lese und lese – es gibt keine interessantere Lektüre für mich. [...] Ein Brief an Emma aus Alt-Aussee ist ein entzückendes Feuilleton, Du, die Kinder, alles darin wie im Farben-Kino. Reizend, reizend! Und ich als Edel-Faun! [...] Wirklich, für mich kann es kein zweites Buch wie dieses geben.«[163] Der autobiografische Roman wird im Januar 1939 von Bodo Uhse in *Die Neue Weltbühne* vorangekündigt. Der Stil sei »lyrisch, doch völlig unsentimental, draufgängerisch

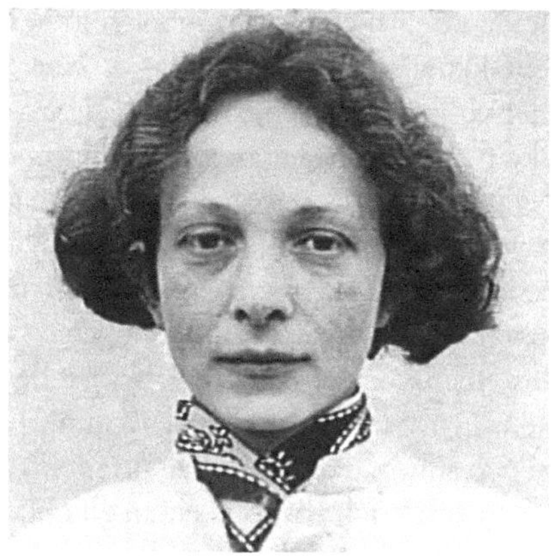

Abb. 23: Margaret Kershaw, 1938

und überlegt, dialektisch – wenn auch nicht in materialistischem Sinn.«

Der »Anschluss« Österreichs – das Reich seiner Kindheit in Südtirol und der auf dem Landgut Klein-Sternberg in Kärnten verlebten zwanziger Jahre – im März 1938 an Nazideutschland versetzt Balder Olden in geistige Schockstarre: »Ich war sehr lange wie paralysiert von den letzten Schlägen, in einem abscheulichen Zustand. [...] Alle sitzen im Gefängnis, das steht fest: [Raoul] Auernheimer [aus Wien ins KZ Dachau verschleppt], [Felix] Salten, [Ludwig] Hirschfeld [1882-1942, von Drancy nach Auschwitz deportiert], [Arnold] Höllriegel [gest. 5.9.1939, Saratoga Springs, USA] etc. – alle, die man kennt. Was sie dort zu leiden haben, weiß Gott. Es hatte keiner die Chance, die wir 1933 noch so lange hatten, zu entkommen. Und die Prager sind wie hypnotisiert, erwarten jeden Moment dasselbe Schicksal und wagen es kaum mehr zu atmen. – Könnten wir doch nach Argentinien fahren! Aber unsere Lotterielose haben versagt [...]. Alles drängt schrecklich, man erwartet neue Hitler-Taten, sobald das Plebiszit [in Österreich am 10. April 1938] vorbei ist. Wahrscheinlich nicht im Osten, weil es den Japanern schlecht geht und damit Russland die Hände frei hat, sondern ... Wo? Schweiz? Elsass? Aber der Frieden ist keine Spur wahrscheinlicher als das große Los. Umso wichtiger sind die Papiere.«[164]

Als ein Jahr später Joe Lederer noch immer in Wien festsitzt, klagt Rudolf Olden seiner Schwester am 16. April 1939: »Der Fall Joe Lederer liegt mir sehr am Herzen. Zwei Wege hat sie heraus: Schweden oder England. Beide noch nicht sicher, aber sehr wahrscheinlich offen. Aber sie geht keinen Schritt, obwohl es Zeit wäre, antwortet nicht auf Briefe, lebt offenbar in Depression. Endlich kommt die Enthüllung: sie hat kein Geld. Aber man weiß nicht einmal, wie viel sie braucht. Ja, das weißt Du alles selbst. Dass sie sogar auf Dein Telegramm nicht antwortet, setzt dem Ei die Spitze auf. Ist es glaublich? Natürlich kann sie ohne Geld nicht reisen. Soll ihr das englische Ministerium auch noch das Reisegeld schicken? Das tut es nicht. Andererseits sollte man so eine begabte Schriftstellerin nicht einfach umkommen lassen. Carlos [Graf Seilern] Regung [finanziell einzuspringen] ist wirklich schön. Aber wird er sie auch ausführen?«[165]

Am 28. April 1939 zeigt sich Rudolf Olden glücklich über die wundersame Rettung des liberal gesinnten Sachbuchautors Heinrich Eduard Jacob, der 1938 aus Wien zuerst in das KZ Dachau und dann von dort ins KZ Buchenwald verschleppt worden war: »Lieber Herr Jacob, meine herzliche aufrichtige Freude über Ihre Rettung! Ich höre von Robert Neumann [der Schriftsteller organisiert 1938 in London den *Free Austrian PEN-Club*], durch welche Genialität Sie sich befreit haben. Ich fürchtete, Sie seien verloren, und sicher waren Sie in der größten Gefahr. Protestieren, unsere Lieblingsbeschäftigung, war auch endgültig seit November idiotisch sinnlos geworden. Nun sind Sie da, welche erfreuliche Überraschung! – Alfred Einstein [Musikwissenschaftler und Musikkritiker des *Berliner Tageblatts*] habe ich nicht gesehen. Und wer ist Robert Eisler [österreichischer Kulturhistoriker]? Ich habe den Namen noch nicht gehört. Sie sollten einmal hierher kommen, schon um Oxford zu sehen, falls Sie es noch nicht kennen. Wir würden uns sehr freuen, Sie zu sehen. Wenn Sie aber wirklich die Reise scheuen, so hoffe ich bestimmt, Sie in London zu sehen. (Übrigens, Sie, scheint mir, sollten Buchenwald beschreiben!)«[166]

In Paris tritt Balder Olden im Juli 1939 als einer der Hauptredner auf, als der *Schutzverband Deutscher Schriftsteller* eine Gedächtnisfeier für Ernst Toller veranstaltet, der am 22. Mai 1939 in New York Suizid begangen hatte. Olden nimmt das Andenken Ernst Tollers gegen viele kursierende Vorwürfe in Schutz: »Er hat so gut gekämpft, wie er konnte, er hat so lang gekämpft, wie er konnte.« – Nur Tage später nimmt man im Theater *Pigalle* in Paris Abschied von dem Dichter Joseph Roth, der den Nachruf und die milde Verklärung des an Facetten reichen Vielvölkerstaates der österreichisch-ungarischen Doppelmonarchie geschrieben hatte. Sein kleiner Tisch in einer Ecke im Bistro des Hôtel de la Poste in der Rue de Tournon bildete seit

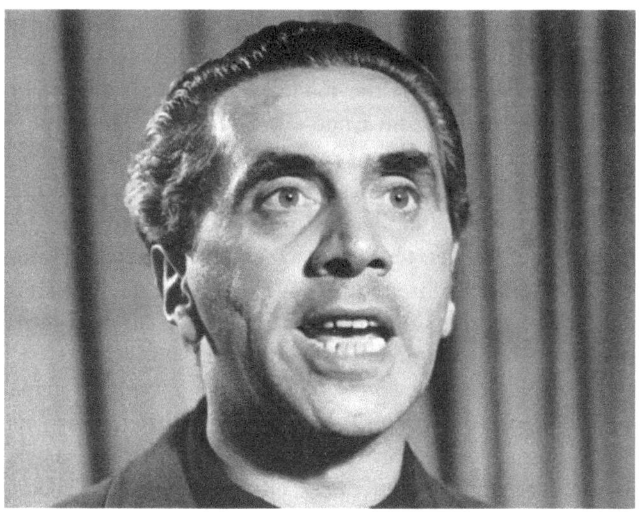

Abb. 24: Ernst Toller, Valencia 1937. © Foto: Walter Reuter

1933 *den* Treffpunkt des literarischen Exils. Auch er hatte »sich tot getrunken – auch er ein hoffnungslos gewordener Kämpfer, der keinen Ausweg sah. Er war dem Alkohol nicht erlegen wie ein Schwächling, sondern ganz bewusst hatte er diese Form des langsamen Selbstmordes gewählt, bei der es ihm bis zum letzten Tage möglich war, das Verderben zu vergessen, das über uns lagerte, und schöne Bücher zu schreiben. Sein letztes Werk, die ›*Legende vom Heiligen Trinker*‹, war auch sein reinstes, das dichterisch edelste, ja zweifellos das trostvollste Buch, das er geschrieben hat.«[167]

Nie war Joseph Roth im Café Tournon allein gewesen, er hatte kein Zimmer, in dem er hätte arbeiten können. Wollte der »Prosalyriker« allein sein, zog er seine Hand wie einen Vorhang vor seine Augen. »Sein Ohr lauschte dem feinen Verrinnen der Sekunden, das ihm wichtiger war als das große Geschehen. Seine Bücher sind Abläufe des schlichten Lebens; Roth erfand fast keine Handlung, keine Konflikte und keine sogenannte Fabel. Mit einer wunderbaren Sicherheit und Plastik zeichnete die Hand, was das Auge erschaute und das Herz erlebte. [...] Er hat nie Verse geschrieben, doch in seinen Romanen leuchtet die Sprache am geringsten Detail auf. [...] Fast in jedem Satz ist er ganz er selbst. [...] ›Bin ich ein Lyriker?‹ knurrte er abwehrend einmal einen Freund an, der den in seiner Caféhausecke verkrochenen, kranken Dichter in die Frühlingssonne setzen wollte. Er leugnete, dass er die Sonne liebte. […] Er war so, wie er gelebt und gedichtet hatte, legendär, ungewiss, schwer zu begreifen und gar nicht einzureigen. Er akzeptierte die Rolle, die nicht er, die ihn erwählt hatte und spielte sie bis zum Ende.«[168] Sterben wollte er nirgendwo anders als in seinem geliebten Paris. »Hier«, sagte er häufig, »hier sterben, an dieser Ecke, in diesem Café.« – »Wie sicher noch der Strich dieser zitternden Hand«, die im April 1939 vom *Heiligen Trinker* erzählt, »der die letzten Tage seines armen Lebens unter einer Wolke von Wundern schreitet. […] Wie klar und nüchtern das trunkene Auge. Wie graziös schwebte der Taumelnde auf dem gespannten Seil über dem Abgrund und verschwand.«[169]

Im Jahr zuvor, als der *Nachruf auf einen Freund* – gemeint ist Benno Karpeles – von Rudolf Olden gerade gedruckt war, »kam Joseph Roth in die Redaktion des *Neuen Tage-Buches*, las ihn und schrieb mir, auf dem Briefpapier der Zeitschrift, ein paar Zeilen, die ich aufgehoben habe und die vor mir liegen. Sie lauten: ›Lieber Freund Olden, herzlichen Dank für den Nachruf auf Karpeles†. Es ist ein Nachruf auf uns alle: die letzten Zehn vom vierten Regiment. Ich grüße Sie in herzlicher Kameradschaft als der neunte. Ihr alter Joseph Roth‹.«[170]

Kein anderes Schriftstück Rudolf Oldens als sein Text über den mit dem zweiten Gesicht gesegneten Dichter Joseph Roth legt innigeres Zeugnis über die eigene, insgeheime Sicht der Welt ab: »Das Glück wurde mir zuteil, noch wenige Monate vor seinem Tod, einige Abende mit ihm in Paris, im Café Tournon, zusammen zu sein. Und siehe da, wir verstanden uns politisch ausgezeichnet, obwohl ich nicht auf seine Glaubenssätze schwöre. Aber im Grund stimmten wir gut überein, in der Sehnsucht nämlich nach jenem ›Reich‹, mag es nun das Römisch-Deutsche oder anders heißen: nach dem Reich der Toleranz, der Nächstenhilfe und Menschenliebe, des Stolzes und der Ritterlichkeit, das wohl nie ganz ein Reich der Wirklichkeit war, aber doch einmal der Wirklichkeit weit näher, als es das jetzige ist, wie eben ein Reich der Aristokraten sich unterscheidet von dem der preußischen Drill-Sergeanten, wobei es wenig ausmacht, dass ein Dutzend bayrische Schinder unter sie gemischt worden sind. […] Das Bild, das Roth mit den Augen der Seele ersah, zog die menschlichen Schwächen in Betracht, und also war es nicht so sehr von den Gegebenheiten der Realität entfernt. Im übrigen aber trug es die Züge der Güte und Wärme, des Mitleids mit der Kreatur und des Vertrauens auf Gott. Seine Utopie zeugte von den Eigenschaften, die seinem eigenen Wesen innewohnten, und also war sie edler und liebenswerter als manch andere Utopien sind.«[171]

Selbst unmittelbar nach den Pogromen der »Reichskristallnacht« wird der deutsche Außenminister von Ribbentrop in Paris zur Unterzeichnung eines Paktes empfangen. Die französische Regierung lässt, aufgrund eines Dekrets vom 12.11.1938, zu diesem Anlass, vorsorglich, fünfzehntausend »politisch verdächtige« Flüchtlinge einsperren, um jeglichen Protest gegen die sich mehr und mehr abzeichnende Verhandlungsbereitschaft gegenüber Nazideutschland im Keim zu ersticken. Doch schon 1937 steht die französische Politik – das Schicksal Frankreichs – an einem Kreuzweg. Im September legen zwei Bombenattentate Gebäude der CGPF (Conféderation geénérale du patronat français) in Trümmer. Wer waren die Attentäter? Die Polizei – so der Journalist und Schriftsteller Maximilian Scheer – entdeckt »in Paris ein paar Geheimbündler, dann Waffenlager, Radioanlagen, Umsturzpläne und Namen der Verschwörer in der Geheimloge *CSAR*: Comité Secret de l'Action Révolutionaire. [...] In einer der letzten Kabinettssitzungen hatte der Innenminister Dormoy, so wurde behauptet, festgestellt: ›Ich bin gezwungen, die Großindustriellen, die in das Staatsstreichkomplott des *CSAR* verwickelt sind, verhaften zu lassen.‹ Darauf erwiderte der Finanzminister Georges Bonnet: ›Die Finanz würde Ihr Vorgehen mit einem vertikalen Sturz des Franc beantworten. Wenn Sie auf der Verhaftung bestehen, demissioniere ich.‹ Und Dormoy replizierte: ›Wenn Sie die Beschuldigten zu decken versuchen, demissioniere ich.‹ [...] So hatten die Verschwörer die Chance, die Rolle durchzuspielen, die von den faschistischen Geheimorganisationen und ihren Hintermännern in Armee und Wirtschaft während der zwanziger Jahre in Deutschland gespielt worden war. Die Republik schonte sie, und sie würgten die Republik.«[172] Marx Dormoy, der die Verschwörung der *Cagoule* aufgedeckt hatte, wurde im Juli 1941 ermordet.

Noch ehe der Spanische Bürgerkrieg ganz entschieden ist, zieht Moskau im Oktober 1938 die Internationalen Brigaden aus Spanien zurück. Gustav Regler [deutscher Schriftsteller, im Bürgerkrieg Politischer Kommissar] mit seiner Frau Mieke [Vogeler], Alfred und Friedel Kantorowicz, Almuth Heilbrun, Ruth Jensen, Kästners »Pony« und viele andere Spanienkämpfer finden im gastfreundlichen Hause des von ihnen voller Undank als wankelmütiger Liberaler beargwöhnten österreichisch-italienischen Schriftstellers Emil Alphons Rheinhardt in Le Lavandou eine erste Zuflucht. Im März 1939 warnt Trotzki ein letztes Mal vor der bevorstehenden Allianz zwischen Stalin und Hitler. Doch in Frankreich mag so gut wie niemand auf das Mentekel hören. Alfred Kantorowicz – im Spanischen Bürgerkrieg

Offizier der Internationalen Brigaden und seit 1931 bis auf Weiteres ein ziemlich linientreuer Parteisoldat der KPD – trägt am 30. Juni 1939 in sein Tagebuch ein: »Hier trafen wir, als wir ankamen, Balder [Olden] in einem desolaten, ja durchaus schon geisteskranken Zustand, voller Visionen echten Verfolgungswahnes. [...] Ich hatte tagelang meine liebe Not mit ihm; [...] ich brachte ihn wieder notdürftig so weit, dass man ihn ohne besondere Sorge nach Paris abfahren lassen konnte.«[173]

Symptome »echten Verfolgungswahns« treten bei dem mit einem gewissen siebten Sinn begabten Balder Olden in zwei Phasen seines Lebens im Exil auf. Einmal in Prag, nachdem ihn die Gestapo mit seinem Bruder Rudolf Olden als Autor von dessen Broschüre *Hitler der Eroberer. Die Entlarvung einer Legende* verwechselt hatte. Er scheint dort auch behelligt worden zu sein, schreibt doch Sergej Tretjakow am 7. Juni 1935 an Oskar Maria Graf: »Hast du Gerüchte gehört, dass Balder die Nazis [zu entführen] versuchten?«[174] Die geglückte Flucht aus Deutschland bedeutet keinesfalls Sicherheit, die emigrierten Intellektuellen sollen auch jenseits der Grenzen eingeschüchtert und in Angst versetzt werden, wie der Mord an dem Kulturphilosophen Theodor Lessing im August 1933 im tschechischen Marienbad beweist. Ebenfalls im tschechoslowakischen Exil ermordeten in der Nacht vom 23. zum 24. Januar 1935 drei Attentäter im Auftrag Heydrichs den exilierten Rundfunkexperten Rudolf Formis, der durch den Äther unzensierte Nachrichten über die Grenze schickte.

Das zweite Mal glaubt Balder Olden unheimliche Augen aus dem Dunkeln heraus zu spüren, als er in Frankreich in sehr engem, freundschaftlichem Verhältnis zu Arthur Koestler steht, der gerade dabei ist, die schaurige Unterwerfung erprobter und gestandener Berufsrevolutionäre – »Tote auf Urlaub«, wie sie von Lenin in der Zeit der Verfolgung durch die zaristische Geheimpolizei bezeichnet wurden – durch das mörderische stalinistische Terrorsystem literarisch zu verarbeiten. Koestler wendet sich 1936/37, unter dem Eindruck der Moskauer Schauprozesse sowie seiner eigenen Erfahrungen als Kriegsberichterstatter im Spanischen Bürgerkrieg, vom Sowjetkommunismus ab und übernimmt die Chefredaktion der von Willi Münzenberg in Paris gegründeten Wochenzeitschrift *Die Zukunft*. Die erste Nummer erscheint Ende 1938. Binnen kürzester Zeit entwickelt sich das Blatt zum führenden Medium des Exils, das nicht nur von zahlreichen Intellektuellen in Paris und New York gelesen, sondern auch von der Internationalen Transportarbeiter-Föderation (ITF) unterstützt wird, wie einem anonymen Bericht an die Komintern zu entnehmen ist.[175] Die für die Überwachung der deutschen Emigration in Frankreich zuständige Leitstelle der Gestapo in Münster kommt zum selben Schluss. Sowohl Koestler als auch Münzenberg, der seit spätestens Herbst 1936 in Paris intensivst von sowjetischen Agenten geheimdienstlich beschattet und 1938 aus dem Zentralkomitee der KPD ausgeschlossen wird, sind gefährliche Beziehungen. Der junge Willi Münzenberg gehörte nicht nur zum allerengsten Kreis um Lenin im Zürcher Exil. Kein anderer Genosse hatte sich im Lauf der Jahre international besser vernetzt. Münzenberg zieht die Fäden, als 1927 die *Antiimperialistische Liga* gegründet wird, der Jawaharlal Nehru aus Indien, der Mexikaner Diego Rivera, Soong Ching-ling, die Witwe Sun Yat-sens aus China, und General Augusto Sandino aus Nicaragua angehören. Er hat nach 1933 das *Hilfskommittee für die Opfer des deutschen Faschismus* mit Zweigstellen überall in Europa und Amerika ins Leben gerufen, den Londoner Gegenprozess zur Farce des Berliner Reichstagsprozesses organisiert, dazu das bald in alle Weltsprachen übersetzte *Braunbuch über Reichstagsbrand und Hitler-Terror* herausgegeben. Wie ein Brief an den Sekretär der Komintern, Osip Pjatnizki, vom 20. Juli 1933 zeigt, hat Münzenberg als einer von wenigen deutschen Kommunisten die ganze Dimension der Katastrophe erkannt und auch nicht die Augen davor verschlossen, dass das doktrinär-starre Gehabe der Partei das Seine dazu beigetragen hat, den Nationalsozialisten einen beträchtlichen Teil der deutschen Jugend in die Arme zu treiben.[176] Kurz nach dem letzten Aufenthalt von Münzenberg in Moskau, im Sommer 1936, ist der eng mit ihm befreundete Altbolschewik Karl Radek, ein anderer Intimus Lenins, »verschwunden«, im August 1936 kommt es in der Nähe von Moskau zu Massenerschießungen. Seitdem sind binnen zweier Jahre viele Hunderttausende von Menschen zum Tod durch Erschießen verurteilt worden, und zwei Millionen Menschen sitzen in Lagern hinter Stacheldraht. Münzenberg kennt alle Details dessen, was sich seine Noch-Genossen der in Paris exilierten KPD wahrzunehmen weigern, dass nämlich Stalin die Garde der Bolschewisten und Revolutionäre der ersten Stunde samt und sonders ermorden lässt. Er verweigert den Gehorsam, als ihn die KPD-Führung in Paris zu einer neuen Reise nach Moskau drängen möchte, die höchstwahrscheinlich mit seiner Erschießung enden würde. So versucht die Parteiführung, mit nur teilweise durchschlagendem Erfolg, den bereits zu Lebzeiten legendären Willi Münzenberg durch Denunziationen und eine Flüsterkampagne zu isolieren. Nicht viel besser ergeht es Leopold Schwarzschild. Als der Herausgeber des linksliberalen *Neuen*

Tage-Buchs sich im Februar 1937 kritisch mit den Moskauer Prozessen auseinandersetzt und die Thesen in den Raum stellt, Stalins Folterknechte könnten den Willen der Angeklagten mittels Drogen oder Hypnose gebrochen haben, versuchen Mitglieder des weitgehend von der Exil-KP dominierten *Schutzverbands Deutscher Schriftsteller im Ausland* ihn als einen Agenten der Nazis zu diffamieren. Das ist versuchter Rufmord. Unter der Devise »Als es noch Anstand in Deutschland gab« zeigt der Sekretär des *Deutschen PEN-Clubs im Exil*, Rudolf Olden, in *Das Neue Tage-Buch* Flagge: »Die Affären dieses ›*Schutzverbandes deutscher Schriftsteller*‹ sind klar genug geworden, damit mit großer Kenntlichkeit jetzt getan wird, was mit angestrengtester Verschleierung zu verhindern, sein Lebenselement war – und in Amerika noch ist. Es bleibt dem Geschmack überlassen, ob man seine Drahtzieher noch Schriftsteller nennen will oder nicht. Die Tatsache des Schreibens genügt dazu kaum. Als Tradition und Mission des Schriftstellers galt es bisher, die Advokatur der moralischen Ordnung zu führen, auch und gerade den amoralischen Realitäten zuwider. Die Advokatur der Amoralität zu führen, war bisher denjenigen überlassen, die sie veranstalteten.«[177]

Willi Münzenberg schwebt in höchster Gefahr, die Vollstreckung seines von Stalin längst beschlossenen Todesurteils gleich zweifach gegengezeichnet zu bekommen, als er am 22. September 1939 in *Die Zukunft* schreibt: »Frieden und Freiheit müssen verteidigt werden gegen Hitler und Stalin. Der Sieg muss gegen Hitler und Stalin erkämpft [...] werden. [...] Jahrelang hat eine ausgehaltene Presse gehetzt und verleumdet, hat Hunderte von niederträchtigen Lügen verbreitet. [...] Heute stehen in allen Ländern Millionen auf, sie recken den Arm, rufen nach dem Osten deutend: ›Der Verräter, Stalin, bist du.‹«[178]

Zu Balder Oldens angegriffenem politischen Nervenkostüm trägt außerdem bei, dass während dieser Monate irgendetwas in der Beziehung zwischen ihm und der wesentlich jüngeren Margaret, die in einem pharmazeutischen Labor an der Côte d'Azur arbeitet, während er selbst sich seit 1937 überwiegend in Paris aufhält, nicht so ganz stimmt. Aus einem triftigen privaten Grund kommt es zur Krise, und der moralische Druck eines Teils der um Le Lavandou versammelten deutschen Exilgemeinschaft drückt auf das Gemüt der jungen Frau. Im Sommer 1939 schreibt Margaret an Balder nach Paris: »Ich glaube, dass alle anderen Menschen Engel sind gegen mich, dass ich wie ein unabgeurteilter Verbrecher unter ihnen lebe, schweigend geduldet. [...] Ich habe gar kein Talent zum Mauerblümchen, da welke ich und sterbe.«[179] Balder spricht im Juni in einem Brief davon, »während der

Abb. 25: Willi Münzenberg

letzten Monate durch die schwersten Krisen meines Lebens gegangen« zu sein.[180] Was dies konkret bedeutet, lässt sich nur erahnen.

Am 3. Juli 1939 unterrichtet der britische Premierminister Neville Chamberlain das Parlament über offensichtliche Vorbereitungen militärischer Aktionen in Danzig und die Einreise einer großen Zahl als Touristen getarnter deutscher Soldaten in die Freie Stadt. Am 10. Juli versichert er im Unterhaus, dass die britische Regierung in der Einnahme Danzigs durch das Dritte Reich eine mehr als ernste Bedrohung der Integrität und Souveränität Polens sehe und in diesem Fall seiner militärischen Beistandsverpflichtung nachkommen werde. Ende März 1939 haben Großbritannien und Frankreich eine Garantieerklärung zu Gunsten Polens abgegeben. Rudolf Olden kommentierte schon am 4. März: »Die Phraseologie des Pazifismus, jedenfalls, ist dahin.«[181] Erste Anzeichen für einen Umschwung in der öffentlichen Meinung und der Politik Großbritanniens waren Rudolf Olden bereits im September 1937 aufgefallen. Er hat sie unter dem Titel *Vor englischen Wandlungen* in *Das Neue Tage-Buch* beschrieben. Glaubt man den Informationen des französischen Auslandsgeheimdienstes vom 13. Mai 1936 über die Konstituierung eines *Comité de Vigilance* in London, mit dem Ziel, die Öffentlichkeit im Vereinigten Königreich über das – durch einflussreiche Massenmedien im Besitz extrem rechter Verleger verschleierte und verharmloste – wahre Gesicht des NS-Regimes und dessen Kriegspläne aufzuklären, um die Bemühungen der deutschen Propaganda in Großbritannien zu konterkarieren, kann man davon ausgehen, dass Rudolf Olden noch aktiveren Anteil an der Trendwende der öffentlichen Meinung im Vereinigten Königreich hatte als bisher bekannt. Als Mitglieder des Komitees werden Lord Josiah Wedgwood, Sir Austen Chamberlain, Winston Churchill, Henry Wickham Steed, Sir Robert Malfrey und Rudolf Olden in der französischen Nachrichtenquelle namentlich genannt. Das Komitee habe eine Agentur gegründet, die von Rudolf Olden geleitet werde und seit dem 1. Mai 1936 regelmäßig Parlamentsabgeordnete, Industrielle und die City of London mit Fakten über das Deutsche Reich, seine Absichten, seine gravierenden Menschenrechtsverletzungen und gewaltigen Rüstungsbestrebungen usf. mit Pressemitteilungen versorge. Dafür sei rasch ein Fonds mit einer beträchtlichen Einlage von umgerechnet 800.000 Francs zusammengekommen.[182]

Englands außenpolitische Opposition ist über den faschistischen Generalangriff an vielen Schauplätzen zutiefst besorgt und schürt Zweifel an dem offiziellen Quietismus. Rudolf Olden zitiert für seine deutschsprachigen Leser einen Auszug im *New Statesman* von John Maynard Keynes: »Wir leiden heute an dem schlimmsten aller Übel, an der Lähmung des Willens. Nichts ist gefährlicher als das. Wir sind unfähig geworden zu konstruktiver Politik, zu entscheidender Tat. Wir sind ohne Überzeugung, ohne Voraussicht, ohne Willen, das zu schützen, was uns teuer ist. Wir tun nichts mehr als ein bisschen mehr rüsten, ein bisschen weiter krabbeln, und warten, was da kommen mag. Wir knurren ein bisschen über kollektive Sicherheit, aber wir heben nicht den Finger, um sie zu schaffen. Stark sind wir, aber unsere Staatsmänner haben die Fähigkeit verloren, stark zu erscheinen.«[183]

Der französische Auslandsgeheimdienst beobachtet in Belgien zwischen April und Juni 1939 die fieberhafte Fahndung der Gestapo nach einer Wiener Kollegin und früheren Mitarbeiterin von Rudolf Olden und Alexandre Stein in der Emigration. Anscheinend haben die Deutschen vor, Elisabeth von Janstein wegen ihrer vermuteten lesbischen Orientierung zu erpressen und dann als Agentin auf Rudolf Olden anzusetzen, nachdem sie ihre früher linken politischen Überzeugungen anscheinend längst aufgegeben habe.[184] In der Tat war Elisabeth von Janstein auch nach dem »Anschluss« Österreichs mit Billigung der Reichsschrifttumskammer Auslandskorrespondentin der *Neuen Freien Presse* geblieben, allerdings war sie bereits Mitte 1938 nach England emigriert. Rudolf Olden lebt in Oxford zugleich gut abgeschirmt und doch bestens mit den britischen Instrumenten der Weltbeobachtung verbunden. Es würde sich für die Deutschen lohnen, das hinter allgemeineren Feststellungen verborgene Detailwissen jenes Todfeindes des Faschismus abzuschöpfen. Olden hat längst schon erkannt, dass sein Gastland »über die Zeit imperialistischer Ausdehnung hinaus ist«, und spricht von britischer Langmut, wenn er an die Bereitschaft des Empire denke, den Frieden tätig zu verteidigen: »Man sieht drei Angreifer gegen die alte Ordnung, die in Wahrheit eine britische Weltordnung war, vor sich. Man möchte am liebsten mit keinem von ihnen kämpfen, gewiss nicht mit zweien von ihnen, unter keinen Umständen mit allen dreien. Wenn es aber ganz unvermeidlich sein sollte, die guten Waffen, die laufend aus der Schmiede kommen, doch anzuwenden, dann gegen einen von ihnen, womöglich gegen den schwächsten und den, der am ernstlichsten wirklich britische Interessen bedroht.«[185]

Am 23. August 1939 bestätigen die internationalen Tageszeitungen den Abschluss des von Trotzki hellsichtig vorhergesagten Teufelspaktes zwischen der Sowjetunion und dem nationalsozialistischen Deutschen Reich. Über Nacht gehören in Frankreich infolge dessen alle deutschen und österreichischen Kommunisten paradoxerweise zu den mit Nazideutschland verbündeten, daher politisch in höchstem Maße verdächtigen Ausländern, doch müssen sich auch alle anderen Personen deutscher und österreichischer Herkunft zur Überprüfung ihrer Papiere bei den Polizeibehörden melden. Paul Dreyfus, der Projektpartner von Rudolf Olden und Berthold Jacob, dessen Duldung am 25. Juni abgelaufen war, ohne dass er ein sicheres Asylland hätte finden können, wird auf Grund eines von Innenminister Sarraut am 31. Juli persönlich unterzeichneten Dekrets in Paris festgenommen und am Tag der französischen Generalmobilmachung, dem 26. August, im Spezialsammellager *Rieucros* bei Mende im Département Lozère abgeliefert. Unter Androhung einer Gefängnisstrafe darf er diesen Zwangsaufenthaltsort wegen der angeblich von ihm ausgehenden Gefährdung für die nationale Sicherheit nicht mehr verlassen.

Am 2. September erscheint in *Le Populaire*, Paris, folgende Notiz: »Die Proteste der deutschen Opposition gegen den Hitler-Stalin-Pakt häufen sich.« Neben zunehmenden Protestkundgebungen der deutschen Antifaschisten wenden sich Erika Mann, Arthur Koestler, Hans Jacob, aber auch René Schickele und viele andere bekannte Persönlichkeiten sofort an die Öffentlichkeit. Im Pakt mit Stalin demaskiere sich Hitler gegenüber jenen Kräften im Westen, die der Illusion erlegen seien, der Nationalsozialismus sei nichts anderes als ihr Festlandsdegen gegen den Bolschewismus, sei der Todfeind von dessen Todfeind Kapitalismus, sei ähnlich nützlich zur Eliminierung der roten Gefahr wie der Faschismus Mussolinis in Italien oder der Nationalkatholizismus in Spanien. Aber selbst das Franco-Regime in Madrid zeigt sich besorgt über den deutsch-sowjetischen Nichtangriffspakt und befürchtet ein Vordringen des sowjetischen Einflusses nach Westen. Die japanische Regierung erhebt am 25. August 1939 Einspruch gegen jene Übereinkunft und tritt drei Tage später aus Protest zurück. Der Hitler-Stalin-Pakt widerspricht dem Artikel 2 des geheimen Zusatzabkommens zum Antikomintern-Pakt zwischen Japan und Deutschland vom 25.11.1936, dem zufolge keiner der Vertragspartner das Recht habe, ohne Zustimmung des anderen mit der Sowjetunion Verträge zu schließen. Am Abend des 26. August unternimmt der französische Botschafter in Berlin, Robert Coulondre, einen letzten Versuch, Hitler zum Verzicht auf den bevorstehenden Angriff auf Danzig zu bewegen. Angeblich soll es Coulondre gelungen sein, bei Hitler für eine Stunde Skrupel zu wecken, während sein Außenminister Joachim von Ribbentrop ein steinernes Gesicht gemacht habe. In derselben Nacht telegrafiert Botschafter Coulondre nach Paris, er habe Hitler »vielleicht gerührt, aber nicht umstimmen« können.

Aus Stalins Sicht werde Hitler, ohne es zu verstehen oder zu wollen, das kapitalistische System zerrütten und untergraben. Folglich sei es nicht schlecht, wenn Deutschland die Lage der reichsten kapitalistischen Staaten, vor allem Großbritanniens, ins Wanken brächte. Der Krieg um die Neuaufteilung der Welt werde zwischen zwei Gruppen von kapitalistischen Staaten geführt werden, rohstoffarme gegen kolonialreiche und – so teilt Dimitroff dem Kreml mit – »wir haben nichts dagegen, dass sie kräftig aufeinander einschlagen und sich schwächen.«[186]

Am 12. August 1939, zwei Wochen vor der französischen Generalmobilmachung am 26. August, schreibt Margaret Kershaw aus Le Lavandou an Balder Olden: »Wenn kein Krieg kommt, sollte man sein Bündel nach Übersee schnüren, nichts wie weg […]. Hier wird viel geraten und geredet, alle nehmen Tuchfühlung, keiner will allein sein […]. Im Ort gibt es keinen Zucker, keine Kerzen und keinen Kredit mehr – Panik, aber nicht fremdenfeindlich […]. Ich danke Dir für alle lieben Worte, Du bist gut, aber Du darfst Dich nicht so quälen, so grauenhaft. Trink keinen Cognac, er ist Gift für Dich, macht alles schlimmer, gespenstischer, gigantisch. Leb am Tage, nicht nachts, die Nacht erzeugt Gespenster, sei nicht allein, geh in die Sonne […]. Ich habe Dich unendlich lieb. Lass uns ohne Gespenster leben. Tausendmal küsst Dich, Buzz.«[187]

Die deutschen wie auch die französischen Kommunisten befinden sich spätestens seit dem Abschluss des Hitler-Stalin-Paktes ideologisch schwerst in der Zwickmühle. Eigentlich müsste es auch ihnen klar geworden sein, dass sich nicht nur Hitler, sondern auch Stalin völlig demaskiert und den ideologischen Schutzpanzer hat fallen lassen. Als eine Art Morgengabe lässt Stalin rund 1.200 deutsche Emigranten aus der Sowjetunion an die Gestapo ausliefern. Am Morgen des 4. September trifft in Le Lavandou ein Brief aus Paris von Balder Olden an Alfred Kantorowicz vom 30. August ein. »[Olden] schreibt verstört. U.a. berichtet er, dass alle Verantwortlichen des Vereins [KPD] getürmt seien und die einfachen Anhänger sich selbst überlassen hätten.«[188] In der KP Frankreichs löst das deutsch-sowjetische Bündnis einen nahezu akrobatischen politischen Kurswechsel aus, der bis Ende 1939 anhält und dazu beiträgt, den Widerstandswillen der Nation zu unterminieren. Am 1. September 1939 überfällt das Deutsche Reich mit vielfach überlegenen Truppen Polen. Am selben Tag schreibt Rudolf Olden an den ebenfalls im britischen Exil lebenden österreichischen Schriftsteller Carl Rössler: »Was soll man tun? Alles, alles ist so gekommen, wie ich es vorausgesehen habe, und ich teile die Gefühle der Kassandra vollkommen. Diese Welt gefällt mir nicht mehr, Gott weiß es.«[189]

Die in Paris exilierte Leitung der KPD ruft zwischen dem 2. und dem 4. September, nachdem das Vereinigte Königreich und Frankreich als Antwort auf den Überfall auf Polen ihre abgegebenen Garantien diesmal eingelöst und dem Deutschen Reich den Krieg erklärt haben, alle wehrfähigen Parteimitglieder auf, sich bei den französischen Behörden registrieren zu lassen, um als potentielle deutsche Sondereinheit innerhalb der französischen Armee den Kampf fortsetzen zu können. Dieser Vorschlag wird von den französischen Militärbehörden, ohne zu zögern, abgelehnt. Dennoch können sich Emigranten auf individueller Basis zur französischen Armee melden. Seit dem 12. April 1939 sind die noch nicht Fünfzigjährigen unter ihnen ohnehin zu militärischen Hilfs- oder Arbeitsdiensten verpflichtet. Tausende von Mitgliedern der KPD im französischen Exil werden jedoch im September 1939 auf Grund ihrer eigenen von der Parteileitung empfohlenen behördlichen Registrierung Opfer der ersten Internierungswelle. Durch den Versuch, ihre illegal in Frankreich lebenden Mitglieder zu legalisieren, hat die KPD die folgsamen Mitglieder selbst ans Messer geliefert. Die Leitung der KPD hat einer Anweisung der Komintern an alle ausländischen Kommunisten, Frankreich sofort zu verlassen, wohl im Sog der sich überstürzenden Ereignisse nicht mehr Folge leisten können.

Rudolf Olden schreibt am 7. September an seinen Freund und Kollegen im Internationalen PEN-Club, Hermon Ould:

»Lieber Hermon, habe Dank für die liebenswürdigen Worte, die meinem Herz ein wenig aufhalfen. So gibt es wenigstens Einen, der anerkennt, dass ich und einige meiner Freunde nicht nach Großbritannien gekommen sind, um ihr Exilland in einen Krieg zu treiben, sondern um dieses schreckliche Ereignis zu verhindern. Wenn ich jetzt an den Tag des *PEN-CLUB*-Meetings in Edinburgh im Juni 1934 zurückdenke, als ich in Wut ausbrach und nur wenige Menschen verstanden, was ich allen dringendst klarzumachen versuchte, dann bricht mir das Herz. Wir hatten eine Mission und konnten sie nicht erfüllen! Jetzt erst, so denke ich, begreife ich Ernst Toller, als er den Strick nahm, um seinem armseligen Dasein als Rufer in der Wüste ein Ende zu setzen. Niemand hörte zu, keiner schenkte uns Glauben. Jahre vergingen, wie von Heuschrecken zerfressen. Wie bitter mag sich Winston Churcill heute fühlen!

Besten Dank für Deine freundliche und kluge Vorsorge. Aber auch das Innenministerium wird uns kaum Gehör schenken, soeben hat es mich zu einem ›*Enemy Alien*‹ gestempelt. Das habe ich nicht verdient!«[190]

Ilse Gräfin Seilern verlässt das nur einige Kilometer von der italienischen Grenze entfernt gelegene Pian les Tilleuls wenige Stunden vor Kriegsausbruch, um gemeinsam mit Carlo Graf von Seilern in letzter Minute zurück in die Schweiz, nach Genf, zu reisen. In Begleitung des Paares befindet sich Ilses inzwischen fünfzehnjähriger Enkelsohn Christoph Stegmann-Olden, der von Ilses galantem Freund Graham Saint Clair-Keith unmittelbar nach dem »Anschluss« Österreichs an das Deutsche Reich gerade noch rechtzeitig aus der von Jesuiten geleiteten Elite-Internatsschule Kalksburg bei Wien nach Südfrankreich geholt worden war. Christoph trägt keinerlei gültige Papiere bei sich. An der Grenzstation bei Genf darf der bereits von seinem Krebsleiden gezeichnete Graf Carlo den Zug verlassen, um zu Fuß quer über die Geleise nach Genf zu laufen. Genau in diesem Moment fährt Ilse ihren völlig verduzten Enkel ungewohnt scharf an: »Wie kannst du deinen armen Großvater nur alleine über die Schienen laufen lassen?« Christoph rennt rasch hinterher, ergreift stützend den Arm des Großvaters und reist dank Ilses Chuzpe und Geistesgegenwart unter dem wohlwollenden Blick des Grenzbeamten unbehelligt illegal in die Schweiz ein. Graf Carlo erliegt wenige Monate später, am 11. Mai 1940, seinem Leiden und wird in Morcote im Tessin zu Grabe getragen.

Das gräfliche Paar war einander auch nach der Trennung von Tisch und Bett freundschaftlich zugetan geblieben, jeder führte ein mehr oder weniger vom anderen unabhängiges Leben, nachdem man sich in Davos heftig gestritten hatte. Damals hatte Graf Carlo die Flucht nach Paris ergriffen. Als der Zug im nahen Klosters hielt, hörte er Glockengeläut und eine Lautsprecherdurchsage: »Graf Seilern, eine Nachricht für Graf Seilern!« Er zeigte sich am Fenster, und der Stationsvorsteher erschien, nahm Haltung an und sagte: »Herr Graf, die gnädige Frau Gräfin möchte Sie wissen lassen, dass sie Ihnen niemals vergeben wird!« Carlo soll darüber laut gelacht haben. Ilses Kavalier in Roquebrune-Cap-Martin und bei den Ausflügen nach Monte Carlo war der britische Major Graham Saint Clair-Keith gewesen, während der Herzensbrecher Carlo diverse Liebschaften hatte. Am Ende seines Lebens wird Carlo jedoch aufopferungsvoll von Ilse gepflegt. Der enger mit Gräfin Ilse Seilern befreundete Schriftsteller Wilhelm Speyer, der sich im kalifornischen Exil an »*Pian les Tilleuls* […] wie [an] das letzte schöne Haus mit schönen Menschen und Freunden darin [erinnert], bevor man eine unendlich mühselige Reise antritt«, bekennt in tiefer Anteilnahme, dass er Graf Carlo Seilern »immer sehr gern mochte; er war auch immer freundlich und gütig zu mir. Mit allen seinen Eigenheiten gehörte er doch zu diesen hinschwindenden, fast schon gänzlich hingeschwundenen Persönlichkeiten voller Charme und voll einer wirklich großen Attraktionskraft. Ich erinnere mich immer dankbar an einige Abende mit ihm […] in der Bar des Hotel de Paris, Carlo hatte eine besonders gute Zeit, und er war so reizend und komisch.«[191] – Über Ilses »Stärke und Charakterfestigkeit« und die »staunenswerte[] Zähigkeit«, mit der sie »an ihren Ideen und Entschlüssen festhält«, hatte Graf Carlo einmal geschrieben: »Elle ne pêche que par l'excès de ses vertus oder wie sie sagt, elle a les fautes, et ses qualités.«[192]

Nach dem Tod des Schwagers Carlo Graf Seilern-Aspang drückt Rudolf Olden gegenüber der Schwester in seiner Kondolenz vom 14. Mai den innigen Wunsch aus, näher zusammenzurücken:

»Ich habe dich in den vergangenen 25 Jahren so wenig gesehen, dass ich glücklich wäre, wenn du für eine Weile näher bei mir leben würdest, bevor es zu spät ist.«[193] Der Gedanke, gemeinsam ins Exil nach Buenos Aires zu gehen, wird vorerst zurückgestellt. Am 6. Mai hatte er Ilse mitgeteilt:

»Ich habe an Ernesto Alemann geschrieben und ihn gefragt, ob er nicht irgendeine Verwendung für mich hätte. Allerdings würde ich ungern dort allein sein.«[194]

Internierung

ALS BALDER OLDEN BEI BEGINN des Zweiten Weltkriegs im Herbst 1939 als feindlicher Ausländer in einem Lager für 50- bis 65-Jährige unweit von Blois in Nordfrankreich interniert wird, bemühen sich u.a. René Schickele, Annette Kolb und der Präsident des Internationalen PEN-Clubs Jules Romains sowie die Comtesse Jacques de Dampierre um seine Freilassung. Margaret Kershaw kann ihn als britische Staatsbürgerin dort im Oktober besuchen. Der Abgeordnete in der französischen Nationalversammlung und Vizepräsident der Kommission für Auswärtige Angelegenheiten, Salomon Grumbach, appelliert vergeblich an die im Innenministerium angesiedelte *Commission Interministérielle Permanente de Criblage*, welche den Fall in ihrer Sitzung am 29. Oktober verhandelt und eine Entlassung des Autors entschieden zurückweist.[195] Am 30. Oktober sowie am 2. November 1939 wendet sich Robert Freund – früherer Teilhaber und Lektor des Verlages R. Piper & Co., der 1937 gezwungen worden war, aus dem arisierten Verlag auszuscheiden – aus Genf eindringlich an den Schriftsteller, Diplomaten und Generalkommissar für das Nachrichtenwesen Frankreichs, Jean Giraudoux. Er fordert ihn auf, den antifaschistischen Schriftsteller Balder Olden unverzüglich aus dem »camp de concentration« zu befreien. Die Behandlung von Schriftstellern, die gegen den Nazismus kämpfen, schade der Sache Frankreichs in den neutralen Ländern.[196] Die mit der Wahrung deutscher Interessen in Frankreich betraute schwedische Legation bestätigt den französischen Behörden am 20. November 1939, dass Balder Olden laut *Deutscher Reichsanziger* No. 258 vom 3.11.1934 die deutsche Staatsangehörigkeit aberkannt worden und er somit ein Staatenloser sei. Die Zentrale der Sûreté hält dagegen, dass ihr der aus Deutschland stammende Balder Olden am 23. April 1937 durch den Commissaire divisionnaire de police spéciale in Lille angezeigt worden sei als einer, der mit »les organismes communistes d'Europe«[197], also als jemand, der mit kommunistischen Organisationen in Europa in Verbindung stehe, wodurch eine weitere Internierung gerechtfertigt sei.

Der Romancier Soma Morgenstern – er gab 1935 mit *Der Sohn des verlorenen Sohnes* ein wunderbares Debüt und war der vielleicht engste Freund des Wiener Komponisten Alban Berg –, der zu diesem Zeitpunkt gemeinsam mit dem »ehemaligen Chefredakteur der Wiener *Neuen Freien Presse*, einem halben Dutzend Mitgliedern der Wiener Philharmonie, einem weltberühmten Architekten, mit Künstlern, Schriftstellern, Bäckern, Klempnern, Zimmerleuten, Rechtsanwälten im Internierungslager *Montargis* festgehalten wird, räsoniert: »Ich weiß nicht, womit es zu erklären ist, dass in den Konzentrationslagern klarer gedacht, gescheiter geredet, reeller gesehen und richtigere Prognosen für die Zukunft der Welt gemacht wurden als in allen Parlamenten […]. Wenn es möglich wäre, in einer akustischen Vision die Gespräche, Debatten, Streitereien, die Reden und das Gerede heraufzubeschwören und auf Platten [Tonträger] zu setzen, die Welt hätte nicht wenig darüber zu staunen, wie richtig die politische und militärische Lage just in den von der Außenwelt isolierten Konzentrationslagern beurteilt wurde. […] Wenn man zu Fuß geht, weiß man mehr von der Straße als diejenigen, die teils in weich gepolsterten, teils in schwergepanzerten Vehikeln auf der Straße der Weltgeschichte dahinrasen. […] Einer von den orthodoxen Juden, den ich befragte, hatte eine ganz andere Erklärung: ›Nach der Zerstörung des Tempels, heißt es im *Talmud*, ist die Gabe der Prophezeiung auf die Kinder und auf die Narren übergegangen. Es sind sehr viele Narren in unserem Lager.‹ Ich wagte den Hinweis: ›Und wie ist es mit dem House of Lords? Sind da nicht Narren genug?‹ – ›Narren, heißt es in der Schrift, Narren! Nicht Idioten‹.«[198]

Rudolf Olden schreibt Anfang Dezember 1939 aus Oxford: »Liebste Ilse, gestern wurde mir im englischen PEN-Club erzählt, Balder, auch Leonhard Frank, sei auf Intervention des französischen PEN entlassen worden.–? Diese Mitteilung geschah (begreiflicherweise) mit Stolz und einer gewissen Gekränktheit, als wie: warum anerkennt niemand unsere wertvolle Hilfe? – Ich gestand, nicht ohne Beschämung, dass ich nicht informiert bin. Es ist wahr, dass Briefe und Karten aus dem Lager zurückkamen, ohne Angabe eines Grundes. Primavera antwortet nicht, – aber sie ist ja nicht gerade business-like, das besagt also nicht viel. Du bist also meine Hoffnung, zu erfahren, ob die gute Nachricht wahr ist. All Love from Rudi.«[199]

Die gute Nachricht bewahrheitet sich. Am 24. November 1939 ist der gesundheitlich bereits ernstlich angeschlagene Bruder nach neun Wochen Haft durch die regionale Sichtungskommission (Commission Régionale de Criblage) in der Präfektur Loir-et-Cher als »unheilbar Kranker« (»incurable«) tatsächlich aus dem Internierungslager *Francillon* entlassen worden. Leonhard Frank, »écrivain célèbre« – so der französische Innenminister in seinem Schreiben an den Polizeipräfekten vom 23. September – wurde durch die »Commission Interministerielle de Criblage« hingegen bereits am 12. Oktober aus der Lagerhaft entlassen, nachdem sich besonders Salomon Grumbach und der frühere Minister Marius Moutet für ihn eingesetzt hatten. Das letzte Wort scheint während des Sitzkriegs an der Maginot-Linie, dem *drôle de guerre*, jedenfalls ab dem 17. September die französische Militärverwaltung zu haben. Sie prüft, ob der jeweilige Ausländer eine Gefahr für die nationale Verteidigungsbereitschaft darstelle, weswegen sich der Innenminister am 23. September in der Sache Leonhard Frank mit der entscheidenden Frage sowohl an den Generalkommandanten der Militärregion Paris als auch an den für eine eventuelle Rekrutierung von Ausländern zuständigen General Menard wendet.[200]

Im Unterschied zu Balder Olden gilt Leonhard Frank den Behörden als unbescholtener Schriftsteller, der 1937, anlässlich der Internationalen Weltausstellung, aus Zürich nach Frankreich gekommen sei, um anschließend, im Juli 1938, auf Empfehlung der im Innenministerium angesiedelten Commission Consultative pour les Refugiés d'Allemagne anstandslos ein Niederlassungsrecht in Paris zu erhalten.

Er sei einer der bekanntesten Autoren des deutschen Exils, dessen Werke auf mehreren Bühnen von Paris aufgeführt würden. Der Polizeipräfekt hebt im Januar 1938 hervor, es gäbe keinerlei Beanstandungen. Im Gegensatz dazu war Balder Olden erstens 1937 als mit der Komintern in Europa in Verbindung stehend angeschwärzt worden und zweitens existierten gleichzeitig, mit identischer Numerierung versehene – zu einem nicht klar ersichtlichen Zeitpunkt angelegte – Dossiers der »Contre Espionnage«, ja, der Gegenspionage, über ihn, seine Schwester Ilse Seilern-Aspang und den mit beiden gut bekannten Fotografen Wolfgang Vennemann. Beide Faktoren mögen der Entlassung von Balder Olden aus dem Internierungslager zunächst im Wege gestanden haben.

Zurück in Paris, berichtet Balder Olden seiner Schwester: »Meine Entlassung scheint mir noch immer ein Wunder, angeblich nur wegen der einen Niere. Aber die hatte ich ja schon, als ich hineinkam. Deine rastlosen Mühen, die vom *PEN* und [René] Schickele und Primaveras emsige Beine haben sicher entschieden. Ich war neun Wochen im Ameisenhaufen, Tag und Nacht, das war toll! Die Nerven reagieren jetzt erst, die neun Wochen habe ich wunderbar überstanden, veraucht, verschlafen, ver-improvisiert. Da wir kein Licht zum Lesen hatten, musste ich täglich viele Stunden lang erzählen, und diese alternden, meist nicht gesunden und von härtesten Schicksalen gebrochenen Menschen waren dankbar wie die Kinder, obwohl das Lied

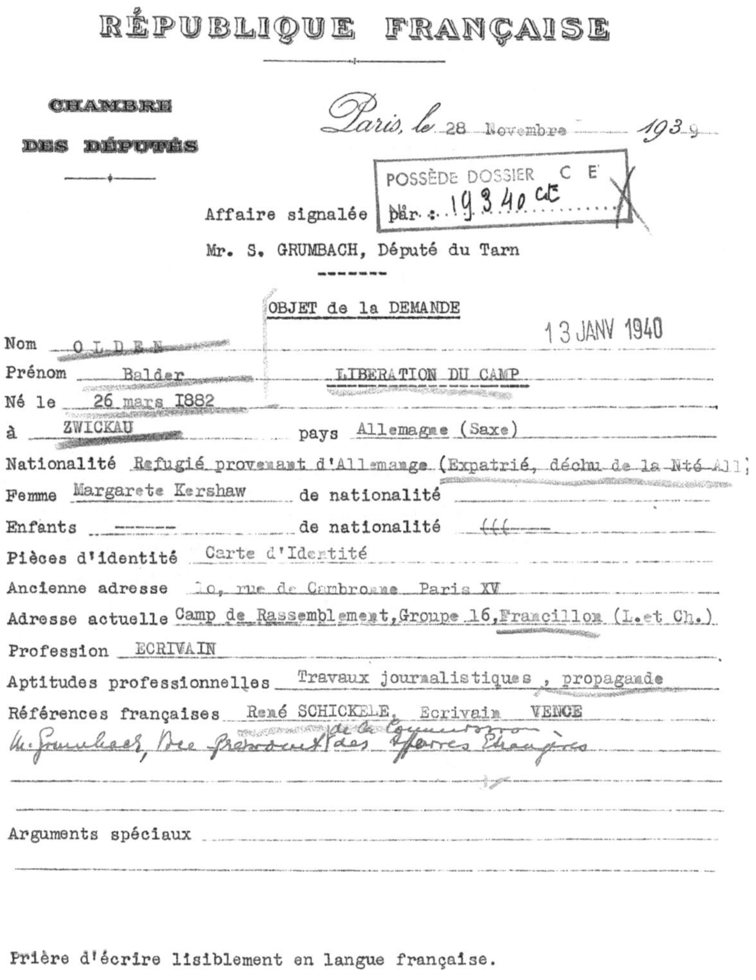

RÉPUBLIQUE FRANÇAISE

CHAMBRE
DES DÉPUTÉS

Paris, le 28 Novembre 1939

POSSÈDE DOSSIER C E
Affaire signalée par : 19340 CE

Mr. S. GRUMBACH, Député du Tarn

OBJET de la DEMANDE

13 JANV 1940

Nom O L D E N

Prénom Balder — LIBERATION DU CAMP

Né le 26 mars 1882

à ZWICKAU pays Allemagne (Saxe)

Nationalité Refugié provenant d'Allemange (Expatrié, déchu de la Nté All)

Femme Margarete Kershaw de nationalité

Enfants ------ de nationalité

Pièces d'identité Carte d'Identité

Ancienne adresse 10, rue de Cambronne Paris XV

Adresse actuelle Camp de Rassemblement, Groupe 16, Francillon (L. et Ch.)

Profession ECRIVAIN

Aptitudes professionnelles Travaux journalistiques, propagande

Références françaises René SCHICKELE, Ecrivain VENCE

M. Grumbach, Vice Président de la Commission des Affaires Etrangères

Arguments spéciaux

Prière d'écrire lisiblement en langue française.

Abb. 26: Eingabe des Parlamentsabgeordneten Salomon Grumbach für die Freilassung Balder Oldens aus dem Internierungslager Francillon, 28.11.1939

selbst Lohn war, der reichlich lohnte. Es hat sich auch gezeigt, dass mein Lebenslauf trotz oder gerade wegen aller Zeitgeschichte attraktiv ist; jetzt hasse ich die Zeitungen und will nur noch die Leier schlagen, mich nicht mehr ablenken lassen.«[201]

Ähnlich wie heute Manu Chao manche Songs unerkannt auf den Straßen Barcelonas testet, hat auch Balder Olden Teile seiner noch nicht zu Ende geschriebenen Autobiografie *Stationen meines Lebens* vor der Zuhörerschaft seiner Lagergenossen öffentlich geprobt. Zurück in Paris und glücklich wieder mit Primavera vereint, sind dem Paar während des *drôle de guerre* genannten »Sitzkrieges« kostbare fünfeinhalb Monate vergönnt. Wie fast alle nicht mobilisierten Franzosen, egal ob blind oder sehend, nehmen sie mit gesteigerter Lebenslust intensiv am fiebernden sozialen Leben in der französischen Metropole teil. Tanz auf dem Vulkan im Angesicht der drohenden Katastrophe! Zur gleichen Zeit liegen sich die französischen und deutschen Heere an der Maginot-Linie verschanzt gegenüber. Die Truppen bewegen sich nicht, dort herrscht eine enorm trügerische, beängstigend schweigsame Stimmung, während in Osteuropa Nazis und Sowjets Polen aufs Brutalste niedermachen und unterjochen. Der Pariser Alltag wird durch Verdunkelung und Militärpräsenz mitbestimmt, gleichzeitig jedoch werden Restaurants, Kinos und Theater stark frequentiert, man amüsiert sich so gut und so lange, wie es irgend geht.

Freundschaft mit Arthur Koestler

GANZ IN DER NÄHE VON Balder Olden und Margaret Kershaw wohnen der Journalist und Schriftsteller Arthur Koestler und seine 22 Jahre junge, polyglotte englische Lebensgefährtin, die Bildhauerin Daphne Hardy, unweit des Place de la Convention in der Rue Dombasle 10. Die beiden Paare sind befreundet. Koestlers Wohnung ist im Lauf der Jahre mehrfach von der politischen Polizei durchsucht worden. Zahlreiche Aufzeichnungen und Unterlagen des Schriftstellers sind auf Nimmerwiedersehen beschlagnahmt worden. Seit dem Sommer 1939 arbeitet Arthur Koestler an dem Roman *Sonnenfinsternis*. Er schreibt in seiner Muttersprache Deutsch, Daphne Hardy, die mit Preisen ausgezeichnete Star-Studentin der Royal Academy, stellt ihr Stipendium und ihre Empfehlung durch den Direktor der Londoner Tate Gallery an den Bildhauer Aristide Maillol, den Antipoden Rodins, zurück, um das Manuskript ihres Freundes ins Englische zu übersetzen. Margaret Kershaw überträgt das Übersetzte in die Schreibmaschine. Das Buch verspricht ein Ereignis zu werden, denn *Sonnenfinsternis* ist der literarische Ausdruck von Arthur Koestlers Abrechnung mit der Höllenmaschine des Totalitarismus sowjetischer Prägung. Auch er war nach Kriegsbeginn, am 2. Oktober 1939, interniert worden, um zunächst im Sammellager *Roland Garros* in Paris, doch dann am 14. Oktober in das gefürchtetste und schrecklichste aller französischen Lager, *Le Vernet* im Département Ariège, verbracht zu werden.[202] Der für seine Verhaftung verantwortliche Polizeipräfekt von Paris ordnet ihn in die gefährlichste Kategorie jenes Personenkreises ein, der in der Lage sei, die Ordnung und Sicherheit Frankreichs ernsthaft zu gefährden. Sein Name steht gemeinsam mit dem von Berthold Jacob auf der von Innenminister Albert Sarraut bestätigten Verhaftungsliste vom 11. Oktober 1939. Beide Intellektuelle sind in den Augen der Sûreté »indésirable«, »suspects au point de vue national«, also völlig unerwünschte Ausländer, die es schnellstmöglich loszuwerden oder – falls die Ausweisung mangels eines aufnahmewilligen, sicheren Drittstaates nicht möglich sein sollte – wenigstens in strikte soziale Isolation zu nehmen gilt. Auch Paul Dreyfus wird um diese Zeit nach *Le Vernet* verlegt. Allerdings besitzt Koestler die ungarische Staatsbürgerschaft und somit den Pass eines völkerrechtlich neutralen Staates, außerdem ist er seit der Veröffentlichung von *Ein Spanisches Testament* – mit einem Vorwort von Katharine

Marjory Stewart-Murray, Duchess of Atholl – vor allem im Vereinigten Königreich, aber auch in den USA ein berühmter und verehrter Mann. In französischer Übersetzung war bereits *Un testament espagnol* bei Albin Michel in Paris erschienen und sein erster, 1939 veröffentlichter Roman, *The Gladiators*, war in der *Times* zum Buch des Monats gewählt worden.

Wie konnte eine geheimdienstlich-fremdenpolizeiliche Einschätzung zustande kommen, auf Grund derer der Pariser Polizeipäfekt Arthur Koestler auf die Verhaftungsliste setzen ließ? Die Geschichte von Koestlers Internierung wirft indirekt auch ein Licht auf die möglichen Gründe und Umstände der Internierungen von Balder Olden, zu denen allerdings die entsprechenden Dokumente in dem in den 1990er Jahren in Schüben aus Moskau nach Frankreich repatriierten Teil des *Sonderarchivs* des Staatlichen Russischen Militärgeschichtlichen Archivs leider fehlen. Koestlers Geschichte verdeutlicht den in weiten Kreisen der Linken vorherrschenden Zeitgeist in besonderer Weise.

Arthur Koestler war 1931 in Berlin heimliches Mitglied der KPD geworden. Ab Spätsommer 1932 bereiste er inmitten der katastrophalen, durch die Kollektivierung der Landwirtschaft, vor allem in der Ukraine, ausgelösten Hungersnot als Korrespondent der gutbürgerlichen *Vossischen Zeitung* die Sowjetunion, nachdem er von Johannes R. Becher der *Internationalen Vereinigung der Revolutionären Schriftsteller* (am Sitz der Zentrale der Komintern) in Moskau mit den Worten empfohlen worden ist: »Es ist für uns von großem politischen Interesse, dass dieser Gen.[osse], der zu den wenigen gehört, die noch solche Veröffentlichungsmöglichkeiten besitzen, wirklich alles notwendige sieht und die Möglichkeit erhält, seine Reise unter den besten Bedingungen durchzuführen.«[203] Becher spekuliert nicht zuletzt darauf, dass Koestlers Arbeitgeber zu »einer großen bürgerlichen Pressekorrespondenz« gehört, »die unter anderem die *Frankfurter Zeitung*, die Mailänder *Corriere della Sera*, die Wiener [*Neue*] *Freie Presse* und eine Reihe anderer großer Blätter in London, Paris, Kopenhagen usw. beliefert.« Es geht also hauptsächlich darum, Potemkinschen Dörfern einen seriösen Anstrich zu verpassen. »Damit verbinden wir [der *Bund Proletarisch-Revolutionärer Schriftsteller Deutschlands*] von unserer Seite den Auftrag für den Gen. Koestler, ebenfalls ein Buch über die geplante Reise zu schreiben.«[204]

1934 erscheinen im Staatsverlag der Nationalen Minderheiten der USSR unter dem Titel *Von weissen Nächten und roten Tagen*, zwölf mit »kunstvollen geistigen Stoßdämpfern und dialektischen Wattepolstern« (Koestler) ausgestattete »Reportagen aus den Sowjet-Peripherien«: »Ich [Koestler, fügte] alles Gesehene und Gehörte automatisch in den vorgefassten Rahmen.«[205]

Wenige Jahre darauf – spätestens wohl 1937 und unter dem Eindruck der Moskauer Schauprozesse gegen den engsten Kreis Lenins – wendet sich der heimliche Genosse Arthur Koestler, noch vor seiner Rückkehr aus dem Spanischen Bürgerkrieg, von wo er als fest akkreditierter Kriegsberichterstatter für den liberalen *London News Chronicle*, aber auch für die *Pariser Tageszeitung* sowie andere Medien berichtet, innerlich von der Komintern ab. Als Spanienkorrespondent liefert er im September 1936 mit dem Artikel »Hitlers Piloten in Sevilla«[206] frühzeitig unwiderlegbare Beweise für die bereits erfolgte militärische Intervention Nazideutschlands gegen die rechtmäßige Regierung eines souveränen Staates. Mutig begibt sich Koestler in die Höhle des Löwen, um im Hauptquartier der aufständischen Militärs in Andalusien deren Befehlshaber, General Gonzalo Queipo de Llano, zu interviewen. Dort wird er von einem für die Faschisten arbeitenden Spitzel sofort erkannt, doch gelingt es ihm rasch genug, aus Sevilla zu entfliehen und das Entdeckte in der *Pariser Tageszeitung*[207], dem *Pester Lloyd* sowie dem *London News Chronicle* international bekanntzumachen. Besonders angegriffen dürfte sich der aufständische General gefühlt haben, dass ihn »der Spion« in seiner Reportage als sexualpathologischen Fall von Sadismus darstellt. Er schwört Rache. Schließlich wird Arthur Koestler am 9. Februar 1937, einen Tag nach der blutigen Einnahme Málagas durch die italienischen Truppen Queipo de Llanos mit anschließendem Gemetzel an vier- bis fünftausend Republikanern, im Hause des britischen Marineattachés Sir Peter Chalmers Mitchell festgenommen und als Spion der Komintern von den Falangisten zum Tod verurteilt. Die sofortige Vollstreckung des Urteils wird nur deshalb abgewendet, weil es der Herausgeberschaft des *News Chronicle* in extremis gelingt, über Lady Violet Bonham-Carter – Parlamentarierin und Tochter des früheren britischen Premierministers Herbert Asquith – höchste diplomatische Kreise in Bewegung zu setzen, und der italienische Botschafter in London, Dino Grandi, unverzüglich nach Rom telegrafiert. Die ungarische Regierung befindet sich bereits im Schlepptau Italiens. Während des Tauziehens der folgenden Wochen stellt die Presse im Vereinigten Königreich ihre Freiheit und damit die Freiheit ihres engagierten Korrespondenten Arthur Koestler einhellig über alle übrigen weltanschaulichen sowie politischen Differenzen und Feindschaften. Viscount Rothermere, der die spanischen Putschisten sowie das Appeasement Hitlers unterstützende Besitzer der *Daily Mail* und des *Daily Mirror*, wendet sich direkt an Franco und erklärt, dass eine Hinrichtung *ihrer*[208] Sache und der Sache des Faschismus schaden müsse. Derweil wird dem britischen Parlamentarier Anthony Crossley durch den spanischen Marqués del Moral mitgeteilt, es sei unmöglich, Koestler zu entlassen, er habe im »roten Sowjet von Málaga eine Rolle gespielt«. Der Berliner Korrespondent des *News Chronicle* weiß zu berichten, dass Franco bei der deutschen Regierung eine Anfrage wegen früherer journalistischer Aktivitäten Koestlers gestellt und diese das Propagandaministerium mit der Beantwortung beauftragt habe. Trotzdem zeigt sich Rudolf Olden in seinem Brief an Dorothee Koestler vom 10.5.1937 vorsichtig optimistisch: »Dass Ihr Mann lebt, ist die Hauptsache, ich glaube nicht, dass die Franco-Leute England reizen wollen. Sie wissen ja nun zur Genüge, dass die hiesige Opinion interessiert ist. So abscheulich die Situation ist, scheint sie mir doch hoffnungsvoll.«[209]

Nach neunzig Tagen Isolationshaft im Gefängnis von Sevilla, während deren er sich vor Schmerz krümmt, als er Ohrenzeuge pausenloser Erschießungen im Gefängnishof wird und sich dem Wahnsinn nahe fühlt, kommt Arthur Koestler durch eine breite, mustergültig geführte Öffentlichkeitskampagne und äußerst entschiedene Proteste sowohl der *Newspaper Proprietors Association* als auch 56 überwiegend konservativer – in der Mehrzahl ausgesprochen Franco-freundlicher – britischer Parlamentarier gegen die flagrante Verletzung der Pressefreiheit und schließlich auf Grund der konsequenten Intervention der britischen Regierung mittels eines Gefangenenaustauschs via Gibraltar frei. In London darf sich der Kriegsberichterstatter vor allem bei Sir Walter Layton, dem Herausgeber des *News Chronicle*, bedanken, dessen Rücksprache mit dem Foreign Office für die ganze Aktion von entscheidender Bedeutung war. Eine lange Reihe glänzender Persönlichkeiten von Rang und Namen hat sich für Koestlers Freilassung mobilisieren lassen.

Rudolf Olden teilt dem Freigekommenen am 1. Juni 1937 aus Oxford mit: »Lieber Herr Koestler, es tat mir leid, dass ich nicht eigentlich etwas für Sie tun konnte, versucht habe ich es. Umso besser, dass Sie befreit wurden, ehe es sich auswirkte! Ich las mit größtem Interesse Ihre Berichte, vor allem die über Málagas Verteidigung. Leider wird auch auf unserer Seite nur zu selten die Wahrheit gesagt. Was Sie mitteilten, half, klarer zu sehen, man muss dankbar dafür sein.«[210]

Sofort nach der Rückkehr nach Paris schreibt sich Arthur Koestler seine traumatischen Erlebnisse in *Ein spanisches Testament* von der Seele. In den Räumen des kommunistisch dominierten *Schutzverban-*

des Deutscher Schriftsteller (SDS) in Paris stößt er im Februar 1938 allerdings auf eine Mauer des Schweigens, als er in einem Vortrag den Fall Andreu Nin zur Sprache bringt. Schergen der sowjetischen Geheimpolizei in Barcelona hatten den Kopf der unabhängigen Linkspartei POUM und Justizminister der Generalitat de Catalunya im Juni 1937 entführt und – wie man zu Recht vermutete – bestialisch gefoltert und anschließend umgebracht.[211] Er hatte dem katalanischen Präsidenten Lluís Companys vorgeschlagen, dem nach sowjetischem Druck aus Norwegen ausgewiesenen Leo Trotzki politisches Asyl in Spanien zu gewähren. Arthur Koestler erklärt, dass niemand, auch nicht die kommunistische Partei, im alleinigen Besitz von Wahrheit und Unfehlbarkeit sei, und greift die kritiklose Verdrängung moralischer Prinzipien in den eigenen Reihen scharf an. In seiner Rede zitiert er Thomas Mann in dem Sinne, dass eine nützliche Lüge viel mehr Schaden anrichten könne als eine schädliche Wahrheit. Der Effekt des Vortrags sei, so Koestler in seinen Erinnerungen, ungefähr so gewesen, als hätte man einem Nazi-Publikum die erstaunliche Nachricht überbracht, dass alle Menschen von Geburt aus gleich seien. Ein Teil der Zuhörerschaft habe applaudiert, während der andere in versteinertem Schweigen mit demonstrativ verschränkten Armen dagesessen habe.[212] Kurzum, Arthur Koestler wendet sich – so wie auch sein generell weitaus skeptischerer Kollege George Orwell, der nicht weniger entsetzt aus Barcelona nach England zurückgekehrt ist – durch die Erlebnisse im Spanischen Bürgerkrieg von allen Totalitarismen und politischen Utopien ab.

Die Ermordung von Andreu Nin durch den sowjetischen Geheimdienst ist für Koestler gleichbedeutend mit der Ermordung der spanischen Republik. Den gleichen Schluss zieht auch der amerikanische Romancier John Dos Passos nach dem spurlosen »Verschwinden« seines Übersetzers José Robles 1937 in Valencia.[213] Als Willi Münzenberg, der nicht weniger von Stalin enttäuschte rote Medienmogul und ein an vielen Fronten erprobtes Genie in der Handhabung jedweder Medien, im September 1938 in Paris die großformatige Wochenzeitschrift *Die Zukunft* gründet, gewinnt er Arthur Koestler als ersten Chefredakteur dieser »europäischen Tribüne in deutscher Sprache«, die versucht, vorbehaltslos einem breiten Meinungsspektrum aller freiheitlich gesinnter Hitler- und Stalin-Gegner als Plattform zu dienen.

Verantwortlicher Feuilletonredakteur der *Zukunft* ist der Philosoph und Literaturwissenschaftler Ludwig Marcuse. Zur Redaktion gehören auch Kurt Kersten, Rudolf Olden und Emil Ludwig, der jetzt, nach der französischen Internierung von Arthur Koestler, an Justizminister Paul Reynaud appelliert. Auch der französische Schriftsteller Jean Paulhan, Chefredakteur der *Nouvelle Revue Française*, setzt sich für die Freilassung seines Kollegen aus französischer Lagerhaft in *Le Vernet* ein. André Malraux attestiert Koestler am 27. November 1938 »LOYALISME vis à vis de la France« und tritt gegenüber dem Innenministerium als Bürge für seinen Freund auf.[214]

Zwischen September 1938 und dem 10. Mai 1940 erscheinen einundachtzig Ausgaben von *Die Zukunft* mit Beiträgen so unterschiedlicher Autoren wie Jean Giraudoux, Thomas Mann, Ignazio Silone, Stefan Zweig, Raymond Aron, Manès Sperber, Julien Benda, Heinrich Mann, Georges Duhamel, Lion Feuchtwanger, Fritz von Unruh, Sigmund Freud, Édouard Herriot, Balder Olden, Emmanuel Mounier, Rudolf Olden, H.G.Wells, Ernest Pézet, Léo Lagrange, Alfred Döblin oder Joseph Roth, der dort am 13. Januar 1939 prophezeit: »Der ukrainische Nationalismus, – ein deutsches Patent.« Das Pariser Redaktionsbüro der *Zukunft* steht in enger Verbindung mit der *Deutsch-Französischen Union* und dem von Fritz von Unruh geleiteten *Komitee Menschen in Not*, das sich vornehmlich den in Frankreich internierten »Ärmsten der Armen«, das heißt den Bürgerkriegsflüchtlingen aus Spanien und den in Lagern festgehaltenen Menschen ohne Angehörige »draußen«, widmet. Im Redaktionsarchiv wird zudem versucht, die Aufenthaltsorte aller im August 1939 internierten Kommunisten und der im September 1939 auf Grund einer militärischen Entscheidung festgenommenen anderen exilierten Hitler-Gegner zu ermitteln sowie entsprechende Hilfsmaßnahmen zu koordinieren.

Der Herausgeber von *Die Zukunft*, Willi Münzenberg, wird spätestens seit Herbst 1936 vom Geheimdienst der Komintern intensiv beschattet. Er weiß genau darum. Geheimdienstorganisationen haben sich wie Spinnennetze über das intellektuelle Leben freiheitsliebender Menschen ausgebreitet. Essad Bey hatte bereits in den 1920er Jahren mit einer Monografie vor der Macht und Heimtücke der sowjetischen Geheimpolizei G.P.U. (ab 1934 umbenannt in NKWD) gewarnt, die der gefürchteten Ochrana, der Geheimpolizei des Zarenreiches, in nichts nachstehe. Der Sûreté in Frankreich wiederum gilt Arthur Koestler als »internationaler Propagandist der deutschen Kommunisten«, als Staatsfeind erster Ordnung. Dies nicht zuletzt wegen seiner engen, in sämtlichen Dossiers der politischen Polizei stark hervorgehobenen Beziehungen zu eben Willi Münzenberg, der vom RSHA zu Recht als die zentrale Persönlichkeit der deutschsprachigen publizistischen Emigration angesehen wird, sowie unweigerlich zu dessen Adjutanten Otto Katz, dem des Landes verwiesenen sowjetischen Agenten, dessen Aufgabe es war, seinen Chef aus allernächster Nähe zu überwachen.

Eigentlich ist es unter diesen Umständen unmöglich, Mitte Januar 1940 aus *Le Vernet* entlassen zu werden. Aber: Der renommierte amerikanische Europa-Berichterstatter und Chef der Pariser Vertretung der *Chicago Daily News*, Edgar Ansel Mowrer, hat im französischen Außenministerium, das zu diesem Zeitpunkt vom Radikalsozialisten Édouard Daladier geleitet wird, interveniert, um Arthur Koestlers Freilassung zu erwirken.[215] Mowrer hatte angegeben, dass Koestler der kommunistischen Ideologie öffentlich abgeschworen habe, und dies auch gegenüber den britischen Unterhausabgeordneten Harold Nicolson geäußert:

»Bitte bringen Sie die Franzosen dazu, den Fall Arthur Koestler erneut zu prüfen mit dem Ziel, ihn aus dem Internierungslager *Le Vernet* im Departement Ariège freizubekommen. Unser gemeinsamer Freund war Auslandskorrespondent des *News Chronicle* und hatte im vergangenen Jahr der kommunistischen Doktrin abgeschworen. Bitte kümmern Sie sich um seine Einreiseerlaubnis nach England, sofern Frankreich bereit ist, ihn freizulassen. Persönlich bin ich fest davon überzeugt, dass Koestler politisch ehrenwert und OK ist.«[216] Das Außenministerium reagiert und empfiehlt dem Innenministerium die Freilassung, denn es handle sich bei Koestler um eine besonders markante Persönlichkeit, die im Ausland unter den Intellektuellen besonderes Ansehen genieße.[217] Am 28. Dezember 1939 teilt das Außenministerium der Sûreté nationale mit, die Lagerhaft dieses Mannes würde insbesondere in den USA antifranzösische Ressentiments schüren.[218] Außerdem sei der Internierte als ungarischer Staatsbürger Angehöriger eines neutralen Landes. Auf Drängen des Außenministeriums entsendet das Innenministerium den Kommissar einer mobilen Einheit der Police Criminelle ins Lager *Le Vernet*, um die Voraussetzungen für die Entlassung von Arthur Koestler zu überprüfen. Ungefähr um die gleiche Zeit wird Koestler durch seinen früheren Redakteur bei der *Vossischen Zeitung*, Wolfgang von Weisl, der seit 1938 als in Frankreich niedergelassener Europa-Korrespondent der in New York ansässigen *Agence Telégraphique Juive* arbeitet und in Paris das europäische Büro der Revisionisten leitet, aufgefordert, ihm den letzten Stand seiner politschen Überzeugungen brieflich mitzuteilen. Er wolle für ihn beim *Commissariat général à l'information* in Paris vorsprechen. Daphne Hardy, die sehr überrascht ist vom Besuch des vermeintlichen Geheimdienstmanns von Weisl, signalisiert daraufhin ihrem inhaftierten Lebensgefährten in einem Brief vom 4. Januar 1940, Mexiko sei bereit, ihn ohne Wenn und Aber aufzunehmen, zeigt sich hingegen aber eher skeptisch gegenüber von Weisls Rekrutierungsbemühungen: »Da ich Dich ausschließlich als jemanden kenne, der an einem Tisch sitzt und keine andere Beschäftigung kennt, als sein Buch zu schreiben, war ich mir nicht sicher, wie Du auf Weisls Vorschlag reagieren würdest, Propagandaarbeit zu leisten, um im Gegenzug dafür aus dem Lager entlassen zu werden. Mich jedenfalls brachte es auf die Palme, und ich begann mit ihm zu streiten, weil ich wusste, dass Dich im Augenblick nichts anderes interessiere, als das Buch zu Ende zu schreiben.«[219]

Das abverlangte politische Statement, das Koestler durchaus etwas widerstrebend, aber im Wissen um die Notwendigkeit für sein weiteres Schicksal bereits am 26. Dezember 1939 in *Le Vernet* verfasst, wird zu den Akten des in den Archives nationales befindlichen Dossiers genommen. Dieses handschriftliche, den Gesinnungswandel markierende Schriftstück wird, seiner zeitgeschichtlichen Bedeutung halber, hier wiedergegeben. Arthur Koestler hatte sich ja tatsächlich bereits drei Jahre zuvor sehr ernüchtert vom Sowjetkommunismus abgewandt und – wie er nun aus *Le Vernet* äußert – auf die Konventionen der *Fabian Society*, das heißt auf gemäßigtere sozialistische Ziele, besonnen, die durch graduelle Modifikationen bereits existierender Systeme erreicht werden sollen. Im Bericht des Kommissars Macé vom 5. Januar 1940 wird hervorgehoben, Koestler sei einer der aktivsten Parteisoldaten gewesen und er sei bereit, Interna zu enthüllen.[220] Kommissar Macé gibt Koestler wie folgt wieder:[221] Er wisse wohl, dass Freunde die Aufmerksamkeit einflussreicher, mit der Intelligence Community in Verbindung stehender Persönlichkeiten auf seinen Fall gelenkt hätten. Er sei auf Grund seiner Biografie als Linker in der Lage, die These, dass der Bolschewismus den Sozialismus verraten habe, besonders glaubwürdig darzustellen und könne so über die Printmedien und das Radio kriegswichtige Aufklärungsarbeit leisten.

Trotzdem rückt Macé nicht von dem seit langem im Raum stehenden Verdacht der Zugehörigkeit Koestlers zum geheimen sowjetischen Propagandaapparat ab und kommt zu dem Ergebnis, eine Befreiung des Verdächtigen aus der Internierung und seine Anwesenheit in Paris könnten die Ordnung und nationale Sicherheit in gefährlicher Weise beeinträchtigen.[222] Auch Roger Langeron, der mächtige Polizeipräfekt von Paris, der die Internierung Koestlers angeordnet hatte, rechtfertigt diese mit Koestlers früherer radikaler Gesinnung, seiner »activité extrémiste qu'à deployée, dans le passé«[223] in seinem geheimen Rapport vom 17. Januar erneut und optiert für die fortgesetzte Internierung des ungarischen Staatsbürgers, der als Zugehöriger zum engsten Kreis um Willi Münzenberg und als nachweislicher Agent der Komintern eine Gefährdung für die nationale Sicherheit darstelle. Gegenwärtig sei Koestler Mitglied einer neuen Gruppierung namens »Les Amis de l'Unité Socialiste en Allemagne«, die nichts weiter als eine neue, getarnte Organisation des Kommunisten Münzenberg sei.[224] Langeron räumt allerdings ein: »Falls der Minister der Ansicht sein sollte, dass jener Ausländer der französischen Propaganda wirklich von Nutzen sein könne, so werde auch ich mich seiner Freilassung nicht in den Weg stellen.«[225] Nachdem Henri Membré, der Generalsekretär des *Maison Internationale* des PEN-Clubs in Paris das Kabinett angerufen hatte, schaltet sich der Präsident des Ministerrates und in Personalunion auch Außenminister der III. Republik Édouard Daladier am 22. Januar 1940 noch einmal persönlich in den prominenten Fall ein, um der dem Innenministerium unterstehenden Sûreté nationale seine unveränderte, bereits am 2. Januar geäußerte Einschätzung noch einmal zu bekräftigen, und weist darauf hin, dass er bisher dazu noch keine Stellungnahme erhalten habe: »Monsieur Arthur KOESTLER, dessen Namen literarischen Kreisen in vielen Ländern wohlbekannt ist, könnte der Sache Frankreichs im Ausland sehr nützlich sein. Davon abgesehen besitzt er die ungarische Staatsangehörigkeit. Ich verweise nochmals auf mein Schreiben No. 2822 vom 17. Dezember 1939 sowie auf meine Rohrpost No. 288 des selbigen Monats, beides unbeantwortet.«[226]

Schließlich aber, am 22. Januar 1940, ordnet der Innenminister mittels eines Telegramms an den Präfekten des Département Ariège die sofortige Freilassung an, und noch am selben Tag wird Arthur Koestler auf freien Fuß gesetzt. Er darf nach Paris in seine Wohnung zurückkehren. Zugleich befiehlt der Innenminister dem Polizeipräfekten, den Schriftsteller dort polizeilich zu überwachen und ihn darüber auf dem Laufenden zu halten, »und zwar sobald er eingetroffen ist«.[227]

Arthur Koestler – und mit ihm unweigerlich sein engster Kreis, zu dem zweifellos Daphne Hardy, Margaret Kershaw und Balder Olden gehören – wird also von da ab beschattet. Die Freilassung von Paul Dreyfus, für den sich ein Abgeordneter der Labour Party im britischen Unterhaus stark zu machen versucht[228], wird vom Innenminister hingegen mit konsequentem Misstrauen abgelehnt.

Arthur Koestler,
Quartier C, Bar. 34
Camp de Vernet
(par Pamiers). Ariège.

Camp de Vernet, le 26. décembre 39.

Mon cher Wolf,

Daphne m'a transmis une message de toi, à savoir que tu me demandes une lettre exprimant mes opinions politiques, pour usage privée. Cela me semble un peu ridicule, primo, parceque par mes écrits et par nos conversations tu devais sufisamment connaître mes opinions, secondo, parceque chaque mot que j'écris dans ma présente situation aura l'odeur repugnant d'un alibi. Mais comme tu dois avoir tes raisons, je me soumets contre-cœur; je vais donc plier mes genoux et me confesser.

1. Je suis socialiste.
Je le suis par conviction et cela veut dire: par force de raisonnement et par force de ~~[illegible]~~ croyance; – parce qu'il n'y a pas de raisonnement logique qui ne serait pas fondé sur la foi, comme la géometrie sur les axiomes d'Euclid; et, réciproquement, chaque acte de foi doit être capable de supporter l'épreuve du raisonnement.

2. Par conséquence, je suis anti-Hitlérien.
L'axiome, dont je viens de parler, étant: qu'il est preferable du point de vue du progrès humain que les peuples controlent leur propre destinée – c'est à dire, qu'ils se gouvernent démocratiquement –; et que chaque autocratie équivaut à une abdication des principes même de la société. Les dégâts que le système démocratique peut causer sont ceux d'une „Société au Risques Limités" („G.M.B.H."); – par contre, les dégâts de l'autocratie sont illimités et mènent, tôt ou tard, fatalement au banqueroute totale. S'il existent des lois experimentales dans l'Histoire, celui-là au moins est établie.

3. Par conséquence de la même prémisse, je suis anti-Stalinien.
Si le racisme de Hitler est une parodie du Darwinisme – c'est le socialisme du Jungle – le bolchévisme de Staline est une parodie des idées à la fois de Marx et de Macchiavell.
Il y avait une époque quand, moi aussi, j'ai partagé les illusions de Romain Rolland, d'André Gide, de Bernard Shaw et même, si je me souviens bien, de M. Pierre Laval. Oui il y avait une époque quand les meilleurs intellectuels ont cru voir dans la Russie – la Russie des films de Pudowkine, des romans de Leonow, des buildings de le Corbusier – la nouvelle Arche de Noë qui survivra le déluge. Ici, c'est l'envers du vieux proverbe: qui s'accuse, s'excuse.. Mais il ne nous a pas fallu attendre le pacte germano-russe pour comprendre que le régime de Staline n'a rien en commun avec l'idéal socialiste; est que son instrument, la IIIe Internationale se fiche aussi complètement des interets des ouvriers et des paysans comme de ~~[illegible]~~ ceux des dentistes du [illegible] facteurs – exception faite pour une poignée de fonctionnaires qui, traqués par la double peur de la police ennemi et de leur propre O.G.P.U., résignés, usés et dégoutés, font leur boulot avec plus au moins d'aveuglement voulu et plus ou moins de cynisme. Quant au „masses révolutionnaires" – je les vois chaque jour autour de moi – les anciens prisonniers des K.Z. de Hitler, les anciens combattants d'Espagne, ramassant les mégots [illegible] les pionniers de l'age d'or rêvé – devenu des clochards, des loques humaines grâce à la politique de Staline. Il me semble qu'on peut dire sans aucune exageration que Staline à compromis l'idéal socialiste comme Alexandre Borghia a compromis l'idéal chrétien. (Et M. Trotsky n'est pas Luther – un Savonarola peut-être; mais les Savonarola ne laissent pas d'héritage). Toutefois, le Christianisme a survécu les Borghia et les Torquemada; et le Socialisme survivra Staline.

Abb. 27: Statement Arthur Koestler nach Aufforderung durch Wolfgang von Weisl, Le Vernet, 26.12.1939, Blatt 1 und Blatt 2

-2-

4. Donc: contre Hitler et contre Staline; et avec ceux qui combattent Hitler et Staline.

Une victoire de la coalition totalitaire signifiera un retard de plusieurs siècles dans l'horaire du progrès de l'humanité; d'où suit la nécessité et le devoir de prendre parti contre eux, qu'on est de nationalité 'belligérante' ou 'neutre'; et ceci sans équivoque.

5. Par contre il y a beaucoup d'équivoque dans la question de l'interprétation du mot 'socialisme' et des moyens de sa réalisation.

L'essentiel, me semble-t-il, c'est de purifier l'édifice marxiste de l'élément machiavellien (dont il est malheureusement cimenté). Pour un socialiste le but ne peut et ne doit pas justifier le moyen. Cette thèse, d'apparence si innocente, contient en vérité un renouvellement total de la théorie socialiste: c.à.d. le renoncement à la révolution léniniste et le retour aux conceptions non pas de la IIe Internationale, mais, grosso modo, de la 'Fabian Society'.

En effet; en stricte contradiction avec la fameuse phrase concluant le manifeste de 1949 de Karl Marx, une interprétation objective de l'Histoire doit prouver que les grands progrès de l'humanité ne sont jamais dues 'à l'extinction d'une classe par une autre', mais, au contraire, à des synthèses fécondes entre les classes (j'ai essayé de prouver cette thèse par l'exemple frappant de l'histoire anglaise post-Cromwellien – voir ma réponse à Harold Nicolson dans le numéro anglo-allemand de la 'Zukunft'.)

Tout cela sonne sans doute très schématique, banal et superficiel; mais mon avant-dernier roman 'The Gladiators', et le dernier, inachevé, ne sont que des variations sur cet thème; ou, si on veut, que des polémiques romancés contre les obsédés du matérialisme révolutionnaire et sa conséquence: les expériments renouvelés de vivisection sur la chaire saignante de l'humanité. –

Je ne sais pas si ces lignes te serviront à quoi que ça soit; sinon, tant pis. – Merci, mon vieux Wolf, pour tes bonnes intentions; amitiés à Noëmi, Dora, les enfants et surtout à Eliane.

Au revoir, mon vieux; au moins espérons-le.

[illegible]

Der Roman, an dem Arthur Koestler sofort nach seiner Ankunft in Paris weiterschreibt, wird den Titel *Sonnenfinsternis* tragen. Er handelt von der gespenstischen Selbstverleugnung und Unterwerfung eines alten gestandenen Revolutionärs mit unverkennbar Karl Radek zeichnenden Zügen. Dieser gesteht in einem Schauprozess vor aller Öffentlichkeit nicht einmal von ihm im Traum begangene »konterrevolutionäre Verbrechen«, und dies scheinbar, um der herrschenden Kommunistischen Partei einen vermeintlich letzten Gefallen zu erweisen, die treuen Anhänger der »richtigen« Ideologie – darunter die meisten Genossen der KPD, der Komintern und der von diesen abhängigen Organisationen in Paris – hingegen gerieren sich so lammfromm, als gehörten sie einer vernunftfeindlichen religiösen Glaubensgemeinschaft an, und lassen sich stur und unbeirrbar erst hinters Licht und mitunter auch auf das Schafott führen. Woher sollte Koestler die aktuellen, literarisch transponierten Interna bezogen haben, wenn nicht aus den ganz aktuellen Augen- und Ohrenzeugenberichten Münzenbergs. Dieser war im Sommer 1936 zum letzten Mal nach Moskau gefahren, wo er sich im Zusammenhang mit der Auflösung der von ihm im direkten Auftrag Lenins gegründeten *IAH* (*Internationale Arbeiter Hilfe*) bohrenden Fragen zu stellen hatte. Möglicherweise wurde Münzenberg dort auch mit billigen, »streng vertraulich« an die Kaderabteilung der Komintern geleiteten Vorwürfen konfrontiert, schon seit Jahren »an wichtigeren Posten mit Vorliebe Nichtkommunisten beschäftigt [zu haben,] von denen er keine Berichterstattung an die Partei zu befürchten hatte«[229], um am Ende lebend aus Moskau herauszukommen. Bei seiner Rückkehr nach Paris wirkt er mitgenommen, der Schreck über den Schauprozess und die Todesurteile gegen seine alten Genossen aus dem Zürcher Exil Grigori Sinowjew und Lew Kamenew sitzt ihm deutlich in den Knochen. Am 14. Januar 1937, neun Tage vor dem Beginn des Schauprozesses gegen Karl Radek und andere Bolschewisten, wird der Personalakte Münzenbergs in der Komintern – »streng vertraulich, 2 Exemplare« – eine Information hinzugefügt: »In Moskau hielt er bei seinen verschiedenen Aufenthalten enge Verbindung zu Radek. Auch bei seinem letzten Aufenthalt soll er ihn, nach Angaben von Leo Flieg, besucht haben. Er besuchte ihn in seiner Privatwohnung.«[230] Ganz kurz vor der Verhaftung des alten Freundes durch den NKWD und dessen Einlieferung in das NKWD-Zentralgefängnis in der Lubjanka war es Willi Münzenberg tatsächlich gelungen, Karl Radek – bis Sommer 1936 Teil des Privatsekretariats Stalins – in dessen Privatwohnung aufzusuchen. Was in Paris die Spatzen von den Dächern pfeifen, wird in deutscher Übersetzung eines Zeitungsartikels vom 8. März 1937 in dem Boulevardblatt *Le Matin* unter der Überschrift »Willi Münzenberg, großer Finanzmann (*grand argentier*) der Komintern, hat mit Stalin gebrochen« wieder als »streng vertraulich« im Archiv der Komintern abgelegt: »Es scheint, dass es [Münzenberg, dem Hauptzahlkarrierer der Komintern und der *Internationalen Roten Hilfe*] gelungen ist, dem Kreml zu zeigen, dass ohne seine persönliche Anwesenheit die zahlreichen Rechnungen, Einlagen [u.a. bei Banken in Basel, Amsterdam und Straßburg] und Anteile, die auf seinen Namen lauten, nicht liquidiert werden können. Bevor er freigegeben wurde, musste er eine Anzahl Verpflichtungen, Anerkennungen von Quittungen unterschreiben, die die Übergabe alles seines Habens an die Personen, die zu seinem Ersatz bestimmt sind, garantieren.«[231] Willi Münzenberg tat bei seiner Reise nach Moskau alles nur Erdenkliche, um nicht an Ort und Stelle »liquidiert« zu werden. Vielleicht war es auch der Unabkömmlichkeit in Paris im Hinblick auf die laufenden Solidaritätskampagnen für die spanische Republik geschuldet, dass Münzenberg doch noch Ausreisepapiere erhielt. »Aber sofort nach der Aufnahme seines neuen Kontaktes mit den liberalen Ländern, hat er angefangen, die Politik Stalins lebhaft zu kritisieren. Seine herben Kritiken sind bald nach Moskau berichtet worden. Man hat ihn zur Ordnung gerufen. Münzenberg hat es kategorisch abgelehnt zu widerrufen und erklärt, dass er nie mehr nach Moskau zurückkehren werde. Die Ablehnung rief im Kreml eine große Unruhe hervor. Das Politsekretariat der Komintern delegierte einen seiner Vertrauensleute, den Holländer Krolsky, um mit dem Widerspenstigen zu verhandeln. Münzenberg verhielt sich fest, und als Antwort auf die Drohungen mit Repressalien hat er erklärt, dass er sich mit Hilfe der Enthüllung aller Einzelheiten seiner finanziellen Aktivität in Europa verteidigen werde.«[232] Daraufhin sei unter den Nutznießern der von Moskau in großem Umfang ausgeschütteten Finanzmittel eine wahre Panik ausgebrochen. Schließlich habe der Gründer der *Internationalen Roten Hilfe* einen Kompromiss angenommen, der ihn gegen ein Schweigegeld von circa 200.000 Francs verpflichte, sich jeder Enthüllung und jeglicher politischen Aktivität zu enthalten. Sicher ist nicht alles, was in *Le Matin* zu lesen ist, für bare Münze zu nehmen. Jedenfalls wird der »Renegat« in der zum Teil im RGASPI aufbewahrten Personalakte am 28.10.1938 mit den Worten »[d]ann gründen wir eine von Moskau unabhängige Kommunistische Partei« zitiert. Als Finanzmann der Komintern in Westeuropa wird er tatsächlich durch den Genossen Bohumír Šmeral ersetzt. Verständlicherweise weigert sich Willi Münzenberg, erneuten Vorladungen der Internationalen Kontrollkommission der Komintern (IKK) Folge zu leisten, um in Moskau zur Anhörung wegen seines Ausschlusses aus der von ihm mitbegründeten KPD persönlich zu erscheinen, nachdem er bereits die gerichtliche Vorladung »als Zeuge« im Schauprozess gegen Karl Radek ignoriert hatte. In Moskau verhaftet der sowjetische Geheimdienst am 27. April 1937 Heinz Neumann, den Schwager von Münzenbergs Lebensgefährtin Babette Gross, bald darauf auch deren Schwester Margarete Buber-Neumann. Stalin fordert Dimitroff, den Generalsekretär der Komintern, am 11.11.1937 im »Privatgespräch« unmissverständlich auf: »Geben Sie sich Mühe, ihn hierher zu locken.«[233] 1938 nimmt Münzenberg von sich aus Kontakt zum 2ième Bureau der Sûreté (Auslandsnachrichtendienst) auf, um die Deckung für sich und seine Unternehmungen zu verstärken und möglicherweise seine eigene Beschattung in Personenschutz zu verkehren. Denn mitten in Paris gelingt es Killern des NKWD, den Sekretär sowie den Sohn Trotzkis zu ermorden.[234] In den Sitzungen der IKK in Moskau am 20. Januar sowie am 16. Februar 1939 werden folgende Gründe für den Parteiausschluss Münzenbergs abgehakt: »Prinzipienloses Verhalten in wichtigen politischen Fragen«, »Neigung zum Bluff in seiner Arbeit«, »Versuch sich der Kontrolle und der Disziplin der Partei zu entziehen«, »Verlust des Glaubens an die Kraft der Arbeiterklasse«, »Verbindungen mit trotzkistischen Elementen«, »immer offenere Züge des Kapitulantentums«, »politische Demoralisation«. Schlimmer noch: »Münzenberg versuchte, dieses Kapitulantentum in raffinierter Weise zu verbergen.«[235] Auch seine Rolle im Spanischen Bürgerkrieg – die historische Scheidelinie zwischen Freiheit und Totalitarismus – wird angeprangert: »Münzenberg kam [...] der Aufforderung der Partei, öffentlich gegen die trotzkistischen Spione und gegen die Verbrechen der POUM aufzutreten, nicht nach.«[236] Weiter wird ihm zur Last gelegt, »ohne Befragen der Parteiführung und gegen ihren Willen solche Bücher und Broschüren heraus[zugeben], die dem faschistischen Feind nützen, darunter ein Buch [Emil] Ludwigs [*Die neue Heilige Allianz. Über Gründe und Abwehr des drohenden Krieges*], das das deutsche Volk herabsetzt und beschimpft, und ein sowjetfeindliches Buch des Trotzkisten [Fritz] Sternberg.«[237] Der IKK wurden bereits im Januar 1937 – »streng geheim« – angebliche Verfehlungen Münzenbergs angezeigt: »Ende 1936 (Dezember) erschien das Buch [*Das neue deutsche Heer und seine Führer*] von Berthold Jacob im Verlag Carrefour, das politisch falsch ist. Münzenberg hat das Manuskript vorher kontrolliert.«[238]

Abb. 28: Daphne Hardy

Sonnenfinsternis stellt sich im Lauf der Zeit als ein unübersehbarer Markstein in der Wahrnehmung des moralischen Bankrotts des Sowjetkommunismus und der stalinschen Diktatur heraus. Der Roman Arthur Koestlers lässt seine Leserinnen und Leser rund um den Globus desillusioniert zurück, weil er die schrecklichen Konsequenzen aus der Maxime »der Zweck heiligt die Mittel« klar ersichtlich macht, zumal sein Autor ihn als ausgewiesenen Insider geschrieben hat. Umständehalber kann der Roman in der englischen Übersetzung von Daphne Hardy erst gegen Ende 1940 unter dem Titel *Darkness at Noon* bei Macmillan in London erscheinen, nachdem Oprecht in Zürich sich im März 1940 nicht zur Publikation der deutschen Originalfassung entschlossen hatte.[239]

Obwohl Koestler sich tief ernüchtert vom totalitären Sowjetkommunismus abgewandt und auf Ideen und Konventionen der *Fabian Society* besonnen hatte, wie er aus *Le Vernet* schreibt, bleibt er für das 7e Bureau, den französischen Inlandsgeheimdienst, doch ein höchst verdächtiges Subjekt, dessen Bewegungsradius es unter strikter Beobachtung zu halten gilt. Am 14. März 1940 stellt die Direction générale der Sûreté dem Schriftsteller jedoch endlich das Zeugnis »favorable« aus: »Wir halten Koestler für unverdächtig und für Führungsaufgaben in der Zensurbehörde, im deutschsprachigen Radio oder für nachrichtendienstliche Tätigkeiten hervorragend geeignet.«[240]

Als wie brauchbar und politisch zuverlässig der ob seiner Sympathien für den Kommunismus verdächtigte bürgerliche Schriftsteller Balder Olden eingeschätzt wurde, entzog sich lange meiner Kenntnis, obwohl objektiv einiges darauf hindeutete, dass er tatsächlich für die Mitarbeit am deutschsprachigen Radioprogramm des französischen Informationsministeriums hätte in Betracht kommen können. In *Stationen meines Lebens* betont Balder Olden, es sei dies seine feste Absicht gewesen, welche nur durch seine Verhaftung vereitelt worden sei. Im Moskauer Sonderarchiv habe ich im Juni 2017 zwei mikroverfilmte Listen möglicher ausländischer Mitarbeiter für das deutschsprachige französische Radio einsehen können, die dieses bestätigen. Balder Olden wird auf der *Liste d'anciens sujets autrichiens travaillant pour la propagande française ou ayant fait des offres de services* vom 20. Mai 1940 fälschlicherweise als Österreicher aufgeführt.[241] Bereits am 20. September 1939 – das heißt während seiner ersten Internierung im Lager *Francillon* – setzte das Commissariat général à l'information, section allemande, 3e Division den Namen Balder Olden auf eine Liste von Emigranten, die ihm dienen sollten oder eventuell dienen könnten. Überraschenderweise befinden sich auch die Namen von Willi Münzenberg und dessen Lebensgefährtin Babette Gross, der Verlagsleiterin der Editions du Carrefour, unter den Kandidaten für eine Mitarbeit beim Generalkommissariat für Nachrichtenwesen. Namentlich genannt werden außerdem die bekannten Hitler-Gegner Maximilian Scheer, Alexander Abusch, Albert Friedländer, Konrad Heiden, Albert Norden und Hermann Rauschning.[242] Leiter des deutschsprachigen Radioprogramms ist zunächst Hans Jacob, Verfasser einer Rimbaud-Biografie, der zu Beginn seines Exils in Frankreich im Haus von Gräfin Ilse Seilern in Roquebrune Zuflucht gefunden hatte.

Abschied

AUS LONDON BITTET RUDOLF OLDEN am 5. Dezember 1939 seine Schwester Ilse um Hilfe für Robert Musil, der, wie er selbst, 1919 in Wien zur Redaktion von *Der Friede* gehört hatte:

»Ich wäre überglücklich, wenn Du etwas für Robert Musil tun könntest. Er lebt jetzt am Chemin de Graugettes 29, Chêne-Bougeries bei Genf. Zögere nicht, Kontakt aufzunehmen. Betone, dass Dich allein Bewunderung für sein Werk, insbesondere für *Der Mann ohne Eigenschaften*, motiviert, und Du wirst bestimmt keine Empfindlichkeiten treffen. Musil ist, glaube mir, ein großer Schriftsteller, auch wenn dies heute nur wenige Menschen wissen.«[243]

Nachdem der im Frühjahr 1939 gestellte Einbürgerungsantrag von Rudolf und Ika Olden offensichtlich nicht prosperiert hatte, denkt Rudolf am 6. Dezember in einem Brief an seinen jüngeren Bruder Peter Olden in Chicago darüber nach, das Vereinigte Königreich rechtzeitig zu verlassen:

»Ich war mir ziemlich sicher, dass man mich unbedingt brauchen würde, sobald der Krieg beginnt. Ich war enttäuscht, niemand braucht mich. Das hat meine Eitelkeit verletzt. Worauf warte ich noch? Falls es in den Vereinigten Staaten eine Möglichkeit gäbe, den Lebensunterhalt zu verdienen – was ich bis jetzt noch nicht glauben kann – warum sollte ich ein Angebot ausschlagen? Letztlich war es Mädi [Marie-Christine Furtwängler], die dachte, man würde dort eine Beschäftigung für mich finden. Sie glaubt an mich.«[244]

Im Februar 1940 stirbt überraschend René Schickele im Alter von nur 56 Jahren. Zur Abschiedsfeier im PEN-Club in Paris versammelt sich, wie Balder Olden der Schwester schreibt, »was an Freunden noch hier lebt. Ich habe aus sieben Gedichten, die ich vorlas, eine kleine Autobiographie Schickeles gemacht, zugleich ein Selbstporträt, und der ganze Mensch wurde wirklich hinreißend lebendig.«[245]

Die Witwe von René Schickele denkt an baldige Auswanderung. Anna Schickele schreibt am 17. Februar 1940 aus Vence an Balder Olden: »René hat sein Leben lang gegen falsche Daten kämpfen müssen, die sich heimtückisch überall, sogar in seinem Pass festnisteten, was ihm oft große Sorge machte. […] Ich bereite langsam meine Reise nach Amerika vor. Die Kinder flehen mich an, zu kommen. Ich umarme Dich und Primavera und bin von ganzem Herzen eure getreue Lannatsch.«[246]

Abb. 29: René Schickele auf der Schiffsbrücke über den Rhein bei Kehl, 1931

Egon Erwin Kisch und Anna Schickele sind nicht die Einzigen, die ihre Abreise in die USA vorbereiten. Alfred Kantorowicz trägt am 8. Juni 1939 in seine *Nachtbücher* ein: »Es wird leer in Paris. Und leer von uns in Frankreich. Die Franzosen werden sich gewiss dazu beglückwünschen. Wir uns auch.«[247]

Die Geschwister Olden erwägen, nach Lateinamerika auszuwandern. Rudolf schreibt am 16. April 1940 an Peter Olden: »Ilse mit Großfamilie und Balder schmieden vage Pläne, nach Argentinien auszuwandern, aber ich bin mir nicht sicher, ob man sie dort aufnehmen wird. Auch ich habe einen Hilferuf dorthin gerichtet. Der Herausgeber des *Argentinischen Tageblatts*, Ernesto Alemann, ist ein Freund. Über viele Jahre habe ich für seine Zeitung geschrieben. Hier in England ist die Situation unverändert, was sich rasch ändern kann, und es besteht wenig Hoffnung, dass es zum Besseren wäre. Mich braucht man nicht, und dies gibt einem kein gutes Gefühl in Hinsicht auf etwas, das Zukunft genannt wird. Addiere sieben Jahre Dasein als Emigré …! Genug, um nervös zu sein. […] Im Ernst. Ich glaube auch nicht, dass man mich nach Argentinien rufen wird. Wenn aber doch, so würde ich die Reise genießen und Menschen treffen, die ich dort kenne. Gerne würde ich ein zweites mal Spanisch lernen. Davon abgesehen wäre ich dort ziemlich unglücklich. Ich kenne Argentinien und weiss wie schrecklich plutokratisch das Land ist. Alle Freuden dienen ausschließlich den Reichen und der Intellektuelle ist ein armes Schwein.«[248]

Balder Oldens Freund aus Berliner Tagen, der »rasende Reporter« Egon Erwin Kisch, ist vorausgeeilt und hat Europa bereits verlassen. Durch Bücher wie *Changing Asia* (Original deutsch: *Asien gründlich verändert*, 1932), *Secret China* (deutsch: *China geheim*, 1933) und *Australian Landfall* (deutsch: *Landung in Australien*, 1937) ist er in New York kein Unbekannter. Misstrauische Agenten des Board of Special Inquiry wollen beim Verhör auf Ellis Island am 28. Dezember 1939 wissen, warum er vor seinem Transit nach Chile mehrere Monate in den USA verbringen möchte:

»›Gehörten Sie jemals irgendeiner politischen Partei an?‹ –»Nein, ich bin sozusagen ein linksorientierter Schriftsteller, aber ich habe nichts mit Politik zu tun.‹ – ›Wie weit links standen Sie?« – ›So weit und so gut wie jeder amerikanische Schriftsteller: Theodore Dreiser, Ernest Hemingway, Upton Sinclair.‹«

Egon Erwin Kisch besitzt Chuzpe genug, um sich seinem Gegenüber als Autor von *Paradise in America* auszuweisen, »das auf Ellis Island spielt, auch wenn ich bis dahin noch nie auf Ellis Esland war, abgesehen von einem kurzen Besuch.«[249]

Das nackte Leben

AM 10. MAI 1940 FINDET der *drôle de guerre*, der Scheinkrieg an der Maginot-Linie, ein plötzliches Ende, als der deutsche Angriff auf die neutralen Beneluxstaaten im Norden beginnt und auch dort das Völkerrecht niedergetrampelt wird. Fünf Tage später kapitulieren die Niederlande, achtzehn Tage später überrollt die deutsche Armee Belgien. Unmittelbar nach Beginn der deutschen Offensive, in der Nacht zum 11. Mai, wird Balder Olden als feindlicher, ein Sicherheitsrisiko darstellender Ausländer in einem Pariser Hotel festgenommen. Monatelang hatte er sich vergeblich darum bemüht, Frankreich in der Zeit epochal wichtiger Entscheidungen dienen zu dürfen. Jules Romains, der Präsident des Internationalen PEN, stand kurz davor, das französische Ministerium für Propaganda zu übernehmen. Balder Olden hatte noch kurz vor seiner Festnahme eine Durchschrift von Romains' Brief an den Pariser Polizeipräfekten Langeron erhalten, in dem Romains eine unbefristete Verlängerung von Oldens Aufenthaltserlaubnis fordert, da er ihn als Sprecher für den Rundfunk brauche. Nun aber stehen um vier Uhr morgens mehrere Geheimpolizisten vor der Tür von Oldens Hotelzimmer. »Sie waren entzückend höflich, wir tranken zusammen einen Cognac, sie trösteten Primavera, die ein sehr gelbes Gesichtchen hatte, aber sie nahmen mich mit! Die erste Fahrt meines Lebens im grünen Wagen dauerte viele Stunden lang, ging rings um Paris. In jedem Vorort wurden ein paar Menschen aus den Betten geholt, alle grün und klapprig. Nur ich war guter Dinge, ich unterhielt mich leise mit dem schwerbewaffneten Polizisten an meiner Seite und glaubte zu wissen, dass ich spätestens um zehn Uhr wieder in meinem Bett liegen würde. Als wir die Präfektur erreichten, ging ein Bombardement über Paris nieder. […] Plötzlich war Primavera da, man erlaubte uns, drei Minuten miteinander zu sprechen. Sie war schon im Kabinett des Präfekten gewesen. Der Sekretär hatte die Hände gerungen und sich machtlos erklärt. ›Da gibt man sich solche Mühe …‹, hatte er gestöhnt, ›und sie machen einem alles kaputt!‹ ›Pauvre madame, ma chère pauvre madame!‹ Das erzählte sie mir, immer noch ihr tapferes Lächeln auf dem gelbgrünen Gesicht. Es stank nach Angst und Schmutz in dem viel zu engen Saal, Gendarmen kommandierten, im Nebenraum wurde vernommen, gebrüllt und geheult – wir lachten einander kläglich an und küssten uns.«[250]

Nach der U-Haft auf der Polizeipräfektur wird Balder Olden in das zum Sammellager umfunktionierte Tennisstadium *Roland Garros* transportiert und dort interniert. Am frühen Sonntagmorgen des 12. Mai 1940 schreibt ihm Margaret Kershaw:

»Lieber Balder, gestern habe ich Dich überall gesucht. Ich wollte Dir den Schlafsack bringen, den Daphne Hardy Dir schickt, eine echt noble Geste, nicht wahr? Hoffentlich konntest Du trotzdem gut schlafen und es war Dir nicht zu kalt. Als ich um 7 Uhr an der Präfektur ankam, wart Ihr schon nicht mehr da. Danach bin ich lange herumgeirrt, ehe ich endlich das Lager fand. Man hat sich erst geweigert, mein Paket in Empfang zu nehmen. Ehe Du den Schlafsack ausbreitest, solltest Du den Boden mit den alten Zeitungen bedecken, die ich Dir bringe. Dies ist der Rat von jemandem, der sich auskennt. Wenn es Dir im Schlafsack zu heiß werden sollte, könntest Du ihn als Unterlage benützen. Schreib mir, was ich am Mittwoch mitbringen soll (Mittwoch und Sonntag sind die einzigen Besuchstage). Schreib mir schnell, was seither passiert ist und wie es Dir geht. Stein ist gestern Abend entlassen worden. Falls Du das Wort eines Ehrenmannes hast, wirst Du bald frei sein. Andernfalls wäre es die Höhe. Ich warte draußen auf Deine Antwort. Ich bin in Begleitung von Arthur Koestler. Er lässt Dich herzlichst grüßen. Daphne und Arthur sind voller Sympathie für Dich. Falls erlaubt, antworte auf Deutsch. Sei tausendmal umarmt, bis bald, Buzz.«[251]

Am 19. Mai 1940 schildert Balder Olden mit dem ihm eigenen Optimismus und Galgenhumor Margaret Kershaw seine Gefangenschaft in *Roland Garros*: »Trotz allem habe ich einige gute Kameraden gefunden, vier Österreicher von guter Erziehung und Moral, und wir lagern in guter Nachbarschaft in einem finsteren und fast luftlosen Winkel dieses Hangars, der ganz und gar nicht für die Unterkunft einer Menge von Menschen gemacht ist. Diese Menge ist interessant. Heilige und Kriminelle in einem wüsten Durcheinander. Als Romancier könnte ich nichts Besseres wünschen. Man wird gut ernährt, und die Wächter sind von einer vollkommenen Höflichkeit, es sind Soldaten, keine gardes mobiles. Wenn das nicht zu lange dauert, werde ich es gut aushalten.«[252] Währenddessen bemühen sich Jules Romains und Henri Membré sowie ein mit dem im Januar 1940 gestorbenen René Schickele befreundeter Parlamentarier vergeblich um die Freilassung von Balder Olden und anderen politischen Gefangenen. Es gibt so gut wie keine Besuchsmöglichkeiten im Lager, Margaret Kershaw kann ihrem Partner jedoch Briefe, Geld und ein sehr spezielles Päckchen nach *Roland Garros* bringen lassen. Am 2. Juni schreibt ihr Balder: »Seit die Masse fort ist, alles viel besser, beinahe fideles Gefängnis. Alle wohlgenährt, eingewöhnt; Behandlung höflich, wohlwollend. Wahrscheinlich nur désirables [»nicht völlig unerwünschte Personen«] hiergeblieben, i.e. für viele Hoffnung auf Freiheit, zumal aus [dem Internierungslager für Ausländer im Vélodrome] *Buffalo* Entlassungen [von Österreichern] gemeldet. Habe guten Platz, außer Flöhen keine Plage, mögen mich nicht. Geistiges Leben Zero, *Francillon* war viel schöner, aber Körperpflege viel besser. Bin wohlriechend, rasiert, gesund. Von M.M. [Margaret Maria Kershaw] Käsesurprise [d.h. eine darin verborgene Giftkapsel!] erhalten, göttliche Speise. Braves Mädchen, schreibt so lieb und tapfer, vergisst nichts. [Man] Sollte Speyers [Familienangehörige des Romanciers Wilhelm Speyer] anrufen, auch v.N. Für drei Tage eingeliefert, jetzt schon drei Wochen mehr. Hoffe aber fest, dass bald am Radio, unfassbar, dass meine Dienste nicht angenommen. [...] Zittre vor Ortsveränderung, fühle mich hier der Freiheit näher. Von Ilse zweiten Brief, ein Labsal. Welch eine Schwester! Soll nicht herkommen, hätte nur Angst um sie. Wollte lieber, Primavera ginge zu ihr. Bin so eingelebt, dass ich nichts entbehren würde. [Basler] *National-Zeitung*, *Zukunft*, *Tage-Buch* (erscheinen sie noch?) – nichts kommt. [...] Hätte gern regelmäßig *New Statesman*. Kurt S. in Paris, völlig frei. Gestern Türke, Fremdenlegionär namens Levi, eingetroffen. Tolle Welt! Auch 15-jähriger Junge hier, völlig Typ Ken oder Ursula. Ob [der Romancier] Ernst Weiss draußen? Glaube fest, dass Nazi im Luftkrieg bald völlig geschlagen werden, dann Riesenkatastrophe. Träume und wache von USA-Avions.«[253] Mitten in diese Träume fällt am 3. Juni ein schwerer Bombenhagel der deutschen Luftwaffe auf Paris und das zum Internierungslager umfunktionierte Tennisstadion *Roland Garros* nieder. Balder Olden schreibt einen Tag später an Margaret Kershaw: »Der Tag des Bombardements war der dramatischste meines Lebens, im Krieg [1915 am Kilimandscharo] war nichts Ähnliches. In einem Hangar eingesperrt, der keinen Schutz bietet, während die Soldaten draußen in den tranchées lagen. [...] Zwei Einschläge, einer 12 m, einer 20 m von unserem Pseudoabri! Aber nur ein Soldat durch Steinschlag verletzt – Wunder, Wunder, Wunder! Ich malte mir das aus, was draußen geschieht, und es war mir speiübel. Gott sei Dank bekam ich schon am anderen Tag ein Pneu von Primavera, das ganz fröhlich klang. Aber sie muss weg, auf keinen Fall im sechsten Stock bleiben. [...] Am Sonntag schreib ich Ilse; es quält mich, ihr nicht schreiben zu können, nicht einmal zu Carlos Tod .... Wir beim letzten Schub Zurückgebliebenen sind nicht suspekt, nur aus Versehen hiergeblieben, scheint mir. Das Régime ist auch sehr menschlich, die Nahrung ausgezeichnet, man kann sich sauber halten, immer wieder bricht eine kindische Heiterkeit aus. Aber auf meine Eingabe an Mandel [zwischen 18. Mai und 16. Juni 1940 Innenminister im Kabinett Paul Reynaud, der dem Waffenstillstand mit Nazideutschland widerspricht] – erfolgt kein Wort. Es wundert mich nicht, aber es quält mich. Wie kann eine so literarische Nation die Kraft des Wortes derart übersehen!«[254]

Georges Mandel amtiert nur mehr wenige Tage. Marschall Philippe Pétain wird, nachdem die Schlacht um Frankreich am 5. Juni begonnen hatte, die am 12. Juni nach Bordeaux evakuierte Regierung Reynaud verraten, am 22. Juni das Waffenstillstandsabkommen von Compiègne, das im Prinzip eine Kapitulationserklärung darstellt, unterzeichnen und damit Frankreich kampflos der Willkür der deutschen Faschisten übergeben. Am 15. Juni dringt ein zwanzigköpfiges Kommando des RSHA, Abteilung IV, Gestapo, geführt von Helmut Knochen, in die Préfecture de police in Paris ein und fordert die sofortige Herausgabe aller vorhandenen Dossiers über deutsche Emigranten, Juden und politische Feinde des Regimes. Georges Mandel sucht vergeblich in Marokko Zuflucht, wo er am 8. August 1940 auf Befehl von Pierre Laval von der Vichy-Regierung verhaftet wird. 1942 liefert sie ihn der Gestapo aus, die ihn – wie auch Paul Reynaud – ins KZ Buchenwald deportiert. Am vierten Tag nach seinem Amtsantritt war am 22. Mai 1940 auch der Romancier Soma Morgenstern in seinem Hotel von einem französischen Zivilbeamten aufgesucht und verhaftet worden: »Allen war es klar, schon an diesem Tag, dass Paris verloren sei, und das Unglück Frankreichs, das große Debakel eines großen Volkes überschattete unser kleines persönliches Missgeschick.«[255]

Arthur Koestler erzählt in *Scum of the Earth*, wie Margaret Kershaw ihm und Balder Olden – hier Vera und B. genannt – die von ihnen gewünschten Giftkapseln mit Potassiumcyanid (KCN) präpariert für den Fall, dass sie den Nazis lebend in die Hände fallen würden. In einer derartigen Situation wäre der Selbstmord ein letzter Akt von persönlicher Freiheit. Die deutschen Truppen befinden sich nun in Nordfrankreich bereits auf raschem Vormarsch, nachdem sie das neutrale Belgien überrannt und vollständig besetzt haben. Koestler schreibt: »Ein aus dem Lager geschmuggelter Brief, S.O.S von B.[alder], dem deutschen Autor von europäischem Ruhm, interniert in *Roland Garros*, an seine Frau [Prima] Vera: ›Sie haben mir mein Cyanid weggenommen. Es war mein einziger Schutz vor der Gestapo.

Solange ich das Gift in meiner Tasche hatte, fühlte ich mich sicher und ruhig. Sie haben mir den letzten Schutzschirm meiner Freiheit und Würde geraubt.‹ Besuch Veras: Sie hat von einem Fotografen eine Dosis Potassiumcyanid beschafft und fragt, ob ich sie beim Comte de N., dem Kommandanten von *Roland Garros* einführen könnte. Ja, ich kann die Hälfte der Dosis haben. In Veras Hotelzimmer füllen wir das gelbe Pulver in zwei leere Aspirinröhrchen und versiegeln diese zum Schutz vor Oxidation mit Kerzenwachs. Vera hat Angst vor dem Stoff und zieht Handschuhe an. Dazwischen die Radiomeldung: Die Deutschen sind bereits auf Saint-Quentin und Laon vorgestoßen [...].«[256]

Unterdessen ist Balder Olden mit einer kleineren Gruppe von Exilanten in einer vierundzwanzigstündigen Bahnfahrt von Paris nach Quimper, an die äußerste Spitze der Bretagne, verfrachtet worden, von wo aus die Gefangenen am 9. Juni auf Militärlastwagen ins 35 Kilometer entfernte Internierungslager *Audièrne* – eine leerstehende, von hohen Mauern eingefasste Fischkonservenfabrik – am Rande des namensgebenden Fischerdorfes gefahren werden. Der Schriftsteller Soma Morgenstern wird Zeuge ihrer Ankunft und erkennt unter den Neuankömmlingen sofort Balder Olden: »Eines Tages öffneten sich die Tore unseres Lagers, und herein rollten zwei große, vollbesetzte Lastautomobile. [...] Dann hieß es: fünfzig Schwer-Suspekte, die im Lager *Roland-Garros* bei Paris waren, seien eben eingetroffen. Man beachte die Wortbildung ›Schwer-Suspekte‹, die offenbar einen provisorischen Übergang zur Bezeichnung ›Schwerverbrecher‹ markierte. Da ich wohl öfter schon Suspekten, doch niemals Schwer-Suspekten begegnet bin, ging ich mit den Neugierigen hinaus und sah: zwei Lastwagen, umzingelt von Wachsoldaten, die strengstens darauf achteten, dass kein Kontakt zwischen den Ankömmlingen und uns sich bildete. Auf den ersten Blick hin erkannte ich unter diesen Schwer-Suspekten einen bekannten deutschen Schriftsteller, der abgesehen davon, dass er französischen Cognac besonders heiß liebte und Adolf Hitler besonders glühend hasste, eines der harmlosesten Menschenkinder auf dieser Welt war und hoffentlich noch ist. [...] Man räumte den Ankömmlingen eine gesonderte Baracke ein, die zwischen dem Haus der Deutschen und den Ubikationen der Wachsoldaten lag. Der Capitaine ließ uns vor jedem Verkehr mit den Schwer-Suspekten warnen, doch nahmen nur die Wachsoldaten diese Warnung ernst. Sie umringten die Angekommenen und ließen uns nicht in ihre Nähe.«[257] Im Lager sind bereits um die vierzehnhundert Männer versammelt, die auf dem Weg von Quimper nach Audierne die hasserfüllte Volkswut spuckender, Steine werfender Einwohner zu spüren bekommen

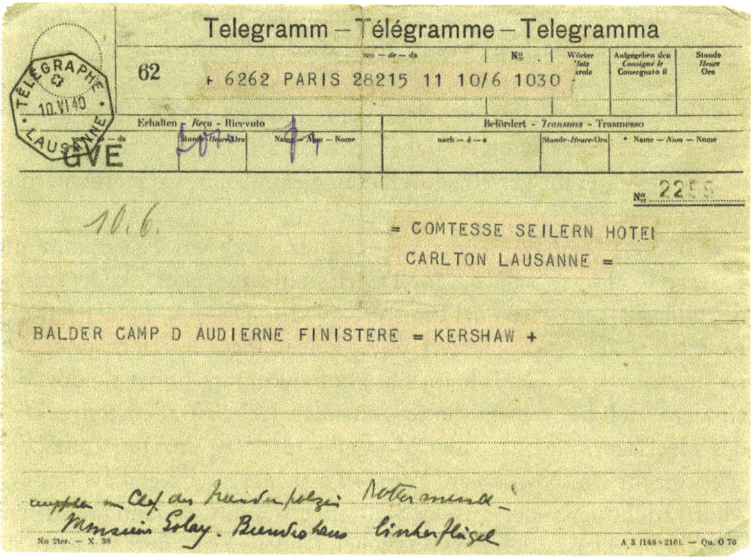
Telegramm – Télégramme – Telegramma

62 + 6262 PARIS 28215 11 10/6 1030

Erhalten - Reçu - Ricevuto

Befördert - Transmis - Trasmesso

GVE

10.VI.40 TÉLÉGRAPHE LAUSANNE

№ 2255

10.6.

= COMTESSE SEILERN HOTEL CARLTON LAUSANNE =

BALDER CAMP D AUDIERNE FINISTERE = KERSHAW +

Abb. 30: Telegramm Margaret Kershaw, Paris, an Ilse Comtesse Seilern, Lausanne, 10.6.1940

haben. Unter ihnen befinden sich außer dem bereits genannten Soma Morgenstern der in Charkow geborene Österreicher Leo Lania, Publizist und Übersetzer von Sergej Tretjakows fiktionsfeindlichem Spiel *Brülle, China!* aus dem Russischen ins Deutsche, Autor eines biografischen Romans über die berühmte Nackttänzerin Anita Berber sowie eines Buches über Waffenhandel und Bewaffnung der deutschen Rechtsextremisten; weiter der saarländische Journalist Johannes Hoffmann, der Pariser Korrespondent des *Pester Lloyd* und der *Neuen Freien Presse*, Artur Rosenberg, der junge Anarchosyndikalist Augustin Souchy, der Professor für Physikalische Chemie Alfred J. Reis, der Autor geisteswissenschaftlicher Werke, Hans Prager, der Wiener Arzt und Philosoph Alexander Neuer sowie der Schriftsteller Leonhard Frank. Inzwischen ist der einheimischen Bevölkerung in einer Zeitungsnotiz und durch das Wort des Pfarrers, von vier Kanzeln herab, erklärt worden, dass die internierten Emigranten Feinde und Opfer der Nazis seien: »Amis de la France« nennt sie der Capitaine beim morgendlichen Zähl-Appell, als die Sache Frankreichs schon verloren ist.

Balder Olden findet auch hierzu bemerkenswerte Worte: »In strahlender Sonne [lag ich] auf einer Wiese der Bretagne, hörte das Meer singen und hielt im Arm eine bauchige Flasche mit Vieille Grappe, einem grimmig starken, wohlschmeckenden Schnaps. In meiner Tasche steckte ein versiegeltes Glas mit Zyankali, das ich immer wieder berührte und zärtlich streichelte. [...] Ich streichelte das Glas, als wären es Primaveras Wangen. Ich dachte an sie und Ilse, nichts Hässliches, nichts Trauriges zog durch meinen Sinn, mir war sterbensfröhlich zumute.«[258]

Margaret Kershaw meldet am 10. Juni durch ein Telegramm aus Paris an Comtesse Seilern, Hotel Carlton in Lausanne: »Balder Camp d'Audièrne [Département] Finistère.«[259] Ihr Versuch, Balder mit der Eisenbahn zu folgen, scheitert, da sie keinen Platz ergattern kann. Als sie mit schwerem Gepäck am Bahnhof ankommt, findet sie dort ein einziges, sich bis weit in die umgebenden Nebenstraßen erstreckendes Heerlager. Am nächsten Morgen – der Tag des Vorstoßes der Wehrmacht von Norden auf Paris – fährt Margaret Kershaw mit der Métro Richtung Süden aus der Stadt hinaus, um sich dann im Strudel der Aberhunderttausenden von fliehenden Parisern – anfangs ganz allein – zu Fuß bis Orléans und von dort aus weiter nach St. Nazaire an die Atlantikküste durchzuschlagen. Sie ist eine Woche unterwegs. »Allein auf mich gestellt, mit einem Vorsprung von nur 12 Stunden vor dem Feind und ohne jede Kommunikation, ohne Hilfe oder Rat seitens des britischen Konsulats, mit der Vorstellung, Balder in Audièrne nicht mehr anzutreffen, falls es mir überhaupt gelänge dort anzukommen – dies müssen meine Überlegungen gewesen sein wegzufahren. Dann ging alles sehr schnell. Ich schaffte es auf eines der letzten nach England auslaufenden Schiffe und fühlte mich sofort erleichtert, nach Hause zu kommen, nachdem ich so lange alleine und verloren war.«[260] Margarets Zweifel, Balder in *Audièrne* überhaupt noch anzutreffen, werden bestätigt. Sie hat gerade noch zwölf Stunden Vorsprung vor Ankunft des Feindes in Paris, jede Art Kommunikation ist zusammengebrochen. Auf einem der letzten britischen Truppentransportschiffe erreicht sie mit gut Glück ihr Heimatland England und fährt sogleich zu Rudolf und Ika Olden nach Oxford. Am 21. Juni telegrafiert Margaret an Ilse nach Lausanne: »NO NEWS ONLY HOPE REDCROSS.«[261] Am 26. Juni telegrafiert Ilse aus Lausanne zurück. Wie könne sie über das Rote Kreuz helfen?[262] Dann, am 29. Juni: »AM IN AGONIZING ANXIETY.«[263] Ob nicht der PEN helfen könne? Sie sei gelähmt vor Angst.

Wo kann Balder nur sein? Das Schweizer Rote Kreuz suche Balder bereits. Antoine biete in London seine Hilfe an. Sie könne jetzt unmöglich nach Oxford kommen.

Doch als Ilse Gräfin Seilern in Genf bei Carl Jacob Burckhardt – führendes Mitglied des Internationalen Komitees des Roten Kreuzes und zudem ein Freund von Rudolf Olden – um Hilfe und Rettung für dessen Bruder fleht, raunt man ihr zu: »›Sie wissen doch, er war in Russland – er hat am Moskauer Sender gesprochen‹. Und Burckhardts Secrétaire voller Strenge: ›Ich bitte Sie dringend, nennen Sie seinen Namen nicht, wenn Sie uns telefonieren, kommen Sie lieber nicht ins Rote Kreuz – schreiben Sie mir an meine Privatadresse. Sie müssen das verstehen, der Moskauer Sender.«[264] – Am 2. oder 3. Juli 1940 schickt Ilse ein Telegramm aus dem Schweizer Bergdorf Montana-Vermala im Wallis nach Oxford: »EVERYBODY ADVISES AGAINST OFFICIAL RESEARCH. UNTIL NOW EVERY STEP FAILED.«[265] Die Furcht, eine offizielle Suchmeldung könnte den Bruder der Polizei leicht in die Hände spielen, ist nicht unbegründet. Schließlich steht der Name Balder Olden mit größter Wahrscheinlichkeit auf der Auslieferungsliste nach Klausel 19 des Waffenstillstandsvertrages an Nazideutschland. Als Annette Kolb im Mai Jean Giraudoux in Vichy auf der Straße trifft, äußert er gegenüber der 1936 als Französin eingebürgerten Schriftstellerin: »Wir können Ihnen keinen Schutz bieten.«[266]

Endlich, am 7. Juli 1940, empfängt Ilse, nach Wochen der Ungewissheit, ein Lebenszeichen ihres Bruders und telegrafiert die hoffnungsvolle Nachricht sofort an Margaret weiter: »RECEIVED POSTCARD HINCHEN FROM 13 JUNE THAT HE IS FEELING WELL ONLY WORRIED ABOUT YOU.«[267] Balders Postkarte trägt den Poststempel vom 13. Juni. Spürbar erleichtert telegrafiert Margaret am selben Tag zurück: »THANKS NEWS FEELING MORE HOPEFUL.«[268]

Balder Olden hat Glück im Unglück! Als die Gefangenen in *Audièrne* erfahren, dass Paris am 14. Juni gefallen ist, kommen sie »aus der Besturzung über den Vormarsch der Nazis nicht mehr heraus«, wie sich Soma Morgenstern ausdrückt: »Wir waren verloren, wenn wir nicht schnell genug hier wegkamen. Erreichten die Nazis auch nur Rennes, so waren wir abgeschnitten und konnten, wenn der Capitaine uns freigelassen hatte, nur noch westwärts ein paar Schritt laufen und uns in den Ozean stürzen. [...] Irgendwoher hatte einer in der österreichischen Baracke eine Landkarte bekommen, und wir studierten nun unsere geographische Lage genau. In dem Tempo ihres Blitzes konnten die Deutschen in zwei Tagen Finistère erreichen.«[269]

Diverse Fluchtpläne werden geschmiedet und wieder verworfen. Am 16. Juni wird der zu Waffenstillstandsverhandlungen bereite

Marschall Philippe Pétain französischer Regierungschef. Leo Lania, Mitgefangener von Balder Olden in *Audièrne*, schreibt in *The Darkest Hour*: »Während der folgenden drei Tage lebten wir in einem dauernden Delirium. Es gab keine Nachrichten, nicht einmal Gerüchte. Von morgens bis abends wanderten wir um die Baracken herum, verloren und hilflos, in endlose Diskussionen verwickelt, die sich immer um die eine Frage drehten: ›Was, wenn die Deutschen in die Bretagne vordringen und unser Lager besetzen?‹ Der Schrecken kroch durchs Lager wie ein grässliches Monster mit tausend Armen. Zu passivem Warten verurteilte Menschen sind gegen solchen Schrecken hilflos. Das Denken lässt dich in einer solchen Lage im Stich. Der Untergang Frankreichs, die Zukunft Europas, alles was dir teuer war – dein ganzer Lebensinhalt – verliert jede Wirklichkeit und Wichtigkeit. Die einzige Wirklichkeit ist Angst. Es war nicht die Angst vor dem Tode. [...] Der Tod ist etwas Fernes, Vages, Unbestimmtes. Das Leben in einem deutschen Konzentrationslager – das war konkret und erschreckend. Das war ein Bild, das dir nicht aus dem Sinn ging.«[270] Am Morgen des 19. Juni stellen die zum Frühappell angetretenen Gefangenen fest, dass an Stelle der Trikolore die Flagge des Roten Kreuzes über dem Tor des Lagers flattert. Der Capitaine lässt verkünden, der Schutz des Roten Kreuzes würde allen garantieren, von den Deutschen nicht belästigt zu werden. Nach dieser Ansage bricht unisono Gelächter aus, das sich zu einem Tumult steigert. Man versucht dem Capitaine klarzumachen, dass er es nicht mit Kriegsgefangenen im Sinne der Genfer Konvention zu tun hat, und lehnt den »Schutz des Roten Kreuzes *unter Hitler*« strikt ab. Laut Leo Lania verspricht der Kommandant, sämtliche die Internierten betreffenden Schriftstücke verbrennen zu wollen, und ist außerdem damit einverstanden, zu einem späteren Zeitpunkt offizielle Entlassungsscheine auszuhändigen: »›Dies‹, sagt er, ›wird Sie gegenüber den Behörden und der Bevölkerung ausweisen, für den Fall, dass jemand von Ihnen gezwungen sein sollte, das Lager schnell zu verlassen.‹« Zugleich ordnet der Capitaine an, bei jedem Fluchtversuch zu schießen. Als die deutschen Truppen näher rücken und schließlich am 20. Juni vor dem Eingang des Internierungslagers von Audièrne stehen, duldet ein französischer Wachposten die Flucht. Laut dem Mitgefangenen Johannes Hoffmann gibt der Kommandant im allerletzten Moment einigen revoltierenden Gefangenen nach.[271] Im Manuskript von Balder Oldens vermutlich unvollendet gebliebenen Erinnerungen *Stationen meines Lebens* liest sich das so: »Wir waren kaum ein Dutzend Männer im Lager auf Cap Finistère, denen Folter und Beil gewiss waren, wenn die Nazis uns fingen, aber Hunderte, denen das deutsche KZ gewiss war. Der Lagerkommandant hatte vor wenigen Tagen sein Wort verpfändet, wenigstens uns entfliehen zu lassen. Aber in dieser letzten Nacht und an diesem letzten Morgen standen Doppelposten mit entsichertem Gewehr rings ums Lager [...] Das Lager war kirchhofsstill. [...] Es wurde mir später erst klar, was ich nun tat. Schnurstracks ging ich auf die Schützenkette zu, so zielbewusst, so selbstverständlich, dass die Soldaten mich passieren ließen. Ich betrat das Büro des Capitaines, ohne zu klopfen, er starrte mich an, sein Gesicht war schweißübergossen und aschfahl. Er erkannte mich, sprang auf, fasste mich an der Schulter und stammelte: ›Monsieur, ich kenne Ihre Situation‹ – und ein verzweifelter Gestus drückte aus, er sei machtlos. Ich rief: ›Und Ihr Ehrenwort, Capitain? Sie werden nie wieder schlafen können, wenn Sie sich zum Henkersknecht machen!‹ Sekunden später stand vor einer niedrigen Mauer, die eben noch ein Doppelposten bewacht hatte, ein Tisch, über Tisch und Mauer kletterten Männer wie geängstigte Ameisen. Von unten geschoben, von oben gezogen, flog man auf den Kamm der Mauer, half den nächsten Mann nachziehen und sprang auf weichen Ackerboden. Von der Mauer aus hatte ich gesehen, dass deutsche Soldaten auf Motorrädern das Eingangstor schon besetzt hatten, jetzt knatterten auch schon Motore auf die andere Seite des Lagers auf uns zu. Hundert Meter weit war ich gekommen und sah mich um, da hielten an der Stelle der Mauer, die ich gerade übersprungen hatte, zwei Motorräder, und acht deutsche Soldaten sprangen ab, scheuchten die Unglücklichen zurück, die uns folgen wollten. [...] ›Es ist aus, sie schießen‹, sagte ein Mann mit schneeweißen Haaren zu mir. Es war mein Jugendfreund Leonhard Frank, den ich bis dahin nicht bemerkt hatte. Aber sie schossen nicht, wir liefen in einen Wald hinein, sie verfolgten uns nicht. [...] Nicht jede Selbstbeschmutzung, die Pétain [im Waffenstillstandsvertrag Hitler] versprochen hatte, wurde von seinen Beamten ausgeführt – sie ließen mich entkommen.«[272]

Balder Olden entkommt mit knapper Not auch aus dem Getreidefeld, in das er über die Mauer hinweg gesprungen war, in ein nahe gelegenes Wäldchen und schlägt sich dann trotz Fahndung auf einem gewagten Fußmarsch in die unbesetzte Zone Frankreichs, südöstlich von Tours, durch. Der Weg über den Ärmelkanal nach England ist am 20. Juni bereits versperrt. Ein alter Fischer erklärt den insgesamt fünf Dutzend Fliehenden, die Deutschen hätten an der ganzen Küste die Benzinvorräte beschlagnahmt, damit die Fischkutter nicht ausfahren und die jungen Bretonen nicht nach England flüchten könnten.

Des Nachts suchten sie von Booten aus die See mit Scheinwerfern ab. Jetzt erst erfahren die versprengten Flüchtlinge, dass die Nazis Frankreich in eine besetzte und eine unbesetzte Zone aufgeteilt haben, auch wenn ihnen der genaue Verlauf der Demarkationslinie zunächst unklar bleibt. Und so bleibt ihnen nur, in der brennenden Sommerhitze die Flucht durch deutsche Linien hindurch nach Süden ans Mittelmeer zu wagen. Fremde Menschen bieten fremden, staubigen und unrasierten »Landstreichern« wie Balder Olden auf der Flucht Hilfe und Unterkunft auf Heuböden an, stecken ihnen Geld und Nahrungsmittel zu, als schlössen sie ein Bündnis gegen den gemeinsamen Feind. »Diese Landpartie dauerte genau dreißig Tage, von einer Vollmondnacht zur nächsten. Sie ging durch immer dichter besetztes Land, oft auf Tuchfühlung an deutschen Posten und Patrouillen vorbei. Das war, trotz aller Gefahren und grimmigen Strapazen, eine unvergessbar schöne Reise, die Franzosen, Landarbeiter und kleine Bauern, an deren Türen wir [...] immer wieder klopfen mussten, hatten offene Herzen, offene Arme, zeigten uns fremden Landstreichern eine Solidarität der Armen und Unbewehrten bis zur Grenze des Heroismus. Denn ihre Gastfreundschaft konnte ihnen deutschen Hass, furchtbare deutsche Nazijustiz eintragen, und sie wussten es. Wie mir zu Beginn der Flucht tausend Francs in die völlig leere Tasche glitten, wie wir über die reißende Loire kamen, die nach endlosen Regengüssen mit grauer Flut ihr Bett überschwemmt hatte, wie wir [am 18. Juli 1940] die Demarkationslinie zwischen dem besetzten Frankreich überschritten – das Wunder, und viele Menschen erschienen an unserem Weg wie Engel der katholischen Legende. Ja, es war eine schöne Fußpartie über sechshundert Meilen Seitenwege, durch glühende Hochsommersonne, durch wochenlang strömenden Regen, die Füße im Schlamm, denn an jeder Wegbiegung stand der Tod, und jedesmal erschien uns dieser rettenden Engel einer. Nur dass ich an nichts denken durfte, was mir lieb war, sonst hätte Angst meine Füße gelähmt. Viel später erfuhr ich, dass Primavera sich aus Paris gerettet hatte [...], dass meine Schwester mit ihren Kindern am Genfer See, lebendig und in Sicherheit war, dass die Engländer meinen Bruder in der Nervenkrisis des nahenden Blitzkrieges – genau wie die Franzosen – ins Lager gesperrt hatten, einen kranken Mann, der mit einer machtvollen Feder immer gegen Unrecht und Tyrannei gekämpft hatte, warnend, beschwörend, seit die Hitlergefahr am Himmel stand.«[273] Kein Bauer sagt Nein, wenn die Flüchtlinge um Nachtquartier bitten. Sie gehen durch ein Land, in dem die Bevölkerung mit jedem fraternisiert, der sich auf der Flucht vor den Deutschen befindet.

Schließlich gelingt es Balder Olden am 20. Juli 1940 in vollkommen gesundem Zustand, aber unbeschreiblich erschüttert und zu Tränen gerührt (»indescriptiblement ému« und »bouleversé jusqu'aux larmes par ce fait incroyable«) bei Loches im Département Indre-et-Loire »im freien Frankreich« angekommen zu sein,[274] – einen Hilferuf an seine Schwester in der Schweiz, deren aktuelle Adresse er im Moment nur vage erahnen kann, die frohe Botschaft zu telegrafieren. Er findet im Obdachlosenasyl der Stadt Châteauroux Unterschlupf und kann nach zwei Wochen in direkte Verbindung mit Ilse gelangen. Diese informiert sofort Margaret Kershaw in London und die Familie ihres Bruders Rudolf: »THANKS HEAVEN HINCHEN ARRIVED WELL CHÂTEAUROUX LOCHES.«[275] – Die beiden Wochen des Wartens verliefen äußerst quälend für Balder. »Eine lange, hagere Beamtin am Schalter für postlagernde Briefe knurrte mich immer unfreundlicher an, wenn ich nach Post fragte, anfangs dreimal täglich, zuletzt nur noch jeden zweiten Tag. Aber einmal, als ich schon ganz verzagt, fast beschämt dem Schalter nahte, erschien mir wieder ein Engel, eine ganz junge, liebliche und zarte Beamtin! Sie griff ins Fach für O – da lag nichts. Aber ihre Himmelsstimme sprach: ›Warten Sie einen Augenblick, Monsieur, ich glaube …‹. Und ihre Engelsfinger griffen in das Fach B! Da stellte sich heraus, dass meine Post unter Balder verteilt und unter Olden gesucht worden war – seit Wochen lagen da Telegramme voll guten Inhalts, Briefe voll Zärtlichkeit, so viele Nachrichten, die mich glücklich machten, dazu Tausende von Francs! Ich wagte mich, ein Vagabund in Fetzen, in ein Café und wurde seltsamerweise bedient. Dort las ich, las jede Zeile zehnmal … .«[276]

Noch während sich jede konkrete Spur des Bruders verloren hatte, hatte Gräfin Ilse Seilern bereits am 13. Juli das Internationale Rote Kreuz in Genf aufgesucht. Soma Morgenstern bezeugt in seinem Romanbericht *Flucht nach Frankreich*, dass in *Audièrne*, vor der Übergabe des Lagers an das Vorauskommando der Wehrmacht, die Fahne des Internationalen Roten Kreuzes aufgezogen worden war und jemand die Übernahme des Lagers telegrafisch bestätigt hatte. »Dem rettungslos Verlorenen will jeder gern helfen«, kommentiert Morgenstern. »Wir sind geliefert. Wir stehen unter dem Schutz des Salzamts«, äußern zwei andere Gefangene. Etliche Namen der »Schwer-Suspekten« standen auf den Sonderfahndungslisten der Gestapo. Bis heute ist es ein Rätsel, wieso von allen französischen Internierungslagern nur *Audièrne* den Deutschen übergeben werden sollte. In allen anderen Lagern wurden die Internierten vor Ankunft der Wehrmacht auf freien Fuß gesetzt. In *Flucht in Frankreich* mischt sich in dieser Situation eine dritte Stimme in die Diskussion ein: »Der Kommandant ist kein Kommandant. Der Kommandant ist ein Telefonfräulein. Er hat wahrscheinlich nach Quimper telefoniert, und die Schweine haben nein gesagt. Die wollen uns den Deutschen ausliefern. Die Generäle wissen, dass wir hier in der überragenden Mehrzahl Juden sind, und sie wollen uns den Deutschen ausliefern, weil sie alle Antisemiten sind, die französischen Generäle. Ihnen ist Hitler lieber als [der 1940 verhaftete Ministerpräsident der französischen Volksfrontregierung 1936/37 und 1938, Léon] Blum.«[277]

Am 18. Juli – Balder Olden hat just an diesem Tag gemeinsam mit seinem Schicksalsgefährten, dem Rundfunksprecher Alexander Maaß, wie elf Tage vor ihm Leonhard Frank mit Leo Lania und drei Tage vor ihm der erst Tage nach ihm aus dem Lager *Audièrne* ausgebrochene Soma Morgenstern bei Loches die Demarkationslinie überquert – informiert Gräfin Ilse ihre Schwägerin in Oxford. Rudolf Olden befindet sich seit dem 17. Juli im britischen Internierungslager *Hutchinson* auf der Isle of Man hinter Stacheldraht. Ilse schreibt: »Ich war beim [Internationalen Roten Kreuz] in Genf, sah Annette Kolbs großen Freund Carl Jacob Burckhardt und einen Herrn [Marcel Junod], der noch am selben Tag aufbrach, um unseren Bruder zu suchen. Ich denke, dass weiter nichts getan werden kann. Durch diesen Freund wird er auch genügend Reise- und Proviantgeld erhalten. Meine Schweizer Freunde, die mich und die ganze Familie ja seit 25 Jahren kennen, sagen, ich könnte für Angehörige und Kinder eine langfristige Aufenthaltsberechtigung arrangieren. [...] Carl Burckhardt erinnerte sich und sprach mit grenzenloser Liebenswürdigkeit von dir. Er sagte, die süße alte Annette sei tot, wusste aber nichts Genaues. Ich hoffe, es ist nicht wahr.«[278]

Am 21. Juli bittet Ilse die Schwägerin um solidarische Hilfe: »PLEASE WIRE NAMES OF COMPANIONS IN AUDIÈRNE [...] REDCROSS WORK STARTED UNDER FAVOURABLE CONDITIONS.«[279] – Und sie macht einen Plan für die Weiterreise Balders in Richtung Schweiz, wobei nicht sicher ist, ob er überhaupt einreisen darf. Am 23. Juli telegrafiert sie an Margaret Kershaw: »TELL DEAREST RUDIS THAT I WILL TRY TO BRING HIM HERE.«[280] Margaret antwortet am 24. Juli erleichtert und hat eine Bitte: »CAN YOU COMMUNICATE AND SEND HIM MONEY? HOPE HE SOON GETS SWITZERLAND.«[281] – Am selben Tag schreibt Margaret an Balder nach Châteauroux:

»Mein Glück kennt keine Grenzen, seitdem ich weiß, wo Du bist. Ich habe nur einen einzigen Wunsch: Dich bald wiederzusehen und in meine Arme zu schließen. Ich bin voller Hoffnung. Ilse, la magicienne – edel und mutig, wie sie ist –, wird auch dies zu Wege bringen. Lass uns über ihre Adresse in der Schweiz schreiben. Ich war total verzweifelt, jetzt fange ich wieder an zu leben. Mach Dir bitte um mich keine Sorgen. Ich werde Geld verdienen und für eine große Organisation nützliche Arbeit verrichten. Bis wir in einer veränderten Welt wieder vereint sein werden. Ich bin in Gedanken immer bei Dir: Hoffnung, Hoffnung, wir werden leben, wir werden uns wiederfinden, um uns niemals mehr zu trennen.«[282]

Ilse, »la magicienne«, antwortet Margaret am 4. August: »HINCHEN IN GOOD HEALTH SPIRITS. FINANCED HIM. HE TRAMPED WHOLE WAY. LOVE FOR YOU SUPPORTED HIM.«[283]

Ilses Plan, den Bruder dauerhaft in die Schweiz zu holen, steht von Anbeginn unter keinem guten Stern. Am Fuß des Telegramms von Margaret Kershaw vom 10. Juni nach Lausanne, in dem sie die Internierung Balders in Audièrne mitteilt, befindet sich ihre handschriftliche Notiz: »empfohlen vom Chef der Fremdenpolizei, Rothmund: Monsieur Golay. Bundeshaus linker Flügel.«[284] Dort, in Bern, befindet sich das eidgenössische Justiz- und Polizeidepartement, dem die Fremdenpolizei, die seit 1919 von Heinrich Rothmund geleitet wird, seit 1933 eingegliedert ist. Seit der Generalmobilmachung der nun – mit Ausnahme Liechtensteins – von allen Seiten durch faschistische oder von den Nazis besetzte Staaten umschlossenen Eidgenossenschaft im Mai 1940 muss jedes der nur zögerlich erteilten Visa, egal ob für »politische Flüchtlinge« mit Recht auf Asyl oder für »Emigranten«, welche verpflichtet sind, die Schweiz nach Ablauf des Visums wieder zu verlassen, von der Fremdenpolizei in Bern bewilligt werden. Gräfin Seilern ist dort selbst Ausländerin und als britische Staatsbürgerin, vielleicht auch als Bürgin, rechtlich etwas weniger prädestiniert als ein Schweizer Bürger. Heinrich Rothmund steht überdies seit langem im Ruf, alles andere als ein Freund der Feinde des Faschismus in Deutschland und Italien zu sein, auch die politischen Ansichten Balder Oldens dürften ihm nicht völlig unbekannt sein. Kurzum: Der Plan, den Bruder in die Schweiz zu schleusen, hat nur wenig Aussicht auf Erfolg, auch wenn Balder Olden, einen Tag vor seiner Abreise aus Châteauroux, in einem Brief an Ilse äußert, an alle Wunder zu glauben, damit er zu ihr reisen könne. Der renommierte Davoser Rechtsanwalt Alexander Spengler wendet sich im Auftrag von Gräfin Ilse Seilern-Aspang am 8. August 1940 an die Fremdenpolizei in Bern: »Hochgeachtete Herren, Der Endunterzeichnete erlaubt sich höflichst, Ihnen die Einreiseerlaubnis des

Herrn Balder Olden zu empfehlen. Herr Balder Olden, der Bruder der Gräfin Seilern, ist ein guter Bekannter von mir, und ich habe ihn in den vielen Jahren meiner Bekanntschaft als einen hochwertigen Mann und sehr begabten Künstler kennen und schätzen gelernt. Ich kann bezeugen, dass Herr Balder Olden sich politisch, weder in Deutschland noch in der Schweiz betätigt hat.«[285] Ob Rothmund dies glauben mochte? Wohl kaum, auch wenn Olden tatsächlich nie Mitglied einer politischen Partei geworden war. Und so wird Balder Olden später in *Episode in Paris* schreiben, er habe »in finsteren Verließen und Lagern, im Eisenbahn-Transport, auf einer dreißigtägigen Flucht durch das besetzte Frankreich [gegrübelt]: wer hat mich denunziert? Welchem Schurkenstreich danke ich diese Trennung [von Primavera]? Erst Monate später wusste ich es. Den Haftbefehl hatte der Brief des tapferen und patriotischen Jules Romains an seinen Freund [den Polizeipräfekten von Paris, Roger] Langeron bewirkt! In jener Nacht vom 9. auf den 10. Mai war Frankreich verraten worden. Im Herzen der Hauptstadt, in den Hallen und Kammern der Präfektur, war die Fünfte Kolonne ausgebrochen und hatte die Fassade der Republik zertrümmert.«[286]

Am 8. August 1940 bricht Balder Olden in Châteauroux auf und macht sich auf den Weg in Richtung Genfer See. Sein Ziel heißt Hôtel Plage in Évian-les-Bains. Er trägt genügend Geld, dürftige Ausweispapiere, aber keine handschriftliche Einladung mit sich. In der von Flüchtlingen überfüllten Stadt Limoges im Zentralmassiv (Département Haute-Vienne) – bald eines der Zentren der Aktivität des Maquis, der Widerstandsbewegung gegen die deutschen Besatzer – wird er aufgehalten und muss dort eine fremdenpolizeiliche Erlaubnis zur Weiterreise abwarten. Was er braucht, ist ein »sauf-conduit« (Geleitschein) auf Grund einer »invitation d'héberge à Évian, confirmée par le maire de cette ville«, das heißt eine vom Bürgermeister von Évian-les-Bains gegengezeichnete Einladung als Bedingung für freies Geleit dorthin. Um gegebenenfalls von Évian-les Bains aus in die Schweiz einreisen zu dürfen, benötigt der staatenlose Exilant überdies ein »Visa de rentrée en France« oder ein französisches Transitvisum. »Der zweite Teil meiner Reise ist noch schwieriger als der erste«[287], schreibt er der Schwester am 7. August 1940. »Bitte bestätige dem Hôtel de la Plage meinen Brief. Die Wunden durch den Hundebiß am Unterschenkel vernarben, ich esse gut und hole Gewicht auf. Ansonsten lebe ich in einem Traumzustand, fern der Wirklichkeit. Erst wenn ich Dich in den Armen halte, werde ich glauben können, dass alle diese Ereignisse wahr sind. Primavera weiter von mir entfernt, als wenn sie bloß in Afrika wäre, bedroht durch den ganzen Horror dieser verfluchten Epoche.«[288]

Am 18. August wartet Balder Olden mit wachsender Ungeduld auf seine Reisepapiere aus Évian. Brieflich schlägt er Ilse vor, sich entweder in Annemasse oder in Évians-les-Bains zu treffen, je nachdem, ob er in die Schweiz einreisen dürfe oder nicht. Am 19. August trifft endlich der erwartete Brief ein. Er enthält eine »invitation de l'hôtel Bellevue à Évian.«[289]

Noch während Balder sich auf der Odyssee durch halb Frankreich befindet, setzt Ilse von Lausanne aus alle Hebel in Bewegung, um ihren Bruder vor weiterer Verfolgung in Europa zu retten. Sie nimmt über die *American Guild for German Cultural Freedom* – »Last information: He is now walking somewhere through France«[290] – Verbindung zum Hauptquartier des *Emergency Rescue Committee* in New York auf. Heinrich Mann und Charlotte Dieterle – der Filmregisseur William Dieterle ist der Vizepräsident des zu Rettungszwecken gegründeten *European Film Funds* – stehen bereit, für Balder Olden zu bürgen. Annette Kolb fragt aus Muri bei Bern kurz vor ihrer Abreise via Genf Richtung Lissabon nach New York am 21. August: »Kann ich etwas für ihn tun? [...] Ist er gefährdet? [...] Mein Rat ist nach wie vor, er sollte, da er so leidend ist, comfortabel nach Évian reisen.«[291] Sie rät, Balder in die Schweiz zu holen und dort eine der Familie Olden nahestehende Person mit Bürgerrecht für ihn bürgen zu lassen, und mahnt an, im Briefverkehr sehr vorsichtig zu sein. Am 31. August 1940 verständigt das *Emergency Rescue Committee* die *American Guild* über die Entscheidung des US-Außenministeriums: »A visa has been authorized for Mr. Olden.«[292] Dieser solle sich auf dem Konsulat in Marseille melden. Irgendwann im Sommer 1940 begegnet Balder Olden dort dem deutschen Journalisten Maximilian Scheer: »Wir saßen zuletzt auf der Terrasse des kleinen Cafés in Marseille; vor uns lag der Fischereihafen; ein paar Boote schaukelten träge; die Sonne war heiß; wir sprachen über Vergangenes und streiften Künftiges«. Dann habe Balder ihm gesagt: »Ich kann nicht in Amerika leben. Ich bleibe hier.«[293]

Auch Arthur Koestler könnte Balder Olden in Marseille wiedergesehen haben. Dieser war im Mai, wenige Tage nachdem Daphne Hardy und er selbst vor dem Lager *Roland Garros* auf Margaret Kershaw gewartet hatten, ebenfalls verhaftet und zur Pariser Polizeipräfektur gebracht worden. Dort hatte Koestler seinen ungarischen Pass und seinen Presseausweis gezeigt und behauptet, er sei vor seinem Stammcafé von der Polizei aufgegriffen worden, worauf er heftig protestierend den eklatanten Polizeiirrtum beklagt habe. Es war ihm tatsächlich gelungen, den Beamten zu überrumpeln und auf freien Fuß gesetzt zu werden, um sich dann sofort filmreif à la Jean Gabin mit Daphne Hardy auf den langen und mühsamen Fluchtweg nach Südfrankreich zu begeben.

Als Koestler sich am 15. August 1940 anschickt, den Bahnhof von Marseille zu verlassen, stößt er auf den früheren SPD-Reichstagsabgeordneten Rudolf Breitscheid und den früheren sozialdemokratischen Reichsfinanzminister Rudolf Hilferding, den Verfasser von *Das Finanzkapital* und berühmten Theoretiker des Austromarxismus, die ihn beide ins Hotel Normandie einladen, um ihm dort höchst besorgt mitzuteilen, dass Willi Münzenberg seit zwei Monaten spurlos verschwunden sei, kurz nachdem er zusammen mit allen anderen Gefangenen das Internierungslager *Chambaran* am 6. Juni verlassen habe. Es sei äußerst mysteriös, und man rechne mit dem Schlimmsten. In Paris habe der Prager Romancier Ernst Weiss beim Einmarsch der deutschen Truppen Selbstmord begangen. Walter Hasenclever habe sich im Internierungslager bei Avignon die Pulsadern aufgeschnitten, Erich Kaiser, Mitarbeiter der *Pariser Tageszeitung*, habe in einem anderen Lager eine tödliche Dosis Strychnin genommen. Sie selber tränken jedoch allmorgendlich auf der Terrasse des Normandie ihren Kaffee. Breitscheid ist felsenfest davon überzeugt, dass sie unantastbar seien – ein sehr gefährlicher Trugschluss, der beide Politiker das Leben kosten wird. Koestler hat Angst: »Alles verloren. Wir sind vogelfrei. Nur eine Rettung: untertauchen.«[294]

Am 20. August 1940 fällt Leo Trotzki in Coyoacán, im mexikanischen Exil, einem Auftragsmord Stalins zum Opfer. Der sowjetische Geheimdienst hat mit Hilfe der kommunistischen Parteien Mexikos und der USA ein supranationales Terrornetzwerk aufgebaut. Der Täter stammt aus der großbourgeoisen Familie Mercader in Barcelona. Im Mai 1940 war ein erster Anschlagsversuch auf Trotzki durch den mexikanischen Maler und Agenten des sowjetischen Geheimdienstes David Siqueiros missglückt. Münzenberg wird im Oktober, an einem Eisenseil erhängt, in einem Waldstück der unbesetzten Zone Frankreichs von französischen Jägern aufgefunden. Er befand sich auf dem Weg nach Genf. Bis heute sind seine Mörder nicht identifiziert. Stalins Auftragsmörder säten seit Jahren weltweit Terror, zu Hauf fielen ihnen in Spanien Mitglieder der linkssozialistischen POUM zum Opfer, sie ermordeten zum Beispiel in Prag Raoul Laszlo und in La Habana Arkadi Maslow, selbst im Schweizer Lausanne entkam ihnen der abtrünnige NKWD-Offizier Ignace Reiss nicht, nachdem er einige Wochen zuvor, im Sommer 1937, seinen Roten Orden mit den Worten an Stalin geschickt hatte, er könne es nicht ertragen, dieselbe Auszeichnung wie die Henker der besten Vertreter der russischen Arbeiterklasse zu tragen. Stalins Urheberschaft muss unter diesen Umständen als die wahrscheinlichste Hypothese für den Mord an Willi Münzenberg gelten, sofern man nicht von einem Raubmord oder Opfer der Gestapo ausgeht. Willi Münzenberg hatte sich nach der Entlassung aus dem französischen Internierungslager zu Fuß auf den Weg nach Genf gemacht, da er in der Schweiz über zahllose Kontakte und wohl auch ungeschmälerte Bankguthaben verfügte. Wäre er, nach dem großen internationalen Erfolg mit *Die Zukunft* und der *Deutsch-Französischen Union* auch mit der Gründung einer neuen linken Partei oder einer breiten, koalierten Exilregierung unter Ausschluss der moskauhörigen Kommunisten erfolgreich geworden?[295] Münzenbergs Ideen, sein Kampf gegen jede weitere Diktatur oder für eine deutsch-französische Union als Grundstein einer europäischen Einigung hätten Zukunft gehabt.

Ob es wahr ist, dass Balder Olden »noch eine Zeitlang mit gefälschten Papieren als ›Elsässer‹ und ›Lehrer‹ in der für ihn nicht ungefährlichen südfranzösischen Hafenstadt wohnt«[296], wie Ruth Greuner schreibt? Bestgefälschte Papiere waren mit Hilfe der korsischen Marseiller Unterwelt jedenfalls unschwer zu haben, selbst eine Erlaubnis, in der gesamten nichtbesetzten Zone herumreisen zu dürfen, ist über sie zu beschaffen. Ein österreichischer Flüchtling verkauft Entlassungsbescheide, französische Personalausweise, Pässe und Ausreisevisa. Heinrich Mann befand: »Wir müssen uns wie richtige Verbrecher benehmen.«[297] Ein gutes Versteck gibt es eigentlich nur noch bei Freunden, in einem ›Maison de rendezvous‹ oder in einem Bordell. Von großem Vorteil ist das allgemeine Durcheinander, *la pagaille*, denn der an sich unübersichtliche Hafen von Marseille ist das Ziel von Zigtausenden politischer Flüchtlinge. Aber auch ein berühmter Schriftsteller wie Balder Olden gilt der Polizei im Zweifelsfall nicht viel mehr als ein aus dem Lager *Audièrne* entlaufener Ausländer, den es zu fassen und auszuweisen gilt. Die französische Polizei überwacht bereits die zur Tarnung als Hilfsorganisationen geführten Fluchthilfe-Unternehmen. Die deutsche Besatzungsmacht hat sowohl offizielle Vertreter als auch Geheimdienstler in der Stadt, die jederzeit planmäßig oder willkürlich zuschlagen können und auch vor Entführungen nicht zurückschrecken. Ein Aufenthalt in

Marseille ist jedenfalls brandgefährlich. Heinrich Mann verfasst hier – zwei Wochen vor der abenteuerlichen Flucht des fast Siebzigjährigen zu Fuß über die Pyrenäen – am 28. August 1940 sein Testament. Lion Feuchtwanger, der in Deutschland als »Feind erster Ordnung« gilt, kann mit Hilfe des US-amerikanischen Vizekonsuls Hiram Bingham und von Varian Fry, als Frau verkleidet, aus dem provisorischen, aus Zelten bestehenden Internierungslager *St. Nicolas* bei Nîmes entkommen, lebt dann versteckt eine Zeitlang in der Marseiller Wohnung Binghams, um schließlich mit Hilfe von Varian Fry wohlbehalten Lissabon zu erreichen. Dieser junge New Yorker Anwalt war erst am 14. August 1940 mit dem Zug aus Narbonne in der Hafenstadt angekommen. »In New York fühlte man die brennende Not der Stunde. Um die gefährdeten europäischen Sozialisten bemühte sich bereits das *Jewish Labor Committee*. Rasch wurde eine neue Organisation gegründet, die sich im besonderen die Rettung der Intellektuellen – Wissenschaftler, Künstler, Dichter, Publizisten – zum Ziel setzte. Sie nannte sich *Emergency Rescue Committee*. Frank Kingdon stand an der Spitze, Thomas Mann war ihr mächtigster Helfer. Außerordentliche USA-Besuchervisa wurden von Washington zugesichert – trotz erheblicher interner Widerstände im Außenministerium, das die Marionettenregierung in Vichy anerkannt hatte.«[298] In seiner Jackentasche trägt Varian Fry eine Liste mit zweihundert Namen von akut gefährdeten europäischen Künstlern und Intellektuellen, 3.000 Dollar in Cash und zwei Empfehlungsschreiben, eines von Eleanor Roosevelt, das andere von Sumner Welles, dem Unterstaatssekretär im US-Außenministerium. Sein erstes Domizil in Marseille lautet Hotel Splendide, Boulevard d'Athènes. Dort müssen die Gäste ein Formular ausfüllen, das unverzüglich an die Polizei weitergegeben wird. Der New Yorker bemerkt augenblicklich, welch nervöse Stimmung über der Stadt Marseille liegt. Er wird über seine unschätzbare Arbeit erst im Januar 1945 berichten dürfen, denn »über meine Arbeit zu berichten, solange die Gestapo in Frankreich operierte, hätte bedeutet, Kameraden und Freunde zu verraten, sie ins Gefängnis und wahrscheinlich in Todesgefahr zu bringen.«[299]

Leonhard Frank beschreibt die Nacht für Nacht drohenden Razzien der Polizei: »Dann waren jedes Mal Emigranten verschwunden, die nie mehr gesehen wurden. Irgend etwas hatte in ihren Ausweispapieren gefehlt, eine Bestätigung, ein Stempel, oder ein Entlassungsschein des Lagerkommandanten, – ein Papier, das der Emigrant, der vor den Deutschen aus dem Lager geflüchtet war, gar nicht haben konnte.«[300] Jenes Papier »en règle« hieße »Lagerbefreiungsschein«. Frank verdeutlicht: »Für die französische Polizei waren die Emigranten ins Land geschwemmter Unrat.« Varian Fry beobachtet, dass die französische Polizei die Ausländer nachlässig und brutal zugleich behandelt. Er schützt auch den Würzburger Leonhard Frank, dem es als ausgebürgertem, namentlich bekanntem pazifistischen Staatsfeind unmöglich ist, einen echten Pass zu bekommen, und verschafft ihm einen im Exil-Konsulat in Marseille ausgestellten tschechischen Pass, mit dem es Frank gelingt, auch ohne französische Ausreiseerlaubnis zu Fuß über die Pyrenäen und weiter durch Spanien nach Lissabon und von dort in die USA zu flüchten. Leonhard Frank, der im Internierungslager noch über »den bemerkenswert gesunden Wahnsinn« lachen musste, »dass er hier, in dieser stinkenden, vor Dreck starrenden […] Hölle, das Paradies beschrieb«[301], räumt in Marseille ein, »dass er nicht imstande sein würde, den unaufhörlichen Wirbel entnervender Bedrohungen, die Höllenqualen der verängstigten und vollständig rat- und hilflosen Emigranten glaubwürdig zu schildern.«[302] Soma Morgenstern hofft monatelang auf ein Visum des chinesischen Konsuls, um als Pole wenigstens nach Casablanca ausreisen zu können, nachdem ihm das spanische Transitvisum verweigert wurde: »Marseille hätte in den letzten Tagen Europas das Tor zur Freiheit sein können. Pétain und seine Polizei hat Marseille zur letzten Falle im europäischen Jagdrevier Hitlers gemacht.«[303]

Auf dem Wege nach Marseille schickt Balder Olden am 3. September 1940 Dankesgrüße an seine Schwester: »Mein geliebtes Bimmchen, ich hab heute morgen verschlafen, und vergrämt wie immer beim Aufwachen, nur halb realisiert und nur ein Viertel bedankt, was Du alles für mich beschert hast, wie Du Dir den Kopf zerbrochen hast, um die wunderbarsten Arrangements für mein Leib und Leben zu ersinnen. Mein Bimmchen, – wenn ich auch nicht und nie so danken kann, wie ich möchte, weiß ich doch all das, und dass es noch nie einen Bruder gegeben hat, der so eine Schwester hat wie ich. […] Die Reise ging doch über Grenoble, das ist ein herrlicher Punkt, aber es war trüb und düster. Valence ist trauriger als Limoges, ganz verdunkelt, als sollte Erinnerung an den Krieg gefeiert werden. Ein zweites Annecy gibt es in Frankreich wohl nicht. Ich bin neugierig, wie Marseille aussieht. Wenn Du diesen Zettel bekommst, habe ich schon aus Marseille mit Dir gesprochen. Trotz allem bin ich froh, dass ich abgefahren bin, um endlich die facts of life kennen zu lernen. […] Bitte gib doch gleich Anordnung im Hotel, dass man mir die vom Maire

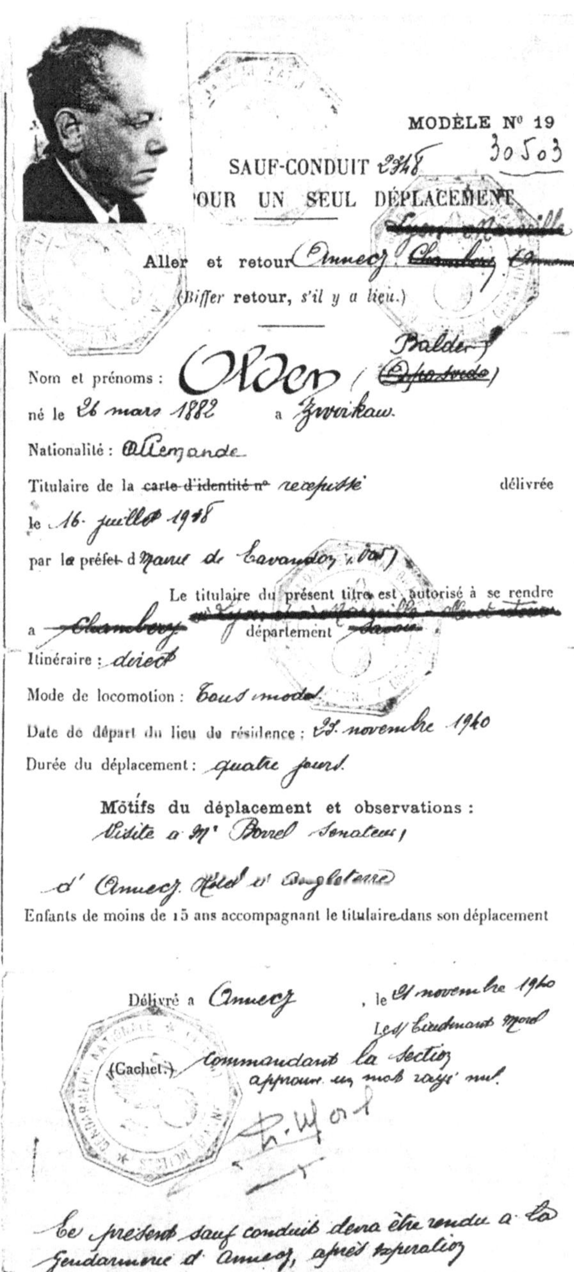

MODÈLE N° 19

SAUF-CONDUIT 30503

POUR UN SEUL DÉPLACEMENT

Aller et retour Annecy

(Biffer retour, s'il y a lieu.)

Nom et prénoms : Olden (Balder)

né le 26 mars 1882 à Zwickau

Nationalité : Allemande

Titulaire de la ~~carte d'identité n°~~ recepissé délivrée

le 16 juillet 1940

par le préfet de Haute Savoie

Le titulaire du présent titre est autorisé à se rendre

à ~~Chambery~~ département ~~Savoie~~

Itinéraire : direct

Mode de locomotion : tous modes

Date de départ du lieu de résidence : 23 novembre 1940

Durée du déplacement : quatre jours

Môtifs du déplacement et observations :

Visite à Mr Borrel Senateur,

d'Annecy Hôtel d'Angleterre

Enfants de moins de 15 ans accompagnant le titulaire dans son déplacement

Délivré à Annecy, le 21 novembre 1940

Le Lieutenant Mord

(Cachet.) commandant la section

approuve un mot rayé nul.

Le present sauf conduit devra être rendu à la Gendarmerie d'Annecy, après l'operation

Abb. 31: Sauf-conduit pour un seul déplacement für Balder Olden

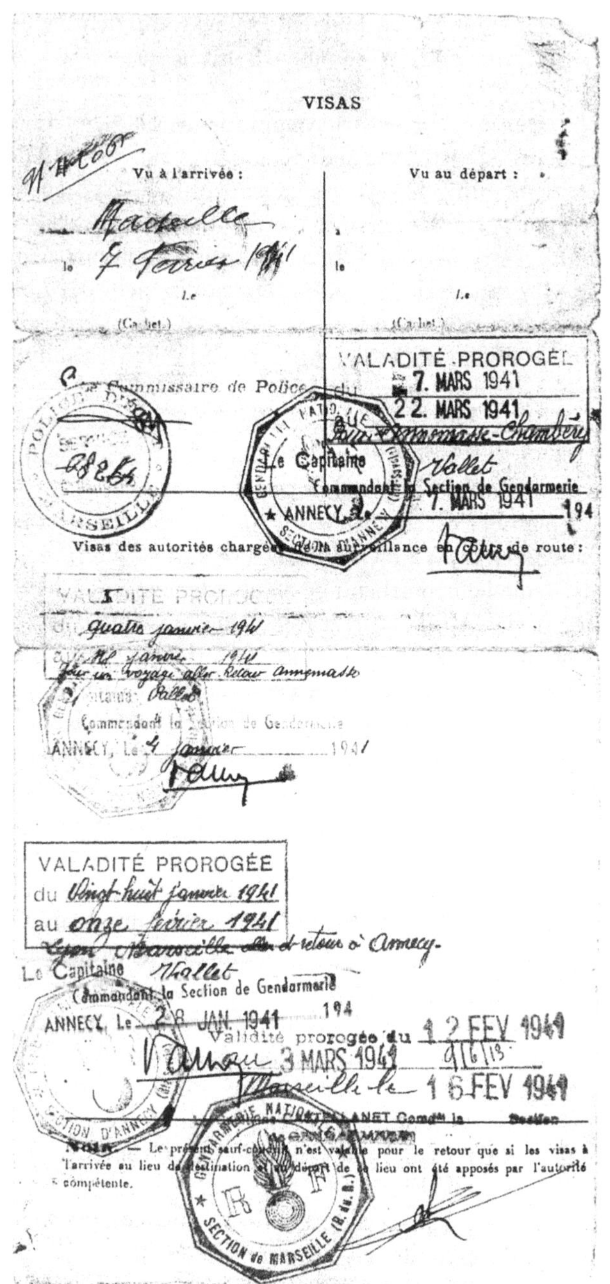
VISAS

Vu à l'arrivée :

Marseille

le 7 Février 1941

Vu au départ :

Visas des autorités chargées de la surveillance en cours de route :

VALADITÉ PROROGÉE
du 7. MARS 1941
au 22. MARS 1941

Le Capitaine Vallet
Commandant la Section de Gendarmerie
ANNECY, Le 7. MARS 1941

VALADITÉ PROROGÉE
du quatre janvier 1941

Commandant la Section de Gendarmerie
ANNECY, Le 4 janvier 1941

VALADITÉ PROROGÉE
du Vingt-huit janvier 1941
au onze février 1941

Le Capitaine Vallet
Commandant la Section de Gendarmerie
ANNECY, Le 28 JAN. 1941

Validité prorogée du 12 FEV 1941
au 3 MARS 1941
Marseille le 16 FEV 1941

NOTA. — Le présent sauf-conduit n'est valable pour le retour que si les visas à l'arrivée au lieu de destination et au départ de ce lieu ont été apposés par l'autorité compétente.

beglaubigte Einladung nach Marseille schickt, um den Passierschein [zurück] nach Annecy zu bekommen. Sonst dauert das ja wieder eine Woche.«[304]

Das Einreise- und Aufenthaltsvisum für die USA gilt für den gefährdeten Schriftsteller, Frau und Kind. Allerdings sind Balder und Primavera nicht offiziell verheiratet, zudem befindet sich Margaret Kershaw ja in England. Im Namen der in New York ansässigen *American Guild* erklärt der für Übersetzungen zuständige Mitarbeiter Wolfgang Sauerländer die Situation. Daraufhin zieht das *Emergency Rescue Committee* ihr »Affidavit of support« – die Visabedingung – zurück. Inzwischen verständigt Annette Kolb ihre Freundin Ilse am 2. September darüber, dass Mitgefangene und Mitflüchtige aus dem Internierungslager *Audièrne* unversehrt in Portugal angekommen seien, und sie möge Balder ausrichten, Leonhard Frank und Gefährten seien wohlbehalten in Lissabon angekommen.[305]

Am 4. September beschwört Wolfgang Sauerländer den Historiker und Herausgeber der Yale University Press in New Haven, Eugene A. Davidson, die Fehlentscheidung zu überdenken: »Wir halten es für sehr grausam, das Affidavit jetzt mit allen Konsequenzen zu widerrufen.«[306] Zum Glück stößt er dort auf offene Ohren. Bereits am 9. September kann er sich bei Davidson für den Widerruf der Rücknahme des Affidavits bedanken. Um mit dem Juristen Rudolf Olden zu sprechen: »Denn das Emigrations-Business ist längst eine komplizierte Wissenschaft geworden.« Balder Olden schreibt am 9. September aus Marseille an Ilse: »Morgen bekomme ich das amerikanische Visum auf einem Papier, das völlig einem ›titre de voyage‹ [eine Art Flüchtlingsausweis] entspricht. So waren die vielen Tage voll Hetze doch nicht umsonst. Ich fahre dann sofort nach Annecy, und hoffentlich – hoffentlich sind wir bald dort vereint. Soviel Mühe hast Du für mich aufgewendet – und Deine guten Freunde – nur nicht viel Worte! Wir besprechen dann, was tun, ob ich den Winter mit Dir abwarte oder bald fahre. […] Wenn es nur Nachrichten von Primavera gäbe! Mir tut das Herz so weh, jedes Eingeweide, wenn ich diese Berichte lese […]. Verzeih mir, ich bin eilig, zwanzig Rendez-vous jeden Tag und alles ohne Taxi. Soviel zu erzählen! Grüße die Guten. Ich umarme Dich voll Dank!«[307]

Zuallererst wollen die Geschwister also zueinanderkommen, um einander zu trösten und sich zu sammeln. Falls dies nicht in der Schweiz möglich sein sollte, dann eben in der unbesetzten Zone Frankreichs. Und wo könnte man sich, langfristig gesehen, überhaupt gemeinsam niederlassen? Rudolf Olden hatte Ilse noch am 15. Juni geschrieben: »Wärest Du, eine britische Staatsbürgerin, in diesen Zeiten nicht in Großbritannien am richtigen Ort?«[308]

Aus Crans-sur-Sierre reist Ilse Gräfin Seilern nach Genf. Balder Olden begäbe sich aber in Gefahr, wenn er – auch legal – aus Frankreich ausreisen würde, um als Besucher in die Schweiz einzureisen, steht sein Name doch vermutlich auf der Fahndungsliste deutscher Staatsfeinde, deren Auslieferung die französische Verhandlungsdelegation mittels der berüchtigten Klausel 19 im Waffenstillstandsvertrag vom 22.6.1940 mit Nazideutschland versprochen hatte. Ob Gräfin Seilern mit ihrem britischen Pass von den Franzosen aufgehalten werden könnte, steht auf einem anderen Blatt. Jedenfalls bemüht sich ihr Sohn Joseph Wladimir Seilern-Aspang im Mai 1941 bei der Schweizer Ausländerpolizei in Bern gegen Hinterlegung seines britischen Passes um einen »schweizerischen Ausländerpass« um damit ein Transitvisum von Vichy-Frankreich erhalten zu können.[309]

Balder kündigt Ilse seine Ankunft im französischen Évian durch ein Telegramm aus Limoges an: »ARRIVE MERCREDI SOIR ÉVIAN HOTEL BELLEVUE T'EMBRASSE = OLDEN.«[310]

Endlich kommt es am 28. August 1940 zum überglücklichen Wiedersehen der Geschwister. Im Foyer des verabredeten Hotels am Genfer See fällt Ilse dem Bruder um den Hals. »[Sie] hatte mich am Zug erwarten wollen, aber der Hotelconcierge hatte gesagt: ›Nein, Madame, ich nehme Sie nicht mit. Sie müssen sich in einen Fauteuil legen, bis ich Ihren Bruder bringe. Die Züge kommen oft Stunden zu spät, ich nehme Sie absolut nicht mit‹. Ilse hatte für mich gearbeitet, mit zahllosen Telegrammen und Briefen, lang ehe sie wusste, dass ich den Nazis entrinnen würde. Mein Name stand dank ihrer Sorge schon auf der Liste gefährdeter Schriftsteller, denen die Vereinigten Staaten einen Notpass geben wollten.«[311] – Erleichtert setzt Gräfin Ilse ein Telegramm an die mit ihr befreundete Baronin [Betty von] Bonstetten nach Gwatt bei Thun auf, in dem sie ihr glücklich von der Ankunft ihres Bruders in Lyon berichtet und nun auf die Reisepapiere für Kalifornien hofft: »SOMMES PLUS QU'HEUREUX. VISA POUR BEVERLY HILL MARSEILLE – ESPERONS OBTENIR PERMISSION.«[312] Auch Margaret zeigt sich überglücklich. Sie telegrafiert am 28. August auch wichtige Neuigkeiten aus London: Sie sei bereit, zusammen mit Balder nach Hollywood zu gehen und sich ihrerseits, unterstützt von Antoine Graf Seilern, über Reisemöglichkeiten kundig zu machen. Rudolf befinde sich jetzt auch in London und stehe bereit, den Ruf an die New School for Social Research in New York anzunehmen.[313]

Wenige Tage nach dem Glück über ihr unversehrtes Wiedersehen erschüttert eine Schreckensnachricht Gräfin Ilse und Balder Olden. In der Nacht vom 17. auf den 18. September 1940 verlieren sie ihren jüngeren Bruder Rudolf Olden, als der Ozeandampfer *City of Benares* mitten im Atlantik nachts vom Torpedo des deutschen Unterseeboots U-48 tödlich getroffen wird und 248 der 407 Passagiere – darunter, neben dem Ehepaar Olden und einer Gruppe von 92 evakuierten Kindern auch Jenő Lányi, ein Schwiegersohn von Thomas Mann – bei schwerer See mit Sturm, Hagel- und Regenschauern in den Fluten ertrinken oder in den Rettungsbooten erfrieren. Rudolf Olden ist nach der rapiden Verschlechterung seiner Gesundheit in britischer Internierungshaft möglicherweise bereits viel zu geschwächt, um überhaupt rechtzeitig an Deck des sinkenden Schiffes gelangen zu können. Ika Olden ist durch nichts und niemanden davon abzubringen, nicht von Rudolfs Seite zu weichen, um ohne ihn eines der letzten Rettungsboote zu besteigen. Nach Zeugenaussagen hätte Ika gerettet werden können, wenn sie sich nicht geweigert hätte, ihren Mann, der schwach und krank aus dem Internierungslager zurückgekommen war, zu verlassen. So ertranken beide am 17. September 1940 im Atlantik.[314]

Rudolf Olden, der, wie kaum ein anderer, vom ersten Moment an gegen den aufkommenden Nationalsozialismus, dessen tödliche Ideologie und Tyrannei gekämpft hatte, war wenige Tage nach der Ankunft von Margaret Kershaw in Oxford, früh am Morgen des 25. Juni 1940, als feindlicher Ausländer von der Polizei aus dem Hause von Professor Gilbert Murray abgeführt und in drei britischen Internierungslagern, zunächst zehn Tage in der Nähe von Southampton, dann zwei Wochen in *Warth Mills* bei Bury unter miserablen Bedingungen und schließlich drei Wochen lang auf der Isle of Man im *Hutchinson*-Lager (»full of once and future Very Important Persons«) festgesetzt worden.[315] Bitter stellt sein Bruder Balder fest: »Wir, die 1933 wie Sturmvögel aus Deutschland entflohen waren, um die Welt zu alarmieren – wir wurden gefangen und in enge Käfige gesperrt.«[316] Am 6. August wird Rudolf Olden – nach sehr prominenten Appellen an einflussreiche Persönlichkeiten – auf Grund seines Gesundheitszustandes und eines vorliegenden Stellenangebotes in den USA freigelassen und zur unverzüglichen Ausreise aufgefordert. Ein roter Stempel im Pass bestimmt in großen Lettern: *No Return*!

Rudolf Olden hofft nun darauf, zum 1. Oktober in New York einen Lehrauftrag an der New School for Social Research anzutreten, da in Großbritannien alle seine Bemühungen um Einbürgerung und

TRIPLICATE COPY

United States of America

AFFIDAVIT OF SUPPORT

STATE OF Connecticut } S. S.
COUNTY OF New Haven }

PREPAID TICKET NO. ______

(1) I, Eugene A. Davidson being duly sworn, depose and say:

(2) That I am 37 years of age and was born at New York City

(3) That my present address is 625 Ridge Road Street, City of Hamden County of New Haven State of Connecticut.

(4) That I have resided in the United States for the past 37 years having been legally admitted for permanent residence at the port (station) of ______ ex S. S. (R. R.) ______ month ______ day ______, year ______; holding American Consular Visa No. ______ issued by American Consul at ______ on ______

(5) That I am a citizen of the United States holding Certificate of Naturalization No. ______ issued by ______ Court at ______ on ______ month, ______ day, ______ year

(6) That I have declared my intention to become a citizen of the United States and hold Declaration of Intention Certificate No. ______ issued at ______ on ______ month, ______ day, ______ year

(7) That it is my intention and desire to have the following relative(s) or friend(s) at present residing at ______ come and remain with me in the United States until they become self supporting.

(8) That it is my intention and desire to have the following relative(s) or friend(s) now residing at ______ come to the United States for a temporary visit not to exceed ______ months and that I am able and willing to furnish a bond of $500 to the United States Immigration Authorities to insure (his) (her) (their) departure at the expiration of such period should bond be required.

Name of Alien	Age	Sex	Relationship	Place and Date of Birth
Balder Olden	58	M	Friend	Zwickau (Germany) March 24, 1882
Mrs. Olden	?	F	"	?
Their son	?	M	"	

SPECIAL REMARKS:

Mr. and Mrs. Olden are walking somewhere in France

They may be reached through Mr. Olden's sister:

Mrs. Ilse Seilern
Hotel Familles
Geneva (Switzerland)

(9) I am steadily employed as / That my (husband's) occupation is Editor; that my (his) average weekly earnings are $150

Bank Account $ 500

(10) That I possess property aggregating: Real Estate $ ______, Mortgages on Real Estate $ ______;

(11) Cash value insurance, mortgages, stocks and bonds, etc. $ 10,000

(12) That my dependents consist of Wife and child

(13) That I hereby agree and guarantee to send to school those herein named who have not yet reached the age of sixteen, and that they shall be kept at school until they have reached such age, and that no aliens herein named shall be placed at work unsuitable to their years.

(14) That I am willing and able to receive, maintain and support all those herein mentioned, and do hereby guarantee to save harmless the United States or any State, city, village or township thereof against any aliens herein mentioned becoming a public charge.

(15) That this affidavit is made by me for the information of the American Consul in connection with the application for visas filed by the above-mentioned aliens and for the information of the Immigration Authorities at the port of arrival in the United States, and I do solemnly swear that the facts stated herein are true to the best of my knowledge and belief.

Eugene A. Davidson
(Signature of Deponent)

Subscribed and sworn to before me, a Notary Public in and for said County

on this 23rd day

of August, A. D., 1940

Mabel K. Wright
(Notary Public)

My commission expires January 30, 1944

NOTE: Answer either Questions 5 or 6, 7 or 8 as the facts apply:

C 319 T.C.-S1038

SEE REVERSE SIDE FOR INFORMATION

Printed in U.S.A.

Abb. 32: Affidavit of support für Balder Olden, 23.8.1940

auch eine Anstellung bei der BBC für das Radioprogramm »Deutsche sprechen nach Deutschland« abgelehnt wurden. In den USA kümmern sich Peter Olden, der damals am katholischen St. Teresa College in Winona, Minnesota, lehrt und großherzig anbietet, die Hälfte seines eigenen Gehaltes für die Bezahlung dieser neu einzurichtenden Stelle zu geben, und Rudolfs erste Ehefrau, die mit großem Erfolg in den USA praktizierende Psychoanalytikerin Marie-Christine Furtwängler, um die Errichtung der entsprechenden Professur. Zwei Tage vor der Internierung von Rudolf hatten er und Ika ihre kleine Tochter Mary Elizabeth mit einer Gruppe von evakuierten Kindern per Schiff nach Kanada geschickt. Eine Invasion deutscher Luftlandetruppen war angekündigt, und das Kind würde in der Obhut von Marie-Christine Furtwängler bis zum Eintreffen der Eltern in Amerika wohl sicherer aufgehoben sein als in England. Ika Olden fürchtete, selbst interniert zu werden, denn am 31. Mai war sie von der A.R.P., für die sie seit Kriegsbeginn als Fahrerin von Ambulanzen arbeitete, plötzlich entlassen worden. Nachdem das Kind das Haus verlassen hatte, blieb eine entsetzliche Leere zurück, und das Paar war unfähig, das Wort aneinander zu richten.[317] Am Abend vor seiner Festnahme schreibt Rudolf Olden einen am 28. Juni 1940 veröffentlichten Brief an den *Manchester Guardian*, worin er die Internierung erwiesener Gegner des NS-Regimes verurteilt und beklagt, dass Großbritannien jetzt, genauso wie es früher seine Feinde verkannt habe, unfähig sei, seine Freunde zu erkennen. In der Gefangenschaft auf der Isle of Man verschlechtert sich Rudolf Oldens Gesundheitszustand besorgniserregend. Wahrscheinlich ist er bereits seit längerer Zeit an Leukämie erkrankt und jetzt auch einem Nervenzusammenbruch ziemlich nahe. Die Niedergeschlagenheit ist auch auf dem Porträt, das sein Mitgefangener Kurt Schwitters im Lager von ihm zeichnet, deutlich zu erkennen. Zu der Zeit schreibt Rudolf, er empfinde Ekel und »es scheint schwer, sich davon zu überzeugen, dass die Überwindung dieses Ekels, eine ungeheuerliche Anstrengung, noch einmal ihren gerechten Lohn finden könnte.«[318]

Margaret Kershaw, die knapp zwei Tage vor der Evakuierung der kleinen Mary Elizabeth nach Kanada am 24. Juni und vier Tage vor der Festnahme von Rudolf Olden wohlbehalten in Oxford ankommt, berichtet Balder Olden am 10. Mai 1941: »Ika Olden bemühte sich mit allen Kräften um Rudis Freilassung aus dem Lager, was ihr am Ende auch gelang. Beide waren sehr unwillig, in die USA zu gehen, sie waren skeptisch, hatten aber Sehnsucht nach Cootsee, eigentlich war sie der einzige Grund, der sie dorthin zog. Rudi war total verrückt nach dem Kind, nichts verletzte ihn so sehr, als es evakuieren zu müssen, was er im Grunde nie wollte. Nach der Entlassung aus dem Internierungslager war er sehr geschwächt, erholte sich dann aber rasch. Die wenigen Wochen vor der Abreise waren erfüllt von seinen Bemühungen, die Not von Kollegen und Kameraden zu lindern, er arbeitete hart, tat nichts anderes. Er ließ ein unvollendetes Buch zurück, und ein für den Druck vorbereitetes, unveröffentlichtes Werk mit dem Titel *A History of Liberty in Germany*. Sein Essay *Is Germany a Hopeless Case?* war gerade als Buch erschienen. Ich denke, Gilbert Murray wird sich um die Manuskripte kümmern.«[319]

Irmgard Litten, die Mutter des von den Nazis im Konzentrationslager Dachau grausam zu Tode gequälten Rechtsanwaltes Hans Litten, der 1931 im Prozess gegen den Charlottenburger »Mordsturm 33« Adolf Hitler als Zeugen vorladen ließ, vor Gericht ins Kreuzverhör nahm, blamierte und in die Enge trieb, hatte Rudolf Olden zwei Tage vor seiner Abreise gesehen. Olden hatte das Vorwort zu dem 1940 in Paris veröffentlichten Buch von Irmgard Litten, *Hans Litten. Die Hölle sieht Dich an*, verfasst. »Ich wusste, dass er nach seiner Entlassung aus dem Internierungslager sehr krank war (wohl ein nervöser Zusammenbruch) und niemanden sehen wollte. Ich war daher sehr überrascht und erfreut, als er mich plötzlich zu sich einlud, mit mehreren seiner Freunde zusammen, um sich von uns zu verabschieden, und uns ans Herz zu legen, für verschiedene sehr aktive Kämpfer gegen Hitler, alles uns Mögliche zu tun, um sie frei zu bekommen, da er durch seine Abreise keine Möglichkeiten mehr hatte. Das alles geschah in äußerst aktiver Weise. Und ich hatte durchaus den Eindruck, dass er die Absicht und die Kraft hatte, seinen Kampf in der gewohnten Weise fortzuführen. Er sah allerdings sehr schmal, und wesentlich älter als bei unserem ersten und einzigen Zusammensein Mitte 1938 aus. […] Ich bin nicht Ihrer Meinung, dass es das Schlimmste ist, torpediert zu werden. Ich habe so wenig Angst davor, dass ich noch immer an meinem Plan, eine lecture tour in Amerika zu machen, festhalte, obwohl dabei sehr viele Schwierigkeiten zu überwinden sind. Ich glaube aber, dass die Deutsch-Amerikaner eine Aufklärung sehr nötig haben. Das einzige, was ich fürchte, ist lebendig in die Hände der Nazis zu fallen. Aber das soll mich nicht von meinem Kampf gegen sie abhalten!«[320]

Schock und Trauer über den Tod des Bruders, die Sehnsucht nach seiner Schwester und die wachsende Ungewissheit darüber, ob er seine englische Lebensgefährtin in absehbarer Zeit in Lissabon überhaupt treffen könne, um von dort aus gemeinsam nach Amerika aufzubre-

Abb. 33: Rudolf Olden im Internierungslager Hutchinson, Isle of Man, Juli 1940

chen, halten Balder Olden zum Entsetzen des *Emergency Rescue Committee* von der Reise über die Pyrenäen und quer durch Spanien nach Portugal zurück. Am 26. September 1940 schreibt das *Committee* aus Marseille: »Sehr geehrter und Lieber Herr Olden, eben war ich bei [Varian] Fry. Großes Entsetzen, dass Sie in Annecy sind u. nicht die Reise antreten. Diese Leute sagen folgendes: die einzige Gefahr in Spanien sind die Flöhe. Keine Namenskontrolle. Alle Leute kommen an. […] Von hiesiger Seite werden alle Augen zugedrückt: es ist kein Fall einer Verhaftung wegen Fehlens von Sauf-conduit oder Ausreisevisum bekannt. Mr. [Varian] Fry ist [aus Lissabon, von wo aus er einen offenen Lagebericht nach New York schickte] zurück, ich habe ihn gesehen. […] Die Leute raten Ihnen: jetzt fahren, da die Schwierigkeiten nur größer werden können. […] Alles, alles Gute!«[321]

Am selben Tag, dem 26. September 1940, wird allerdings Walter Benjamin an der Pyrenäengrenze zu Spanien bei Port Bou wegen einer neuen Direktive die Einreise verwehrt. Auch er, der überragende Denker und Philosoph, wird die nackte Verzweiflung und die panische Angst, den Nazis übergeben zu werden, nicht überleben.

Balder Olden weiß zu diesem Zeitpunkt möglicherweise noch nichts vom Tod seines Bruders, denn erst an ebendiesem 26. Septem-

Abb. 34: Kurt Schwitters: Porträt Rudolf Olden, 1940

ber bestätigt Margaret Kershaw die schreckliche Nachricht in einem Telegramm zunächst an Ilse und dann an Balder.[322]

Am 24. September war allerdings bereits im *Argentinischen Tageblatt* ein Nachruf auf Rudolf Olden erschienen: »Rudolf Olden war nicht nur ein hervorragender, charaktervoller Journalist von prägnantem Stil und blendend scharfen Formulierungen, sondern vor allen Dingen ein Kämpfer, ein Mann von Überzeugung, ein tapferer, schneidiger Kerl. Rückhaltlos trat er mit seiner ganzen Persönlichkeit, die eine in Deutschland seltene Mischung von Charme und Energie vereinte, für alles ein, was gut und edel war. Er war ein Vorposten der deutschen Republik, und damit ist auch schon gesagt, dass er einer der schärfsten Gegner des sich heranwälzenden Urwaldschlammes war, der sich als ›nationale Erneuerung‹ ausgab. Als die Unterwelt sich der Regierung in Deutschland bemächtigte, und es zum Dritten Reich erniedrigte, war für Olden keine Möglichkeit des Bleibens mehr. Er wäre nach qualvollen Martern umgebracht worden wie soviele seiner Freunde, wie die Besten des deutschen Volkes. [...] Sein unübertroffenes Buch über Hitler enthält messerscharfe Diagnosen, die den Juristen und geschulten Historiker verraten. Er warnte das Land, das ihm Gastfreundschaft gewährt hatte, vor der ungeheuren Aufrüstung, vor dem Kriegswillen des braunen Regimes; aber seine Stimme – wie die aller weitblickenden deutschen Emigranten – wurde von der Chamberlain-Clique nicht gehört, weil sie nicht in deren Konzeptionen passte. Der Krieg kam, wie Olden ihn vorausgesagt hatte, England aber wusste diese glänzende Kraft, die ihm zur Verfügung stand, nicht zu verwerten. Er geriet nach dem Zusammenbruch Frankreichs in ein Konzentrationslager, aus dem ihn amerikanische Freunde retteten. Auch nach Argentinien hatte er um ein Visum geschrieben, aber die willkürliche Einwanderungspolitik einzelner Beamter schloss die Erfüllung seiner Wünsche aus.«

Todtraurig und allein muss sich Balder Olden irgendwo in Annecy hingesetzt haben, um einen Nachruf auf seinen Bruder zu verfassen, der unter dem Titel *Erinnerung an Rudolf Olden von einem Freunde* ebenfalls im *Argentinischen Tageblatt* im fernen Buenos Aires erscheinen wird. Am 28. September schreibt Balder aus Annecy an seine Schwester: »Mein geliebtes Bimmchen, mir wird erst heute, am zweiten Tag, das Schreckliche ganz bewusst, und ich sehe Rudi, wie ich ihn die letzten Male sah, in Lavandou und an der belgischen Grenze [im Sommer 1938] – mit einem strahlenden Lächeln. Hätte er doch mehr Zeit für mich gehabt in diesen acht Jahren, ich bin immer hinter ihm hergelaufen, er wusste mit meiner Liebe nichts anzufangen. Ich hörte überall, dass er mit Liebe und Hochschätzung von mir sprach, sogar stolz auf mich war – aber zu mir hat er nie warm gesprochen, seit Ika in seinem Leben war. In Prag war ich schrecklich gekränkt, so gekränkt, dass ich wirklich krank war. Wieviel Briefe habe ich ihm geschrieben (und nicht abgeschickt): Ob er sich meiner schäme? Ob ich nicht ein anständiger Kampfgefährte und guter Schriftsteller sei? Er soll offen reden. Und dann hörte ich wieder, er spräche von keinem Menschen mit mehr Hochachtung als von mir, und auch öffentlich hat er ein paarmal so von mir gesprochen. Aber gesehen hat er mich immer nur im Laufschritt, die dümmsten Leute haben ihn viel mehr interessiert als ich. Ich bin ihm nicht böse, ich weine nur über dies Verlorene, das nie ersetzbar ist, und wenn ich mir sein Ende vorstelle – nein, das dürfen wir nicht. Es ist ja trotz allem ein Ende ohne Qual gewesen, so schaurig das Vorausgegangene war. – Ich spreche Dich heute abend, schon in ein paar Stunden. Ich glaube, dass ich in wenigen Tagen nach Aix [en Provence] übersiedle, hier ist es regnerisch, das heißt nicht mehr als in dieser Jahreszeit überall, aber man empfiehlt mir Aix. In Lissabon soll es wunderschön sein, aber … . Und ich hätte nicht den Mut, Primavera zu einer Reise aufzufordern. Hätten wir das Kind behalten, dann wäre unsere Trennung nicht so schrecklich geworden. Aber freilich – Rudi ist ja gerade des Kindes wegen zugrunde gegangen. Ich umarme Dich und die Kinder, Dein Balder.«[323]

Was war im Sommer 1933 in Prag zwischen den beiden gemeinsam mit ihren Lebensgefährtinnen Ika und Margaret in der Pension Flora logierenden Brüdern vorgefallen? Weshalb der zeitweilige Zwist? Könnte er gar ideologischer Natur gewesen sein, in einem historischen Augenblick, der Balder Olden verstärkt Sympathien für den Kommunismus und die Sowjetunion entwickeln ließ, während Rudolf Olden im Vorfeld des dritten Vorbereitenden Jüdischen Weltkongresses 1934 in Genf mit der zionistischen Idee zumindest sympathisierte und abgesehen davon nicht einen Moment von seinen liberalen Überzeugungen abließ? Im Juni 1933 äußert ein offensichtlich schwer gekränkter Balder Olden in einem undatierten Brief an Ilse ärgerlich über Rudolf: »[...] ein kalter Hund, ein Mensch ohne Herz [...]. Auch sein Pan-Semitismus ist eigentlich nur Sport. Du verstehst ihn nicht – bei mir ist er echt und immer gewesen.«[324] Oder ging es lediglich um die Rollenverteilung zwischen drei Geschwistern? Rudolf Olden hatte 1922 in einem anderen Zusammenhang aus Davos in einem Brief an seine Mutter Rosa Stein geschrieben: »Ich bin endlich zur Erkenntnis gekommen, dass ich in allen Dingen so verschieden denke und fühle wie Ihr alle, dass es zwecklos ist, weiter sich gegenseitig mit Verständnisversuchen zu plagen und dass unser einziges Bestreben sein muss, not to interfere with each other.«[325] Was die jüdischen Wurzeln der Familie Olden betrifft, zeigt sich Rudolf in jenen Jahren dafür unter den Geschwistern am aufmerksamsten, wie aus seinem Brief an Ilse vom 15. Juni 1934 herauszulesen ist: »Danke schön für Rodes Karte. Er hat neulich eine sehr schöne Erklärung veröffentlicht, ein Bekenntnis zum Judentum. Lass es Dir von ihm zeigen. Etwas sehr Starkes, Warmes und Positives. So seltsam sind die Wege der Menschen.«[326] Gemeint war der einer assimilierten jüdischen Familie entstammende österreichische Jurist und Publizist Walther Rode. Dass sich die drei Geschwister trotz aller persönlicher Verschiedenheit und unterschiedlicher Lebensweisen und Weltanschauungen in Achtung und Liebe verbunden fühlten, erwies die Zeit – ungeachtet divergierender politischer Affinitäten – zur Genüge.

So schreibt Balder Oldens in seiner *Erinnerung an Rudolf Olden von einem Freunde* in der Sonntagsausgabe des *Argentinischen Tageblatts* vom 29. September: »Die freie Presse der freien Welt hat es empfunden und ausgesprochen: Mit Rudolf Olden [...] ist einer der ganz bedeutenden und ganz wichtigen Streiter gegen den Geist der preußischen Armee und den Ungeist Hitlers von der Bühne abgetreten, auf der ihm in Jahrzehnten eine besondere Rolle zugewiesen war. In Rudolf Olden vereinigten sich persönliche Elemente seltener Art und in seltener Mischung. Entstammend einer Künstlerfamilie, von besonders edlem Körperbau und feinsten Gliedern, mit Handbewegungen großen Stils und unvergleichlichen Charms, mit aristokratischen Neigungen und einer ungewöhnlichen ästhetischen Sensibilität [...]. Er verbrachte den [Ersten Welt-]Krieg als Offizier bei höheren Stäben, was ihm [half], wie er zu sagen pflegte [...], tiefe Einblicke in die Arbeit und Geisteshaltung des Generalstabes zu gewinnen. [...] [In Vorlesungen an englischen Universitäten] erregte er dort durch die eigenartige Vereinigung objektiv historischen Forschens und persönlich-politischen Denkens Aufsehen und Bewunderung. [...] Rudolf Olden kämpfte mit einer Zähigkeit, die er selber oft als ›Querulantentum‹ bezeichnet hat, gegen Justizirrtümer und gegen schlechte Rechtsprechung. [...] Der Schreiber dieser Zeilen spürt noch die helle und heiße Flamme der tiefen Entrüstung und des gewaltigen persönlichen Einsatzes, die bei jeder Unterhaltung in dieser Olden heiligen Sache aufloderte. Und wahrlich, persönlicher Einsatz war notwendig zum Kampf gegen die schon damals allmächtige Reichswehr. [...] Justizirrtümer reizten ihn zu heller Wut. Er sah darin, auch bei Fällen ohne politisches oder soziales cachet, den Missbrauch der Rechte der herrschenden Klasse und reagierte darauf (ähnlich wie etwa Hellmut von Gerlach und Carl von Ossietzky) mit einer durch Beschämung gesteigerten Auflehnung. [...] Zu dieser juristischen Leidenschaft gesellt sich, die politische Arbeit gleichermaßen bestimmend und befruchtend, der Tatbestand des Kavallerieoffiziers. Niemand kann – man weiß es – besser bekämpfen, als wer das Verabscheute zugleich liebt und aufs intimste mit ihm vertraut ist. Wie Nietzsche gewütet hat gegen Dinge, die Atavismus oder persönliche Sehnsucht ihm lieb machten und die einen Bestandteil seines Wesens bildeten, so war Rudolf Olden ein schlechthin unvergleichlicher Streiter und Analytiker des ›*Geistes der preußischen Armee*‹, eben weil er mit ihr verbunden war. [...] Rudolf Olden sah auch Hitler – völlig zutreffend – als Geschöpf und als Exponent der Reichswehr. In seinem Buch ist gezeigt, wie ›Hitler‹, der politische Werbetrommler, von den aufrüstungslustigen, machthungrigen und revanchedurstigen eigentlichen Leitern und Drahtziehern im demokratischen Reichswehrministerium großgezogen wurde. Die Weitsichtigkeit Oldens, Folge seines leidenschaftlichen Interesses für den militärischen Geist, bestand darin, dass er kurz nach der Machtergreifung voraussagte, die Meinungsverschiedenheiten über innerpolitische Fragen und Scheußlichkeiten werden keinen Einfluss darauf haben, dass sich die preußische Armee mit dem Außenpolitiker Hitler und dem eisernen Aufrüster Goering zu großen Abenteuern verbünden werde, – ebenso wie er prophezeite, dass dieser Außen- und Militärpolitik angesichts der Indifferenz und Indolenz der Gegenspieler leicht ein Erfolg beschieden sein könne.«

Am 30. September geht im Hôtel d'Angleterre in Annecy ein Telegramm für Comtesse Seilern ein, in dem Margaret Kershaw noch einmal ausschließt, dass sich Rudolf und Ika wie durch ein Wunder noch unter den Überlebenden des torpedierten Schiffes befinden könnten. Ilse und Balder sind offenbar fest in Annecy auf französischem Boden verabredet. Auf einer für die Zensur gut ersichtlichen Postkarte aus Annecy schreibt Ilse ihrem Bruder, den sie bereits in Marseille vermutet, mit dem Datum 31. [sic!] September 1940: »Mein lieber Balder, soll ich dich an unseren 1. September erinnern? Genf ist bei weitem nicht so bezaubernd wie Annecy, wo ich dich wiederzusehen hoffe. Tausend Umarmungen, Ilse.«[327] Dann aber erhält Ilse einen sehr ernsten und beunruhigenden Brief vom 2. Oktober 1940, ohne Ortsangabe aus dem Hotel Carlton, vermutlich aus Lausanne: »Unser Freund, der das Amerikanische Papier von Balder hatte, um ihm darauf das spanische Visum zu besorgen, kam nicht wieder, obwohl er seine Rückkehr für Dienstag angesagt hatte und erwähnte, dass er auch am Mittwoch da sein würde. Da das Amerikanische Visum, das Ihr Bruder ihm anvertraute, ja unschätzbar ist, sind wir mit Recht besorgt. Ich weiß nicht, ob Sie ihm auch die Fr.[ancs] 1.000.– ausgefolgt haben, vielleicht ist das der Grund, weshalb er sich nicht mehr zeigt? Ich brauche *so sehr* dringend Geld. Heute erschien ein Gesetz, wonach alle *männlichen* Ausländer von 18 bis 55 Jahren interniert und unbezahlte Zwangsarbeit verrichten sollen. Ihr Bruder fällt nun nicht unter diese Kategorie, wohl aber ich. Ja, nur solche Ausländer, die nicht in ihre Heimat zurückkehren können, also alle Deutschen, die keine Nazis sind, alle nicht-faszistischen Italiener, alle Polen und alle Tschechen, die Nationen, die Frankreich geholfen und für Frankreich gekämpft haben – es ist eine Schande! Aber Sie wissen, *wie* wichtig es ist, im Lager Geld zu haben, ich hoffe also, dass Sie alles veranlassen können wegen Überweisung, sonst bitte ich den Betrag wieder an Adler zu senden. Eventuell könnten Sie in Genf erfragen, ob das portugiesische Visum gegeben wurde, aber vor allem muss das spanische zurück sein. Der Mann heißt Jean *Gran*, Genève-Cointrin (Flugplatz, wo er ein Häuschen besitzt). Ich hoffe, Sie eventuell noch zu sehen.«[328]

Zum 1. Oktober 1940 werden den portugiesischen, bald darauf auch den spanischen Konsulaten die Befugnisse entzogen, eigenständig über die Vergabe von Transitvisa zu entscheiden, nachdem man ein Überseevisum und Belege vorgewiesen hat, aus denen zweifelsfrei hervorgeht, dass eine Schiffspassage ab Lissabon voll bezahlt und für einen bestimmten Tag gebucht ist. Das spanische Transitvisum kann man erst dann erhalten, wenn das portugiesische bereits erteilt wurde. Nach dem Besuch des Reichsführers SS Heinrich Himmler – dieser hatte bereits in der Hochphase der Kriegsvorbereitungen im Juli 1939 Heydrich damit beauftragt, das bisherige Hauptamt Sicherheitspolizei, in dem Gestapo und Kriminalpolizei verbunden waren, zum Reichssicherheitshauptamt (RSHA) zu verschmelzen – in der spanischen Hauptstadt ist Varian Fry davon überzeugt, »dass jeder nach Madrid telegrafierte Antrag von der Gestapo überprüft und kein Visum gewährt wurde, bevor nicht die Gestapo ihre Einwilligung gegeben hatte. […] Vielleicht hatte die Gestapo die spanischen Behörden sogar ›überredet‹, gleichzeitig mit dem Visumsbescheid an den Konsul einen Haftbefehl an die spanische Grenzpolizei herausgehen zu lassen. Das war genau die Vorgehensweise, die die Gestapo liebte.«[329]

Das RSHA war zum 23. September 1939 als zentrale Institution für die Beherrschung des besetzten Europas konzipiert worden. Die wichtigste Gliederung, ja das wichtigste Organ nationalsozialistischer Unterdrückungs- und Terrorherrschaft überhaupt, stellte das Amt IV, die Gestapo, dar. Im September 1940 wird dort die in Paris eingerichtete *Auswertungsstelle Frankreich* beauftragt, beschlagnahmte Akten und Karteien der Sûreté nationale nach »sicherheitsrelevanten Belangen« zu durchforsten. Bereits im Dezember 1939 setzt Heydrich im Amt IV des RSHA Adolf Eichmann zum »Sonderreferenten« ein, dem damit ganz offiziell die Ausplünderung der jüdischen Bevölkerung und die Organisation des Holocausts übertragen wird. Einige Tage vor Himmlers Besuch in Madrid erlässt das Vichy-Regime die ersten französischen antijüdischen Gesetze. In verschiedenen Referaten der Gestapo-Gruppe IV/4 ist »die Verfolgung der deutschsprachigen Emigranten im europäischen Ausland, die Erstellung von ›Sonderfahndungslisten‹ für die Sowjetunion und Westeuropa sowie die Bildung von ›Sonderkommandos‹ ›angesiedelt‹, die in den von deutschen Truppen besetzten Ländern nach untergetauchten Emigranten fahnden und dabei harmonisch mit dem Auswärtigen Amt, den deutschen Vertretungen sowie den ausländischen Polizeibehörden kooperieren.«[330] So hält die Generaldirektion der Sûreté in einem zusammenfassenden Bericht zur Situation in der besetzten Zone fest, dass die deutschen Machthaber seit Juli 1940 zahlreiche Hausdurchsuchungen durchgeführt hätten, unter anderem auch bei Balder Olden, *homme de lettres*, des Weiteren bei dem jüdischen Bankier Lucien Fort, dem früheren Minister für Arbeit und Résistant der ersten Stunde, Paul Ramadier, und dem Journalisten Alexandre Rubinstein.[331] Unmittelbar nach dem Einmarsch in Paris hatte das RSHA bereits Hausdurchsuchungen bei sämtlichen Vereinigungen der deutschen und österreichischen Emigration veranlasst. Alle Geschäftsräume oder Redaktionen ihrer Publikationsorgane – darunter *Das Neue Tage-Buch*, *Die Neue Weltbühne*, *Die Zukunft*, *Deutsch-Französische Union*, *Liga für Menschenrechte* oder *Zentralvereinigung deutscher Emigranten* (»Einzig anerkannte Vertretung gegenüber dem Völkerbund«) – werden durchsucht.[332] So gut wie alle Dokumente werden beschlagnahmt, das Adressenmaterial wird soziometrisch für die Rasterfahndung ausgewertet. An erster Stelle auf der Sonderfahndungsliste ist Julius Deutsch namentlich aufgeführt, möglicherweise, weil man dem früheren österreichischen Staatssekretär für Heereswesen, Anführer des Februaraufstandes von 1934 und General der Küstenverteidigung im Spanischen Bürgerkrieg nüchterne militärische Entschlossenheit zutraut.[333] An zweiter Stelle folgt Lion Feuchtwanger; Heinrich Mann figuriert als Nummer 5, vor Willi Münzenberg und Rudolf Olden. Nummer 9 ist Hermann Rauschning (»führender Mann der deutschen Freiheitspartei«), als Nummer 11 wird Leopold Schwarzkopf und als 12 der konservative Zentrumspolitiker Carl Spiecker (»führender Mann der deutschen Freiheitspartei«) aufgeführt. Die Verfolgung macht auch vor Angehörigen bestimmter zu mitmenschlicher Hilfe bereiter Organisationen aus Drittstaaten wie der *Society of Friends* (den Quäkern) nicht Halt. Francisco Largo Caballero, der im Mai 1937 von den Kommunisten gestürzte Ministerpräsident der Zweiten Spanischen Republik, wird zunächst von der französischen Polizei in Gewahrsam genommen, um dann 1942 von den Nazis in das KZ Sachsenhausen deportiert zu werden. Obwohl man bei der Bewältigung der eingehenden Datenflut verstärkt auch mit einem neuartigen Lochkartensystem arbeitete, wurden die vorhandenen Karteien überwiegend manuell geführt.[334] Die Telegrafen-, Funk-, Fernschreib- und Telefonüberwachung ist 1940 nicht bei der Gestapo, sondern bei einem im Luftfahrtministerium Görings angesiedelten »Forschungsamt« zentralisiert, das über einen konkurrierenden Nachrichtendienst verfügt. Alles, was den lückenlosen Informationsaustausch staatsterroristischer Organe behindert, hilft den Nazigegnern.

Während Ilse Gräfin Seilern aus der Schweiz heraus weiter zu Gunsten ihres Bruders agiert, findet Balder zwangsweise Zeit, um in dem nur vierzig Kilometer südlich von Genf gelegenen Annecy Luft zu schöpfen. »Man sieht hier nur friedliche Gesichter, als sei der Krieg an diesem Winkel vorüber gegangen«, schreibt er am 11. Oktober an Ilse. »Ich mache auch verzweifelte Versuche, aus der Depression herauszukommen. [...] Rudi war der einzige von all meinen Freunden, der sich der Zukunft verhaftet hatte, alle andern, die in diesen Jahren starben, wollten sterben, und so hatte ihr Tod nichts Tragisches. Aber andererseits – er ist nun aus dem vollen Leben heraus gestorben, und das ist beneidenswert.«[335]

Wenige Tage später kommt Gräfin Seilern nach Annecy. Jetzt kann sie ihrem geretteten Bruder Balder erzählen, dass Count Antoine Seilern ihr per Radiogramm aus London die Adresse von Rudolfs kleiner Tochter bei der Akademikerfamilie Jackson in Toronto mitgeteilt hat.[336] Die Geschwister fassen den Entschluss, dass ihre Nichte Mary Elizabeth Olden bis auf Weiteres bei den Jacksons in Kanada bleiben soll, anstatt zu Marie-Christine Furtwängler oder Peter Olden in die USA gebracht zu werden.

Margaret Kershaw meldet sich am 6. Oktober mit einem Telegramm.[337] Ihr gehe es gut und sie fragt an, ob sie Balder in Lissabon treffen solle. Man könne dort heiraten, dann könne sie ohne ein Visum mit ihm in die USA gehen. Und sie bittet ihn in einem Brief vom 22. Oktober: »Bitte kläre Deinerseits, ob dies möglich wäre. Du brauchst dazu Papiere, eine Geburtsurkunde und so weiter. [...] Ich kann gut verstehen, dass Ilse Dich nicht gehen lässt und Du sie nicht allein lassen willst. Aber ich fürchte, Dich dort, wo Du jetzt bist, nicht treffen zu können, und ich habe Angst, dass es dort eines Tages nicht mehr sicher sein wird. [...] Ich sehne mich sehr nach Dir, aber Deine Sicherheit ist das Einzige, was zählt. Ich fürchte mich nicht davor, wo auch immer hinzureisen, damit wir zusammenkommen.

Die Dinge verlieren ihren Schrecken, je näher man ihnen kommt – so ist das Leben in London. Mache Dir um mich keine Sorgen – I am allright. [...] Die Gefahr, unter der wir mehr oder weniger alle hier leben, ist mir gleich, aber es zermürbt mich, nutzlos in Luftschutzräumen herumzusitzen. [...] Antoine [Count Seilern] ist äußerst nett, er ist ein unsichtbarer *Schutzengel.* Er hat eine Nachtarbeit im Zivilschutz zugeteilt bekommen, ich beneide ihn dafür aus ganzem Herzen. Im Übrigen ist das Leben hier freudvoll und wir machen weiter, als ob alles nur ein Spiel wäre, wir treffen vernünftige Vorsichtsmaßnahmen und versuchen ein möglichst unbeschwertes Leben zu führen. Also mache Dir keine unnötigen Sorgen und glaube daran, dass es uns bestimmt ist, einander wiederzusehen.«[338]

Auf die Nachricht, dass sich Balder Olden noch immer nicht zur Abreise eingefunden hat, wendet sich die *American Guild* am 15. Oktober – acht Tage vor dem Treffen von Hitler und Franco an der spanischen Grenze – mit einem Telegramm nach Évian an Ilse Seilern: »HAVE YOU ANY NEWS YOUR BROTHER PLEASE CABLE.«[339] Etwas ausweichend telegrafiert Ilse am 18. Oktober aus Genf zurück, er sei »alright« und er hoffe, bald via Lissabon reisen zu können.[340] In Wirklichkeit ist Balder Olden extrem niedergeschlagen. Die Trennung von Primavera setzt ihm zu, und er versucht mit Ilses Hilfe – sie hält aus der neutralen Schweiz ununterbrochen Kontakt mit Margaret Kershaw, Antoine Count Seilern und der *American Guild* und kann damit die Fäden zusammenhalten – auszuloten, ob und wie man sich in Lissabon treffen und von dort aus gemeinsam den Atlantik überqueren könne. Balder und Ilse möchten das lebensrettende Notvisum für die USA keineswegs aufs Spiel setzen, suchen jedoch auf eigene Faust nach Wegen, die übrig gebliebene Familie komplett zu versammeln, und erwägen alternativ eine gemeinsame Flucht nach Argentinien.

Den Brief an Margaret Kershaw in London vom 22. Oktober 1940 schreiben Balder und Ilse gemeinsam in Annecy. Obwohl ihn Ilse am Bahnhofspostamt in Genf abschickt, erreicht er Margaret erst am 7. oder 8. November. Balder: »Liebste, manchmal trifft ein Telegramm ein, doch nie Zeilen von Dir, die mein Herz, das Nachrichten von Dir ersehnt, beruhigen könnten. Graham Saint Clair-Keith hat viel von Dir erzählt, nachdem ihr gemeinsam zu Mittag gegessen habt, und es waren gute Nachrichten. Aber sein Brief, der gestern eintraf, wurde vor Wochen geschrieben. Ich hoffe ernstlich zu Beginn nächsten Monats in Lissabon sein zu können und Dich dort zu treffen. Wir können gemeinsam nach New York fahren. Vielleicht könnten wir sogar nach Buenos Aires gehen, was mir sehr viel lieber wäre. Es würde mir auch nichts ausmachen in Lissabon oder sonst wo in Portugal auf Dich zu warten. Mit Dir, das ist das einzig wichtige: Mit Dir.

Ilse ist erneut hier bei mir in Annecy. Das Leben verläuft ruhig und ist einfach. Aber dieses endlose Warten auf Nachrichten von Dir.«[341]

Darunter schreibt Ilse: »My darling Prima Vera, [...] ich denke Du solltest nach Lissabon kommen, Balder wünscht Dich dort zu treffen und unverzüglich zu heiraten. Er kann dieses Leben ohne Dich kaum mehr ertragen und leidet zutiefst unter der Trennung. Das Leben hat

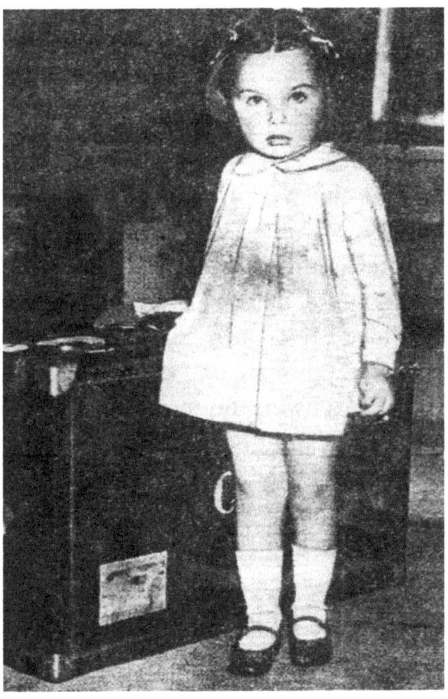

Abb. 35: Mary Elizabeth (Cootsee) Olden bei ihrer Ankunft in Kanada

ihn sehr grob angefasst und nur Du kannst ihm den Trost geben, den er so dringend braucht. Ich, die ihn so gut kennt, komme mir verloren vor und Du liebst ihn so innig. Ever yours, Ilse.«[342]

Am 27. Oktober 1940 insistiert Ilse telegrafisch: »WHEN CAN YOU BE LISABONNE? COULD YOU COME FRANCE OR SWITZERLAND?«[343] Es gebe keine Antwort von Ika Oldens Eltern in Jerusalem. Ob denn die genannte Adresse stimme? Margaret antwortet ihr am 2. November 1940: »IMPOSSIBLE TO COME FRANCE SWITZERLAND. [...] HALPERN P.B. 659 JERUSALEM.«[344] Es sei jetzt, mitten im Krieg, für Zivilisten unmöglich, von Großbritannien aus die Schweiz oder Frankreich zu erreichen, und ein Passagierschiff nach Lissabon laufe frühestens im März 1941 aus. Beunruhigt schreibt Balder Olden am 11. November aus Annecy an Margaret: »Jeden Tag berichten die Zeitungen vom Bombardement Londons. Tag und Nacht denke ich an Dich, fürchte und hoffe. Ein Hundeleben. Die zuletzt empfangene Nachricht, dass Du kommenden März in Lissabon sein könntest, war wie ein Lichtlein im Dunkeln. [...] Ich hoffe es, und es scheint ziemlich sicher zu sein, dass ich in wenigen Wochen dort sein werde und wir uns leichter verständigen können. Trotzdem sind das noch dreieinhalb Monate, ehe ich Dich hoffentlich in meine Arme schließen kann, mehr als 100 Tage. Ich glaube, wenn dieser Tag kommt, werde ich zum ersten Mal seit dem 11. Mai lachen. Dann reisen wir nach Argentinien, zusammen mit Ilse, die mit ihren magischen Kräften für alles sorgt.«[345]

Der internationale Postverkehr hat sich kriegsbedingt sehr verlangsamt, und am 11. November kann Balder den ausführlichen Brief von Margaret vom 7. November 1940 aus London noch nicht erhalten haben: »Ich wünschte, Du wärst bereits auf der anderen Seite des Atlantiks. Mir macht es Sorge, Du könntest dieselben Probleme wie Berthold Jacob bekommen. Dann bleibe besser, wo Du bist. Wärest Du bereits in den U.S.A., könnte ich früher zu Dir kommen als mit der Quotenregelung. Würden wir uns in Lissabon treffen und dort heiraten, könnten wir gemeinsam aufbrechen. Würden wir uns jedoch verfehlen, müsste ich in Portugal warten, bis meine Einwanderungsquote für die U.S.A. an der Reihe ist. [...] Ich kann nach Lissabon reisen, falls ich beweisen kann, dass Du mich heiraten willst. Aber es gibt vor Frühjahr keine Plätze, weder auf dem Schiff noch im Flugzeug. Das heißt, Du musst entweder nach Amerika vorausfahren oder in Lissabon auf mich warten. Mache, was Du und Ilse für das Beste haltet. Verpasse nicht Deine Chance, indem Du auf mich wartest, und fahre, solange dies noch möglich ist. [...] Ich bin für einen Platz auf dem Flugboot angemeldet und habe die Ausreisegenehmigung beantragt, [...] aber es wird einfacher sein, das Visum und die Genehmigung zu bekommen, nachdem Du in Lissabon angekommen bist. [...] *Sweetest*, wie easy wäre alles, wenn wir beieinander wären, wir dürfen uns nie wieder trennen. Ich möchte alles erfahren, Deine ganze Fluchtgeschichte und was passiert ist, seitdem wir uns zuletzt gesehen haben. Als Du mir schriebst, ›*Will my biography never take an end*‹, schien es, sie hätte gerade erst begonnen. Ich bin Ilse unendlich dankbar, und dem guten gnädigen Schicksal, das Dich vor dem Schlimmsten bewahrt hat; ich bete darum, dass es Dich ganz aus der Gefahrenzone herausführen wird und wir zusammenkommen. [...] Schicke mir ein Telegramm mit dem Heiratsantrag! Und einen Brief!«[346]

Nach weiteren Erkundigungen über Bedingungen und Umstände ihrer Ausreise telegrafiert Margaret am 13. November auch an Ilse in die Schweiz: »NO ACCOMODATION FOR TRAVELING LISBON BEFORE SPRING.«[347] Falls man sich in Portugal verfehlen sollte und somit der Plan, als verheiratetes Paar gemeinsam in die USA eingelassen zu werden, scheiterte, müsste Margaret als Quoteneinwanderin mindestens zwei Jahre lang warten. Balder Olden scheint sich unterdessen für einige Tage von Annecy auf den Weg nach Marseille gemacht zu haben, möglicherweise im Zusammenhang mit dem Visum für die USA. Am 3. November 1940 telegrafiert er aus Lyon an Ilse, Hotel Schweizerhof in Bern: »PARTIRAI DEMAIN. MARSEILLE HOTEL MEDITERRANÉE.«[348]

Telegramme sind teuer, aber sie bieten in diesen Jahren nahezu die einzige Gewähr für eine unverzügliche und zuverlässige Verständigung. Einen Brief vom 6. August, den Balder Olden gleich nach seiner Ankunft in der unbesetzten Zone Frankreichs an Margaret Kershaw geschrieben hatte, kann die Geliebte erst am 18. November beantworten: »Das Leben ohne dich ist die Hölle, schal und leer. Alles erinnert mich an etwas das wir gemeinsam erlebt haben, ich wünschte, wir könnten so sprechen, wie wir immer miteinander geredet haben. [...] Wie tapfer Du warst während dieser schrecklichen Wochen und Monate. Wir müssen uns sicher sein, dass es nicht unsere letzte Begegnung war, als wir auf der Präfektur in Paris voneinander Abschied nahmen. Love, love, love, Buzz.«[349]

Auch Marie-Christine Furtwängler drängt Balder Olden in einem Telegramm vom 17. November 1940, bald aus Frankreich auszureisen und zu ihr zu kommen: »WOULD BE HAPPY HAVING YOU AND IF POSSIBLE PRIMAVERA MY GUESTS HERE.«[350] Sie zeichnet als »Mädi Olden«.

Anlässlich des Besuchs von Marschall Pétain am 4. Dezember 1940 in Marseille wird Varian Fry, der Kopf des Rettungsnetzwerks *Emergency Rescue Committee* in Marseille, von der französischen Polizei zum ersten Mal festgenommen und auf dem Schiff *Sinaia* interniert. Er wird zwar bald freigelassen, aber seine Organisation, deren offizieller, aber geheimer Auftrag lediglich lautet, binnen dreier Wochen – nach der Ankunft von Fry in der Hafenstadt am 14. August 1940 – zweihundert gefährdeten Intellektuellen zur Flucht aus Frankreich zu verhelfen und sie in die USA zu schleusen, gerät immer mehr unter den Druck der Behörden. Berühmte Autoren wie Heinrich und Klaus Mann, Franz Werfel, Lion Feuchtwanger, Hannah Arendt, Walter Mehring, Alfred Polgar, Hans Natonek, Benjamin Péret, Valeriu Marcu und André Breton drängen sich unter dem schmalen Schirm des *Emergency Rescue Committee*. Zahlreiche Gelehrte und Intellektuelle – wie der Soziologe und Publizist Siegfried Kracauer, der Historiker Golo Mann, der Mathematiker und militärpolitische Publizist Emil Julius Gumbel oder der Zeitgeschichtler Konrad Heiden, der mit dem Nobelpreis ausgezeichnete Biochemiker Dr. Otto Meyerhof, der Mathematiker Jacques Hadamard, der Pianist Erich Itor-Kahn oder bildende Künstler wie Marc Chagall, Jacques Lipchitz, André Masson, Hans Bellmer, Victor Brauner, Roberto Matta, Marcel Duchamp, Wilfredo Lam und Max Ernst – vertrauen Varian Fry in höchster Gefahr ihr Leben an. Riesige, ständig wachsende Schlangen Tausender in höchster Verzweiflung nach Rettung suchender Menschen stehen erst vor dem Hotel Splendide in Marseille, dessen Räume regelmäßig von der Gestapo durchsucht werden, dann, Anfang September, vor Frys Apartment in der Rue Grignan 60 und 1941 vor den erweiterten Räumlichkeiten des *Centre américain de secours* am Boulevard Garibaldi Nummer 18.

Varian Fry ist ein Mann, der entschieden zu viel weiß: Bereits 1935 hatte ihm Ernst Hanfstaengl, ein an der Harvard University ausgebildeter Propagandaspezialist, der bis Mitte der 1930er Jahre eng zum Münchner Kreis um Hitler gehörte, dann jedoch aus Deutschland floh, die Pläne der Nazis für die Ermordung und Beraubung der jüdischen Bevölkerung Europas anvertraut. Niemand mochte ihm dies in den USA glauben. In Marseille baut Varian Fry – immer mehr auch zum Missfallen des US-Konsulates vor Ort und insbesondere des amerikanischen Außenministers Cordell Hull in Washington – eigenmächtig eine weit über sein ursprüngliches Mandat hinausreichende Organisation auf. Bis zu seiner Ausweisung aus Frankreich im September 1941 gelingt es ihm damit, dreitausend Menschen unter den fünfzehntausend auf der Straße vor dem Office Stehenden – sei es mit Hilfe von gefälschten Pässen, sei es auf Saum- und Schmugglerpfaden über die Pyrenäen – in Sicherheit zu bringen. Varian Fry muss höllisch aufpassen, was er tut und wen er trifft. Er wird durch das Sonderkommissariat der Präfektur von Marseille auf direkten Befehl der Sûreté in Vichy beschattet. Während all dieser Monate wird er von ständiger Angst geplagt, die Polizei könne ein Abhörgerät anbringen oder ihm einen Spitzel auf den Hals jagen. Geheimsachen mit den Mitarbeitern werden nur im Badezimmer bei aufgedrehten Wasserhähnen besprochen, doch müssen die täglichen Telegramme nach New York mit Namen und Daten von Anwärtern auf US-Visen in Marseille jeden Abend von der Polizei abgestempelt werden. Absolut heikel ist die stets drängende Frage, mit welchen Papieren die Flüchtlinge reisen könnten, und es ist nicht verwunderlich, dass Varian Fry notgedrungenerweise mit dem Gesetz in Konflikt gerät, will er die verfolgten Menschen retten. Internationale Passfälschung fällt 1940 unter die Zuständigkeiten der *Internationalen Kriminalpolizeilichen*

Kommission (*IKPK*), der 1923 in Wien gegründeten Vorgängerinstitution von Interpol, welche ihre Zentrale 1940 von Wien ausgerechnet nach Berlin verlegt. Mit der Verlegung des Sitzes nach Berlin-Wannsee ist auch die Zentrale zur Bekämpfung der Passfäschungen nach Berlin übergesiedelt.[351] Während des Krieges wird die IKPK vom Chef der deutschen Sicherheitspolizei, SS-Obergruppenführer Reinhard Heydrich, geleitet. Nachdem Heydrich, der im Januar 1941 in Berlin die *Wannseekonferenz* zur »Endlösung der Judenfrage« leitete und in Personalunion in der besetzten Tschechoslowakei als »Stellvertretender Protektor von Böhmen und Mähren« fungierte, am 27. Mai 1942 einem Attentat des tschechischen Widerstandes zum Opfer gefallen war, wird die IKPK seit 1943 von dessen Nachfolger als Leiter des Reichssicherheitshauptamtes (RSHA), dem General der deutschen Polizei und SS-Obergruppenführer Ernst Kaltenbrunner, geleitet. Die Rolle der *Internationalen Kriminalpolizeilichen Kommission* bei der Verfolgung von Dissidenten, Feinden des Faschismus, Juden, Roma und Sinti in Europa ist bislang historisch nicht aufgearbeitet.

Varian Fry wird zwar zu Lebzeiten verkannt – ja der Ruf eines *trouble-makers* wird ihn bis an sein frühes Lebensende verfolgen –, aber später wird er ein Gerechter unter den Völkern genannt werden, der treu seinem Gewissen gefolgt ist.

Trotz des Drängens seiner Freunde und Helfer in Amerika zaudert Balder Olden wochenlang, Frankreich endlich zu verlassen. Doch am 14. Januar 1941 erreicht ihn in Annecy ein Telegrammn von Margaret Kershaw. Sie habe den Brief mit seinem Foto erhalten, freue sich, wenn er bald abreiste, und sie sei voller Hoffnung auf ein glückliches Wiedersehen.«[352] – Zwei Tage zuvor, am 12. Januar hat Margaret in London einen langen Brief nach Annecy geschickt, ist sich nun aber nicht sicher, dass er Balder noch erreichen wird: »Es schien, als ob Dich meine Briefe nicht erreichen würden, endlich weiss ich, dass Du vier erhalten hast und nun die Situation kennst. Ich kann mir vorstellen, wie es Dich rasend macht, in den Zeitungen über die Bombardements Londons zu lesen. [...] Unser Stadtteil [Netherhall Gardens 26, NW3] ist ruhig, seit Monaten wurden wir nicht mehr angegriffen und ich konnte Woche auf Woche in meinem Bett schlafen. Selbst in diesem Augenblick, während ich Dir schreibe, ist der Feind über der Stadt, aber sobald sich ein Bombenflugzeug nähert, feuert unsere stolze Luftabwehr und verjagt ihn. Wie lang auch immer dies weitergeht, ich werde mich nicht geschlagen geben. [...] Seitdem ich einen Job [Zivilschutz] habe geht es mir viel besser und die Zeit bis zu unserem Wiedersehen vergeht schneller. Antoine schickt mir noch immer jede Woche Geld. [...] Vor einigen Tagen las ich in der Zeitung dass Daphnes Mann, Arthur Koestler, im Lande ist und aus der Haft freigelassen wurde. Momentan weiß ich nicht, wo er steckt, aber ich werde ihn finden. Er wird viel zu erzählen haben. Peter Olden und Mädi schrieben mir vor einer Weile. Sie würden sich gerne Rudolf und Ikas Tochter annehmen. Wahrscheinlich wäre es die beste Lösung. [...] Ilse sagt Du seist einsam – wie schrecklich, in Annecy ganz in ihrer Nähe zu sein und doch nicht gemeinsam mit ihr in der Schweiz sein zu dürfen. In Lissabon wirst Du viele Freunde vorfinden und Neuigkeiten aus aller Welt erfahren. Hoffentlich war Ilse um die Weihnachtszeit bei Dir [...] Ich bin froh, dass sie ihre eigene Emigration nach Argentinien vorbereitet. [...] Es ist wunderbar, dass es ihr gelungen ist das argentinische Visum für Dich zu bekommen. Jetzt haben wir die Wahl. [...] Von Zeit zu Zeit erhalte ich mit fünf- bis sechsmonatiger Verspätung Deine Briefe aus Frankreich. Himmel, was hast Du durchgemacht und in welch galanter Weise. [...] Es scheint Deine Abenteuer reichten nicht für zwei Leben. Bitte telegrafiere wenn Du die Reise antrittst.«[353]

Doch die Zeit vergeht und scheint dennoch über viele Wochen des zähen Abwartens stillzustehen. Erst im Dezember hat die Vichy-Regierung mit der beschränkten Erteilung von Ausreisevisa begonnen. Aber am 24. Januar 1941 schreibt Balder Olden der Schwester aus Annecy: »Jetzt muss ich mir einen Ruck geben und dieses Capua verlassen. Schachspielen und mit dem gütigen Männlein plaudern bringt mich nicht weiter. Mein Freund, der mit anderen in Spanien festgehalten war, ist doch in L.[issabon] angekommen, ich weiß nicht, mit wieviel Verspätung, aber er ist es. Und überhaupt ist die Lage in Spanien, das jetzt von England Weizen bekommt, viel besser als damals. Ich habe nicht die leiseste Besorgnis. [...] Am Montag will ich meine Anker lichten, damit ich die Woche ausnützen kann. – Bitte lass mich doch schleunigst die Namen der spanischen Bürgen wissen, oder vielleicht können sie selbst an ihren Consul nach Lyon schreiben? – Zwei bis drei Wochen wird es aber bestimmt dauern, bis ich all die Visen im Pass habe, und da hoffe ich fest, wir sehen uns noch vorher. Abreisen werdet Ihr doch sogottwill endlich auch, und auch Eure Reise geht doch wahrscheinlich über Frankreich? Ich empfehle Dir übrigens: teilt Euch in kleine Gruppen, zu zweit fährt man viel leichter als zu viert. Oft sind die Züge überfüllt, die Hotels, alles. Dann fängt der Edelmut an, und zuletzt schlafen alle im Wartesaal, obwohl zwei Betten zu haben waren. – Der Edelmut ist aller Laster Anfang. Aus diesem ist Primavera nicht beizeiten aus Paris weggegangen. [...]

Sauve qui peut – der Gerettete kann helfen, nicht ein Schiffbrüchiger dem anderen. (Avis au lecteur.) – Ich fühle mich im Moment ausgeruht. Fit for service und froh, endlich zu wissen, was ich zu wollen habe. [...] Ich war sehr isoliert hier, weil ich die weit offenen Häuser abgelehnt habe im Anfang, weil ich lachende Gesichter damals nicht ertragen konnte. Ich habe mich aber nie isoliert gefühlt, die Tage sind kurz, und viele Tage sind es hoffentlich nicht mehr. Ich hatte hier eine schöne, sehr schöne Zeit, seit Primaveras Briefe mich etwas beruhigt haben. Die Berge und der See hier waren mehr als die Menschen. In Buenos Aires werde ich noch einmal aktiv werden, das ist meine Idee. Ich hoffe fest, dass wir dann zusammen sind, Du und Primavera und ich.«[354] Drei Tage später, am 27. Januar, berichtet er Ilse: »Ich habe das laisser-passer [Passierschein] für vier Wochen und zweifle nicht mehr, dass ich auf Reisen gehe, am Mittwoch. Ein Zimmer ist in Lyon nicht zu haben – sie nehmen keine Vorbestellung an. In Lyon bleibe ich natürlich so kurz wie möglich, dann geht es nach Marseille. Heute war so schöne Sonne hier, diese Insel Annecy im empörten Welt-Ozean!«[355]

In Lyon gestaltet es sich noch viel schwieriger als gedacht, die notwendigen bürokratischen Hürden für die Ausreise aus Frankreich und die Reise durch Spanien zu nehmen: »Die Spanier lassen keinen durch, trotz bester Garanten, der nicht einen ›nationalen‹ Pass oder einen französischen ›titre de voyage‹ [Reiseausweis] hat. Culot? [Frechheit] Denn sie leben heute von England und USA. Jedenfalls denkt der Consul in Lyon so, ich hoffe in Marseille oder Perpignan findet sich ein besser orientierter. – Ich bekomme in Marseille bestimmt das Visum für Portugal, bestimmt nicht das für die Ausreise, vielleicht nicht das für Spanien. So bliebe ich eingesperrt, denn auf den berühmten Dampfer kann man nur mit Sortie [französische Ausreiseerlaubnis] und durch Spanien nur mit Visum. Aber ich bin gar nicht entmutigt. Mit Argentinien gab es auch diese Schwierigkeit des apatride [Staatenlosen], und ein Telegramm an den Gesandten in Vichy hat sie behoben. Es war nur ein Aufschub von 24 Stunden. So wird es auch mit Spanien gehen, wenn Fry oder der USA-Consul telegraphiert. – Man könnte zehnmal soviele Démarchen machen, wenn nicht alles so schwierig wäre. Kein Taxi, das kostet in einer Stadt, die man nicht kennt, Stunden, jeden Tag! Um ein Telegramm aufzugeben, erst zu einem bestimmten Kommissariat, nicht zum nächsten. Ins Ausland telephonieren – Spezial-Erlaubnis.«[356]

Als Ende Januar 1941 viele Flüchtlinge erfahren, dass sie französische Ausreisevisa bekommen können, vermutet Varian Fry, »dass die

Gestapo und die anderen Geheimdienst-Organisationen die Listen der noch in Frankreich befindlichen politischen und intellektuellen Flüchtlinge durchgesehen und entschieden hatten, wen sie haben und wen sie durch ihr Netz schlüpfen lassen wollten. [...] Man hatte uns jedoch gesagt, dass jede Präfektur in der unbesetzten Zone eine Liste hatte, auf der die Namen derer verzeichnet waren, denen kein Visum ausgestellt werden sollte.«[357]

Am 6. Februar 1941 signalisiert Gräfin Ilse mit einer Depesche aus Lausanne an Margaret Kershaw, dass Balder in den Startlöchern stehe, die Visa in Ordnung seien und er sie baldmöglichst zur Hochzeit in Lissabon erwarte: »HINCHE PREPARING JOURNEY LISSBON WANTS YOU TO COME SOONEST MARRY HIM CONTINUE JOURNEY TO B. AIRES. VISA OK.«[358] Am 10. Februar 1941 steht die Abreise aus Marseille dicht bevor. Balder telegrafiert der Schwester: »ATTENDRAI PARTIR. 19 HEURES CE SOIR TELEPHONE.«[359] Und er bittet, sie möge 4000 portugiesische Escudos an American Lloyd, Rua de Franqueiros in Lissabon für ihn überweisen. Am 15. Februar telegrafiert Balder, doch noch ein wenig länger bleiben zu wollen. Er habe »meilleurs conditions«, eine bessere Reisemöglichkeit, gefunden. So mag ihn auch Margarets Brief aus London vom 4. Februar 1941 eventuell gerade noch erreicht haben: »Mein Job ist überhaupt nicht gefährlich, ganz im Gegenteil, wir haben wunderbar tief angelegte Luftschutzräume, wohin wir rechtzeitig vor der Gefahr Zuflucht nehmen. Das Leben in London ist inzwischen sicherer als in Deiner Weltgegend. [...] Die Warteliste für die Flugpassage ist lang, die Warteliste für Argentinien mag weniger lang sein, lang ist sie gewiss. Deine Briefe verraten keine Besorgnis über Deine aktuelle Lage, aber ich kann keine Zeitung lesen, ohne von finsteren Meldungen erschreckt zu werden, die so auch Dich betreffen könnten.«[360]

Nachdem Balder Olden von November 1940 bis März 1941 zuerst in Annecy, dann kurz im unruhigen Marseille und wieder im geschützter gelegenen Annecy auf ein französisches Ausreisevisum und die Reisepapiere nach Südamerika gewartet hat – Freunde der Familie mit Beziehungen in »höchste Kreise« besorgen ihm in der Zwischenzeit ein Visum für Argentinien –, überquert er schließlich – a »splendid journey«, wie er auf einer Postkarte aus Barcelona schreibt – in Gesellschaft von Fürst Adolph und Fürstin Hilda zu Schwarzenberg in einem gemieteten Automobil die Pyrenäen. Nach einer Übernachtung in Barcelona reist er unter seinem richtigen Namen durch das vom Bürgerkrieg zerstörte und zutiefst deprimierte Spanien nach Portugal. Im *Aufbau*, der in New York erscheinenden, international bedeutsamen Emigrantenzeitschrift, schildert er diesen Abschnitt unter der Überschrift *Flucht und Hoffnung*: »Von der spanischen Grenze bis Barcelona hatten der Fürst S. und seine reizende Frau, die zufällig im gleichen Zug wie ich durch Frankreich fuhren, ein Auto bestellt, und wir fuhren 300 Kilometer durch totes, totes Land. Es bellte kein Hund, es gackerte kein Huhn, es stand kein Rauch über den verfallenen Häusern, es kreuzte kein Auto unseren Weg, wir sahen wenig Menschen, nur Gebeugte, Verhärmte, Zerlumpte. In Figueres nahmen wir jeder ein Stück Brot, ein Ei und ein Stückchen Käse aus unseren Vorräten und kehrten in einer Bar ein. Zwanzig Menschen etwa saßen darin, die leise sprachen oder schweigend vor sich hinstarrten, so sind die Spanier geworden! Als wir unser Ei schälten und den Käse auswickelten, fühlte ich mich beobachtet und blickte auf – da starrten alle diese Gäste, der Wirt, die Wirtin, der Kellner, alle starrten uns an mit so furchtbar hungrigen Blicken, dass ich glaube, nie war ein Angsttraum schrecklicher als diese Wirklichkeit. [...] In Barcelona und Madrid gibt es kein Brot, das man so nennen könnte, aber in den Hotels und Geschäften alle Herrlichkeiten dieser Welt. Das Elend ist von den Hauptstraßen weggefegt, des braven Soldaten Schwejk kategorischer Imperativ – ›mehr Strenge gegen die armen Leute!‹ wird dort peinlich befolgt. [...] Nur – auch unter den Wohlgekleideten, die Zutritt zu diesen Boulevards haben – welche Menge von Einarmigen, Einbeinigen, Einäugigen!«[361]

Unverändert steht der Name Balder Olden weiterhin auf der Liste gefährlicher Feinde des Drittes Reiches, deren Auslieferung an Nazideutschland im Waffenstillstandsabkommen mit Frankreich fixiert wurde. Wäre Balder Olden nur einen Tag langer in Annecy geblieben, würden seine Papiere annuliert und er selbst an die Gestapo ausgeliefert worden sein. »Trotzdem kann ich nicht bedauern, dass ich voran gefahren bin, denn es steht ganz fest, dass mein Fall vierzehn Tage später hoffnungslos geworden wäre«[362], schreibt er an Ilse. Varian Fry erhält im Frühjahr 1941 ernste Drohungen seitens der französischen Ordnungskräfte (»forces de l'ordre«), bei weiteren Zuwiderhandlungen unter Hausarrest gestellt zu werden. Das Konsulat der USA in Marseille versucht Druck auf ihn auszuüben, die befristete Mission jetzt zu beenden und schleunigst nach New York zurückzukehren. Selbst Eleanor Roosevelt denkt, die Fortsetzung seiner Rettungsmaßnahmen würde ihn am Ende schwer zu Fall bringen und das Ansehen der USA beschädigen. Das von Varian Fry geöffnete und nur mehr mittels Verteilung lebensrettender falscher Pässe offen gehaltende Rettungszeitfenster schließt sich bis auf einen winzigen

Spalt, als der »Schutzengel der ganzen Sippe exilierter Intellektueller und Poetaster« (Walter Mehring) am 28. August 1941 von der französischen Geheimpolizei verhaftet und schnurstracks des Landes verwiesen wird.

Die galante Begleitung von Fürst und Fürstin Schwarzenberg schützt Balder Olden in Spanien vor einer möglichen, gefährlichen Behelligung, wie sie beispielsweise dem Lyriker Fritz Brügel während dessen Durchreise widerfahren ist, oder vor noch Schlimmerem. Margaret Kershaw berichtet Balder in einem Brief davon: »[Brügel] hat sehr interessant und lustig erzählt, auch von Eurem Zusammentreffen in Marseille. Seine Ausreise war auch mit Hindernissen verbunden, in Spanien war er für 14 Tage eingesperrt und man hat ihn nur gegen viel Geld (d.h. alles) und sein Gepäck freigelassen, der Beamte hat ihn dann bis an die portugiesische Grenze begleitet, aber ihn unterwegs mit seinem Geld traktiert, Zigaretten, Speisewagen etc. Es war alles schrecklich, mit einer grotesk-komischen Tendenz, es ging doch immer so haarscharf am Abgrund hin.«[363] Eine von Varian Fry ad hoc zusammengestellte Reisegruppe hatte versäumt, sich auf spanischer Seite dem Grenzbeamten zu stellen, um den Einreisestempel *Entrada* in Pass oder Affidavit eintragen zu lassen und eine Devisenerklärung abzugeben, damit sie nicht bei einer eventuellen Kontrolle im Landesinneren wegen illegaler Einreise verhaftet werden. Zum Zeitpunkt des Grenzübertritts der Schwarzenbergs und Balder Oldens müssen die französischen Ausreisevisa an der Grenzstation bereits telegrafisch bestätigt werden, auf spanischer Seite werden jetzt alle Reisenden verhaftet, die keine französischen Ausreisevisa besitzen und nicht durch den Stempel beweisen können, Frankreich auf legalem Weg verlassen zu haben.

In der Diktatur Franco stehen sich die proaktiv-nationalsozialistische Falange und eine vor allem außenpolitisch einflussreiche, dezidiert anglophile Herrenreiterfraktion – zu ihr gehört z.B. der spanische Botschafter in London, der Duque de Alba – gegenüber. Über die City of London wurde die Finanzierung des Umsturzes durch die zum Putsch bereiten Generäle abgewickelt, flossen bedeutende Geldströme für die noch zögernden Generäle, mit deren entscheidender Hilfe der Seeweg über Ägypten nach Indien offen gehalten und in Gibraltar abgesichert werden konnte, sowie später überlebenswichtige Weizenlieferungen in das vom Bürgerkrieg zutiefst verelendete und heruntergekommene Land. Vornehmlich der alte spanische Adel und ein kleiner Teil der katholischen Kirche sind über den Nihilismus und die Herrschaft des Pöbels unter Anführung eines Wahnsinnigen in Deutschland entsetzt.

Balder Olden durchquert ungehindert Spanien, überquert dank seines Visums für ein außereuropäisches Land und des portugiesischen Transitvisums offiziell die Grenze nach Portugal und erreicht die von Abertausenden von Flüchtlingen gefüllte portugiesische Hauptstadt. Er atmet auf: »Portugal hat keinen Krieg und keinen Bürgerkrieg durchgemacht [...], das Land [wirkt] wie ein vorgeschobenes Stückchen Amerika. Denk' Dir, dort gibt es einen Diktator [António de Oliveira Salazar], der ist so gut, ein gütiger, alter Universitäts-Professor, dass alle Menschen ihn preisen. Wie könnte man dieses System nennen – eine demokratische Diktatur? Eine Diktatur mit Butter statt Kanonen? Denn es gibt dort, in der bescheidensten Pension Menus, die endlos sind, Licht und froher Lärm die ganze Nacht hindurch!«[364] – In dieser Passage des Reiseberichts irrt Balder Olden gewaltig. Nicht nur, dass er selbst sieben Jahre älter ist als Salazar, der frühere Professor für Volkswirtschaft an der Universität Coimbra. In Portugal herrscht ein straffes Regime mit klerikal-faschistischen Zügen. Die Versammlungsfreiheit ist stark eingeschränkt, Streiks sind strafbar, politische Parteien verboten. Portugiesische Gegner des Regimes werden von der Geheimpolizei PIDE mundtot gemacht, in Gefängnisse geworfen, ermordet oder ins Exil getrieben. Salazar hat im November 1939 alle portugiesischen Auslandsvertretungen angewiesen, Ausländern, denen ihre Staatsangehörigkeit aberkannt wurde, also staatenlos gewordenen politischen Flüchtlingen und vor allem den aus ihren Herkunftsländern vertriebenen oder in ihren Aufnahmeländern nicht mehr sicheren Juden keine Visa auszustellen. Seitdem der portugiesische Konsul in Bordeaux, Aristides de Sousa Mendes, sich darüber eigenmächtig hinwegsetzte und so Tausende von Menschen rettete, gilt seit Juli 1940 – am 14. Juni marschieren die Nazis in Paris ein –, dass nur noch diejenigen nach Portugal einreisen dürfen, welche ein Visum für ein außereuropäisches Land besitzen.

Es gelingt Balder Olden, eine der letztmöglichen Schiffspassagen von Lissabon nach Argentinien zu ergattern. Die Reiseaussichten für Margaret stehen schlecht. Alle Plätze auf Passagierschiffen und Passagierflugzeugen aus Großbritannien sind kriegsbedingt hoffnungslos überbucht. Margaret ist realistisch, als sie Ilse am 13. Februar 1941 telegrafiert, Balder möge jetzt unter keinen Umständen länger zögern, sie würden sich in Buenos Airges wiedersehen.

Doch auch so hat es Balder noch immer nicht eilig, obwohl die portugiesische Hauptstadt ein gefährliches Pflaster darstellt, wo es von Geheimagenten jeder Art nur so wimmelt. Die Gestapo bleibt hier

Berthold Jacob mit Hilfe der deutschen Botschaft auf den Fersen und entführt ihn im September 1941 aus Portugal in ihr Hausgefängnis in der Prinz-Albrecht-Straße 8 in Berlin, wo er schließlich an den erlittenen Haftbedingungen stirbt. Varian Fry hatte dem 1939 aus *Le Vernet* entwichenen Verfolgten venezolanische Papiere unter falschem Namen anfertigen lassen. Auf der Flucht war er zunächst an der Einreise nach Portugal gehindert worden und saß in Madrid in Einzelhaft. Die Unitarier (Quäker) überredeten einen einflussreichen spanischen Geschäftsmann, Berthold Jacob aus dem Gefängnis zu holen und in seiner Limousine nach Portugal zu bringen. Er hält sich illegal in Lissabon auf, wartet in dem für alle Geheimdienste offenen Fenster Europas monatelang auf ein Visum nach Übersee, das nie eintrifft. Der Ausbruch des Krieges hatte die Verbindung zwischen ihm und Rudolf Olden zerrissen. Der Dritte im Bunde, Paul Dreyfus, kommt nach offiziellen Angaben am 27. Februar 1940 im beinharten *Camp de Vernet* ums Leben. Auf dem als geheim klassifizierten Schreiben des Préfet de police an die Direction générale de la Sûreté nationale N° 358 vom 14. März 1940 findet sich als letzte Eintragung die handschriftliche Notiz »Ne figure pas sur la liste des transportables à Catus«[365], das heißt, Dreyfus war nicht mehr transportfähig, um in das auf einem landwirtschaftlichen Gehöft gelegene Lager *Catus-Cavalier* verlegt zu werden.

In Lissabon hofft Balder Olden weiter darauf, dass Margaret Kershaw doch noch in letzter Minute aus London zu ihm stößt. Er wartet vergeblich. Zu Beginn des nächsten Monats, am 3. März 1941, richtet Margaret über ein Telegramm an Ilse Seilern im Palace Hotel Montreux aus, sie habe den zwölften Jahrestag ihrer Verbindung mit Balder in Gesellschaft von Daphne Hardy und Arthur Koestler verbracht, und rät, Balder solle die zu Spanien gehörenden Kanarischen Inseln besser meiden und stattdessen die Route über das von den Alliierten gesicherte Casablanca in Marokko nehmen.[366] – Zum 13. März erhält dieser endlich das »Visa Sortie«[367], das unabdingbare französische Ausreisevisum. Am 22. März 1941 versucht Margaret den Verlobten mit einem Telegramm aus Europa zu verabschieden: »IMMENSELY HAPPY DEPART TOMORROW HOPE JOIN YOU SOON.«[368] Trotzdem zögert Balder die Abreise bis zum allerletzten Moment hinaus. Margaret drängt ihn in einem Telegramm vom 26. März inständig, ohne sie abzureisen, es gebe jetzt keine Möglichkeit nach Lissabon zu gelangen. Sie bittet ihn sich nach der Landung in Buenos Aires um ihr Visum für Argentinien zu kümmern.[369] Am 3. April telegrafiert sie nochmals ins Hotel Victoria nach Lissabon, sie sei untröstlich, nicht bei ihm sein zu können, aber glücklich über seine Ausreise.[370] Daraufhin beschließt Balder Olden, Segel zu setzen. Annette Kolb, die kurz davor steht, den Clipper nach New York zu nehmen, schreibt am 10. April auf einer Postkarte aus Portugal an Baronesse Ilse Seilern: »Ich habe Deinen! charmanten Bruder gesehen. Er kam zum Tee zu mir. Er sah gut aus und sagte auch, es ginge ihm gut. Er wird in Bälde abreisen, hat eine Passage auf einem spanischen Schiff bekommen.«[371] Sie unterzeichnet die Nachricht als Olga K. Balder Olden mag der Schriftstellerkollegin geschildert haben, unter welchen Umständen er »die ganze Zeit bis zu meiner Abreise teils in Annecy, teils in Marseille und überall in der besseren ›assiette‹ [saß], so scharf beobachtet, dass ich nichts schreiben konnte, da ich nichts zu schreiben hatte, was Vichy angenehm gewesen wäre.«[372]

Zehn Monate nach seiner Flucht aus dem Internierungslager in die Freiheit befindet sich Balder Olden endlich an Bord eines nach Amerika auslaufenden Schiffes. Es ist seine dritte Überfahrt nach Argentinien. Das spanische Dampfschiff *Cabo de Buena Esperanza* bringt ihn auf der Route über die Kanarischen Inseln nach Rio de Janeiro. Er fährt im Zwischendeck, da es keinen Kajütenplatz mehr gibt, aber man kann an Deck schlafen. Im Rückblick erzählt er: »Die Reise dauerte endlos lang, weil eine Maschine defekt war, ein bewaffnetes Ruderboot hätte uns kapern können. Aber niemand dachte an Minen oder Kriegsschiffe. Rettungsboot-Manöver wurden einmal angesagt, aber nicht abgehalten. Vielleicht hätte sich sonst ergeben, dass entweder zu viel Passagiere oder zu wenig Boote an Bord waren. [...] Sechsundzwanzig Tage hat diese Überfahrt gedauert, und sie sollte zehn bis zwölf Tage dauern.«[373] Von Rio de Janeiro aus reist Balder Olden nach Buenos Aires weiter. Seine Ankunft am Río de la Plata wird allgemein vermeldet, im *Argentinischen Tageblatt* vom 4. Mai mit ausführlichen Beiträgen sogar erwartungsvoll begrüßt. Aus der Sicht von Balder Olden: »Am Quai in Buenos Aires stand alles, was mit Dir [Ilse Seilern] und damit mir in diesem Land verwandt ist, und der herrliche Ernesto [Alemann], dem ich so viel und meine Visa verdanke, sie mussten stundenlang stehen, es war rührend, sie taten es! Alle sahen aus, wie gesunde Menschen aussehen sollen, die die Qualen Europas nicht durchlaufen haben; diese stete Angst, die jeder um den anderen leidet, dies Betteln und Laufen und Schlangestehen um Einreisevisa, Durchreisevisa, Ausreisevisa, dieses Gefühl, in einem Kerker zu leben, in dem die Luft immer dünner wird, das Brot immer schmaler, die Nacht immer dunkler, die Sirene immer greller.«[374]

Am 4. Mai heißt es im *Argentinischen Tageblatt*: »Mit dem spanischen Dampfer ›Cabo de Buena Esperanza‹ traf gestern der bekannte deutsche Schriftsteller Balder Olden hier ein. Es ist seine dritte Ankunft in Buenos Aires, aber sie unterscheidet sich von den vorhergehenden vor bald zwanzig und fünfzehn Jahren durch die Umstände. Damals hielt er sich besuchsweise hier auf, heute sucht der freie Schriftsteller, der freiwillig Deutschland verließ, weil er im Dritten Reich der Barbaren nicht leben konnte, Asyl in einem freien Land. [...] [Wir] freuen uns, einen kompromisslosen, bedeutenden Mitkämpfer unter uns zu haben, nachdem die Mehrzahl der bekanntesten Namen der deutschen Literatur nach den Vereinigten Staaten ausgewandert ist.«

Amerika

In Argentinien

DER VERLEGER UND CHEFREDAKTEUR DES *Argentinischen Tageblatts*, Ernesto Alemann, hat bei der kniffligen Besorgung des Einreisevisums für Balder Olden tatkräftig geholfen. Er hatte die Direktion der im Jahre 1878 von seiner freisinnigen Schweizer Einwandererfamilie gegründeten Zeitung 1925 nach dem Tode seines Vaters Theodor Alemann übernommen und mit Beginn des erstarkenden Faschismus zum Sprachrohr der antinationalsozialistischen Opposition unter den deutschsprachigen Argentiniern gemacht. Die deutsche Kolonie Argentiniens ist mehrheitlich reaktionär gestimmt, steht der Weimarer Republik ignorant ablehnend gegenüber und ist für jede Art deutschnationaler Sammlungsbewegung empfänglich. Der US-amerikanische Historiker Stewart E. Sutin räumt allerdings ein, dass vielen von ihnen die Abgründe der NS-Ideologie verborgen blieben, obgleich die ungeprüft dominante NS-Auslands-Propaganda von der Wiedergeburt eines politisch und wirtschaftlich mächtigen Deutschen Reiches geeigneten Nährboden finde.

Als sich Ernesto Alemann im Juli 1932 in einer Glosse über die Gründungsveranstaltung der NSDAP in Buenos Aires mokiert, schlägt ihm gefährlicher Hass entgegen. Am 8. März 1933 warnt er: »Die Faschisten in Argentinien fühlen sich durch die Brandstiftung im Reichstag ermutigt und träumen davon, diese Methoden auch uns gegenüber anzuwenden.« Das *Argentinische Tageblatt* genießt auf Grund der prinzipienfesten liberaldemokratischen Haltung der Herausgeber einen weltweit geachteten Ruf. Im nationalsozialistischen Deutschland ist es bereits seit dem 22. April 1933 verboten. Tags darauf kommentiert Alemann dies in einem Leitartikel: »Wenn sogar ein Freiheitsruf aus einer Entfernung von mehr als sechstausend Seemeilen der Hitlerregierung so gefährlich erscheint, dass sie sich zu einem Verbot entschließt, muss es in Deutschland trübe und dunkel aussehen.«

Nach Recherchen Sutins rekrutiert die NSDAP in Argentinien bis zu 2.500 Mitglieder und mobilisiert bei Kundgebungen in Buenos Aires bis zu 15.000 Anhänger.[1] Sutin zeigt andererseits auch den breiten Widerstand gegen den Nazismus auf: »Mehrere wichtige Akteure der argentinischen Gesellschaft stellten sich den Nazis entgegen, vor allem die Sozialistische und die Radikale Partei. Führende liberale Zeitungen beobachteten scharf die Aktivitäten der argentinischen

Nazis, das *Komitee gegen Rassismus und Antisemitismus* bekämpfte die Verbreitung ihrer Ideologie. Der Gewerkschaftsverband organisierte Kundgebungen und rief zum Boykott von Exportartikeln aus dem Dritten Reich auf. Viele Argentinier waren durch Nazi-Propaganda und -Aufmärsche, die Nazifizierung nicht weniger deutschsprachiger Schulen, durch die Ermittlungsergebnisse über Sabotageakte, diverse Affären und nicht zuletzt durch die wahrscheinlich stark fortgeschrittene Infiltration des Landes seitens der ›fünften Kolonne‹ stark beunruhigt.«[2]

Die Republik Argentinien hat sich seit dem letzten, fünfzehn Jahre zurückliegenden Besuch von Balder Olden zutiefst verändert. Mit einem Staatsstreich im September 1930 endete die freiheitliche Entwicklung des Landes. In der nun folgenden »década infame« (»schamloses Jahrzehnt«), gekennzeichnet durch ein an Mussolinis Italien orientiertes Staatsverständnis, stecken bereits die Keime aller später folgenden Militärdiktaturen des Landes. Als Balder Olden mit zwei Visa – das erste für die USA – im Hafen von Lissabon steht und sich für eine der beiden Möglichkeiten entscheiden muss, ahnt er vermutlich nicht, was in Argentinien politisch auf ihn zukommen könnte. Nach seiner Ankunft in Buenos Aires empfindet er tiefe Erleichterung und Freude über seine Rettung. Die Argentinier erlebt er als gesunde Menschen, denen es an nichts mangelt. Balders Neffe, Ricardo Stegmann, nennt sogar eine stattliche Insel im Río de la Plata sein eigen. Aus Buenos Aires ist seit Balders letztem Besuch eine reiche, von glänzend beleuchteten neuen Avenidas und eleganten Boulevards durchzogene Metropole geworden, in der zweieinhalb Millionen Menschen leben, von denen einhunderttausend deutschsprachig sind. »Man lebt hier wie einst in Prag, ein deutsches Dorf in einer anderssprachigen Stadt. Eigentlich sind es zwei Dörfer, das republikanische und das nationalistische. Eine junge Frau, bei einer Firma im anderen Dorf angestellt, die mit mir ins Theater ging, wurde am andern Tag fristlos entlassen – ›vertrauensunwürdig in ihrem Privatleben‹. Wir haben nämlich ein Theater, die andern haben auch eins; wir haben jeder eine Zeitung, jeder eine Schule, Vereine, Vorträge – in einem Wort: deutsche Welt und deutsche Unwelt.«[3]

Ernsto Alemann wird Balder Olden in Buenos Aires vermutlich erzählt haben, wie ihm 1937 das gleichgeschaltete Rektorat der Universität Heidelberg seinen dort 1915 redlich erworbenen Doktortitel aberkannt hat, dass gegen sein Unternehmen von der deutschen Botschaft in Buenos Aires ein halbes Dutzend Strafprozesse eingeleitet wurden, unter anderem wegen der Veröffentlichung einer Karikatur von Clément Moreau, die Adolf Hitler 1938 vor einem mit Uniformfetzen, zerrissenen Schulterklappen, Orden und zerbrochenen Säbeln übersäten Schlachtfeld zeigt, dass eine Veranstaltung der von ihm gegründeten *Pestalozzi-Gesellschaft* von einem Nazi-Rollkommando überfallen wurde und dass er selbst und auch der Verlag mehrfach Bombendrohungen erhielten. Seine Redakteure wurden auf dem Heimweg von faschistischen Schlägerbanden tätlich angegriffen, und es haben sich Brandbombenattentate auf den Sitz seines Verlages und seiner Wohnung in der Tat wiederholt. Auch wurde vor dem Haus des Verlegers eine Strohpuppe an einem Galgen aufgehängt und angezündet.

Vielleicht weiß Balder sogar von der geheimen Direktive *Circular No. 11*, die der argentinische Außenminister José María Cantilo im Juli 1938 auf der schmachvollen Internationalen Flüchtlingskonferenz in Évian-les-Bains (6. bis 15. Juli 1938) unterzeichnet hatte, um die diplomatischen Vertretungen Argentiniens weltweit anzuweisen, »allen Personen ein Visum – auch ein Touristen- oder Transitvisum – zu verweigern, von denen anzunehmen ist, dass sie ihr Herkunftsland verlassen haben oder verlassen wollen, weil sie als unerwünschte Personen angesehen werden, oder des Landes verwiesen wurden, ganz unabhängig vom Grund ihrer Ausweisung«. Kurz darauf waren mit dem Präsidentenerlass No. 8972 die Einreisebedingungen noch weiter verschärft worden, indem sämtliche Entscheidungen über Einreisegenehmigungen der zentralen Einwanderungsbehörde in Buenos Aires übertragen wurden, um den Spielraum der Konsulate auszuschalten. An den Schreibtischen der Einwanderungsbehörde grassiert eine spezifisch argentinische Variante des Antisemitismus. Die politische Lage im Land selbst ist angespannt. Ernesto Alemann werden die allerwenigsten Interna der argentinischen Regierungen entgangen sein, er pflegt seit Jahren beste Verbindungen zu Parlaments- und Regierungskreisen, außerdem fungiert sein Bruder Máximo Alemann von 1935 bis 1943 als Generaldirektor im Finanzministerium.

Im August 1940 »ersetzt« der erzkonservative Vizepräsident Ramón S. Castillo de facto den überraschend erkrankten, 1938 gewählten Präsidenten, Roberto Ortiz, der auf Seiten der Alliierten steht. Noch verfolgt Argentinien offiziell einen neutralen Kurs. Hinter der Fassade politischer Neutralität sorgt die schrittweise gewendete Regierung jedoch für den Nachschub an kriegswichtigem Material für die Achsenmächte und für eine Tarnung des Spionagenetzes des NS-Regimes. Im November 1942 nimmt Castillo den mit dem Dritten Reich sympathisierenden General Pedro Pablo Ramírez als Kriegsminister in sein Kabinett auf. Im Verborgenen wird im Mai 1943 ein Abkommen wechselseitiger Zusammenarbeit mit dem Sicherheitsdienst (SD) – dem Geheimdienst der SS – geschlossen. Am 4. Juni 1943 putscht schließlich die in einer geheimen Loge organisierte *Grupo de Oficiales Unidos* – faschistische Militärs – gegen die Regierung Castillo. Der neue Präsident, Pedro Pablo Ramírez – ein in Deutschland ausgebildeter Militär, der bereits 1930 am Putsch von General Uriburu gegen Präsident Hipólito Yrigoyen beteiligt war –, löst das Parlament auf, verkündet den Ausnahmezustand (*estado de sitio*), lässt den Alliierten gewogene Kräfte und die demokratische Opposition verfolgen, unterdrückt die jüdische Presse und lässt jüdische Hochschullehrer von den Universitäten entfernen. Das, was Balder Olden hinter sich liegen glaubte, erlebt er jetzt als *Déjà-vu*.

Dem überschwänglichen Gefühl des »my welcome here was wonderful«[4] – so schreibt er am 4. Juni 1941 nach London an Margaret Kershaw – folgt ziemlich rasch ernüchternde Enttäuschung. Der Intellektuelle Balder Olden, der sich im Sommer 1934 auf der gemeinsam mit Oskar Maria Graf intensiv erlebten Reise durch die Sowjetunion zu einem leicht verblendeten, aber nachhaltig überzeugten Sympathisanten kommunistischer Politik entwickelt hat, der nach dem Scheitern der französischen Volksfrontregierung unter Léon Blum, der Kapitulation des Widerstandes gegen Hitler sowie der militärischen Niederlage der Republikaner im Spanischen Bürgerkrieg seine Hoffnungen auf ein Ende des Faschismus in Europa seit dem 22. Juni 1941 vorwiegend auf die Stärke sowjetischer Divisionen setzt, findet sich in Argentinien, trotz bester Beziehungen, in keine der ihm angebotenen Rollen hinein.

Als Theaterkritiker des *Argentinischen Tageblatts* (Mai bis August 1941) eckt er an, als öffentlich auftretender Redner macht er sehr bald mit einer neuen Direktive Bekanntschaft, die Versammlungen in nichtspanischen Sprachen unter Verbot stellt. Seine anonyme Mitherausgebertätigkeit beim *Volksblatt* – einer im November 1941 erfolgten Gründung deutschsprachiger Mitglieder der Kommunistischen Partei Argentiniens – endet mit der verordneten Schließung des Parteiorgans im August 1943.[5] Weder der von Ernesto Alemann geförderten *Pestalozzi-Gesellschaft* noch der 1937 gegründeten, durch den Hitler-Stalin-Pakt im August 1939 in zwei Lager gespaltenen, bürgerlich-antifaschistischen Hilfsorganisation *Das andere Deutschland* fühlt er sich innerlich verbunden. Beiden sind Kommunismus und der sowjetische Totalitarismus höchst suspekt, während das Bild des Schriftstellers von der aufstrebenden Sowjetunion aus dem Jahr 1934 inzwischen obsolet geworden ist.

Balder Olden hat Angst um seine Frau Margaret Kershaw, die in London im Luftschutzkeller Zuflucht vor den Bombardements der deutschen Luftwaffe sucht, aber auch seit Juni 1941 an drei Abenden in der Woche selbst für die *Air Raid Precautions* (*A. R. P.*), den britischen Luftschutz, Dienst tut. Er leidet an Depressionen und beginnt sich langsam – ähnlich wie vor ihm Joseph Roth in Paris – Richtung Tod zu bechern, ist allerdings währenddessen nicht untätig. Zuerst versucht er, die Erlebnisse seiner Flucht und Odyssee durch das Frankreich Vichys über die Pyrenäen durch Spanien nach Lissabon und von dort mit dem Schiff über den Atlantik bis Buenos Aires in seiner in Paris unterbrochenen Autobiografie *Stationen meines Lebens* zu verarbeiten. Zwei Wochen nach seiner Ankunft hatte er davon bereits vor der *Pestalozzi-Gesellschaft* und der altehrwürdigen, sozialdemokratischen *Asociación Vorwärts* darüber berichten können.

In *Flucht und Hoffnung, Rückschau aus Buenos Aires* schildert Balder Olden in Form eines Briefes an seine Schwester – »mein guter Engel« – den gesamten Verlauf der Reise. Der Bericht erscheint am 22. August 1941 im *Aufbau* in New York. In einer Passage schreibt der Autor von seinem Erschrecken, als er beim Zwischenstopp seines Schiffes auf Teneriffa gewahr wird, dass sich eine Junkers mit Hakenkreuzemblemen auf dem Flughafen befindet. Er ist alarmiert. Nach wie vor steht er auf der Auslieferungsliste des Waffenstillstandsabkommens mit Frankreich und ist in Gefahr, bei einer Festnahme an die Gestapo übergeben zu werden. Ihn packt die nackte Angst, entführt zu werden: »Auf Tenerife, – das ist ein Zauberland! – sagte mir ein Landeskundiger, würde viel gekidnapped. Ich machte mit Bordfreunden eine Fahrt über Land, und ging an einem Hakenkreuz-Flugplatz vorbei, auf dem ein riesiger Junkers stand. Später, in einem prächtigen Badehotel, war der Saal plötzlich ganz voll junger deutscher Soldaten in Zivil! Auf diesem Junkers wäre sicher ein Freiplatz für mich gewesen, aber ich wollte die selbstgewählte Reise fortsetzen und hielt mich anonym. Jedoch am Abend in Santa Cruz – welche Ehre! –, stand mein Name im Blättchen auf einer Liste prominenter Passagiere der ›Buena Esperanza‹. Da mahnte mich die innere Stimme, rasch einen Schnaps zu trinken, den letzten meines Lebens auf europäischem Boden – und ich gehorchte.«[6]

Im fernen Europa wird Varian Fry – kurz nach seiner Verhaftung am 29. August 1941 – Anfang September 1941 als étranger indésirable aus Frankreich ausgewiesen, seine Rettungsorganisation in Marseille in den darauffolgenden Monaten liquidiert und am 2. Juni 1942 offiziell verboten. Wehe denen, die noch in Paris oder gar in Berlin zurückgeblieben sind. In ihrem Brief vom 27. November 1941 aus London äußert Margaret Kershaw »noch eine große Bitte an Dich, liebes Balderhinchen: Edith, von der ich Dir neulich schrieb, hat einen schweren Kummer, denn ihre Mutter und Großmutter leben noch in Berlin und sind vom Schicksal aller dort lebenden Juden bedroht, nach Polen verschickt zu werden. Edith hat eine Schwester in USA, die in großartiger Weise versucht, die beiden Frauen noch in letzter Stunde vor diesem Unglück zu bewahren und schnellstens nach Cuba zu bringen. Das ist vor allem eine Geldfrage, und Edith kann natürlich nichts von hier schicken. Die Schwester sammelt von Freunden und gibt ihr ganzes Geld und allen Schmuck etc. her, aber wenn Du von generösen Menschen weißt, die Unbekannten helfen würden, so schreibe ihnen bitte.«[7]

In England begegnet Margaret Kershaw einer Berliner Schulfreundin, der Ärztin Hella Chajes, wieder: »Sie ist auch eine Strohwitwe; sie war in Siena mit einem Italiener befreundet, mit dem sie studiert und später im Laboratorium gearbeitet hat, und sie wollten heiraten, da musste sie wegen der Rassengesetze [Mussolinis] auswandern. Sie hat seit einem Jahr nichts von ihm gehört. Aber sie ist sehr tapfer und vergnügt und arbeitet schwer.«[8]

In Buenos Aires bieten sich dem Schriftsteller Balder Olden nicht allzu viele Gelegenheiten, Geld zu verdienen, vor allem seitdem sich seine Beziehung zu Ernesto Alemann wegen unterschiedlicher politischer Standpunkte allmählich abgekühlt und sich zudem ein noch in Europa geschmiedetes Verlagsgründungsprojekt in Luft aufgelöst hat. Trotz alledem sind die ersten Monate am Río de la Plata hoffnungsfroh: »Mir geht es so gut, dass ich mich schäme; aber wenn Ihr beide [Ilse und Nena] hier wärt, wäre ich glücklich und würde mich nicht mehr schämen. – Ich schreibe an meinem Buch, halte manchmal Vorträge, bin sehr viel eingeladen, und alle Menschen sind charming zu mir. Bürschle [Ilses Sohn Ricardo Stegmann] ist so reizend geworden, wie ich es nie erhofft hätte, und es ist schade um jede Stunde, die Du ihn versäumst. […] Hier ist ein winziges deutsches Theater mit ein paar talentvollen und sehr viel talentlosen Schauspielern. Es ist aber doch eine Art gesellschaftliches Zentrum, das uns allen Freude macht. Der einzige Kritiker, der darüber schreibt, bin ich, und diese Kritiken werden mit $ 6.– die Woche honoriert. Bisher ist dies mein einziges festes Einkommen.«[9]

Während sich Balder Olden auch in einem Brief an Annette Kolb vom 12. Juni 1941 noch voller Enthusiasmus zeigt – »Ich bin hier großartig in Empfang genommen worden, mit vielen Interviews etc.

begrüßt, so dass ich mit einem Sprung in das öffentliche Leben von Buenos Aires hineinkam«[10] –, teilt er vier Monate später, am 22. Oktober 1941, Hermann Budzislawski – von 1934 bis 1940 in Prag und Paris sorgsamer Herausgeber und Chefredakteur der *Neuen Weltbühne* – mit: »Hier in Argentinien ist alles Materielle sehr wundervoll, aber trotzdem war die Emigrationszeit in Paris vergleichsweise wunderschön, bis zu Beginn des Krieges. Die Argentinier haben außer mir nicht einen Intellektuellen ins Land gelassen. Außerdem wurde bald nach meiner Ankunft ein Verbot erlassen, auch im kleinsten Kreis in fremder Sprache öffentlich zu sprechen, und so ist das Ganze ein zauberhaft schöner Isolations-Kasten. Als ich ankam, erwartete man sich von mir eine beträchtliche Auffrischung des geistigen und gesellschaftlichen Lebens, aber ich habe hundertprozentig versagt. Allerdings glaube ich, dass selbst Kisch und [Anton] Kuh versagt hätten, denn man kann aus Torf keine Funken schlagen.«[11]

Der einzige intellektuelle Exilant aus Europa ist Balder Olden freilich nicht, schließlich haben auch das ihm von der gemeinsamen Reise durch die Sowjetunion bekannte spanische Schriftstellerpaar Rafael Alberti und María Teresa Léon und Paul Zech in Buenos Aires Zuflucht gefunden. Oldens Äußerung zeigt nur, wie isoliert er sich fühlt. Das Redeverbot trifft ihn, den geborenen Redner, hart. Und er ahnt frühzeitig den Militärputsch voraus: »Das Emigrations-Leben ist hier völlig stagnierend, hauptsächlich, weil seit ca. sechs Monaten nicht mehr in einer fremden Sprache öffentlich geredet werden darf, auch sonst stagniert das politische Leben – das werden Sie ja aus Zeitungen wissen. Alles, was geschieht, geschieht unter der Decke. Man muss sich auf jede Art von Überraschungen vorbereiten und kann als Immigrant nichts Besseres tun, als still sein.«[12]

Der Empfänger dieser Zeilen, Bruno Frei, hat Erfahrung mit dem Leben im Untergrund. Wie Balder Olden war er nach dem Reichstagsbrand 1933 zunächst nach Prag geflüchtet, dann weiter nach Paris, wo er als Chefredakteur des von Münzenberg verlegten *Gegen-Angriffs* arbeitete. Bei Beginn der Verhaftungswelle 1940 wurde er – so wie Balder Olden – zuerst in der zum provisorischen Sammellager umfunktionierten Pariser Tennisarena *Roland Garros* festgesetzt, dann allerdings – wie auch Arthur Koestler von Herbst 1939 bis zu dessen überraschender Entlassung im Winter 1940 – in dem besonders scharf bewachten, den von der französischen Geheimpolizei als »besonders gefährlichen Elementen« ausgemachten Ausländern vorbehaltenen Lager *Le Vernet* am Fuß der Pyrenäen interniert. Ehe die Gestapo ihn dort abholen und zur Marterung und Hinrichtung nach Deutschland deportieren konnte, gelang ihm die Flucht. Er kann untertauchen und sich 1942 dank der Quäkerhilfsorganisation *Unitarian Service Committee* und den unermüdlichen Bemühungen des mexikanischen Geneneralkonsuls in Marseille, Gilberto Bosques, nach Mexiko retten, wo er die Zeitschrift *Austria libre* gründet.

So nimmt es nicht wunder, dass sich, bei aller Dankbarkeit des geretteten Schiffbrüchigen, eine gehörige Portion Bitterkeit in Balders Resümee mischt: »So haben wir jetzt eine stattliche Reihe verlorener Revolutionen und Kriege hinter uns und müssen bei allem noch sagen, dass wir Dusel gehabt haben.«[13]

Margaret Kershaw hält in einem Brief vom 7. März 1942 fest: »Dass Du an Hörspielen arbeitest, ist wunderbar gute Nachricht; was mich so bedrückt hat, war der Gedanke, dass eine Arbeitsmöglichkeit nach der anderen ausfiel, erst die Zeitung, dann das Theater, die Vorträge, und vor allem der Verlag!«[14] Balder Olden, extrovertiert, kontaktstark, gesellig, warmherzig und fähig, große und kleine Freundschaften zu schließen und zu pflegen, findet – wie Margaret in ihrem Brief vom 5. April 1942 bedauert – in Buenos Aires »keinen Kreis, wie Du ihn brauchst, wie wir ihn immer, sogar in dem einsamen Roquebrune gehabt haben. [...] Aber was muss das für eine schreckliche Stadt sein, wo Du keine Freunde findest! [...] Für mich ist es das größte Glück, Dich gedruckt zu sehen, und ich finde Du solltest schreiben, soviel Du nur kannst, selbst wenn Du glaubst, dass es nicht so brillant geschrieben ist, wie die meisten Deiner Artikel. Es ist heute das einzige Mittel, wie Du mit der Welt, mit unseren Freunden in Kontakt bleiben kannst, und Du wirst bald sehen, dass die Feder Dir gehorcht. Und dann ist es ungeheuer wichtig, dass Du bald aufschreibst, was Du erlebt hast, selbst wenn es nicht gleich publiziert werden kann.«[15]

Als Stefan Zweig und seine Frau Lotte am 23. Februar 1942 in Petropolis in Brasilien ihrem Leben ein Ende setzen, betraut man Balder Olden weder mit der Aufgabe eines Nachrufs im *Argentinischen Tageblatt* noch lässt man ihn oder etwa Paul Zech auf einer Gedenkveranstaltung der *Pestalozzi-Gesellschaft* sprechen. Am 10. Mai 1943 lädt ihn die *Pestalozzi-Gesellschaft* nicht einmal zu einer Veranstaltung zum zehnten Jahrestag der Bücherverbrennung durch die Nazis ein. Und so schmiedet Balder Olden einen weiteren Fluchtplan. Sein neues Sehnsuchtsland heißt Mexiko. Kein Wunder, dass sich Balder Olden längst danach sehnt, seine Zelte fern von Buenos Aires aufzuschlagen.

Schon bald nach seiner Ankunft nimmt er brieflichen Kontakt mit Freunden und Gefährten in Nord- und Südamerika auf und vernetzt sich neu. In Mexico City hat sich eine sehr rege und dynamische

Gruppe von deutschen Schriftstellern gebildet. Egon Erwin Kisch lebt dort, seit er am 24. November 1940 die USA über die texanische Grenze bei Laredo in Richtung Mexiko verlassen hatte, außerdem Theodor Balk, Bodo Uhse, Anna Seghers, Ludwig Renn und Paul Westheim. Sie sind bestens organisiert, werden von der mexikanischen Regierung anerkannt und mit viel Sympathie bedacht. Im August 1942 werden Kisch, Seghers, Renn und Uhse vom mexikanischen Präsidenten Manuel Ávila Camacho empfangen und berichten ihm über ihre Gründung der Verlagsorganisation *El Libro Libre* am 10. Mai 1942, dem neunten Jahrestag der Bücherverbrennung im Deutschen Reich. Als Mexiko im Mai 1942 Deutschland offiziell den Krieg erklärt, steht der deutsche Schriftsteller Ludwig Renn direkt neben dem mexikanischen Präsidenten.

In New York leben inzwischen Oskar Maria Graf und Annette Kolb. Hermann Budzislawski arbeitet dort für die amerikanische Starreporterin Dorothy Thompson. In Kalifornien haben sich Wilhelm Speyer, Bruno Frank, der vor der Emigration in die USA, von 1933 bis 1937, lose den deutschen Exil-Kolonien in Sanary-sur-Mer und in Menton-Garavan angehörte, Balder Oldens *bon camarade* Heinrich Mann sowie sein Jugendfreund Leonhard Frank im Bannkreis Hollywoods niedergelassen. Balder Olden ist jedes Mal glücklich, von den Freunden Neues zu erfahren. Annette Kolb und Wilhelm Speyer gehören mehr noch zu Ilses allerengsten Freunden. Wilhelm Speyer schwärmt: »Sie ist die schönste Frau, die ich kenne«, und wünscht sich nichts sehnlicher, als nach dem Krieg das Alter in ihrer Nähe verbringen zu dürfen. Er würdigt Gräfin Seilerns »große Leistung Ihrer Energie und Umsicht, wie Sie [Balder aus Frankreich] herausgebracht haben, und überhaupt alle Ihrer Familie. Es ist wirklich eine große Leistung und ein großes Ergebnis, alle um sich zu haben.«[16]

Leonhard Frank war zusammen mit Balder Olden 1940 aus dem Internierungslager *Audièrne* geflohen, als die Schreckensnachricht von der baldigen Ankunft der Deutschen durch das Lager ging. In seinem autobiografischen Roman *Links wo das Herz ist* erzählt er von der überstürzten Flucht gemeinsam mit zwei weiteren Männern, dem österreichischen Publizisten Leo Lania und dem Prager Rechtsanwalt Stern, zunächst auf eilig beschafften Fahrrädern, mit denen sie in 17 Tagen von der Bretagne bis ins unbesetzte Gebiet auf Feldwegen und Waldpfaden gelangten und von dort mit der Eisenbahn nach Marseille. Wilhelm Speyer erzählt Ilse in einem weiteren Brief aus Beverly Hills: »Ich sprach neulich mit Leonhard Frank, Balders Kameraden von 1940, über Balder; L.F. sagte mir, wie reizend und tapfer und komisch-unbekümmert Balder damals gewesen sei, wie jede Flasche guten Weines bei einem Fermier ihm wichtiger gewesen sei als die Gefahr. Leonhard hat mir darüber ein sehr gutes Kapitel aus seinem Roman vorgelesen. Balder sollte auch etwas darüber schreiben, gerade so etwas liegt ihm so gut.«[17]

Über den an die rückwärtige Mauer des Internierungslagers *Audièrne* gestellten und durch eine Kiste erhöhten Tisch waren zwischen 60 und 80 Männer geklettert, nachdem es ihnen gelungen war, den Wachtposten ein wenig einzuschüchtern, damit er wegsähe. Die nackte Verzweiflung hatte zu dieser ersten, überstürzten Fluchtwelle geführt. »Alle bewegt die Frage, ob man noch rechtzeitig fliehen könne«, heißt es bei Morgenstern, dem erst Tage nach Balder Olden und Leonhard Frank die riskante Flucht aus dem dann bereits von den deutschen Militärbehörden übernommenen Lager gelingt. Stunden nach seiner Flucht durchkämmt die Gestapo das gesamte Lager. Eine Gruppe von deutschen Offizieren und Gestapo-Agenten, genannt *Kundt-Kommission*, sieht die Liste der Namen aller Internierten daraufhin durch, ob sie nach Artikel 19 des Waffenstillstandsabkommens nach Deutschland ins KZ deportiert werden sollen. Keiner der glücklich Geflüchteten wäre mit dem Leben davongekommen. Neben Soma Morgenstern haben auch Leonhard Frank, Lion Feuchtwanger (*Der Teufel in Frankreich*), Leo Lania (*The Darkest Hour*) und – viel zu wenig – Balder Olden Zeugnis von der Erfahrung der Flucht abgelegt. *Flucht in Frankreich* sollte eigentlich als eine von drei Erzählungen unter dem Titel *Hunde und Wölfe* 1952 von der Jewish Publication Society of America veröffentlicht werden, der Verlag hatte dann aber vorgezogen, Morgensterns *Blutsäule* herauszubringen und auf die Erzählungen, »wegen ihrer mangelnden jüdischen Relevanz, zu verzichten«, wie der Herausgeber der Werke Soma Morgensterns, Ingolf Schulte, im Nachwort zum Romanbericht schreibt. »Von den Furien des Blitzkrieges gehetzt«, fragt Morgenstern in *Flucht in Frankreich*, »[i]st es nicht würdiger, mit Sehenden zu verzweifeln, als mit Blinden zu hoffen?« Lagerkoller und das Herumirren im »unholden Frankreich« lösen auch bei ihm heftige Reaktionen aus: »Mein Kopf ist ein europäischer Kopf: ein Chaos. Meine Hände sind europäische Hände: die Ohnmacht. Meine Beine sind europäische Beine: die Flucht. Mein Herz ist ein europäisches Herz: ein aufgescheuchter Taubenschlag.«[18]

Alle, Balder Olden, Leonhard Frank und Soma Morgenstern, berichten aber auch von der Hilfsbereitschaft, die ihnen französische

Bauern auf ihrer Flucht entgegenbringen. Dennoch: Die Lagererfahrungen lassen Soma Morgenstern eine entsetzliche Krise mit daraus resultierender Schreibhemmung durchleben, die er erst nach Jahren zumindest teilweise überwinden kann. Und Teile seiner Manuskripte sind in Paris unwiederbringlich der Gestapo in die Hände gefallen.

Leonhard Frank dagegen hört selbst in *Audièrne* nicht auf, an seinem Liebesroman *Mathilde* – »der Lebensweg eines Mädchens, von ihrem dreizehnten Jahre bis zu dem Alter, da ihre Tochter dreizehn ist« – zu arbeiten. Aber lange Zeit »begleitete ihn siebzehn lange Jahre Tag für Tag, ganz gleich, ob ihm dazu noch anderes Leid oder ob ihm Freude widerfuhr – unter allem war, beständig wie sein Atem, das drückende Gefühl, dass es kein Zurück mehr gab nach Deutschland, in seine Werkstatt, sein Leben, in seine Landschaft [Würzburg], mit der er sich eins fühlte, als wäre er ein Teil von ihr, ein Tal, ein Baum, der Fluss am Sommerabend. Sein Leben war nicht mehr sein Leben. Es war mitten entzweigebrochen. [...] Er spielte in der Emigration auf einer Geige aus Stein, auf einem Klavier ohne Saiten, und was er vor der Emigration geschrieben hatte, geriet im Lande seiner Sprache in Vergessenheit«, heißt es in *Links wo das Herz ist.*[19]

In Buenos Aires waren auch die spanischen Dichter Rafael Alberti und María Teresa León gelandet – Reisegefährten Balder Oldens durch die Sowjetunion. Deren Reiseführer war der futuristische Dichter und Politaktivist Sergej Tretjakow, der in der sowjetischen Öffentlichkeit lange Zeit als Paradegenosse galt und von deren Karikaturisten als Überlehrer im Kolchos dargestellt wurde, der zugleich einen Traktor repariert, eine Kuh melkt, ein Gedicht darüber vorträgt und die Szene selbst fotografiert. Weiß man auch im argentinischen Exil davon, dass Tretjakow den Großen Terror Stalins nicht überlebt hat, dass er bereits im Juli 1937 verhaftet, zum Tode verurteilt und exekutiert wurde? Bertolt Brecht reagierte 1939 auf die Nachricht von der Hinrichtung des Übersetzers seiner *Epischen Dramen* mit dem Gedicht *Ist das Volk unfehlbar?*, in dem es heißt: Mein Lehrer / Der große, freundliche / Ist erschossen worden, verurteilt durch ein Volksgericht. / Als ein Spion. Sein Name ist verdammt. / Seine Bücher sind vernichtet. Das Gespräch über ihn / Ist verdächtig und verstummt.

Am 21. Mai 1941 telegrafiert Ilse aus Bern die Nachricht an Margaret, dass sich Balders Bücher und Manuskripte – bis auf die noch unveröffentlichten *Stationen meines Lebens* – aus dem besetzten Paris haben bergen lassen: »ALL BOOKS CAME FROM PARIS EXCEPT AUTOBIOGRAPHY. WHERE IS THIS PRECIOUS MANUSCRIPT? WHEN CAN XOU LEAVE? WE PREPARING DEPARTURE. LOVE = SEILERN.«[20]

Margaret Kershaw schreibt am 30. Juli 1941 an Balder Olden: »Es hat den Anschein, als ob wir nun einen echten Briefwechsel führen könnten. Bisher war es ja fast nur noch so, dass wir uns, über Niemandsland hinweg, von einem Schützengraben zum anderen hinüber, gerade mal etwas lauthals zurufen konnten. Ich bin froh darüber, dass Du eine Zeitung gefunden hast, für die Du schreiben, und ein Theater, dessen Aufführungen Du besprechen kannst. [...] Die Bücher von Arthur Koestler verkaufen sich hier gut. Seine im August 1939 gemachten Erfahrungen wurden unter dem Titel *Scum of the Earth* in London veröffentlicht, eine Ausgabe in den USA wird folgen. Ich bin sehr darüber erleichtert, dass Lutka aus der Hölle des Internierungslagers *Gurs* entkommen ist. Von Pony Bouché und Michel habe ich keinerlei Nachricht. Ich bin in größter Sorge und kann mir ihr Schicksal nicht anders als schrecklich vorstellen.«[21]

Und am 16. August 1941:

»Mit Beunruhigung lese ich über die Aktivitäten der Nazis in Südamerika. Weiß Gott, was dort passieren könnte, sollte der Krieg sich noch lange hinziehen. Es sieht danach aus, als werde ein für alle Mal darüber entschieden, wer die Welt regieren wird – aber am Ende werden wir [die Alliierten] es sein, doch was zwischen jetzt und dem Ende folgt, wird schrecklich werden. Was in Russland passiert, nimmt mir den Atem. Seit langem habe ich alles vergeben, ja sogar gebilligt, ›meinen Frieden mit alldem dort gemacht.‹ Ich frage mich aber, wie es heute wäre, wenn alles nach unserem Herzen angegangen worden wäre. Ich war auf einer Massenversammlung, auf der London seine Solidaritätsadresse nach Moskau sandte. Die beiden Städte sind nun verschwistert, doch was musste alles passieren, damit es so weit kam. In diesen Tagen bin ich irgendwie sehr stolz darauf, eine Londonerin zu sein. [...] Rudolfs letztes Buch, *A History of Liberty in Germany* [»Geschichte der Freiheit in Deutschland«], könnte bald herauskommen, mehrere Verlage haben Interesse bekundet. Professor Murray schreibt mir, es sei ein feiner, luzider historischer Essay über den Liberalismus, über den Kampf für die Freiheit und dessen seltsames Missgeschick in Deutschland, der zum Verständnis des Landes unabdingbar sei. Ein Einfaltspinsel aus dem Verlagsgeschäft meinte dagegen, das Buch sei am falschen Ort. Es wäre traurig, sollte dem wirklich so sein, denn dies würde bedeuten, dass man sich gar nicht bemühen wollte, Deutschland zu verstehen, um dem Land gerecht werden zu können.«[22]

Margaret Kershaw und Balder Olden führen nach wie vor einen sehr intensiven Briefwechsel. Erhalten sind auch viele Liebesbriefe, die die innige Beziehung auch über die Zeit der Trennung bezeugen: »Wenn ich Flügel hätte, flöge ich jetzt zu Dir. Ich würde nie mehr von Dir lassen. Doch auch hier, gehöre ich unzertrennlich zu Dir«[23], schreibt Margaret Kershaw am 29. Januar 1942, und am 11. Mai 1942: »Ach Geliebter, ich wünschte, Du könntest Dich ein klein bisschen in ein nettes Mädchen verlieben, das Dich freut und Dir die Zeit vertreibt. Ich wäre ihr sehr dankbar. Sie darf nicht so nett sein, dass Du mich vergisst, aber dazu gehörte doch viel, wie? [...] Mein einziges, liebes schönes Balderhinchen, ich liebe Dich mehr als alles auf der Welt und danke Dir, dass Du mich so lieb hast. Es ist das Glück meines Lebens, dass ich zu Dir gehöre.«[24]

Die Liebesbriefe von Margaret Kershaw an Balder Olden gehören zum Schönsten der Olden-Konstellation. Sie haben etwas Märchenhaftes, zum Beispiel wenn die junge eigenwillige Frau dem witzigen und charmanten, mitunter depressiven wie auch verwegenen Balder mit dem abenteuerlichen Lebenslauf über alle Fährnisse hinweg ihre unverbrüchliche Treue bekundet. In ihrem Brief vom 10. Mai 1941 scheint sie Balder indes darauf vorbereiten zu wollen, dass noch weitaus mehr Zeit als erhofft bis zu dem ersehnten Wiedersehen vergehen wird:

»Mein liebes süßes Balderhinchen, heute vor einem Jahr wurden wir getrennt, und jetzt schreibe ich an einen freien Mann in einem freien Land. Wie ich hoffe, bist Du gesund und unzerkratzt, so wie ich selbst. Obwohl uns jetzt größere Entfernungen trennen als je zuvor, sind wir uns näher als zur Zeit Deines erzwungenen Aufenthalts in Frankreich, und die Probleme, die ich überwinden muss, um zu Dir zu kommen, sind geringer als jene, die Ilse und Du hattet. Die Wochen, während Du auf See warst, verliefen beklemmend für mich, auch wenn Dein Schiff unter neutraler Flagge fuhr. Deine Datumsangaben waren falsch, Du bist später in See gestochen als angekündigt, und ganze zwei Wochen später in Amerika angekommen. Zum Glück haben mir Experten gesagt, die Reise dauere viel länger, sonst wäre ich durchgedreht. Es war gut, dass Du Lissabon schnell verlassen hast, die Nachrichten aus Spanien klangen schlecht, und wir hätten uns geängstigt. Ich war unterdessen auf dem argentinischen Konsulat und habe ein Visum beantragt. Man sagte mir, es würde zwei Jahre dauern (Du musst zwei Jahre lang in Argentinien gelebt haben, ehe Du eine Einreisebewilligung für mich verlangen kannst). Bestimmt gibt es Mittel und Wege, die Frist zu verkürzen, schließlich hast Du schon früher dort gelebt und Familie und Freunde vor Ort, die sich hoffentlich um mein Visum bemühen werden. Abgesehen davon brauche ich eine Ausreiseerlaubnis aus Großbritannien, man hat mir jedoch die Auskunft gegeben, dass ich diese gegebenenfalls erhalten würde.«[25]

Leider bewahrheiten sich die schlechten Vorzeichen. Am 7. Juni 1941 schreibt Margaret Kershaw nach Buenos Aires: »Soeben habe ich einen Brief des argentinischen Konsulats erhalten. Ohne einen Grund zu nennen, lehnt es der Botschafter ab, meinen Visumsantrag an die Einwanderungsbehörde in Buenos Aires weiterzuleiten. Du sollst dies sofort wissen, damit vielleicht über Deine Freunde in Argentinien hier Einfluss auf den Botschafter genommen werden könnte. [...] Ich bin einigermaßen schockiert, aber nicht mutlos, es ist einfach schwieriger, als ich dachte. [...] Den jüngsten Luftangriff auf London habe ich verpasst. Ich war in Sussex. Die Bomben schlugen auch in einem anderen Viertel ein. Ich habe Daphne Hardy auf dem Land besucht, sie arbeitet an ihren Plastiken. Wir sind gute Freundinnen, obwohl wir so sehr verschieden sind. Arthur Koestler ist nicht zu beneiden. Er ist im *Alien Pioneer Corps*[26] kriegsdienstverpflichtet und hat nur alle drei Monate Ausgang. Beide haben mich gebeten, Dir liebe Grüße zu übermitteln. – Dann war ich beim Verlag Jarrolds-Hutchinson. Dein Buch *Dawn of darkness* ist vergriffen und schwer zu kriegen. Der Verlag würde gerne ein neues Buch von Dir herausbringen. [...] Ilse hat vor zwei Wochen telegraphiert, Deine Bücher seien aus Paris geschickt worden. Das kommt überraschend, und ich bin froh, dass sie in Sicherheit sind. Nur Deine autobiographischen Notizen sind nicht darunter. Sie müssen sich in einem Koffer befinden, zusammen mit den Papieren von Deinem Schreibtisch. Hoffentlich konnten sie ebenfalls in Sicherheit gebracht werden.«[27]

Seit Margarets Brief von Anfang Juni überlegt Balder Olden, ob nicht eine Art Stellvertreterheirat, eine »marriage by mandate« oder »marriage by proxy«, in Frage kommen könnte, um seiner großen Liebe zu Visum und Einreiseerlaubnis zu verhelfen. Ein Londoner Notar rät ihr allerdings dringend davon ab, da dies mit dem Verlust ihrer britischen Staatsangehörigkeit zu einem völlig falschen Zeitpunkt einhergehen könnte: »Auf den Vorschlag einer Stellvertreterheirat sollte ich besser nicht eingehen, es sei denn, der argentinische Konsul würde das Einreisevisum schriftlich garantieren, denn durch die Heirat mit

Dir würde ich meine britische Staatsangehörigkeit verlieren und dadurch noch schutzloser daran sein.«[28]

Man tritt auf der Stelle. Am 27. November 1941 schreibt Margaret: »Auf dem Konsulat wurde ich sehr decouragiert und fand wenig Sympathien, es wird sehr strikten Anweisungen bedürfen, damit sie mir hier das Visum geben.«[29] Margaret Kershaw hofft, dass Ilse Gräfin Seilern nach ihrer erwarteten Ankunft in Argentinien das Blatt zu ihren Gunsten wenden könnte: »So wie sie es für Dich aus der Schweiz geschafft hat, kann sie es vielleicht für mich von [Argentinien] aus tun. Dass Ilse mit Dir telefoniert hat, klingt wie ein Märchen; dass das in unserer Welt noch möglich ist, hat mich und ›die Familie‹ ganz überwältigt. Allerdings finden sie es vollkommen meschugge, mit Recht. Aber es muss sehr schön gewesen sein – was für ein Geschenk!«[30]

Die Abreise von Gräfin Seilern aus der Schweiz verzögert sich noch immer. Ilse sitzt zwischen den Stühlen. Ihre jung verheiratete Tochter Nena erwartet in Basel ein Kind. Andererseits weiß sie ihre frisch von Reichsgraf Fred von Hartig geschiedene Tochter Marion, ihren 17-jährigen Enkelsohn Christoph und auch Balder im Hause ihres ältesten Sohnes, Ricardo Stegmann, in Buenos Aires gut aufgehoben und versorgt. Balder drängt Ilse nach seiner Ankunft im Mai, möglichst bald nach Argentinien zu kommen. Am 21. Juni 1941 schreibt er ihr: »Eines Deiner Telegramme war so zu verstehen, dass Deine Visen in Ordnung sind […], aber ich fürchte, Du gehst nicht eher weg, als bis auch M.s Sache geordnet ist, und das macht mir sehr viel Kummer. – Hättest Du doch einen Schutzengel, wie ich ihn in Dir hatte! Wir telegraphierten Dir dieser Tage wieder und flehen Dich noch einmal an, Dich loszureißen. Schon während meiner Reise hieß es immerzu, dies Schiff könnte das letzte sein, das Portugal verlässt. Es ist schauerlich zu denken, dass wir für die ganze Dauer des Krieges getrennt sein würden.«[31] Ein Jahr später befindet sich Ilse Seilern noch immer in der Schweiz. »Balkinder«, Balder und die Kinder, schicken am 3. Juni 1942 ein Brieftelegramm aus Buenos Aires: »DANK NENA INNIGSTE GLÜCKWÜNSCHE [zur Geburt einer Tochter]. ABFAHRT BALDIGST LISBOA DA PFLICHTEN TREU ERFÜLLT. NEUE REISESCHWIERIGKEITEN MÖGLICH: WIR ALLE BRILLANT SEHNSUCHTSVOLL.«[32]

Endlich – im August 1942 – gelingt es Ilse Gräfin Seilern, ihrem Bruder per Flugzeug nach Südamerika zu folgen. Der Clipper startet in Lissabon, muss wegen Motorschaden an der afrikanischen Küste zwischenlanden, benötigt danach 18 Stunden für die Überquerung des Atlantiks und landet Anfang September 1942 zunächst in Brasilien, wo sie wegen des Geburtsortes Heidelberg in ihren britischen Papieren kurzfristig Probleme mit den Behörden bekommt, welche sich erst durch telegrafische Intervention ihres ältesten Stiefsohns, Carl-Hugo Graf Seilern-Aspang, lösen lassen. Schließlich kann sie an Bord eines Linienschiffes nach Buenos Aires gehen. Balder Olden schreibt Margaret Kershaw am 6. September, »dass Ilse ›morgen einklippern‹ wird und dass sie ganz erschöpft in Rio eingetroffen ist.«[33]

Ihre Reise von Zürich via Lissabon, Westafrika und Brasilien nach Buenos Aires hatte insgesamt 33 Tage gedauert. Die Familie ist überglücklich, nach solchen Abenteuern wieder vereint zu sein. Ilses Tochter Marion war bereits vor Balders Ankunft, zusammen mit Nenas Sohn Christoph Stegmann-Olden, auf einem Schiff aus Cadiz in Argentinien angekommen. Ilses ältester Sohn, Ricardo Stegmann, stellt Mutter und Onkel sein geräumigstes Haus in der Stadt zur Verfügung. Margaret Kershaw schreibt: »Ich bin unendlich froh, dass Ilse dem Gefängnis Europa entronnen ist. Ich hatte große Angst, dass ihr der Elan dazu fehlen wird, nachdem sie so genial für Dich und andere gesorgt hatte. [...] Soviele Wunder sind schon geschehen, jetzt wird vielleicht eins mich zu Euch bringen.«[34]

Wilhelm Speyer beantwortet von Beverly Hills aus am 4. November 1942 einen ersten Brief Ilses aus Argentinien: »Mir geht es soweit ganz gut. Aber so viel liebe Menschen zerstreut über den ganzen Erdball. Ich gebe die kindliche Hoffnung nicht auf, dass wir uns alle noch einmal – in Menton? Ich glaube, ja, am liebsten in Menton – wiedersehen werden.«[35] Margaret Kershaw ist da weitaus pessimistischer: »Jeden Tag, wenn ich die Zeitung lese, sage ich ein Dankgebet, dass [Ilse] diesen Kontinent noch rechtzeitig verlassen hat.«[36]

Die Filmindustrie in Hollywood verspricht professionellen Drehbuchautoren an sich kein schlechtes Einkommen. Wilhelm Speyer, der 1933 nach Österreich, 1938 nach Frankreich und 1941 in die USA geflüchtet ist, erhält 1941 von der Filmproduktionsgesellschaft Metro-Goldwyn-Mayer einen Einjahresvertrag als Drehbuchautor. Auch der inzwischen siebzigjährige Heinrich Mann, Autor des unter dem Titel *Der blaue Engel* mit Marlene Dietrich und Emil Jannings in den Hauptrollen unter der Regie Josef von Sternbergs verfilmten Romans *Professor Unrat*, versucht bei Warner Brothers sein Brot zu verdienen. Er schildert Balder Olden seine Situation: »Vorläufig bin ich beauftragt Filme zu schreiben. Sogar ein Roman [*Empfang bei der Welt*] wurde mir erlaubt, unter Vorbehalt der Verfilmungsrechte, als

Gegenleistung. Gedreht wird nichts, gedruckt scheinbar auch nichts mehr; man schreibt unter Ausschluss der Öffentlichkeit, wie einst mit zwanzig Jahren. Dagegen hätte ich nichts einzuwenden, das Hervorbringen als Selbstzweck erhält den Arbeiter doch bei Mut und Kraft. Nur kann die Verwendung von uneinträglichen Mitarbeitern schwerlich sehr lange dauern. Außerdem sind dies Zeitläufe, wo man sich nützlich machen möchte.«[37]

Für die meisten der deutschen Autorinnen und Autoren im Exil ist es extrem schwierig, sich an die amerikanischen Verhältnisse gerade in Hollywood anzupassen oder sich zwischen Geld und Geltung überhaupt irgendwie nützlich machen zu können. Der Roman *Empfang bei der Welt* wird ein fulminanter danse macabre, er »spielt, man weiß nicht wo, in einer international, aber einmütig absterbenden Gesellschaft.«[38]

Franz Werfel, der Fluchtgefährte Heinrich Manns bei der Überquerung der Pyrenäen, hat in den USA von allen dorthin geflüchteten Schriftstellern den größten Erfolg. Er wird mit *The Song of Bernadette* populär. Das Buch wird in einer Million Exemplaren verkauft und von der Twentieth Century Fox in einen an der Kinokasse sehr erfolgreichen Film verwandelt.

Balder Olden wird im Dezember 1942 zum Präsidenten des neu gegründeten *Koordinationsausschusses deutscher Demokraten in Argentinien* gewählt. Als solcher fährt er zu der vom 29. bis 31. Januar 1943 einberufenen Konferenz antifaschistischer Deutscher in Südamerika in die uruguayische Hauptstadt Montevideo. Das demokratische Land ist ihm auf Anhieb sympathisch. Auf der Konferenz geht es um die engere Vernetzung des Exils in Südamerika und die Gefahren der inzwischen auch dort formierten sogenannten fünften Kolonnen der Nationalsozialisten und um den komplizierten Zusammenhalt der Volksfront, das heißt um parteiübergreifende Strategien zwischen den Anhängern verschiedener Linksparteien über die Gräben des Spanischen Bürgerkrieges und des gemeinsamen Versagens vor der Ernennung Hitlers zum Reichskanzler hinweg zu finden.

In Argentinien nimmt Balder Olden dazu eine minoritäre Position ein, die zahlenmäßig weit stärkere Gruppe um den ebenfalls nach Argentinien emigrierten sozialistischen Politiker, Pädagogen und Publizisten August Siemsen möchte auf keinen Fall noch länger mit moskauhörigen Stalinisten an einem gemeinsamen Tisch sitzen. Interessant ist Balder Oldens Sicht des Spanischen Bürgerkriegs als Generalprobe des kriegerischen Umsturzes gegen eine verfassungsgemäße bürgerliche Linksregierung, die in gewisser Weise die These seines Bruders

Rudolf Olden von »Hitler als Werkzeug« fortführt. In Montevideo äußert Balder Olden: »In dem Augenblick – im März 1933 –, in dem Deutschland geliefert war, war ganz Europa geliefert. 1933 wäre Deutschland nicht zusammengekracht wie nie eine andere Nation in der Weltgeschichte, hätte es Freunde gehabt. Es hatte keine Freunde, es hatte nur Auftraggeber, und der Auftrag lautete: Europa gegen den Sozialismus zu verteidigen. Einhunderttausend Soldaten kommandierte Hitler, als er die Macht übernahm, [...] sie waren bereit, gegen Russland zu kämpfen, das den Sozialismus verwirklichte, und so ließ das übrige Europa sie zu drei, zu sechs, zu zehn Millionen wachsen. Ließ durch Hitlerdeutschland Österreich, die Tschechoslowakei, das Rheinland erobern und zu militärischen Bastionen werden. Ließ Hitlerdeutschlands einzigen Alliierten [Mussolinis Italien] Abessinien und Albanien nehmen. Gab alle Vorposten der großen demokratischen Allianz in Europa preis. Der Widerstand erwachte erst, als Deutschland noch ein halbes Dutzend westlicher Staaten Europas erobert hatte, um die Bastion gegen den Sozialismus zu schaffen. Seitdem wird gekämpft, und Deutschland bricht in dem Augenblick zusammen, in dem es mächtiger ist, als je eine europäische Macht war.«[39]

In einem Brief an Egon Erwin Kisch vom 26. Februar 1943 bekennt Balder Olden das längst nicht mehr zu leugnende Versagen seiner kreativen Arbeitskraft – das Erscheinen seines letzten Romans liegt bereits neun Jahre zurück. Er schreibt: »Ich lebe wie der Schnorrer lebt, der in den Zweigen wohnt. – Von allen Schulfächern macht mir Schreiben die wenigste Freude. Singen, Religion, Turnen, alles ist mir lieber geworden. Es liegt auch an der Isolierung – in Mexiko wäre ich viel produktiver. Denn eigentlich habt Ihr es doch gut, besser – als alle anderen.«[40]

Egon Erwin Kisch antwortet am 24. März 1943 aus Mexico City: »Mein lieber Balder, ich kann Dir gar nicht sagen, wie sehr mich Dein Brief [...] freut. Auch liebe ich die Sachen, die Du uns schreibst. Dein Brief aus Montevideo war großartig, wir alle empfanden ihn so, mich freute besonders, wie richtig Du vorwärtsgehst. Oft spreche ich von Dir, am meisten liebt Dich Theodor Balk, von dem wir bald ein gutes Buch [*Das verlorene Manuskript*] herausbringen werden. [...] Es ist schade, dass Du nur englisch gelesen hast, was ich (*Marktplatz der Sensationen*) durch Tischerücken vom Café des Westens heraufbeschwor.

Von den anderen Überlebenden des untergegangenen Segelschiffs höre ich nichts. Ali Hubert, [Ernst] Lubitsch und der Wilh.[elm]

Herzog waren nicht mein Kreis, mit Leonhard Frank stehe ich gut, aber er antwortet mir nicht und arbeitet leider nicht mit. Siehst Du irgendwelche Kollegen? Wenn ja, schreibe etwas über ihre Tätigkeit, das ich zu Notizen verwursten kann. Nun über Deine Arbeit. Ich glaube, dass Du recht hast, wenn Du sagst, dass Mexiko ein besseres literarisches Klima für Dich wäre. Und wie wir uns freuen würden, Dich hier zu haben. Oft, oft denke ich an Rudolf Olden! Grüße alle Freunde, die dort sind, und grüße Primavera, wenn sie kommt. In Liebe Dein alter Egon Erwin.«[41]

In den persönlichen Briefen von Kisch aus Mexiko oder Graf aus New York finden sich so gut wie keine politischen Äußerungen. Aber man weiß, dass die Briefzensur auch im interamerikanischen Briefverkehr allgegenwärtig ist. »Denken Sie immer an die mögliche Öffnung der Briefe«, schreibt Heinrich Mann an Bruno Frei.[42] In Mexiko werden die Telegramme und der Schriftverkehr der Emigranten – auch unter grober Missachtung der Souveränität der lateinamerikanischen Staaten – vom Special Intelligence Service des von J. Edgar Hoover geleiteten FBI aufgezeichnet. Hoover wird hellhörig, als der polnische Geschäftsträger in Mexiko verlauten lässt, Egon Erwin Kisch sei Mitglied der tschechischen KP und als sowjetischer Geheimagent mit der Ausführung von »certain work here in Mexico« beauftragt. Das FBI-Büro in New York dokumentiert mit langen, einem Protokollband entnommenen Zitaten und einem Foto den Auftritt von Egon Erwin Kisch bei der Zweiten Internationalen Konferenz proletarischer und revolutionärer Schriftsteller 1930 in der sowjetrussischen Stadt Charkow.

Außer dem FBI schnüffeln das Office of Censorship, die Intelligence Division der U.S. Army und das Office of Strategic Services den gefährlichen Infiltranten der europäischen Exilgemeinde mit großem Aufwand in den USA hinterher. So werden beispielsweise sämtliche Briefe von und an Heinrich Mann vom FBI mitgelesen. Verdächtige Briefpost wird von einem Spezial-Laboratory des FBI auf »Double Meaning« hin untersucht. In Hollywood setzt bald die Jagd auf »Rote«, sogenannte Un-Americans ein. Auf die »Black List« gesetzt zu werden ist gleichbedeutend mit Berufsverbot und Brotlosigkeit. Zumindest werden die verdächtigen europäischen Exilanten in den USA auch dann nicht – wie 1939/40 in Frankreich und Großbritannien – interniert, als der zukünftig mächtigste Staat der Welt in den Krieg gegen Nazideutschland eintritt.

Nach mindestens einer Denunziation befindet sich in New York der brotlose, staatenlose Exilschriftsteller Oskar Maria Graf im Visier des FBI. Er gilt als einer der verschlagensten Agenten Moskaus unter der Maske eines bier- und leutseligen Bayernschriftstellers, der längere Zeit in der Sowjetunion gelebt habe und seine nichtsahnenden katholischen Freunde für seine perfiden Zwecke ausnutze.[43]

Bruno Frank, scheinbar einer der »unpolitischsten« unter den deutschen Autoren im Exil, wird bereits kurz nach seiner Ankunft in den USA im Jahr 1938 aktenkundig, nachdem er im August des Jahres an einer Kundgebung der *Hollywood Anti-Nazi League* gegen das *Un-American Activities Committee* des amerikanischen Abgeordnetenhauses teilgenommen hatte. Er und seine Frau Liesl sind dem FBI allein schon verdächtig, weil sie in ihrer stattlichen Villa am Camden Drive in Beverly Hills häufig Schicksalsgefährten des Exils jedweder Couleur zu Gast haben. Der Name Bruno Frank steht nicht zuletzt auch deshalb auf der »FBI Watch List«, weil der Autor mit seinen alten Freunden vom Emigrantenverlag *El Libro Libre* in Mexico City[44] in kontinuierlichem Austausch steht und an der Zeitschrift *Freies Deutschland* mitarbeitet. Der FBI-Vertreter in Mexiko rechnet ihn zu einer Zelle von »German-Communists in the United States« um Bertolt Brecht, Oskar Maria Graf, Franz C. Weiskopf und den Philosophen Ernst Bloch. Mehr oder weniger gilt Mexiko in den vierziger Jahren als das freieste der großen Exilländer in Amerika, auch der spanische Filmregisseur Luís Buñuel fasst hier leicht Fuß, nachdem er in New York von Salvador Dalí als gefährlich gottloser Anarchist beschrieben worden war und ihn dieser leichtsinnig dahingeworfene Unfug in einem Klima der Hysterie die Stelle am Museum of Modern Art gekostet hatte.

Mexiko dient als Sitz des Dachverbandes *Comité Latinoamericano de Alemanes Libres*, zu dem sich die *Movimientos de Alemanes Libres* in Mexiko, Brasilien, Chile, Costa Rica, Kuba, Honduras, Santo Domingo, Panama, Venezuela, Guatemala und Uruguay zusammenschließen und wo die deutsch-mexikanischen, stramm stalinistisch orientierten Kommunisten als aktivste Gruppe die wichtigste Rolle spielen. Der frühere Abgeordnete der KPD im Preußischen Landtag, ehemals Funktionär der von Moskau aus gelenkten Komintern in Paris und jetzige Sekretär des Komitees, Paul Merker, wie auch der Präsident, der Schriftsteller und Veteran des Spanischen Bürgerkrieges Ludwig Renn, tragen dem *fellow traveller* Balder Olden in einem Brief vom 12. Februar 1943 an, die Ehrenpräsidentschaft der Vereinigung zu übernehmen, und dies gemeinsam mit Heinrich Mann, dem kurzzeitigen preußischen Justizminister (USPD) und aktuellen Präsidenten der *German American Emergency Conference* in New York,

Abb. 36: Oskar Maria Graf und Bertolt Brecht
am Stammtisch, New York 1943

Kurt Rosenfeld, dem Professor an der London School of Economics und Vorsitzenden der *Freien Deutschen Bewegung in Großbritannien* Robert Kuczynski und mit Anna Seghers, der Präsidentin des *Heinrich-Heine-Klubs* in Mexico City.

Im Patronat des Komitees sitzen der Gouverneur des Bundesstaates México, Isidro Fabela, der frühere Generalkonsul der mexikanischen Konsulate in Paris und Marseille, Gilberto Bosques, der Tausenden von Menschen durch eine extrem großzügige Visaerteilung das Leben gerettet hatte, sowie der emeritierte Direktor der Universidad Nacional de México, Antonio Castro Leal. Die Komintern ist nach einer Verlautbarung der *Prawda* vom 19. Mai 1943 aufgelöst worden, was mithin als Zugeständnis Stalins an seine westlichen Alliierten interpretiert wird. In den Worten des russischen Historikers Grant M. Adibekov ging es allerdings darum, »trotz Auflösung nicht aufzulösen«[45], das heißt, im Verborgenen weiterzuarbeiten: »Die wichtigste Aufgabe des *Lateinamerikanischen Komitees* ist nunmehr, seine Formierung zu vollenden, den Kontakt zu den Alliierten Regierungen herzustellen und seine Propaganda sowohl in Lateinamerika [...] wie auch nach Deutschland hin in stärkstem Maße zu entfalten.«[46]

Ein hehrer Anspruch. In der Praxis stellt sich das anders dar. Margaret Kershaw schreibt an Balder am 11. Dezember 1942: »Es scheint überall dasselbe zu sein, die Propaganda wird immer von den Phantasielosen gemacht, und jeder mit Elan und Pathos wird davon ferngehalten. Thomas Mann ist der einzige, glaube ich, der Herzen und Gewissen berühren kann, und den man sprechen lässt. Welch ein Jammer, dass Du solange umsonst gearbeitet hast!«[47] Weder hatte Rudolf Olden im deutschsprachigen Programm der BBC sprechen dürfen, noch hatte man es Balder Olden gewährt, dem französischen Widerstand als Rundfunksprecher zu dienen. Auch Oskar Maria Graf darf sich wegen »strong Communist leanings« nicht über das Radio an die Deutschen wenden. Hingegen gilt für die Journalistin Dorothy Thompson:

» Sie spricht Deutsch mit einem amerikanischen Akzent der Upper class. Wir brauchen einen Mann, der die deutschen und österreichischen Bauern und Arbeiter begreifen kann. Oskar Maria Graf ist ein glänzender Redner, der weiß, wie man einfache Leute anspricht. Er könnte weit größeren Einfluss auf die breite Masse des deutschen Volkes ausüben als Thomas Mann, dessen Wirkung sich mehr oder weniger auf die Gebildeten beschränkt.«[48]

Wer mit dem Kommunismus geliebäugelt hatte, soll für immer stigmatisiert werden. Die Abgrenzung zu denjenigen, bei denen die Idee des Sozialismus Hoffnung und Zuversicht weckte, sind die Vorboten des Kalten Krieges in einer künftig eisern geteilten Welt. So manchem hellsichtigen und vorausschauenden Emigranten wird von Neuem mulmig zu Mute. Die liberalen Demokratien des Westens bleiben nicht davor gefeit, selbst mit zweifelhaften Methoden gegen Andersdenkende vorzugehen. Am 3. September 1942 schreibt Albert Einstein in einem erst 2016 bekannt gewordenen Brief an den Präsidenten des *Emergency Rescue Committee*, Frank Kingdon: »Sie können sich vorstellen, wie sehr ich an den jüngst bekannt gewordenen Verbrechen der Nazis in Frankreich leide, Verbrechen, zu denen die Verräter in Vichy ihren Teil beitragen. [...] Warum hat Washington das Seine getan, um das rechtmäßig verfasste Spanien zu erwürgen? Warum hat es im faschistischen Frankreich einen offiziellen Vertreter [Botschafter] sitzen? Warum flirtet Washington mit Franco-Spanien? Warum unternimmt es keine ernsthaften Anstrengungen, den Russen in ihrer ärgsten Not entgegenzukommen? [...] Der Grund dafür ist, dass die Regierung der USA weitgehend durch Finanzkapitalisten kontrolliert wird, deren Mentalität sich nicht allzu sehr vom faschistischen Mindset unterscheidet. Wäre Hitler nicht ein völlig Durchgeknallter, hatte er die Feindseligkeit der Westmächte leicht vermeiden können. Dass er ein Verrückter ist, darin liegt das einzig vorteilhafte Momentum in der gegenwärtigen Weltlage.«[49]

In Uruguay

IM AUGUST 1943 EMIGRIERT BALDER Olden nach Montevideo. Uruguay war unter der Präsidentschaft von José Batlle y Ordóñez zu einem der weltweit fortschrittlichsten Länder geworden, mit allgemeinem, geheimem Wahlrecht für beide Geschlechter, Sozialgesetzgebung, Bildungspolitik sowie der Trennung von Kirche und Staat. 1933 hat sich eine den italienischen Faschismus zum Vorbild nehmende Clique um Gabriel Terra y Leivas an die Macht geputscht und versucht, das Rad diktatorisch zurückzudrehen, ist dabei aber letztlich an den in der Gesellschaft bereits fest verankerten demokratischen Prinzipien gescheitert. Seit 1940 entwickelt sich Uruguay erneut in Richtung einer demokratischen Gesellschaft, bricht im Januar 1942 die Beziehungen zu dem zweitwichtigsten Handelspartner Deutschland und zu Italien ab, gibt sich noch im selben Jahr eine neue, freiheitliche Verfassung und bleibt auch nach dem Staatsstreich im Nachbarland Argentinien die am festesten verankerte verfassungsmäßige Demokratie Südamerikas.

Balder Olden lernt das gastfreundliche Land im Januar 1942 als Delegierter auf der Konferenz antifaschistischer Deutscher in Südamerika kennen und schätzen. In Montevideo wird seit langem in Gedenken an den 10. Mai 1933 eine »Woche des verbrannten Buches« veranstaltet. 1939 ist außerdem eine ständige *Bibliothek des verbrannten Buches* errichtet worden. In Argentinien dagegen sind 1943 alle öffentlichen Versammlungen verboten, die nicht in spanischer Sprache abgehalten werden, hier werden Leute wie Balder Olden zumindest stark beaugt – in welchem Ausmaß dies geschieht, lässt sich nach wie vor nicht sagen, da die argentinischen Quellen noch nicht offenliegen –, die Rechte der Exilanten und ihrer Organisationen werden zunehmend eingeschränkt. Juan Perón, der dreimaliger Präsident Argentiniens werden sollte, sitzt längst in Wartestellung. Im Mai 1943 sagt der Oberst: »Hitlers Kampf im Frieden und im Krieg wird unser Leitstern sein.«

Balder Olden spricht vom besseren Klima, wobei sowohl das natürliche als auch das politische Klima in Uruguay gemeint ist: Er habe sehr schnell aus Argentinien verschwinden müssen, hauptsächlich deshalb, weil das Denunziantentum das schlimmste Übel innerhalb der Emigration darstelle.[50] Selbst das *Argentinische Tageblatt* habe es abgelehnt, seinen betont kritischen Bericht über die Konferenz antifaschistischer Deutscher Ende Januar 1943 in Montevideo zu drucken, »weil die Redaktion fürchtete, die Wirkung des Kongresses durch diese Veröffentlichung abzuschwächen.«[51]

Balder Olden befindet sich längst jenseits des in Argentinien gerade noch akzeptablen Meinungsspektrums. Das *Argentinische Tageblatt* kämpft mit List und Erfolg selbst darum, die unsystematische Pressezensur während der oft verhängten Ausnahmezustände unbeschadet zu überstehen. Als jedoch 1943 das in Mexiko unter der Schirmherrschaft des Präsidenten Manuel Ávila Camacho erscheinende und mit Hunderten von Fotos versehene Schwarzbuch *El libro negro del terror nazi en Europa* in Argentinien der Zensur zum Opfer fällt, veröffentlicht Ernesto Alemann trotzdem die Besprechung von Balder Olden unter der Überschrift *Das furchtbarste Buch der Weltgeschichte* am 18.1.1944 im *Argentinischen Tageblatt.*

Was Uruguay außerdem besonders macht, ist die Interaktion der verschiedenen demokratischen politischen Gruppierungen des Exils, zu denen spanische Republikaner und italienische Anarchisten ebenso zählen wie die rund 10.000 deutschsprachigen Flüchtlinge. María Ximena Álvarez stellt in ihrer Studie *Refugiados del nacionalsocialismo en el Uruguay* fest: »Die antifaschstischen Aktionen waren nicht allein Sache der deutschsprachigen Exilanten, sie standen vielmehr im größeren Zusammenhang des Widerstandes von Intellektuellen, Politikern und sozialen Netzwerken – seien ihre Mitglieder nun Ausländer oder Uruguayos –, der sich, seit den dreißiger Jahren, sowohl dem Aufstieg des Faschismus in Europa als auch der Diktatur in Uruguay entgegenstellte.«[52] Kurz nach dem Staatsstreich gegen Ramón Castillo betont Balder Olden in einem Brief an Margaret Kershaw: »[D]er Faschismus, der gerade ausgebrochen war, hat mich rasch wieder auf die Strümpfe gebracht, […] die Luft [wurde] wieder einmal zu dick. Da es nicht mein Ehrgeiz ist, sämtliche Konzentrationslager auf diesem Globus zu studieren, übersiedelten wir hierher, wo man immerhin mit dem Gefühl ins Bett gehen kann, bestimmt nicht von der Polizei aufgeweckt zu werden.«[53]

Ende des Jahres 1943 gebührt Balder Olden in Montevideo die Ehre, eine größere Vortragsreihe zum Thema »Wahre deutsche Kultur« zu eröffnen. Inspiriert von persönlichen Begegnungen extemporiert er über die Gegenwartsliteratur im Exil.

Nach wie vor fehlt Balder seine Lebensgefährtin Margaret Kershaw. In Buenos Aires wird die heroische Liebesgeschichte des ungleichen Paares im August 1941 sogar in einer Adaptation des Theaterstücks *Die unentschuldigte Stunde* von István Békeffy und Stella Adorján

Abb. 37: Balder Olden, Uruguay 1943/44

auf der von Fred Heller geleiteten *Freien Deutschen Bühne* gezeigt. Im fernen London steht Margaret Kershaw in loser Verbindung mit Hermon Ould, dem Präsidenten des englischen PEN, mit Gilbert und Mary Murray, den Gastgebern Rudolf und Ika Oldens in Oxford, sowie mit Ilses jüngstem Stiefsohn, Antoine Count Seilern-Aspang, der sich auch Gräfin Ilses Sohn Joseph Wladimir mit Rat und Tat annimmt, während dieser auf seine Einberufung zum Royal Artillery Corps wartet. Immer häufiger trifft Margaret Arthur Koestler und dessen Lebensgefährtin Daphne Hardy, die engen Freunde aus der Zeit des Exils in Südfrankreich und in Paris.

Auf der Flucht vor der Gestapo hatte Arthur Koestler in Bayonne aus tiefster Verzweiflung das Gift geschluckt, das Margaret ihm und dem mit ihm gemeinsam im Pariser Tennisstadion *Roland Garros* internierten Balder Olden ausgehändigt hatte. Koestler überlebte, ihm war nur lediglich übel geworden. In London sitzt Margaret Kershaw erneut für Arthur Koestler an der Schreibmaschine, während dieser binnen dreier Monate – die Zeit zwischen der Entlassung aus der Untersuchungshaft im Gefängnis Pentonville und der Einberufung zur britischen Armee – mit Hilfe von Daphne Hardy den autobiografischen Roman *Scum of the Earth* (*Abschaum der Erde*) vollendet. Bereits Anfang 1941 wird er veröffentlicht. Daphne Hardy hatte auch *Darkness at Noon* (*Sonnenfinsternis*) den unverwechselbaren Titel gegeben und außerdem das Manuskript aus Frankreich herausgeschmuggelt.

Als Koestler und Hardy im Mai 1940 schnellstens aus Paris fliehen mussten, konnten sie kaum das Allernötigste mitnehmen. Ob die französische Polizei oder gar schon zuvor die Gestapo die verlassene Wohnung nochmals gründlich durchsucht hatte, lässt sich nicht mehr klären. Jedenfalls tauchen im Sonderarchiv des Moskauer Militärgeschichtlichen Archivs die Teilnachlässe »Daphne Hardy, Bildhauerin, Studentin der Londoner Kunstakademie (1938-1940)« und »Arthur Koestler (1937–1940)« wieder auf. Die Rote Armee hat die vom RSHA aus Frankreich in ihre Berliner Zentrale verschleppten französischen Dokumente und Dossiers 1944/45 auf ihrem Vormarsch entweder an Auslagerungsorten oder in Berlin selbst erbeutet. Spuren davon sind an den Dokumenten sichtbar. In roter Schrift ist die Mappe »Betr. Bemühungen Frl. D. Hardy um Freilassung A. Koestler KZ-Lager Frankreich 1939/40« mit dem Vermerk »Ablegen« versehen, möglicherweise erst, nachdem die beiden England erreicht hatten. Auch ein »Nachlass Hans Jacob« befindet sich in Moskau. Stammt er aus der Plünderung von Pian les Tilleuls, als auch Gräfin Ilse Seilerns wertvolle Bibliothek spurlos verschwand? Der Bücherschatz wird während der deutschen Okkupation von einem der Sondereinsatzkommandos der Nazis beschlagnahmt. Dabei könnten auch die Unterlagen des Schriftstellers und Leiters des deutschsprachigen französischen Radioprogramms, Hans Jacob, konfisziert worden sein, welche sich nun ebenfalls im Sonderarchiv Moskau befinden.

Erst mit dem Ende des Kalten Krieges im Jahr 1989 wurde durch eine fünfteilige Artikelserie von E. Maximowa unter dem Titel *Fünf Tage im Spezialarchiv: Hinter Schloss und Riegel* in der russischen Tageszeitung *Iswestija* – die Existenz des geheimen Sonderarchivs überhaupt erst bekannt.[54]

Erst 1943 erhält Margaret Kershaw endlich ein Visum für Argentinien und kann im Januar 1944 von Liverpool aus ihre Reise über den Atlantik antreten. Da sie aus machistisch-einwanderungsrechtlichen Gründen nur als verheiratete Frau argentinischen Boden betreten darf, findet die vom Kapitän vollzogene Trauung mit dem dazu aus Uruguay angereisten Balder Olden gleich nach Margarets Ankunft im Hafen von Buenos Aires an Bord des Schiffes statt. Sie betritt die Neue Welt als Margaret Olden. Im März desselben Jahres lässt sich das Paar gemeinsam in Montevideo nieder. Dank der großzügigen Apanage, die Ilse Gräfin Seilern auch nach dem Tod ihres Gemahls als Witwenrente aus dem Woerishoffer-Trust ihrer Stiefsöhne erhält, kann sie auch ihrem im Exil nahezu völlig mittellos gewordenen Bruder ein materiell relativ sorgenfreies Leben ermöglichen. Margaret Olden steht finanziell auf eigenen Füßen. Balder Olden – vor der Machtübernahme Hitlers ein berühmter und auflagenstarker Autor – ist seit der Beschlagnahme seines gesamten Vermögens und dem Verbot seiner Bücher in Deutschland zunehmend verarmt, gerät aber dank der Zuwendungen seiner Schwester fast nie in große finanzielle Not. Im deutschsprachigen Programm *La Voz del Día* der Rundfunkstation *Aguila* in Montevideo ist die Stimme Balder Oldens oft zu hören. So auch am 25. August 1944 bei der Befreiung von Paris durch die Alliierten und am Ende des Zweiten Weltkrieges, am Tag der Kapitulation Nazideutschlands, dem 8. Mai 1945.

Wie hätte sich alles entwickelt, wenn Balder Olden und Margaret Kershaw sich 1940 oder 1941 gemeinsam nach New York hätten einschiffen können? In einem Brief vom 12. Juli 1945 aus Montevideo an Oskar Maria Graf in New York bedauert Balder Olden: »Es war ein unverbesserlicher Fehler von mir, 1941, als ich die Visen für US und Argentinien in der Tasche hatte, Argentinien gewählt zu haben.«[55] Wäre aus ihm wohl ein Erfolgsdrehbuchautor von Warner Brothers oder Metro-Goldwyn-Mayer geworden? Ganz sicher hätte er nicht Herr seiner Arbeit bleiben können, Produzenten hätten – im besten Fall – Änderungswünsche mit dem Autor gar nicht besprechen müssen, die Arbeit wäre ohnehin automatisch Eigentum des Studios geworden. Zudem hätte Balder Olden in Hollywood genauso gut ein gefundenes Fressen für Senator McCarthy und dessen Verfolgung echter oder vermeintlicher Kommunisten werden können. Wenn nun auch nicht mehr in Argentinien, so wäre Balder Olden vom Temperament, dem kulturellen Umfeld und seinem unbändigen Freiheitsbedürfnis her in Mexiko am besten aufgehoben gewesen.

Uruguay war dagegen mit seinen demokratischen Strukturen im Zeitalter der Inquisition und der Hexenjagden einer totalitären Moderne schlicht einzigartig. Die Republik stellt einen quicklebendigen Verfassungsstaat dar, in dem die Politik nicht versucht, Vernunft und kritisches Denken zu ersticken, durch den keine Wellen von Verdächtigungen, Überwachungen und Diffamierungen von Linksintellektuellen schwappen. Und das kulturelle Leben Montevideos ist rege. Auch gibt es hier das deutschsprachige Theaterensemble *Die*

Abb. 38: Balder Olden spricht im Rundfunk, Montevideo

Komödie, welches von dem österreichischen Dramaturgen und Schriftsteller Fred Heller geleitet wird. Ilse Gräfin Seilern befreundet sich während eines ihrer zahlreichen Aufenthalte in Montevideo – anlässlich einer Ausstellung von dessen Werken – mit dem uruguayischen Maler Juan Carlos Figari. Sie pendelt zwischen Buenos Aires, der Isla Verde ihres Sohnes Ricardo im Río de la Plata und dem Wohnort ihres Bruders auf der anderen Seite des breiten Stroms.

»*Das Problem as to where to go*«

ILSE GRÄFIN SEILERN BLEIBT BIS Ende des Zweiten Weltkriegs bei ihren Kindern und Enkeln in Buenos Aires. Zweimal im Jahr kommt sie für einige Wochen auf die gegenüberliegende Seite des Río de la Plata zu Besuch. In Buenos Aires schart sie einen kleineren Kreis von Menschen aus der *Welt von Gestern* um sich. So bemüht sich Friedrich Perzyński, ein 1877 in Berlin geborener, weitgereister Asienkenner, Kunsthistoriker, Sammler und Kunsthändler und außerdem eine schillernde und höchst mysteriöse Person, darum, Gräfin Seilern in altmodischer Manier seine tiefe Verehrung zeigen zu dürfen.

In Buenos Aires schwärmt Ilse von den schönsten Filmkunsttheatern der Welt. Ihr Lieblingsfilm ist *Heaven can wait* (*Der Teufel sagt Nein*) von Ernst Lubitsch. Aus den USA erreichen sie liebevolle Briefe von Annette Kolb und Wilhelm Speyer. Beiden Freunden macht das Exil in den englischsprachigen USA schwer zu schaffen. Annette Kolb schreibt am 10. April 1943 nach Buenos Aires: »Kommt Ihr gar nicht nach New York? Nie. Und denkt nicht an eventuelle Rückfahrt? O ich schon. Aber die Hoffnung ist manchmal auf Halbmast und der Mut auch. Von meiner Literatur will man – und jetzt bin ich geschlagene 2 Jahre und 2 Tage hier – auch nicht das allergeringste wissen. Ich arbeite trotzdem. [...] Seid alle umarmt von Eurer vergessenen, aber getreuen Annette.«[56]

Die große Frage, welche seit langem überall in Kreisen des Exils diskutiert wird, lautet: Was sollen wir tun, wenn der Friede da ist? Ilse vertritt die Ansicht, es sei das Allerwichtigste, einander wiederzusehen. Schöne Dinge wolle sie hingegen überhaupt nicht mehr besitzen! Ihre Schwägerin »Tiny« meint, es sei »alright«, in die Schweiz oder nach Südfrankreich zurückzukehren und dort erst mal abzuwarten, wie sich die Dinge in Europa entwickeln.

Wilhelm Speyer denkt wehmütig an die Villa Narcisa und Roquebrune zurück, wo er Ilse Gräfin Seilern 1931 besucht hatte. Am 3. Oktober 1943 schreibt er ihr aus Beverly Hills nach Buenos Aires: »Ich möchte so gerne wissen, ob Sie irgend eine Art von Zukunftsplänen haben, liebe Freundin. Denken Sie wieder daran, in Menton oder Umgebung zu leben? Ich nämlich denke immer daran, dorthinzuziehen. Werden wir es halbwegs so vorfinden, dass es bewohnbar sein wird?«[57]

Wilhelm Speyer hat brennende Sorgen. Sein Bruder und dessen Frau befinden sich in Nizza. »Wenn sie jetzt noch dort sind«[58], bangt er in einem Brief an Ilse vom 3. Oktober. Die Spur des Bruders und von dessen Frau verliert sich. Am 7. Mai 1944 noch immer keine Nachricht des Bruders: »Wenn Sie es Balder sagen wollen, der mit meinem Bruder zusammen war: man hat ihn im vorigen Jahr, was ich erst viel später erfuhr, aus Nice fortgeholt, und man hat keine Nachrichten mehr von ihm. [...] Ich weiß nicht, ob man hoffen darf, ihn gesund wiederzusehen. Man hat ein so schlechtes Gewissen, wenn man hier in dieser doch so sehr geborgenen westlichen Hemisphäre lebt, in mancher Hinsicht doch wie ein Schlaraffenland, und die Nächsten und Liebsten haben oft nicht mehr das Notwendige, und im Fall meines Bruders nicht einmal mehr die Freiheit.«[59]

Leonhard Frank schreibt in *Links wo das Herz ist*: »Jeder hatte sich das spanische und portugiesische Durchreisevisum und irgendein exotisches Endvisum verschafft. Aber die französische Behörde gab das Ausreisevisum nicht. Sie gab es nicht. Ein Grund dafür war nicht zu ermitteln, da es einen verständlichen Grund nicht gab. Als die Deutschen später auch Südfrankreich besetzten, übergab die französische Polizei der Gestapo Tausende Emigranten, Männer, Frauen, Kinder, die in den Öfen von Auschwitz endeten. Sie wären nicht ermordet worden, auf diese entsetzlichste Weise, wenn die französische Behörde ihnen Ausreisevisa gegeben haben würde.«[60]

Was schwer zu begreifen ist: Wolfgang Vennemann, der Reisegefährte Balder Oldens durch Ostafrika und Hausgenosse in Gräfin Seilerns südfranzösischem Refugium, dokumentiert im Januar 1943 ungerührt den Abtransport der Marseiller Juden. Er gehört inzwischen einer von vierzig deutschen Propagandakompanien – der in Le Mans stationierten PK 649 – an, mit deren Aufstellung das Oberkommando der Wehrmacht bereits 1938 begonnen hatte. Der Fotograf ist mit einer modernen Leica-Kamera ausgerüstet, uniformiert, bewaffnet, und erhält im Rahmen seiner militärischen Formation Propagandaaufträge. Vennemann beherrscht die Techniken der Fotoreportage ebenso wie Metaphern in der Bildsprache eines Sergei Eisenstein. Am späten Abend des 23. Januar 1943 hält er fotografisch die Lagebesprechung zwischen SS-Führung und dem Polizeichef Vichys im Rathaus von Marseille fest. Es ist ihm gestattet, Nahaufnahmen vorzunehmen. Am Morgen des 24. Januar realisiert er auf einem Marseiller Güterbahnhof eine Aufnahmeserie zur Deportation der jüdischen Bürger aus Marseille durch SS-Polizeiregimenter, mit Unterstützung der französischen Polizei und unter Anwesenheit von hochrangigen Wehrmachtsangehörigen. Der Politologe und Historiker Ahlrich Meyer schreibt in dem von ihm herausgegebenen Buch

Der Blick des Besatzers: »Es waren dieselben ›Bildberichter‹, die den Besatzungstourismus wie die Deportation der Juden ablichteten, und es ist die gleiche Indifferenz der seriellen Photographie, die diese Aufnahmen charakterisiert. [...] Durch die Komposition der aufgereihten Waffen, Uniformen und Autobusse wird das, was in Wirklichkeit ein nacktes Gewaltverhältnis ist, bildlich überhöht, zugleich wird jede Dramatik zurückgenommen. Polizisten stehen Spalier, ihre Stahlhelme wirken im Morgenlicht wie illuminiert, sie bilden einen Damm gegen einen Strom von Verhafteten, die in der Dunkelheit der Waggons zu Schemen werden. Inszenierungen, bei denen die nazistische Ideologie augenfällig scheint.«[61]

Vennemanns hat auch die Sprengung des Hafenviertels von Marseille, der ältesten Stadt Frankreichs, fotografisch festgehalten. Im Vorwort zu Meyers Buch schreibt der Holocaust-Überlebende und Historiker Serge Klarsfeld: »Das [...] Buch ist nicht nur aufschlussreich, es ist erschütternd wegen der hervorragenden Photographien deutscher Herkunft, die die Organisation, Vorbereitung und Durchführung eines vom Reichsführer-SS Heinrich Himmler angeordneten maßlosen Aktes von Vandalismus zeigen. [...] Noch dramatischer sind die Photos, die [...] die Deportation der Juden aus ganz Marseille zeigen, denn wir wissen, dass die ›Lösung‹, die sich gegen sie alle richtet, eine ›Endlösung‹ ist. [...] Die große Razzia auf die Marseiller Juden vom Januar 1943, bei der französische und deutsche Polizeikräfte gemeinsam vorgingen, war die Fortsetzung der Massenrazzien gegen deutsche, österreichische, polnische und russische Juden, die die französische Polizei im August 1942 allein durchgeführt hatte. Sie endete mit der Deportation von 780 Personen, Männern und Frauen (aber wenig Kindern: etwa 25 im Alter zwischen 10 und 17 Jahren). Ich selbst habe ihre Zahl nach und nach ermittelt und den Personenstand und die Adresse jedes einzelnen von ihnen in dem 1992 erschienenen Buch *Les transferts des Juifs de la région de Marseille vers les camps de Drancy ou Compiègne* veröffentlicht, wobei ich dem Text die aussagekräftigsten Photographien dieser Razzia auf die jüdische Bevölkerung beifügte. [...] Die 780 Marseiller Juden, die Opfer dieser brutalen französisch-deutschen Polizeikollaboration waren, wurden bis zum 9. März in Compiègne, anschließend in Drancy interniert und am 23. März 1943 mit dem Transport Nr. 52 in das Vernichtungslager *Sobibor* deportiert, wo alle ermordet wurden.«[62]

Gräfin Seilerns Gedanken weilen oft bei ihrer kleinen Nichte Cootsee, Mary Elizabeth Olden, die Rudolf und Ika nach Kanada vorausgeschickt hatten und die nun bei der Familie Jackson in Toronto heranwächst.

Wilhelm Speyer indes macht sich von Beverly Hills aus Hoffnungen, seinen Lebensabend dort in guter Nachbarschaft mit seiner gräflichen Freundin zu verbringen. So schreibt er am 7. Mai 1944: »Die Aussicht, die Sie erwähnten, dass Sie später, auf dem Weg nach Canada, hierherkommen werden, ist wunderbar. [...] Ich gestehe es und halte es nicht für eine Schwäche, dass ich sehr sentimental mit Ihnen, liebste Gräfin Ilse, bin – mit Ihnen, in Gedanken auch an Nena, an Marion, Stoffi [Christoph Stegmann-Olden], alles, was um Sie herum ist. [...] Und lassen Sie mich Ihnen sagen, wie sehr von Herzen ich hoffe, Sie bald in der großen Schönheit und Liebenswürdigkeit prangend, mit denen Sie nun einmal die Welt zu verwöhnen pflegen, wiederzusehen. Ihnen dankbar für vergangene gute Tage die Hand küssend, Ihr Speyer.«[63]

Ganz klare Sache, in Berverly Hills träumt Wilhelm Speyer davon, seinen Lebensabend in guter Nachbarschaft mit Gräfin Ilse Seilern zu verbringen. Am 7. Juli 1944 schreibt er ihr: »Liebste und verehrte Freundin Ilse, [...] Marion [Stegmann] wird Ihnen vielleicht den Wunsch meiner alten Tage vorgetragen haben, der Sie nicht zu sehr erschrecken möge: in Ihrem Schatten zu leben, mit Mittwochs- und Samstags-Besuchen.«[64]

Speyers Wunsch wird tatsächlich in Erfüllung gehen. Am 11. Juli 1944 ermuntert er Ilse, auch ihre Erfahrungen zu verschriftlichen: »Ich soll vor zweiundzwanzig Jahren nach der alten Gräfin Seilern im Marienbad gefragt haben? Im Gegensatz zu der ewigen jungen und immer schöner von Jahr zu Jahr werdenden Gräfin, die mit der alten identisch ist? Mir kommt das doch einigermaßen unwahrscheinlich vor. [...] Wo kommt man aber hin, wenn man, über den Äquator hinaus korrespondierend, das Je-me-souviens-Spiel immerfort weiter spielen würde? Es könnte auch von unserm kleinen Leben, von jedem fast, glaube ich, so heißen, wie das *Johannes-Evangelium* schließt: Es sind auch viele andere Dinge, – – – – welche, so sie sollten eins nach dem andern geschrieben werden, achte ich, die Welt würde die Bücher nicht begreifen, die zu beschreiben wären. Und dabei fällt mir ein, was ich schon oft dachte, weshalb Sie Schriftsteller-Tochter und -Schwester nicht einmal das aufschreiben, was Sie erlebten, – so viel Verschiedenartiges doch, aus so viel Weltteilen. Ich besinne mich, dass Sie ein Tagebuch führten. Haben Sie das nicht bei sich, oder Teile davon? Sie haben eine so lebendige und reizende Art die Dinge zu beschreiben, – Sie sollten sich Zeit dazu nehmen, und ohne chi-chi, das heißt ohne Umstände und ohne zu glauben, es sei unmöglich, fast nüchtern und geradezu alles aus früheren Tagen aufzeichnen. Denken Sie, wieviel Sie allein über die gute Wiener Zeit sagen könnten?«[65]

Annette Kolb schreibt ebenso warmherzig wie Wilhelm Speyer am 27. Juli 1944 aus Saratoga Springs im Bundesstaat New York an »My dearest Ilse«: »Liebste Ilse, der Friede gaukelt uns etwas vor, bald erscheint er zum Greifen nahe, um dann in weite Ferne zu entrücken. Aber was ist schon mein eigenes Schicksal verglichen mit all' diesen überwältigenden Geschehnissen! Meine Liebe! Wie kann man darüber nicht deprimiert sein. Werden wir uns überhaupt noch einmal wiedersehen? Es ist kaum auszudrücken, wie sehr ich dies wünschte. Ich habe Dich erst spät in meinem Leben kennen und schätzen gelernt, ich habe Dich zutiefst lieb, Du gehörst zu den Menschen, die mir am allerteuersten sind. […] Ich wünschte, Balder ginge nach England, er würde Dich mitziehen, und als Engländerin hättest Du es dort leicht. […] Anderntags kam Freund Jimmy vorbei und spielte wunderbar auf meinem Klavier. Das Zimmer ist dunkel und schäbig, das Piano mittelmäßig, aber mein einziger Luxus. Ich war oft krank und spielte wenig, doch zwei- oder dreimal war es wirklich ›great‹. Ich bekomme noch immer alles hin, ich arbeite, ich bemühe mich, die Hoffnung nicht zu verlieren, und ich möchte nicht hier, sondern in Europa sterben. Ich bin zu alt, um woanders Wurzeln schlagen zu können, obgleich ich mein Gastland umso mehr bewundere, je besser ich es kenne. Auch wenn ich hier persönlich eine schreckliche Zeit durchmache, weil meine Arbeit keinerlei Erfolg hat, weiß ich, was mir fehlen wird, wenn ich nicht mehr hier leben werde.«[66]

Wilhelm Speyer meldet sich mit einem hoffnungsfrohen Brief aus Kalifornien vom 3. September 1944 wieder: »Die Tage kommen näher, schnell sogar, wenn man Sie und die Ihren hoffentlich, hoffentlich wird wiedersehen können; man darf solche Hoffnungen jetzt hegen, ohne übermütig zu sein. Eben hörte ich am Radio, dass die Amerikaner an der ›Grenze‹ – was für eine Grenze, man hat sie nie so recht erkennen können, – von Monaco seien, – von anderen Grenzen, noch beglückender Art, gar nicht zu sprechen. ›Und Hoffnung fängt wieder an zu blühen‹. Ich habe es nun einmal mit unserem süßen, edel-langweiligen Menton, und sehe mich da enden. Wir alle müssen unendlich dankbar sein, dass wir das, was jetzt geschieht, miterleben konnten. […]

Von meinem Bruder und seiner Frau weiß ich nur, dass die Orte, von denen wir hörten, dass sie zuletzt in ihnen waren, befreit sind, Paris und das Département Corrèze, aber wir hörten noch nichts von

Abb. 39: Annette Kolb

ihnen. […] Sie haben zwei Söhne, deren einer in der Patton-Army (3. US-Armee) ist und der andere […] wahrscheinlich auch in Frankreich.

Ich verschlinge alles, was ich über Paris zu lesen bekomme, aber das Material ist doch nur recht dürftig. Es scheint der Stadt besser gegangen zu sein als man dachte. Sie ist mir so wichtig, fast jeder hat dort ein oder mehrmal im Leben etwas Unvergessliches erlebt, oder überhaupt unvergessliche Tage: ein flair von gutem Licht, Kunst, gutem Essen und sehr viel guter Liebe, et c'est le meilleur de mes biens. Sie haben das gleiche vielleicht mehr in Erinnerung an Wien. Wenn man, wie Sie sagen, sich allein und einsam in einer Stadt fühlt, so muss man in Erinnerungen und mit Büchern leben, bis das Leben wieder zurückkommt. Sollten Sie nicht aufschreiben, was Sie gesehen haben? Ich habe die Begabung mich in einen Stuhl zu setzen, eine Cigarette zu rauchen und einen Spaziergang an der Riviera zu wiederholen, mit einem Gespräch, das ich vielleicht damals mit irgend jemand Liebem führte, und ich höre sie sprechen, und weiß, wie sie dabei aussah und wie sie es sagte, – oder badete oder Wein trank und Langusten nach dem Bad aß, auf dem Verdeck der kleinen Badeanstalt, über den murmelnden, immer ein wenig rollenden Steinen, die so ruhelos bewegt werden wie – hélas – das Menschenherz. –

[…] Wenn Sie […] dazu kommen zu lesen und viel zu lesen, so sollten Sie Proust lesen, es ist eigentlich eine Lektüre, um einen Krieg zu überdauern, ich hätte sie Ihnen früher empfehlen sollen. Sie sollten anfangen mit *Du Côté de chez Swann* [*Eine Liebe von Swann*] und dann, in der Reihenfolge, immer weiter lesen. (Man muss nicht immer alles darin lesen, wenn einem manchmal das Tüfteln allzu schwierig und nicht mehr akzeptabel erscheint). Ich lese ihn so seit acht Monaten, und eigentlich, wenn ich nun bald beim letzten Band bin, wollte ich gern anfangen, vom ersten an diese oder jene Seiten wieder nachzulesen. […] Ich hätte wirklich so gern einmal Photos von Euch allen. Ihnen die Hände küssend, mit unendlich viel guten Wünschen für Sie und für alle um Sie herum, Ihr Speyer.«[67]

Wilhelm Speyers Bruder war es anders ergangen. Während dessen Frau gerettet wurde, wurde er deportiert.[68] Das, worüber Speyer hier spricht, ist die Deportation des Bruders im Holocaust, dessen ganze Dimension sich durch das spurlose Verschwinden von zahllosen Freunden, Bekannten und Familienmitgliedern langsam, aber sicher erahnen lässt.

Nach Mitternacht des Jahrtausends

1945 IST DER EUROPÄISCHE KONTINENT von Abermillionen Leichen übersät. Wie H.G.Wells in *The Shape of Things to Come* prophezeite, hat der Zweite Weltkrieg tatsächlich an der polnischen Grenze begonnen, und am Ende waren, am 6. und am 9. August 1945, zwei Atombomben auf Hiroshima und Nagasaki abgeworfen worden. Winston Churchill hat, im entscheidenden Moment nahezu allein, in Frankreich und anderen Ländern Westeuropas letztlich die Ideale parlamentarischer Demokratie und bürgerlicher Freiheitsrechte vor dem Black-out des Totalitarismus gerettet, jedoch, nach Anspannung aller Kräfte, den Verfall des Britischen Weltreichs nicht verhindern können. Amerikanische Waffenlieferungen an Großbritannien und die Sowjetunion hatten eine militärische Pattsituation verhindert. Doch ohne die militärische Stärke der Sowjetunion, die zwanzig Millionen Tote zu beklagen und die Hauptlast des Sieges über Nazideutschland zu tragen hatte, wäre der USA das britische Erbe so nicht zugefallen. Halb Europa ist zur strategischen Beute Stalins geworden und gerät auf Jahrzehnte unter das Joch der Sowjets. Der Durst nach Rache und grässliche Massenvertreibungen befeuern und quälen dort nun die Menschen. In Prag, Königsberg und Budapest erlischt die Muttersprache Kafkas, Kants und Koestlers.

Oskar Maria Graf äußert am 4. Dezember 1946 gegenüber Balder Olden: »Du schreibst, dass Du nicht mehr heimgehen willst. Nun, das ist so eine Sache. […] Aber dass ich wieder heimgehe, das ist gewiss. […] Wird Friede, wird Deutschland auch nur einigermaßen wieder ein freies Land – ade Amerika! Solange aber nicht!!« Oskar Maria Graf wird bis zu seinem Lebensende 1967 in New York bleiben. – Er ist völlig entsetzt darüber, »wie man die Befriedung Europas betreibt, indem man einen geradezu überhitlerischen Nationalismus betont und sich auch so gebärdet[.]«[69] Im selben Brief tadelt er seinen alten Freund dafür, in Buenos Aires den Kontakt zu dem ebenfalls dort exilierten Schriftsteller Paul Zech gemieden zu haben: »Ich habe einmal in der *IL* [*Internationale Literatur*] Schilderungen aus Chile und Columbien gelesen, die mir sehr gefallen haben. Mir gefällt nie, wenn deutsche Autoren im Exil einander nicht mögen, weil ich meine, es wäre gut, wenn man wenigstens halbwegs zusammenhielte.«[70] Dass sich Olden und Zech als Mitherausgeber beziehungsweise häufige Mitarbeiter des *Volksblatts* bis zu dessen zwangsweiser Schließung im August 1943 begegnet sind, ist nicht unwahrscheinlich.

Über die politische Situation des Exils in zwei anderen Ländern Südamerikas – Brasilien und Ecuador – ist Balder Olden aus erster Hand gut informiert. Aus der ecuadorianischen Hauptstadt Quito wenden sich Heinrich Tietz und Hans Sober, Präsident und Vizepräsident des *Movimiento Aleman Pro Democracia y Libertad Ecuador*, an Balder Olden als den »Präsidenten der antifascistischen Verbände Uruguays«: »Wir nehmen an, dass Sie die ›*Politischen Briefe*‹ des Herrn Pablo Hesslein, Santiago [de Chile], lesen, und daher auch unseren Aufruf in der Dezembernummer [1946] gelesen haben. [...] Unser Ziel ist [...], eine Stelle zu schaffen, die berechtigt ist, im Namen aller antinazistischen Auslandsdeutschen – zunächst einmal Südamerikas – von den alliierten und deutschen Behörden die Maßnahmen zu verlangen, die verhindern, dass das Auslandsdeutschtum zum gefahrlosen Schlupfwinkel für den Nazismus werde. Das heißt also: Ausreiseerlaubnis aus Deutschland nur für einwandfreie Antinazis, Ausdehnung des Entnazifizierungsverfahrens auf die Auslandsdeutschen, usw.«[71] Mit anderen Worten: Man will die Fluchtlinien, über die Barbie, Eichmann, Mengele und andere Kriegsverbrecher auch mit Beihilfe des Vatikans und westlicher Geheimdienste nach Lateinamerika gelangen, abschneiden.[72] Aber es lässt sich nicht verhindern, dass der Faschismus dort in Wartestellung geht, um Jahre später ungehindert als »Schläfer« während des Großen Terrors lateinamerikanischer Militärdiktaturen der sechziger, siebziger und achtziger Jahre in Argentinien, Brasilien, Bolivien, Paraguay und Chile reaktiviert zu werden.

Als Ilse Seilern kurz nach dem Ende des Zweiten Weltkriegs davon Nachricht erhält, dass ihr Sohn Joseph Wladimir, der als britischer Soldat in Griechenland stationiert ist, an Poliomyelitis erkrankt ist, reist sie sofort nach Europa ab. Über London kehrt sie anschließend in die Schweiz – nach Basel und Montreux – zurück. Aus Montevideo schreibt Balder Olden am 5. März 1947 an Ilses polnische Schwiegertochter, Gräfin Franciszka Seilern-Aspang, die zusammen mit drei ihrer Kinder ebenfalls Zuflucht in Buenos Aires gefunden hatte und nun nach Europa zurückgekehrt ist, nach Montreux ins Palace Hotel: »Seit Ilse bei Euch ist, bekomme ich [...] lauter fröhliche Briefe von ihr. In jedem erzählt sie ausführlich, wie rührend Ihr alle in gesunden und kranken Tagen für sie sorgt. Mein Herz wurde immer schwer über ihren Briefen aus England und Basel. [...] Freue mich auf alles, was Ilse uns noch mündlich erzählen wird, wenn sie wieder bei uns ist. [..] Hoffentlich ist Manni [Joseph Wladimir] bald bei Euch, sodass ein so großer Kreis SEILERN sich schließt, wie er wohl für lange Zeit nicht mehr zusammen kommen wird, da ihr nach Monaco übersiedeln wollt. Wie schade! Ihr seid eine so charmante Familie, dass ihr immer zusammen sein solltet! Mit vielen herzlichen Empfehlungen von Primavera, tausend Grüsse an Tiny, Oswald [Graf Seilern], Antoine [Count Seilern] und alle anderen [...].«[73]

Auch Balder Olden liebäugelt inzwischen damit, in die Festung Schweiz eingelassen zu werden. Der Zürcher Verleger Carl Posen hatte ihm zugesagt, eine Gesamtausgabe seiner Werke herauszugeben. Es wird Zeit, endlich wieder Einkünfte zu haben: »Ich bekam von meinem Londoner Agenten eine Abrechnung bis 1938, die sehr interessant ist. Ich hatte ein Guthaben von etwas über £ 1.(-)-, davon gehen 20% an den Agenten, von dem Rest gehen 50% an Steuern und 30% dessen, was übrig bleibt, kostet die Banküberweisung«, schreibt der Autor am 19. März 1947 an Ilse. Er fährt fort: »[...] Das Problem as to where to go will sich nicht erhellen. Posen schreibt mir, in der Schweiz sei an Dauer-Visum und Arbeitserlaubnis nicht zu denken. [...] In Deutschland hätten wir, nach dem, was Primaveras Bruder schreibt und nach anderen Quellen, geradezu glänzende Aussichten. Romane werden in Riesen-Auflagen verkauft, und wenn der Verlag Posen in Abständen von einigen Monaten meine Bücher erscheinen lässt, könnten wir das Geld kaum ausgeben. Dazu die vielen Radio-Sender, die neuen Zeitungen und Zeitschriften [...].« Die Freude, als Autor wieder gefragt zu sein, ist allerdings getrübt: »Die heimkehrenden Emigranten werden nicht mit offenen Armen begrüßt, sondern vielfach angefeindet. [...] Der Dichter Ernst Wiechert, der viele Jahre im Konzentrationslager war, ein alter, würdiger und tapferer Poet, hat in seinem Hause am Starnberger See amerikanische Soldaten um Schutz bitten müssen, weil ihm seine Fenster eingeworfen und sein Leben bedroht wurden. Er will auf seine alten Tage definitiv auswandern. Er schreibt, das deutsche Volk sei bis in die Seele verdorben. Wenn Hitler zurückkäme, würde er von 60 – 80% der Deutschen jubelnd begrüßt werden. ›Hier gibt es nur Hass, Neid und Gier‹.«[74] Ernst Wiechert war nach der Entlassung aus dem KZ Buchenwald, wo er zwei Monate lang festgehalten worden war, in Deutschland in die »Innere Emigration« gegangen.

Publiziert werden Texte der Brüder Olden 1947 fast ausschließlich in der sowjetischen Besatzungszone. »Alfred Kantorowicz [...] gibt eine Zeitschrift *Ost und West* in Berlin heraus, in der Sachen von mir erscheinen. Auch ein Buch, *Verbannte und Verbrannte*, mit langen Abdrucken von Rudis letzten Veröffentlichungen. Das Interesse ist so groß, dass er 200.000 Exemplare von der ersten Nummer drucken könnte, wenn das Papier dafür vorhanden wäre.«[75]

Als sich Peter Olden bemüht, einen Sammelband von Aufsätzen Rudolf Oldens aus dem *Argentinischen Tageblatt* zusammenzustellen, und darüber mit dem Verlag S. Fischer unter Peter Suhrkamp verhandelt, treten Balder und Ilse die Herausgeberschaft gern an den wesentlich jüngeren Bruder ab. Es sei zwar ihr Plan gewesen, aus Rudolfs Texten einen von Balder redigierten Sammelband herauszugeben, aber sie sähen seitdem Peter Olden als Historiker und politischer Wissenschaftler als geeigneter für diese Aufgabe an. Balder behauptet, sich nur selten und dann eher widerwillig um Politik gekümmert zu haben.[76]

Aufmerksam verfolgt Balder Olden die Reise seiner Schwester aus der Schweiz nach Italien. In Florenz weilt Condesa Ilse Seilern-Aspang Mitte Mai 1947 zu Gast im aristokratischen, auf einem Hügel über der Stadt gelegenen Torre di Bellosguardo. Bei ihrer Rückkehr nach Montreux wartet auf sie ein Brief Balders vom 3. Juni aus Uruguay: »Deine Briefe aus Florenz sind sicher die besten Feuilletons, die je aus einer Oldenschen Feder gelaufen sind. [...] Die Auszüge aus dem Fremdenbuch sind wunderbar, besonders, was die alte Gräfin über den Onkel Forstboom schrieb. Genau so steht sein Bild in meiner Erinnerung, seine blöden Prophezeiungen, seine Scharlatanerien. Ein Kabinettstück ist auch die Eintragung Hindenburgs! [...] Aus Forte dei Marmi hatte ich neulich einen sehr lieben Brief von den Hotelleuten, bei denen ich mit der Joe [Lederer] dreimal einen langen Sommer und Herbst verbracht habe. [...] Wir alle schwärmen von Europa, wenn wir in Argentinien sind und loben Argentinien nach sechsmonatigem Aufenthalt in Europa. [...] Dein Brief aus Monte Carlo kam vor dem letzten aus Florenz an und da war Deine Stimmung natürlich nicht mehr so froh, aber auch dieser Brief war brennend interessant. Was Du von Deinen Sachen noch vorgefunden hast – schreibst Du nicht, aber auch nicht von einer Enttäuschung. Dass es Vennemann war, der Deine Bibliothek beschlagnahmen ließ, habe ich ja vom ersten Moment an gewusst. [...] Beziehe doch für die Dauer die Torre di Bellos Guardo und sobald wie möglich stoßen wir zu Dir.«[77]

Über Monte Carlo reist Gräfin Seilern weiter nach London, wo sie – wie immer – in Princes Gate 56 bei ihrem Stiefsohn Antoine Count Seilern wohnt. Am 9. Juli schreibt ihr der Bruder dorthin und kündigt seine Ausreise aus Uruguay an: »Deine Briefe lese ich wie einen

Feuilletonroman und Deine Beweglichkeit ist imposant. […] Ich will jetzt endlich energisch werden und alle Papiere für meine Ausreise bewerkstelligen. […] Du warst so glücklich in Florenz, schreibst aber gar nicht, warum Du nur so wenige Tage geblieben bist und ob Du das Glück, das Du dort empfunden hast, nicht dauernd machen willst. Meine Idee ist, falls Du dort sein solltest, zunächst einmal zu Dir zu stoßen und dann langsam auf Berlin vorzurücken, aber wahrscheinlich nicht, um dort zu bleiben, sondern einige Gastspiele zu geben. Aus vielen Briefen höre ich, was auch Dir bestätigt worden ist, dass das geistige Leben äußerst rege ist, trotz aller Entbehrungen.«[78]

Kurz darauf erleidet Balder Olden einen Schlaganfall. Er spürt eine sehr heftige Erschütterung, die ihn mit einem Tremor zurücklässt. Er kann nicht mehr schreiben und diktiert Primavera seine Briefe. Sein Gedächtnis ist intakt, sein Urteilsvermögen klar. Am 13. August 1947 hilft ihm Primavera mit einem längeren Brief an Ilse: »Du hast mich in letzter Zeit mit Briefen beschenkt wie eine Pandora, es liegen sechs vor mir, die ich noch nicht beantwortet habe. Hab' tausend Dank! […] Ich fühle, dass Du in Europa unstet und unglücklich bist, und Du sagtest ja auch, dass Du nach Südamerika Sehnsucht hast. [Carl] Posen schrieb mir schon vor langer Zeit, dass kein Gedanke daran besteht, wir könnten je in der Schweiz dauerndes Wohnrecht und Arbeitserlaubnis bekommen. Du bist ja auch schon wegen zu langen Aufenthalts schikaniert worden … . […] [Ernesto] Alemann war drei Monate lang in der Schweiz und in Deutschland – er schreibt hauptsächlich über die Verpflegung der ausländischen Korrespondenten […]. Zugleich ist Deutschland ein Gefängnis für alle Deutschen; [Alemann] erzählt, dass Erich Kästner, einer der verdientesten und anerkanntesten deutschen Widerständler, Wochen Arbeit und Riesenprotektion brauchte, um die Erlaubnis zu bekommen, für ein paar Tage nach Zürich zum *Pen-Club*-Kongress zu fahren. Das ist aber lange nicht alles, was unsere [Berliner] Pläne ins Wanken bringt. Die Lähmung, von der ich Dir schrieb, und die nach Ansicht des Neurologen in vierzehn Tagen etwa behoben sein sollte, ist heute nach mehr als vier Wochen noch keine Spur verändert. Sie ist rein lokal, meine Hände zittern absolut nicht, alle Funktionen sind vorbildlich, Sprache etc. etc. aber ich kann nicht schreiben außer ein paar Namen, zu denen ich mir auch etwas Mühe geben muss. […] Ich habe ja in meinem Leben sehr viel ins Stenogramm diktiert, ganze Bücher, aber das Wichtigste daran war doch immer das Korrigieren! Die meisten Sachen habe ich zwei bis dreimal abschreiben lassen. Wenn ich jetzt nicht mehr mit der Hand schreiben und folglich auch nicht korrigieren kann .... [...] Ich lege Dir einen Brief von Alfred Polgar bei, bitte schicke ihn mir zurück. Die Nazis haben ihm die Heimat und endlich sogar das Heim weggenommen und die amerikanischen Reedukatoren sind aus Deutschland alle als Nazis zurückgekommen, das spricht Bände. Wahrscheinlich läuft es doch darauf hinaus, dass Uruguay der einzige wohnliche Winkel auf Erden ist, denn Italien kann natürlich eine Zeit lang sehr schön sein, aber viel heimischer als hier würden wir uns dort auch nicht fühlen. [...] Thomas Mann entwickelt sich zu einer Art musikalischem Clown. Aber genaugenommen ist er das immer gewesen.«

An Thomas Mann lässt er weiter kein gutes Haar: »Für die deutschen Verheerungen in Frankreich, vor allem für die Zerstörung der Kathedrale von Reims [1914], hatte er nur Hohn, und er schrieb, dass das Gehirn der Franzosen den Krieg nicht mehr vertrage. Ein Volk, das der Krieg so völlig umkehrt, habe kein Recht mehr auf den Krieg. Er war dann viele Jahre lang bitterbös mit der Deutschen Republik, aber 1933 etwa, ganz kurz vor dem Ausbruch der deutschen Hitlerei hat er ein großes feuriges Bekenntnis zu dieser Republik geschrieben und noch nach Ausbruch der Hitlerei in Prag einer großen Versammlung erklärt, er sehe das Heranwachsen einer neuen herrlichen Humanität. Jetzt erzählt er, der durch alle diese Jahre verhätschelt worden ist, Pässe und Einbürgerungen erstens in der Tschechoslowakei und dann in US bekommen hat, dass alle, die in Deutschland ausgeharrt haben, ohne Konzessionen zu machen, Ofenhocker waren. Du hast Recht, er sollte schweigen. Mich reizt es immer wieder, ihm die Leviten zu lesen, wie ich es schon einmal getan habe, aber ich glaube, ça ne vaut pas la peine. Bei seiner langsamen Entwicklung wird er um 1960 herum wahrscheinlich Nazi geworden sein.«[79]

Hier schießt Balder Olden mächtig über das Ziel hinaus. Er berücksichtigt nicht, wie auch Mann unbequem war und sich gegen die Diktatur einer unmündigen Mehrheit in der Demokratie strikt verwehrte. André Gide rezensiert 1937 die in Paris bei Gallimard erschienene Warnung des widerspenstigen Schriftstellerkollegen, *Avertissement à l'Europe*, die sich gegen jeden »Wahrheitsbesitzerdünkel« verwehre, den Humanismus schlicht als *den* Gegensatz des Fanatismus definiere, um dessen »Hang zu nachsichtiger Skepsis« und »natürlicher Güte« unter gewissen Umständen als verhängnisvoll zu erkennen. Dies sei »der Protest eines rechtschaffenen Mannes«, »logisch in der Form, lyrisch im Quell und Wurf.«[80]

Nachdem Thomas Mann die Nachricht von Rudolf Oldens Tod auf der Überfahrt von England nach Kanada erfahren hatte, trug er am 24. September 1940 in sein Tagebuch ein: »Goebbels lässt jetzt erklären, man habe das Schiff absichtlich versenkt, weil man gewusst habe, dass R. Olden darauf sei, was natürlich eine dumme Lüge.«[81] Auch Balder Olden – im Brief vom 18. August 1947 – dementiert solcherlei Spekulation: »Dass Rudi das Opfer einer persönlichen Feindschaft geworden ist, sei es denn der Nazis, glaube ich nicht. Damals ging eine Welle von Hysterie durch England. Rudi hat darüber noch in einem letzten, wahrscheinlich seinem allerletzten offenen Brief geschrieben, wie vernichtend es sei, dass die Engländer nie wissen, wo ihre Freunde und wo ihre Feinde stehen. Sie hätten ihn sicher längst aus den Staaten zurückgerufen und dann gäbe es wenigstens einen Deutschen, zu dem die Alliierten Vertrauen hätten. Die Rolle, die ihm bestimmt war, war sehr groß. Es hat sich keine andere Besetzung dafür gefunden – Dr. [Kurt] Schumacher [Parteivorsitzender der SPD], der sie zu spielen versucht, ist ein subalterner kleiner Mann, zerstört durch die Martern des Konzentrationslagers und ohne jedes Equilibrium.«[82]

Dass Rudolf Olden in vorderster Linie im Nachkriegsdeutschland und in der Bonner Republik hätte stehen können, ist gar nicht undenkbar. Schon am 12. Juli 1945 hatte Balder an Lieutenant Peter Olden geschrieben: »Welch wichtige Rolle Rudolf jetzt in Deutschland spielen würde! Zweifellos wäre er *der* Mann, den man heute vergeblich sucht.«[83]

Ilse hatte in den 1930er Jahren eine Geschichte mit dem Titel *Dame König Bube* geschrieben, nach deren Verbleib sie nun den Bruder fragt. Dieser weiß von einer Veröffentlichung »in *Das Neue Magazin*, Leipzig 1934 (eine starke Verjüngung von ›*Dame Linda*‹). Zeitschrift sofort danach eingestellt.«[84] Er ergänzt später: »Meine geliebte alte Nai-Nai, [...] in der Einleitung standen einige sehr schmeichelhafte Worte über die Autorin, deren Haus ein Treffpunkt der illustresten Geister sei. [...] In der ›Prager Abendzeitung‹, wo der ganze Roman abgedruckt wurde, stand er wahrscheinlich nicht unter Deinem Namen, das muss ein Irrtum von mir sein, denn ich hätte ja gar keinen Grund gehabt, Dein Pseudonym zu verwenden. [...] Auch was [der Zürcher Verleger Carl] Posen Dir schrieb, ist herzerhebend. Er soll das nicht ins Blaue hineingesprochen haben – Du musst wirklich Deine Memoiren schreiben, das wird ein herzerfrischender Gesang und wird Dir unendlich viel Freude machen, wenn Du wieder am Platastrom wurzelst.«[85]

Zurück zu seiner eigenen schriftstellerischen Tätigkeit kommend, berichtet Balder der Schwester am 12. März 1948 von einem »ausgezeichneten Brief von Hardekopf, der einmal in zehn Jahren etwas schreibt, was nie über 100 Zeilen ist.«[86] Der frühere Parlamentsstenograf Ferdinand Hardekopf war als Lyriker der »heimliche König des Expressionismus«, und er diente André Gide als stetiger Übersetzer. Balder Olden weiß nicht, dass Ferdinand Hardekopf das einzige, tausend Seiten umfassende Manuskript seines mutmaßlichen Hauptwerkes – *Die Dekadenz der deutschen Sprache* – 1940 auf der Flucht vor der Gestapo in Frankreich unwiederbringlich verloren hatte.

Auch ganz persönliche Verluste hat er zu beklagen. Am 4. April 1948 schreibt er an Ilse: »Ein lieber Freund ist [am 31. März] gestorben, Egon Erwin Kisch, der wie ein Schnellzug um die Erde gerast ist und trotzdem Zeit hatte, eine ganze Bibliothek ausgezeichneter Bücher zu schreiben. Er ist erst zweiundsechzig geworden und wäre wahrscheinlich einer der großen Männer in der Tschechoslowakei. Das ist wieder einer mehr und ein großer Verlust, aber es ist schön zu denken, dass er alle Ziele erreicht hatte und in dieser Erwartung gestorben ist«. Kisch habe »nur zwei Wochen lang sein Schicksal überlebt, aber in dem Bewusstsein, die Berge der Verheißung gesehen zu haben. Er war Stadtverordneter nach dem Umschwung in der Tschechoslowakei und wäre sicher einer der nächsten Würdenträger geworden. Zuerst war ich sehr traurig über sein Ende, dann fand ich, ein so reiches Leben wie das seine – und er hat nie einen schlechten Satz geschrieben, nie einen ausgetragenen, ausgeruhten Satz – ist eigentlich die schönste Erfüllung des Lebens.«[87]

Ob Egon Erwin Kisch 1948 wirklich noch die Berge der Verheißung gesehen haben mag? Als »Westemigrant« und unbotmäßiger Kommunist war er per se in Gefahr, liquidiert zu werden. Stalins »Politik der fernen Perspektive« zielte nicht auf eine nationalkommunistische Selbstbestimmung der Tschechoslowakei, Ungarns oder Jugoslawiens, sondern auf die Einverleibung dieser Länder durch die Sowjetunion. Die tschechoslowakischen Kommunisten hatten als Erste beschlossen, aus der Kominform, der Nachfolgeorganisation der Komintern, auszutreten. Allerdings kam ihnen der sowjetische Geheimdienst mit der Februarverschwörung 1948 zuvor. Zwei Wochen nach der kommunistischen Machergreifung in der Tschechoslowakei am 25.2.1948 wurde Jan Masaryk, der in der Bevölkerung beliebte liberale Außenminister, Sohn des Staatsgründers Tomáš Masaryk, tot unter dem Fenster seiner Wohnung im Innenhof des Prager Palais Czernin gefunden. Bis heute sind die Umstände seines spektakulären Todes durch einen Sturz aus 15 m Höhe, trotz der nach 1993 wiederaufgenommenen Ermittlungen, ungeklärt.

Hatte die bürgerliche Presse in k.u.k. Österreich-Ungarn den jungen, mit »logischer Phantasie« vorgehenden Journalisten Egon Erwin Kisch, der mit seinen Recherchen die größte Spionageaffäre vor dem Ersten Weltkrieg aufgedeckt und unter dem Titel *Der Fall des Generalstabschefs Redl* veröffentlicht hatte, geschützt, so war solche Freiheit im sowjetischen Totalitarismus undenkbar, ja lebensgefährlich. Nein, nein! Ganz im Gegenteil: Egon Erwin Kisch war schockiert, als er 1946 nach Prag zurückkehrte. Nahezu die gesamte Familie war spurlos verschwunden, von den Nazis ermordet. Nicht einmal ein Grab erinnerte an sie. »Er wurde zwar noch groß empfangen von alten und neuen Freunden. Aber wir alle kennen ja die Geschichte – nach dem Krieg war es ja fast unmöglich, in Prag auf der Straße ein deutsches Wort zu sprechen, ohne Gefahr zu laufen, beleidigt zu werden. Und das war das Gegenteil von dem, was er kannte, wie er seine Heimatstadt geliebt hat, als Metropole Mitteleuropas, die weltoffen war nach allen Seiten hin«[88], so der Historiker Marcus Patka im deutschen Programm von Radio Praha.

Im Mai 1948 fühlt sich Balder Olden fast völlig am Ende: »Das Humpeln mit der Zunge geht langsam auch weiter. [...] Jetzt fische ich noch auf gut Glück die annähernd passenden Ausdrücke und meine Unterhaltung besteht hauptsächlich aus ›Dingsda‹ und ›wie hieß der doch‹, und mit einem Wort, ich bin gaga.«[89]

Trotzdem schafft er es offenbar noch, seine Autobiografie *Stationen meines Lebens* dem Südverlag anzubieten. Er scheint das Manuskript seiner Memoiren tatsächlich abgeschlossen zu haben, denn am 15. Juni 1948 teilt er freudig Ilse mit: »Ich habe dem Verlag Dr. Weil & Reindl die ›*Stationen meines Lebens*‹ angeboten, die in der Zeitschrift <u>und als Buch</u> erscheinen sollen.«[90] Ein Kapitel der Autobiografie – *Höllental meiner Jugend* –, kommt im Juni 1945 in Mexiko in *Freies Deutschland* zum Vorabdruck. Dort stehen auch die Zeilen: »Eisenbahn und Dampfschiff blieben unsere [Ilse, Balder und Rudolf Olden] eigentliche Heimat, heute mit fast weißem Haar stelle ich fest, dass ich es nur an einem einzigen Ort volle vier Jahre lang ausgehalten habe; das ist die langweilige kleine Stadt Ahmednagar in Indien. Dort bewohnte ich ein Kriegsgefangenenlager, um das war ein vierfacher Stacheldrahtverhau gezogen.«[91]

Stationen meines Lebens wird in einer sicher unvollendeten und sehr wahrscheinlich unvollständigen Fassung posthum 1977 von Ruth Greuner im Ostberliner Verlag Rütten & Loening herausgegeben. Die Arbeit an der Autobiografie hatte Balder Olden spätestens in Südfrankreich begonnen, in Paris fortgeführt, durch Inter-

Abb. 40: Egon Erwin Kisch in der Uniform eines Politoffiziers, II. Internationaler Schriftstellerkongress zur Verteidigung der Kultur, Valencia, Juli 1937. Links Ludwig Renn, Generalstabschef der Internationalen Brigaden, und Gisela Lyner, die Lebensgefährtin von Egon Erwin Kisch. © Foto: Walter Reuter

nierung, Flucht und Krieg unterbrochen, dann im Exil in Buenos Aires oder erst in Montevideo noch einmal aufgenommen. Ich habe lange gerätselt, wer hinter dem Verlag »Dr. Weil & Reindl« stehen könnte, und zeitweise gemutmaßt, dass es sich bei »Dr. Weil« um den in Argentinien geborenen Geldgeber des Frankfurter Instituts für Sozialforschung, Dr. Felix José Weil, handeln könnte, der außerdem Mitarbeiter des Malik-Verlages war und für das *Argentinische Tageblatt* schrieb. Erst 2017 hat sich eine viel näher liegende Spur bestätigt. Ich stieß auf den Namen Brigitte Weyl, die mir auf Anfrage aus Konstanz am 1. Februar antwortete: »In der Tat, mit den Namen [Johannes] Weyl und [Ludwig Emanuel] Reindl kann kein anderer Verlag gemeint sein. Mein Vater hatte damals (noch unter französischer Besatzung) die Lizenz für die Zeitung *Südkurier* erhalten und dann auch für den Buchverlag Südverlag.« Falls das Veröffentlichungsvorhaben zwischen Montevideo und Konstanz über das Stadium eines vagen Projekts hinausgelangt sein sollte, so wären die Unterlagen beim altersbedingten Ausscheiden der Verlagsinhaber sehr wahrscheinlich beseitigt worden sein. So muss die Fassung letzter Hand der *Stationen meines Lebens* leider als verschollen gelten.

Am 7. Juli 1948 rät der Bruder Ilse: »den jüdischen Arzt solltest Du besuchen, vielleicht sitzen da und dort noch Schicksalsgefährten.«[92] Am 15. August 1948 schreibt Balder an Ilse: »Ich brauche mir keine Sorgen um Dein Ergehen zu machen, denn wenn man in tausend Meter Höhe die Sphären durchfliegt – alle jüdischen Kinder sollen solche Abenteuer erleben.«[93]

Wo sich Ilse gerade befindet, als ihr Verehrer Wilhelm Speyer am 29. Mai 1948 einen weiteren sehnsuchtsvollen und schmeichelnden Brief schreibt, weiß der Autor nicht. »Wie begeistert habe ich das neulich mitangehört, als mir Klaus Mann von so vielen Leuten erzählte, die Ihnen begegnen durften und die zu berichten wussten, ausnahmslos, wie Klaus Mann hinzufügte, Sie seien so, Ihr Aussehen und ganzes Wesen sei so, wie immer. Und ich weiß, wieviel große Schönheit in diesem ›Wie immer‹ liegt. Ich denke bei mir: also genau so, wie in den Wiener Tagen, auf den Photographien.

Ich bin froh für Sie, dass Sie in Europa sein können. Wie klug und richtig. Es wird keinen Krieg [gegen die Sowjetunion] geben. Sie werden bestimmt in Ruhe dort leben können. Wo aber eigentlich sind Sie? In Basel? […] Wen von Menschen haben Sie um sich? Annette [Kolb] viel, wie ich hoffe? Und andere Freunde und Freundinnen? Sie haben mir einmal vor einiger Zeit einen sehr reizenden Sammelbrief geschrieben, ich kann schwer sagen, wie sehr er mein Herz erfreut hat. Klaus Mann schreibt in einem Buch über Gide [*André Gide und die Krise des modernen Denkens*], das ich gerade lese, dass die Pariser Schriftsteller einer hohen Schicht schließlich nur noch für Kollegen, für andere Künstler schrieben. So geht es mir mit den Freunden. Es genügt, wenn zehn oder zwanzig mein Buch gern haben und so freundlich an mich denken, wenn sie zusammen sind; – und dazu noch ein paar verehrte Kollegen wie Annette [Kolb], Thomas Mann, (dessen letztes Buch mir einen Dauerkopfschmerz verursacht), Hermann Hesse. – Sobald ich meinen zweiten Band schreibe, da brauchte ich nichts so sehr wie Ihren Rat; eigentlich kann dieser Band überhaupt nur in Ihrer Nähe geschrieben werden. Denn seitdem mein täglich betrauerter Freund Huldschinsky[94] gestorben ist, ist niemand mehr da, den ich fragen kann: was trug eine schöne Frau zur Kaiserzeit bei der und der Gelegenheit, – welches Pferd ritt sie?«[95]

Im Oktober 1948 eilt Ilse Gräfin Seilern aus Europa zurück nach Uruguay zu ihrem Bruder Balder, der sich inzwischen, nach einem erneuten Schlaganfall in einem ziemlich erbärmlichen körperlichen Zustand befindet.

Wilhelm Speyer, der hingegen aus Kalifornien aufgebrochen ist und sich auf dem Weg nach Europa befindet, schreibt am 19. April 1949 aus Nyack bei New York an Balder Olden: »Ich wünschte, ich könnte ein wenig an Deinem Bett sitzen und Dir erzählen, was ich weiß und was sich so in den letzten Jahren begeben hat. [...] Mir bleibt nichts anderes übrig, als einmal einige Zeit lang in Bayern zu leben. Ich tue es nicht gern. Lange hat man sich danach gesehnt; eines Tages merkte man, dass nichts mehr von der Sehnsucht da ist. Das neue Deutschland, das entsteht, ich meine jetzt das in der West-Zone, ist mir unbehaglich, man stärkt dort anscheinend in erster Linie die Faszisten. Ich will noch kein Urteil angeben, mir alles unvoreingenommen ansehen und, wenn Du magst, Dir von meinen Eindrücken berichten. [...]

Ich hoffe, Du grämst Dich nicht, dass Du nie ein Filmrecht in Hollywood verkauft hast. Außer einen Fall, weiß ich keinen unter uns, dem das beschieden worden wäre: [Leonhard] Franks *Karl und Anna* [1946 unter dem Titel *Desire me* verfilmt]. Liesel [Frank] gab mir einmal Deine *Balkans-Königs-Geschichte* zu lesen: ich muss sagen, dass Du mit diesem Stoff von allen am nächsten an einer Verkaufs-Möglichkeit hättest stehen müssen. Aber es fehlte an einem Hollywood-Bearbeiter und dann noch an vielen anderen Dingen: einem guten Agenten, Übersetzer, richtigem Zeitpunkt für gerade solch einen Stoff, – was weiß ich alles, man kennt sich nie darin aus. Diese ganze Film-Industrie war unser Unglück; man hätte sich nie um sie kümmern müssen, um ihr nicht die Möglichkeit zu geben, sich nicht um uns zu kümmern.«[96]

Am selben Tag und mit selber Post schreibt Wilhelm Speyer auch an Ilse Gräfin Seilern in Montevideo: »Seitdem ich gestern Ihren Brief bekam, kann ich nur noch an Balder denken. So bestürzend, was Sie da zu berichten haben. Können wir uns nicht damit trösten, dass Balder vielleicht doch, – bei aller Qual, sich nicht mehr äußern zu können, – es gut findet, so still zu liegen und von Liebe und Fürsorge umgeben zu sein? Und auch: denken zu können. [...] Sie hält nun Ihre Pflicht in Montevideo. Kommen Sie dann zurück in die Schweiz? Es enttäuscht mich, Sie dort nicht vorfinden zu werden, – ich bin im Juni spätestens in Basel und Zürich und gehe dann nach Bayern, – (ungern) – aber es ist doch wieder ein gutes Gefühl, Sie bei Balder zu wissen. [...]

Die Amerikaner interessieren sich nicht für *Andernachs* und überhaupt nicht für das, was mich bewegt und was ich zum Ausdruck bringen kann. Thomas Manns Güte hat es mir ermöglicht, von Los

Angeles aufzubrechen und nach Europa zu fahren, – und dank seiner Intervention einige Freunde. Möglich, dass ich in Deutschland leben kann. Wenn nicht, so gebe ich den dumm machenden Kampf bald auf. Das Dumm-Machende liegt daran, dass man sehr gesund und geistig produktiv ist und eben in einer Welt lebt, in der ein paar Hundert Menschen der alten Art gern mögen, was man schreibt. In Los Angeles war ich nahe am Hungern und Verhungern. Nun wollen wir sehen, wie es weiter wird.«[97]

Balder Olden war immer freiheitsliebend. Schweiften seine Gedanken – nun auf dem Totenbett – nach Afrika zurück? In *Madumas Vater* heißt es: »Vielleicht, weil die höchsten Augenblicke unseres Lebens immer ganz anders und viel stiller verlaufen, als man erwartet. Aus vollem Herzen kommen wenig Worte, die großen Freuden ersticken sie wie die großen Schrecken. [...] Wenn nun aber ein Mensch sich im großen Afrika verbergen wollte, nur weil er dies Land zu sehr liebte, um sich von ihm zu trennen, weil er der Freiheit so anhing, dass er Gefangenschaft nicht ertragen würde?«[98]

Von den Fährten wilder Tiere ist in *Madumas Vater* häufig zu lesen. Niemals kommen Nashorn oder Löwe der Gefährlichkeit des Menschen gleich. Der Mensch, der Abgesang der Natur? »Im Longidolager war eine Höhle, die leicht zu finden war, ein Schloss von Höhle – sicher vor Nashörnern und Elefanten, sicher vor Löwe und Jaguar. Im Longido war ein rauschendes Bad und Kühle, stand Wild, floss Wasser, wuchs Holz. Dort gab es kräftiges Berggras [...].«[99]

Und in *Mdisi – Bibi – Safari* heißt es: »Diese Lehmhütten, diese Brunnen, diese Menschen [im Niltal] sind fünftausend Jahre alt. [...] In diesem Dunst aus Schmutz und Tier, aber: Bilder, Bilder, Bilder! Wir jagen sie. Tausendundeine Nacht werden in der Kassette gefangen. [...] Durch diese Menge, an diesen Gesichtern vorbei ging Harun al Raschid in tiefer Verkleidung, in dies Gewölbe hat Said, der schöne Ladenjüngling, die Kunden gelockt, dort hockt der Schneidergesell, der sich entschließt, als falscher Prinz zu Hof zu ziehen. Kennst du die Worte, mit denen dieser große König Abschied vom Leben nahm? Höre sie! Ich habe kein Übles gegen Menschen getan. Ich habe die Kleinen nicht unterdrückt. Ich habe keinen freien Mann zur Arbeit gezwungen. Ich war nicht schwach und habe nicht gefehlt und nichts getan, was den Göttern Abscheu wäre. Ich habe nicht geduldet, dass ein Sklave von seinem Herrn misshandelt wurde, ich habe keinen Menschen beleidigt, keinen Menschen weinen gemacht, ich habe niemand gemordet, niemand verraten ...«[100]

Die Odyssee geht zu Ende

ALFRED KANTOROWICZ ERINNERT, »DASS BALDER Olden in all den Jahren der Not des Exils – auch er hat Lager, Flucht, die Nerven-Tortur illegalen Lebens kennengelernt – die männliche, charaktervolle Haltung bewahrt hat, die wir in seinem, im Prager Exil verfassten Manifest ›*Mir wäre nichts Besonderes passiert*‹ finden«.[101] Darin heißt es: »Was wäre denn meine Aufgabe gewesen? Die Augen, die Ohren zu schließen, heitere Romane, friedvolle Stimmungsbilder aus vergangenen Tagen zu schreiben, ein Lügner zu werden, wie ihn Gott nicht erbärmlicher schaffen konnte. So hätte ich in Schanden grau werden, vielleicht auch das Dämmern einer besseren Zukunft erleben können, für das *andere* Männer kämpften. Aber dann wäre ja einst mein Grab ein Misthaufen unter Zypressen gewesen. Es gab nur Selbstmord oder – nein, auch die Flucht aus Deutschland war keine Flucht vor dem Selbstmord!«[102]

Balder Olden hatte aus einem ausgeprägten Ehrgefühl heraus 1933 Deutschland erhobenen Hauptes verlassen. Aber das kann nicht darüber hinwegtäuschen, dass der an sich sehr kosmopolitisch veranlagte Schriftsteller – genauso und zugleich anders als Joseph Roth oder Stefan Zweig – im Exil mit der Verzweiflung hatte kämpfen müssen. Er litt stark unter den Zurückweisungen, an die Schulter des französischen Widerstandes treten und dem Feind die Stirn bieten zu dürfen. Stattdessen wurde er unter Generalverdacht gestellt. Die abenteuerliche Flucht unter höchster Gefahr und das lange Warten im Untergrund mögen ihn mehr erschöpft haben, als er je zeigte. Er starb am 24. Oktober 1949 in Montevideo.

Rudolf Olden hatte im Mai 1935 nach einer Beerdigung in East Ham deprimiert an Gabriele Tergit geschrieben: »Sie würden gesehen haben, was das ist, Emigration. Man kann es nicht vergessen, es ist das schöne Mittelstück eines höchst trübseligen Romans, den niemand schreiben wird. ›Keinen Kaddisch wird man sprechen …‹.«[103]

Hermann Gebhardt schreibt am 4. November 1949 im *Aufbau*: »Als Balder Olden 1943 nach Montevideo kam, war seine schriftstellerische Kraft schon im Erlöschen, war dieser Vesuv schon im Ausbrennen. Aber immer noch waren es leidenschaftliche Bekenntnisse, die wir lasen und hörten, immer noch war es sein großer Schrei nach Gerechtigkeit.«[104]

Ilse Gräfin Seilern lässt in den Grabstein ihres Bruders in Montevideo die Worte *Seine durchwachten Nächte haben unsern Tag er-*

hellt meißeln. »So siegen auch in seinen Erzählungen immer die guten Erinnerungen über die bösen, und wie Goethe gleitet er über die tiefsten Schmerzen hinweg und gibt Trost, da wo er getröstet werden sollte.«[105]

Bald nach dem Tod des Bruders begibt sich Ilse Gräfin Seilern wieder auf die Reise. Sie pendelt zwischen Isla Verde, der großen, im breiten Strom des Río de la Plata gelegenen Flussinsel ihres Sohnes Ricardo Stegmann, und Cumbrecita in der nördlichen Provinz Córdoba. Am 31. Mai 1950 schreibt sie von der Isla Verde an Margaret Olden in Montevideo: »Eigentlich wollte ich ja nach Europa reisen – aber – es sieht nicht so aus, als ob ich könnte.«[106]

Die Odyssee findet – nach achtzehn Jahren – 1951 dann doch ein Ende, als Ilse Gräfin Seilern in die nahezu unversehrt gebliebene Schweiz zurückkehrt. Die Eidgenossenschaft hatte sich – trotz erheblicher äußerer und innerer Widerstände – dank einiger entschlossener Persönlichkeiten wie General Henri Guisan oder Karl Barth mit Fortune, wenn auch mit deutlichen Abstrichen im Vergleich zu ihrer noblen Rolle als Zufluchtsort im Ersten Weltkrieg, als Modell einer über den Nationen stehenden Kulturgemeinschaft behauptet. Inmitten des Wahnsinns europäischer Selbstzerstörung hatten Schweizer Intellektuelle, wie Ernst Gagliardi bereits 1914, erkannt, dass »die Nichtteilnahme an den europäischen Kämpfen für ein so mannigfach zusammengesetztes Ganzes überhaupt die einzige Möglichkeit des Daseins und der inneren Entwicklung« sei, und es zu ihrer Sache gemacht, »die gemeinsame Sache Europas und seiner Gesamtkultur in eine bessere Zukunft hinüberzuretten«.[107]

Ilse Gräfin Seilern überlebt ihre Brüder Rudolf und Balder Olden um fast ein Vierteljahrhundert. Der Romancier Wilhelm Speyer zieht tatsächlich in ihre von ihm so sehr ersehnte Nähe, auch wenn Riehen bei Basel nicht Menton an der Côte d'Azur gleichkommen kann. Nicht nur zu Ilses Bedauern stirbt er aber bereits 1952. Auch Hermann Kesten – »Schutzvater aller über die Welt Versprengter«, wie es Stefan Zweig ausdrückte – zieht sich später in das jüdische Altenheim *La Carmille* zurück. Margaret Olden bleibt in Uruguay, »lonely like a lighthouse attendant and I cannot travel!«[108], wie sie Ilse am 18. Mai 1951 in einem Brief klagt.

Zu Gräfin Seilerns letztem engeren Kreis aus der gemeinsam erlebten Zeit von Flucht und Exil gehören die treue Freundin Annette Kolb und Anna Schickele, die Witwe des eng mit Balder befreundeten Schriftstellers René Schickele. Rudolf und Ika Oldens Tochter Cootsee ist ihr über lange Zeit völlig aus den Augen entglitten. Aber auch ohne Ilses magische Künste gelangt Mary Elizabeth Olden von Kanada nach Israel und setzt das Gestirn in der neuen alten Heimat fort. Am 4.1.2024 schrieb sie mir: »I can understand very well why my father came back from WW1 a pacifist. Nobody wins a war, everybody loses one way or another.«

Ilse Gräfin Seilern haucht ihr Leben im biblischen Alter von 94 Jahren aus. Im Juli 1974 wird sie neben ihrer Mutter, Rosa Stein, in Davos zur letzten Ruhe gebettet.

Anmerkungen

Prolog

1 Brief von Franz Carl Weiskopf an Heinrich Mann, 2.11.1945, zit. n. Heinrich Mann: *Empfang bei der Welt*, Frankfurt am Main 1988, S. 435.

»Es war einmal«

Eine blendende Jugend zwischen Belle Époque und Wilhelmismus

1 Balder Olden, *Höllental meiner Jugend*, Kap. I der unvollendeten Autobiografie unter dem Titel: *Stationen meines Lebens* (1945), Dt. Exilarchiv, Frankfurt/Main, TNL Balder Olden.
2 Balder Olden, *Schicksalsgefährten*, Typoskript, lose undatierte Blätter, Menton-Garavan (Pian les Tilleuls), Bundesarchiv Berlin.
3 Rossbacher, *Literatur und Bürgertum*, S. 468.
4 Vgl. Christoph Stegmann-Olden, *ILSE – Souvenirs de ma grand-mère*, Dt. Exilarchiv, Frankfurt/Main, TNL Balder Olden (EB 2004/043).
5 Theodor W. Adorno, *George und Hofmannsthal*, S. 204.
6 Zit. n. Rossbacher, *Literatur und Bürgertum*, S. 117.
7 Balder Olden, *Höllental meiner Jugend* (1945), unpaginiert.
8 Zit.n. Weinzierl, *Hofmannsthal*, 2005, Anm. 325.
9 Balder Olden, *Höllental meiner Jugend* (1945).
10 Brief Balder Olden an Ilse Gräfin Seilern, 5.12.1937, Dt. Exilarchiv, Frankfurt/Main, TNL B.O.
11 Balder Olden, *Höllental meiner Jugend* (1945).
12 Balder Olden, *Höllental meiner Jugend* (1945).
13 Balder Olden, *Ein deutscher Lehrer*, Typoskript, lose Blätter, Le Lavandou, undatiert, Bundesarchiv Berlin.
14 Balder Olden, *Selbstportrait* (1929), Typoskript, lose Blätter, o.O., Bundesarchiv Berlin.
15 Balder Olden, *Stationen meines Lebens* (1977), S. 21.
16 Balder Olden, *Aufstieg*, Kap. II der unvollendeten Autobiografie unter dem Titel: *Stationen meines Lebens* (1945), Kladde, Dt. Exilarchiv, Frankfurt/Main, TNL Balder Olden.
17 Balder Olden, *Aufstieg* (1945).
18 Balder Olden, *Aufstieg* (1945); zum Engagement in Beuthen vgl. Norbert Jacques, *Mit Lust gelebt*, S. 56.
19 Balder Olden, *Höllental meiner Jugend* (1945).
20 Balder Olden schreibt 1945 rückblickend in *Höllental meiner Jugend*: »Der alte Lenbach, damals König aller deutschen Portraitisten, malte sie ein Dutzend Mal, die Portraits der ›Miss O.‹ wanderten durch ganz Deutschland und wurden viel reproduziert; alle Welt fragte, wer diese Miss O. sei, und erfuhr es.«

21 Zit.n. Seidel, *The Olden Story*, Part II, 2005/2015, S. 5.
22 Greuner, *Gegenspieler*, S. 229.
23 Brief Ilse Olden an Rudolf Olden aus St. Moritz, 26.9.1913.
24 Zit. n. Baßler, *Lehnstühle werden verrückt*, S. 297f.
25 Hofmansthal: *Vom dichterischen Dasein*. Zit. n. Rossbacher, *Literatur und* Bürgertum, S. 585f.
26 Stephens: *Rilkes ›Weisse Fürstin‹*, S. 282.
27 Hinterhäuser, *Fin de Siècle*, S. 7.
28 Schnack: *Rainer Maria Rilke. Chronik seines Lebens und seines Werkes* (2. Aufl. 1996). »Verzauberter königlicher Wohnsitz« sind die Worte von Benno Geiger, einem Nachbarn Hofmannthals in Rodaun.
29 Thurn und Taxis-Hohenlohe, *Erinnerungen an Rainer Maria Rilke*, S. 73.
30 Brief von Ilse Gräfin Seilern an Rudolf Olden, 26.9.1913, DLA. – Am 24.8.1917 schreibt Jakob Wassermann aus Altaussee an Ilse in Bad Ischl, Villa Gall: »Haben Sie meiner vergessen? Sind Sie Montag gegen Abend aufsuchbar? Ist Rudi [Rudolf Olden] noch bei Ihnen? Weshalb dies grenzenlose Schweigen? Schreiben Sie eine Zeile [...].« In: Auktionskatalog Köstler, Nr. 255, Stuttgart 2012.
31 *Rilke – es wartet eine Welt*, Gedicht aus dem Nachlass, S. 67.
32 Balder Olden, *Der Hamburger Hafen*, S. 31f.
33 Balder Olden, *Der Hamburger Hafen*, S. 21f.
34 Brief Balder Olden an Ilse Gräfin Seilern, Prag, Juni 1933, Dt. Exilarchiv, Frankfurt/Main.
35 Brief René Schickele an Balder Olden, 22.9.1901, DLA (68.574/2).
36 Brief Balder Olden an Ilse Olden, »datiert Kalkhütte 6. Nov. Vermutlich 1908«, Dt. Exilarchiv, Frankfurt/Main, TNL 196, B.O. – Einer der Beiträge von Balder Olden zur seichten Unterhaltung, sprich Kolportageliteratur, ist der 1911 in der Reihe Scherl Taschenbücher als Band 83 erschienene Roman *Die verhexte Million*.
37 Balder Olden, *Madumas Vater*, S. 36.

Im Ersten Weltkrieg

38 Vgl. Balder Olden, *Stationen meines Lebens*, in: Balder Olden: *Paradiese des Teufels*, Berlin 1977, S. 30.
39 *Stationen meines Lebens* (1977), S. 31.
40 *Stationen meines Lebens* (1977), S. 32.
41 Ibid.
42 Brief Balder Olden an Ilse Gräfin Seilern, August 1915, Dt. Exilarchiv, Frankfurt/Main, TNL 196, B.O.
43 Balder Olden, *Theater hinter Stacheldraht*, in: *Theater. Sieben Jahre Freie Deutsche Bühne in Buenos Aires*, Buenos Aires 1946. Xerokopie des Textes mit Dank an Martin Dreyfus.
44 *Theater hinter Stacheldraht*, ibid.
45 Ibid.
46 Brief Balder Olden an Rosa Stein, 2.4.1917, Dt. Exilarchiv, Frankfurt/Main.
47 Brief Balder Olden an Ilse Gräfin Seilern, 19.1.1918, Dt. Exilarchiv, Frankfurt/Main.

48 Brief Balder Olden an Ilse Gräfin Seilern, 18.6.1919, Dt. Exilarchiv, Frankfurt/Main, TNL 196 B.O.
49 Balder Olden, *Stationen meines Lebens* (1977), S. 35.
50 Brief Leonhard Adelt an Ilse Gräfin Seilern, 22.12.1917, DLA.
51 Brief Rudolf Olden an Ilse Gräfin Seilern, 1.1.1916, Dt. Exilarchiv, Frankfurt/Main.
52 Zit.n. Marie von Thurn und Taxis-Hohenlohe, *Erinnerungen an Rainer Maria Rilke*, S. 78f.
53 Zit.n. Schnack, *Rainer Maria Rilke*, S. 572; vgl. Brief Rainer Maria Rilke an Ilse Gräfin Seilern, 11.11.1917, DLA (68.571/1).
54 Brief Rudolf Olden an Rosa Stein, 5.1.1915; Dt. Exilarchiv, Frankfurt/Main.
55 Brief Rudolf Olden an Hedwig Fürstin zu Liechtenstein, April 1915; Dt. Exilarchiv, Frankfurt/Main.
56 Rudolf Olden, *Das Gefecht von Ogurkischki*, in: *Internationale Literatur* (Moskau 1938).
57 Brief Rudolf Olden an Ilse Gräfin Seilern, 1.8.1918, Dt. Exilarchiv, Frankfurt/Main.

Investigativer Journalismus avant la lettre und Romane mit Herzblut

58 Rudolf Olden: *Nachruf auf einen Freund*, in: *Das Neue Tage-Buch*, 6. Jg., Nr. 6, 5.2.1938.
59 Balder Olden, *Das Herz mit einem Traum genährt*, S. 75f.
60 Brief Rudolf Olden an Ilse Gräfin Seilern, 8.2.1920, Dt. Exilarchiv, Frankfurt/Main.
61 Balder Olden, *Spenglers Ika*, Typoskript, o.D., o.O., Bundesarchiv Berlin; s.a. Brief Annette Kolb an Ilse Gräfin Seilern, 19.11.20, DLA.
62 Brief Hans Olden an Ilse Gräfin Seilern, 13.6.1929, DLA.
63 Brief Balder Olden an Ilse Gräfin Seilern, 5.12.1937, Dt. Exilarchiv, Frankfurt/Main.
64 Brief Balder Olden an Carlo Graf Seilern, 2.4.1924, Dt. Exilarchiv, Frankfurt/Main (EB 2004/043, B02 0077).
65 Ibid.
66 Balder Olden: *Stationen meines Lebens*, S. 38.
67 Ibid., S. 39.

Politisches Gewissen

68 Greuner, *Gegenspieler*, S. 234.
69 Balder Olden, *Deutschland will Kolonien*, in: *Das Wort* (Moskau), 1. Jg., Heft 3, September 1936.
70 Balder Olden: *Der grimme Kolonist*, in: *Das Tage-Buch*, 9. Jg., 2. Halbjahr 1928, S. 1496.
71 Ibid. – Eine »völkerkundliche« Bemerkung am Rande: Ein Afrikaner, der Balder Olden 1915 auf Patrouillen im Kilimandscharo-Gebiet begleitete, erblickt seinen Kriegskameraden im Berliner Zoo wieder, wo er 1926 als

Ausstellungsobjekt der sogenannten »Völkerschau« herhalten muss; vgl. Balder Olden, *Deutschland will Kolonien*, S. 71.

72 Chinua Achebe: An Image of Africa, *The Massachusetts Review*, 1.12. 1977, S. 790.

73 Kum'a Ndumbe III.: *Was wollte Hitler in Afrika? NS-Planungen für eine faschistische Neugestaltung Afrikas.*

74 Balder Olden, *Deutschland will Kolonien*, in: *Das Wort*, (Moskau), 1. Jg., Heft 3, September 1936.

75 Greuner, *Gegenspieler*, S. 255 f.

76 *Der Neue Tag*, Wien, 4.11.1923. – Im selben Jahr veröffentlicht Joseph Roth mit seinem ersten Roman, *Das Spinnennetz*, eine Darstellung des rechtsradikalen Milieus. Der Name Hitler fällt. Es schlägt die Stunde der frustrierten Hinterwäldler, mörderischer Kleinbürger, die sich, angetrieben von sektiererischen Verschwörungstheorien und atavistischer Tatbereitschaft, anschicken wollen, gewaltsam nach der Macht zu greifen. Der Roman wird in Fortsetzungen – beginnend am 7.10.1923 – in der *Arbeiter-Zeitung*, Wien, abgedruckt. Die Folge endet am 6. November d. J. Am 8. und 9. November 1923 setzen Ludendorff und Hitler in München zum Staatsstreich an.

77 Brief Rudolf Olden an Ilse Gräfin Seilern, 13.10.1924.

78 Rudolf Olden, *Hat Stresemann betrogen?*, S. 240.

79 Zech, *Michael M. irrt durch Buenos Aires*, S. 222.

80 Einschlägige Dokumente aus dem ›Russischen Staatlichen Militärarchiv‹ zur Rüstungskooperation in den waffentechnischen Erprobungsstellen der Junkers Flugzeugwerke AG und des Bombertrainings der deutschen Luftwaffe auf russischem Gebiet zwischen 1925 und 1931 wurden erst nach 1989 bekannt.

81 Balder Olden, *Stationen meines Lebens* (1977), S. 36.

82 Zit.n. Greuner, *Gegenspieler*, S. 260. – Nach der Veröffentlichung und Anprangerung von Kriegsverbrechen beziehungsweise systematischen Verfassungsbrüchen, war in den USA tatsächlich Ähnliches über die »Verräter von Staatsgeheimnissen«, Julian Assange und Edward Snowden, zu hören gewesen. Letzterer – im Gegensatz zu Investigative journalists wie Seymour Hersh oder Robert Parry – war Agent und kein Journalist, er beruft sich allein auf sein Gewissen, darin eher den antistalinistischen »Verrätern« oder Daniel Ellsberg, dem »Whistleblower« der »Pentagon-Papers« während des Vietnam-Kriegs, vergleichbar.

Gräfin Seilern in Davos

83 Klabund: *Die Krankheit.*

84 Brief Klabund an Ilse Gräfin Seilern, Davos, 26.1.1924, DLA.

85 Brief Ilse Gräfin Seilern an Balder Olden, 19.8.1949, DLA.

86 Brief Klabund an Ilse Gräfin Seilern, Davos, 21.3.1924, DLA.

87 Brief Carola Neher an Ilse Gräfin Seilern, undatiert., ca. 1926, DLA.

88 Brief Rudolf Olden an Ilse Gräfin Seilern, 1.1.1928, Dt. Exilarchiv, Frankfurt/Main.

89 Brief Rudolf Olden an Ilse Gräfin Seilern, 8.8.1928, Dt. Exilarchiv, Frankfurt/Main.

90 Brief Rudolf Olden an Ilse Gräfin Seilern, 16.9.1928, Dt. Exilarchiv, Frankfurt/Main.
91 Brief Rudolf Olden an Ilse Gräfin Seilern, 18.7.1929, Dt. Exilarchiv, Frankfurt/Main.
92 Brief Hans Olden an Ilse Gräfin Seilern, 28.7.1929, DLA.
93 Zit.n. Heumann, *Hugo von Hofmannsthal und Graf Lanckoroński*, S. 207.
94 Brief Hugo von Hofmannsthal an Leopold von Andrian-Ewerburg, 24.8.1913, in: Gesammelte Briefe, Briefwechsel 1919–1945, Bd. 9 der Gesamtausgabe, München 2001.

Der Glast von Monte Carlo

95 Vgl. Christoph Stegmann-Olden, *ILSE – Souvenirs de ma grand-mère*, S. 1-5, DNB, Dt. Exilarchiv, Frankfurt, TNL Balder Olden (EB 2004/043 – D.03.0002). (Orig. auf Frz.).
96 Charles-Roux: *Coco Chanel*, S. 355.
97 Pitigrilli ist das Pseudonym von Dino Segre (1893–1975). 1930 erscheint die deutsche Ausgabe von *L'esperimento di Pott*, übersetzt von Manfred Georg, unter dem Titel *Ein Mensch jagt nach Liebe*. 1931 folgt *I vegetariani dell'amore*. Sein bekanntestes Buch ist freilich *Kokain* von 1921. Diotima war eine weise Frau aus Arkadien, die Sokrates nach eigenem Bekunden über die Philosophie des Eros als höchste Erkenntnisstufe des Menschen belehrt hatte.
98 Brief Hans Olden an Ilse Gräfin Seilern, 13.5.1930, DLA.

Afrika

99 Balder Olden, *Mdisi – Bibi – Safari*, unpaginierte Buchausgabe.
100 Ibid.
101 Ibid.
102 Ibid.
103 Balder Olden, *Stationen meines Lebens* (1977), S. 39.
104 Kessler, Tagebucheintrag am 16. Mai 1932, in: *Tagebücher 1918–1937*, Frankfurt am Main 1961.

Propheten in deutscher Krise

105 Rudolf Olden, *Das Wunderbare oder die Verzauberten. Propheten in deutscher Krise*, S. 16-20.
106 Rudolf Olden, *Hitler*, S. 238.
107 Rudolf Olden, *Hitler, der Eroberer*, S. 12f; folgende Zitate aus derselben Quelle.
108 Rudolf Olden, *Hitler der Eroberer*, S. 37f. Vgl. Enthüllungsbericht von Hans Zehrer, Papen und Hitler gegen Schleicher, *Tägliche Rundschau*, 5.1.1933.

109 Gottfried Reinhold Treviranus, *Das Ende von Weimar.*
110 Rudolf Olden, *Hitler der Eroberer*, S. 20.
111 Hans Jacob, Sonderarchiv Moskau, TNL H. Jacob, 670-1-12.

Das Parlament in Flammen

112 Rudolf Olden, *Hitler der Eroberer*, S. 45.
113 Zit. n. Sahl, *Memoiren eines Moralisten*, S. 209.
114 Balder Olden, *Mir wäre nichts besonderes passiert*, in: *Neue Deutsche Blätter*, 1. Jg., Nr. 3, 1933.
115 Zit.n. Treviranus, *Das Ende von Weimar*, S. 367. Laut Koestler, *Menschenopfer unerhört*, zit.n. *Vossische Zeitung* vom 4.3.1933.

Die Odyssee der Geschwister Olden

Exil in Prag, Paris und London

1 Vgl. Eckhardt Köhn, *Die traurige Geschichte der Dorinde*: »Den prominenten Hitler-Gegner, Publizisten und Rechtsanwalt Rudolf Olden, den die Gestapo nach dem Reichstagsbrand bereits vor seinem Haus erwartete, versteckte [Doris von Schönthan] bis zu seiner Flucht in ihrer Wohnung.« In: *Frankfurter Allgemeine Zeitung*, Nr. 84, 8.4.2000 (ohne Quellenangabe).
2 Brief Rudolf Olden an Ilse Gräfin Seilern, 13.5.1933, Dt. Exilarchiv, Frankfurt/Main.
3 Postkarte Rudolf Olden an Ilse Gräfin Seilern, 18.5.1933, Dt. Exilarchiv, Frankfurt/Main.
4 Brief Rudolf Olden an Ilse Gräfin Seilern, 18.5.1933, Dt. Exilarchiv, Frankfurt/Main (EB 79/020 – B.02.0052).
5 Brief Rudolf Olden an Ilse Gräfin Seilern, 14.4.1933, Dt. Exilarchiv, Frankfurt/Main (EB 79/020 – B.02.0052).
6 Brief Rudolf Olden an Ilse Gräfin Seilern, 21.4.1933, Dt. Exilarchiv, Frankfurt/Main (EB79/020–B.02.0052).
7 »This draft, marked ›Genf, 22. Mai 1933‹, is held in the Society for the Protection of Science and Learning Archive, Bodleian Library, Oxford (SPSL), 532/4.« Zit.n. Brinson/Malet, *Rudolf Olden in England*, S. 194. – Vgl. Brief Rudolf Olden, Pension Flora, Praha XII, Fochova-Orlická 4, an Peter Olden, 13.5.1933: »Die Verjudung des geistigen Lebens in Deutschland war natürlich ungeheuer, man erfährt es erst jetzt! [...] Man bedauert in der ganzen Welt die vertriebenen Israeliten. So arg es ihnen geht, wie viel mehr muss man Deutschland bedauern, das ohne seine Juden furchtbar veröden muss. [...] Wenn ich Druckpapier hätte! Man könnte nicht aufhören, über die Schande zu schreiben. Und das wird nicht so vorübergehen, nicht in hundert Jahren kann sich Deutschland davon erholen.« Dieser Brief befindet sich in der Senate House Library der University of London.
8 Brief Rudolf Olden an Ilse Gräfin Seilern, 23.5.1933, Dt. Exilarchiv, Frankfurt/Main.

9 Brief Rudolf Olden an Ilse Gräfin Seilern, 6.6.1933, Dt. Exilarchiv, Frankfurt/Main.
10 Asmus und Eckert 2010, S. 55.
11 Brief Rudolf Olden an Ilse Gräfin Seilern, 4.7.1933, Dt. Exilarchiv, Frankfurt/Main.
12 Archives nationales, cote 19940466/23, Dossier Rudolf Olden.
13 Préfecture de Police de Paris, 22.12.1933, Archives nationales, Dossier Rudolf Olden. (Orig. auf Frz.)
14 Archives nationales, Dossier Rudolf Olden. (Orig. auf Frz.)
15 Rudolf Olden: *Die wichtigste Saar-Lehre*, in: *Das Neue Tage-Buch*, 3. Jg. 1935, Nr. 4, S. 84.
16 Brief Rudolf Olden an Ilse Gräfin Seilern aus Saarbrücken, 22.12.1934.
17 *Boxheimer Dokumente*, siehe Greuner 1977, S. 433, Anm. 42: »Im Herbst 1931 auf einer Konferenz der Gauleitung Hessen der NSDAP im Boxheimer Hof bei Worms verfasster Plan terroristischer Sofortmaßnahmen zur Machtergreifung.«
18 Balder Olden, *Mir wäre nichts Besonderes passiert*, in: *Neue Deutsche Blätter*, Nr. 3, 1933, sowie *Stationen meines Lebens* (1977), S. 41.
19 Rudolf Olden, Nazi or Junker, London 1934.
20 Vgl. Rudolf Olden, *Die neue Wehrverfassung*, in: *Die Sammlung*, 2. Jg., 1935, S. 595 ff.
21 George Tabori hat den Stoff für *Mein Kampf* bearbeitet (1987 im Akademietheater Wien uraufgeführt).
22 Brief Balder Olden an Ilse Gräfin Seilern, 21.3.1933, Dt. Exilarchiv, Frankfurt/Main.
23 Abgedruckt in ›Neue Deutsche Blätter‹, 1. Jg., Nr. 3, Prag 1933, zusammen mit Oldens Entgegnung, »Mir wäre nichts Besonderes passiert«.
24 Balder Olden, *Mir wäre nichts Besonderes passiert*, in: *Neue Deutsche Blätter* Nr. 3, 1933.
25 Brief Balder Olden an Ilse Gräfin Seilern, 13.6.1933, Dt. Exilarchiv, Frankfurt/Main. In Franzensbad wirkte der Schriftsteller Josef Löbel bis 1938 jedes Sommerhalbjahr als Kurarzt. Er hatte Joseph Roth für die Figur des Badearztes Dr. Skowronnek in *Radetzkymarsch* inspiriert und war auch mit Soma Morgenstern befreundet.
26 Balder Olden, *Mir wäre nichts Besonderes passiert*, Reprint 1947, S. 85.
27 Nina Nemtschenko war im Literaturbetrieb – einschließlich Presse, Radio und Theater – aktiv, z.B. »redigierte« sie 1936 den in der UdSSR auf Französisch erschienenen Roman *Colas Breugnon* von Romain Rolland. Für die im selben Jahr ins Russische übersetzte, bei Goslitisdat erschienene Fassung war sie für das Vorwort, die Anmerkungen und die »Montage« – also das Glätten der Brüche, die durch die Kürzungen entstanden waren, zuständig. Am 17.12.1937 publizierte sie in der Zeitung *Sowjetische Kunst* den Beitrag *Über das Theater Ws. Meyerhold.* Dieser Artikel war Teil einer offiziellen Vernichtungskampagne gegen Meyerhold und sein Theater, die kurz darauf, am 7./8.1.1938, zur Schließung und Abwicklung des Theaters auf ministeriale Anweisung wegen »Positionen, die der sowjetischen Kunst fremd sind«, führte. Der Theatergründer und Regisseur Meyerhold wurde 1939 verhaftet und 1940 erschossen. Nina Nemtschenko überlebte den Großen Terror.

28 Goslitisdat wurde in dieser Zeit von Artemi Chalatow geleitet (vgl. S. 139).

29 Brief Balder Olden an Ilse Gräfin Seilern, Oktober 1933, Dt. Exilarchiv, Frankfurt/Main.

30 Brief Rudolf Olden an Ilse Gräfin Seilern, 4.12.1933, Dt. Exilarchiv, Frankfurt/Main.

31 Brief Rudolf Olden an Margaret Kershaw, 26.12.1933, als Faksimile reproduziert in: Greuner, *Gegenspieler* (1969), zwischen den Textseiten 272 und 273 mit Herkunftsangabe auf S. 237: »Akten der ›Pariser Tageszeitung‹« Letztere befanden sich bis zur Übergabe an die DDR wahrscheinlich im Sonderarchiv des Staatlichen Russischen Militärarchivs. Was hatte der Brief in jenen Akten zu suchen? – Vgl. dazu S. 241 mit Anm. 331. Vermutlich fiel er zum Zeitpunkt der Durchsuchung der gemeinsamen Pariser Wohnung von Balder Olden und Margaret Kershaw nach Juli 1940 der Gestapo in die Hände, gelangte dann ins Archiv des RSHA und von dort nach Mai 1945 nach Moskau. Im Bundesarchiv konnte der Autor ihn 2017 nicht nachweisen.

32 Ruth Greuner, *Nachwort* zu *Anbruch der Finsternis*, S. 237.

33 Brief Balder Olden an Ilse Gräfin Seilern, 29.3.1934, Dt. Exilarchiv, Frankfurt/Main. – Am 18. Juni 1919 hatte Balder Olden aus Indien an Ilse geschrieben: »Auch der I. Band Wassermann kam an. Es ist keine Kathedrale, vielleicht ein Panoptikum für Wachsfiguren. Für mich unbeschreiblich ekelhaft. Dem Kerl schreibt Rudi [Rudolf Olden] Essais!« – Siehe auch Brief Balder Olden an Ilse Gräfin Seilern, Okt. 1933: »Roda Roda und seine Familie sind die Hauptfiguren meines Romans.«

34 Brief Balder Olden an Ilse Gräfin Seilern, 7.8.1934, Dt. Exilarchiv, Frankfurt/Main.

35 Brief Balder Olden an Ilse Gräfin Seilern, Oktober 1933, Dt. Exilarchiv, Frankfurt/Main. – Bereits der 1896 erschienene Roman *The Island of Dr. Moreau* von Herbert George Wells war an begründetem Pessimismus kaum zu übertreffen. Er »ist eine beißende allegorische Satire einerseits auf die sadistische Technizität moderner Naturwissenschaft, andererseits auf die alte Vorstellung vom Schöpfergott. Dr. Moreau verwandelt auf einer einsamen Insel durch schmerzhafte chirurgische Eingriffe die verschiedensten Tiere in Halbmenschen, die sprechen können und einigen ihnen durch Hypnose eingeprägten Gesetzen blind gehorchen. Eingeklemmt zwischen ihre nicht auszumerzenden Triebe und die bedrohlichen Gesetze demonstrieren sie das *Unbehagen in der Kultur*.« (Böschenstein 1993, S. 142).

36 Nazis hatten am 5. April versucht, die aus Deutschland geflüchteten Gebrüder Fritz und Alfred Rotter aus dem Waldhotel im souveränen Fürstentum Liechtenstein zu entführen, was für Alfred und seine Frau tödlich endete. Der Prozess gegen die Täter endete mit milden Haftstrafen. Im Anschluss ließ sie der Fürst nach Deutschland ausweisen.

37 Brief Balder Olden an Ilse Gräfin Seilern, 7.8.1934, Dt. Exilarchiv, Frankfurt/Main. – Vgl. Prieberg, S. 76: »Als im Dezember [1933] in Paris eine Sängerin ein Chanson aus Weills *Dreigroschenoper* vortrug, rief er aus dem Publikum ›Vive Hitler!‹, bis die Künstlerin schwieg. Die Polizei ermittelte den […] Komponisten Florent Schmitt als Urheber des Skandals.«

38 Brief Thea von Harbou an Balder Olden, 31.10.1933, abgedruckt in: *Neue Deutsche Blätter*, 1. Jg., Nr. 3, 1933.
39 *Neue Deutsche Blätter*, 1. Jg., Nr. 3, 4 und 5, 1933.
40 Upton Sinclair, *Auf Vorposten*, S. 316.
41 Zit. n. Brinson/Malet, *Exile in and from Czechoslovakia during the 1930s and 1940s*, S. 34f.
42 Balder Olden: *Zum Tode Rudolf Thomas'*, zit.n. Greuner, *Paradiese des Teufels*, S. 260.
43 Brief Balder Olden an Ilse Gräfin Seilern, 19.6.1934, Dt. Exilarchiv, Frankfurt/Main.
44 Brief Balder Olden an Ilse Gräfin Seilern, 7.8.1934, Dt. Exilarchiv, Frankfurt/Main. – Trotzki erfand für die bürgerlichen, zögerlichen Unterstützer des Leninismus den Begriff »Paputchiki«. Er wurde als »fellow traveller« ins Englische übertragen. Unter Umständen verbergen sich hinter klangvollen Namen des intellektuellen Lebens gar Kostgänger von Geheimdiensten wie dem NKWD.
45 Brief Balder Olden an Ilse Gräfin Seilern, Oktober 1933, Dt. Exilarchiv, Frankfurt/Main.
46 Brief Balder Olden an Ilse Gräfin Seilern, 7.8.1934, Dt. Exilarchiv, Frankfurt/Main.

Zu Gast in der Sowjetunion

47 Brief Ilse Gräfin Seilern an Hermann P. Gebhardt, Direktor der deutschsprachigen Radiostation *La Voz del Día*, Montevideo, 22.3.1943, DLA.
48 Oskar Maria Graf, *Reise in die Sowjetunion 1934*, S. 152f.
49 Brief Rudolf Olden an Ilse Gräfin Seilern, 24.10.1934, Dt. Exilarchiv, Frankfurt/Main (EB79/020–B.02.0053).
50 Balder Olden, *Stationen meines Lebens* (1977), S. 47.
51 Balder Olden, *Mein Leben*, Typoskript, 2 S., Roquebrune-Cap-Martin (Villa Narcisa), ca. 1935, Bundesarchiv Berlin.
52 *Das Wort*, 2. Jg., Heft 4/5, 1937, S. 188.
53 Brief Balder Olden an W.G.Höpner, 28.8.1935, Bundesarchiv Berlin.
54 Zur beachtlichen Emanzipation der Frauen in den mohammedanisch geprägten Teilen des Sowjetreichs vgl. Balder Olden: *Anno vierunddreißig in der UdSSR*, in: *Das Wort*, 2. Jg. 1937, Heft 4/5, S. 74f.
55 Christoph Stegmann-Olden: *ILSE – Souvenirs de ma grand-mère* (6 Seiten) – Rudolf Olden: »Der Fürst soll ein Chauffeur sein. Das spricht nicht für Glanz und Freude, wie die Welt nun einmal eingerichtet ist.« (15.6.1934).
56 Brief Rudolf Olden an Ilse Gräfin Seilern, 15.6.1934, Dt. Exilarchiv, Frankfurt/Main (EB79/020–B.02.0053). Außerdem war Reichsgraf Fred von Hartig, der Ehemann von Gräfin Seilerns Tochter Marion, »offenbar nicht nur ein Schmetterling, sondern auch dem damaligen Regime in Italien genehm, was die Familie vermutete« (E-Mail Michael C. Seidel an Thomas Poeschel, 12.12.2015). Von Hartig zieht 1940 nach Rom und gründet dort das Entomologische Nationalinstitut (s. *Enterofauna*, Bd. 9, Heft 14, Linz 1988).

57 Maksimenkov zit.n. Hartmann, *Literarische Staatsbesuche*, S. 234.
58 Balder Olden, *Anno vierunddreißig in der UdSSR*, in: *Das Wort*, 2. Jg., Heft 4/5, S. 68f.
59 Balder Olden, *Stationen meines Lebens* (1977), S. 44. – 1934/35 trägt sich auch T. E. Lawrence mit der Idee einer Casement-Biografie (vgl. Malcom Brown: The Letters of T. E. Lawrence, 1988). Von W. B. Yeats gibt es eine Ballade und das Gedicht *The Ghost of Roger Casement*. Mario Vargas Llosa wurde 2002 gebeten, das Vorwort für die spanische Ausgabe von Adam Hochschilds *King Leopold's Ghost* zu verfassen. 2010 veröffentlicht er *El sueño del celta* (Dt.: *Der Traum des Kelten*). Vgl. Sebald, *Die Ringe des Saturn*, zu Joseph Conrad *und* Roger Casement.
60 Siehe Poeschel, *Der Nestor*, S. 188–194.
61 Balder Olden, *Anno vierunddreißig in der UdSSR*, in: *Das Wort*, 2. Jg., Heft 4/5, S. 78.
62 Ilja Ehrenburg, *Der Zweite Tag. Roman der Jugend*, 1933 (Malik).
63 RGASPI, 633/2/539.
64 Oskar Maria Graf, *Reise in die Sowjetunion 1934*, S. 153–155.

Staatenlos

65 Dossier der Preußischen Geheimen Staatspolizei, Abschrift IV, 5013 c/4.10: Balder Olden, in: *Archiv des Auswärtigen Amtes*, Berlin.
66 Balder Olden, *Stationen meines Lebens* (1977), S. 44.
67 Balder Olden: *Antwort an den Völkischen Beobachter*, in: *Gegen-Angriff*, 28.11.1934.
68 Dossier der Preußischen Geheimen Staatspolizei, 63661/2325/34 E II 182, An den Herrn Reichs- und Preußischen Minister des Innern (dortiges Aktenzeichen: I A 2053/5013 c), Abschrift I A 9049/5013 c, Berlin, den 26. August 1935. Betrifft: Aberkennung der deutschen Staatsangehörigkeit des Schriftstellers Rudolf Olden, in: *Archiv des Auswärtigen Amtes*, Berlin.

»Vertraut der Wahrheit und der Zeit«

69 Brief Rudolf Olden an Ilse Gräfin Seilern, 15.6.1934, Dt. Exilarchiv, Frankfurt/Main (EB79/020–B.02.0053). – Die I. Republik Österreich war ein »Staat wider Willen«, dem das geopolitische Interesse der Siegermächte des Ersten Weltkriegs das von US-Präsident Wilson propagierte »Selbstbestimmungsrecht der Völker«, z. B. in Südtirol, verweigert hatte. Seit 1920 wurde sie von einem »Bürgerblock«, einer Koalition aus Katholischer Soziallehre, Deutschnationalen und – ab 1930 – den sog. Heimwehren regiert. Am Ende stand der Bürgerkrieg, in dem die Regierung den Widerstand der oppositionellen Sozialdemokraten, die bei allen Parlamentswahlen zwischen 1920 und 1930 stets ca. 40 Prozent der Stimmen gewonnen hatten, mit militärischer Gewalt ausschaltete. Zwischen 1934 und 1936 war es das erklärte Ziel der austrofaschistischen Heimwehr, die Republik Österreich in einen faschistischen Staat nach italienischem Muster zu verwandeln.

70 Zit. n. Greuner 1969, S. 269.
71 Brief Rudolf Olden an Alfred Kantorowicz, 5.4.1935. Zit. n. Berthold/Eckert (Hrsg.) *Der deutsche PEN-Club im Exil*, S. 189.
72 Wickham Steed, *German political prisoners: the case of Carl von Ossietzky*, letter to the editor, *The Times*, 23.1.1934.
73 Brief Rudolf Olden an Berthold Jacob, 28.7.1934. Zit. n. Brinson/Malet, *Rudolf Olden in England*, S. 209.
74 Brief Berthold Jacob an Sir Austen Chamberlain, 10.6.1934, in: *Collection Freundeskreis Carl von Ossietzky 1933–1936*, Mappe 5, International Institute of Social History, Amsterdam. (Orig. auf Engl.)
75 Brief Rudolf Olden an Ilse Gräfin Seilern, 15.5.1935, Dt. Exilarchiv, Frankfurt/Main.
76 Brief Rudolf Olden an Ilse Gräfin Seilern, 18.3.1935, Dt. Exilarchiv, Frankfurt/Main.
77 Brief Rudolf Olden an Ilse Gräfin Seilern, 29.5.1935, Dt. Exilarchiv, Frankfurt/Main.
78 Siehe dazu: Balder Olden, *Ausgebürgerter Unruh*, in: Balder Olden, *Paradiese des Teufels*, S. 373f. – Die Not des Exils spiegelt sich auch im Brief von Balder Olden an die Schwester vom 7.7.1937: »Schickeles sind in Ascona, ihre Zukunft sehr im Trüben, gar kein Geld. Auch Unruhs soll es sehr knapp gehen, ihr via-à-vis ist das ›*rien*‹ [das Nichts].« (Dt. Exilarchiv, Frankfurt/Main)
79 Balder Olden, *Wunschträume in Stein*, Typoskript, Roquebrune-Cap-Martin (Villa Santa Narcisa), ca. 1935, Bundesarchiv Berlin. – Im selben Jahr, 1935, enttarnt die Pariser Zeitschrift *Vendemiaire* den späteren Geliebten Coco Chanels, den an der dt. Botschaft in Paris akkreditierten Hans Günther von Dincklage, bereits als Agenten der Gestapo. Er gehört dem Sicherheitsdienst (SD), dem Nachrichtendienst der SS, an und hat den Auftrag, deutsche Exilanten in Frankreich auszuspionieren.
80 Brief Balder Olden an W. G. Höper, 28.8.1935, Bundesarchiv Berlin.
81 Balder Olden, *Engel im Exil*, Typoskript, undatiert, o.O., Bundesarchiv Berlin.
82 Brief Rudolf Olden an Ilse Gräfin Seilern, 1.9.1935, Dt. Exilarchiv, Frankfurt/Main.
83 Brief Rudolf Olden an Ilse Gräfin Seilern, 6.2.1934, Dt. Exilarchiv, Frankfurt/Main.
84 Walter Adams, zit. n. Brinson/Malet, *Rudolf Olden in England*, S. 196/97.
85 So von E. H. Carr: *Herr Hitler the Enigma*, *Sunday Times*, 21st June 1936, S. 10, von Leonard Woolf: *Hitler*, *New Statesman and Nation*, 20th June 1936, S. 984 und 986, von John Strachey: *Hitler the Pawn*, *Left Book News*, June 1936, S. 24f., von Henry Wickham Steed in *The Times*, von Frederic A. Voigt: *Hitler the Pawn by Rudolf Olden* in *Manchester Guardian* und von Konrad Heiden in *Manchester Guardian*, 16.10.1936.
86 Emil J. Gumbel, in: *Das Wort*, 1. Jg., Heft 6, Dezember 1936, S. 94 bis 96. Hieraus auch die folgenden Zitate.
87 Brief Rudolf Olden an Ilse Gräfin Seilern, Januar 1936, Dt. Exilarchiv, Frankfurt (EB79/020–B.02.0053).
88 Brief Rudolf Olden an Ilse Gräfin Seilern, 5.5.1936, Dt. Exilarchiv, Frankfurt/Main (EB79/020–B.02.0053).

89 Brief Balder Olden an Ilse Gräfin Seilern, 26.11.1936, Dt. Exilarchiv, Frankfurt/Main.

90 Brief Balder Olden an Ilse Gräfin Seilern, 1.8.1936, Dt. Exilarchiv, Frankfurt/Main. Die Wirklichkeit war weitaus komplexer und irrationaler, als Balder Olden ahnt. Im Grunde genommen entzieht sich jenes Labyrinth, trotz großartigster Studien, v. a. britischer Historiker, in vielen Punkten jedweden Gesetzen von Logik und Vernunft. Im Spanischen Bürgerkrieg gibt es so gut wie keine Engel, am wenigsten auf lokaler Ebene. Dort stehen sich nicht selten blindwütige Revolutionäre und hasserfüllte Konterrevolutionäre gegenüber, denen meist wehrlose, ziemlich willkürlich ausgewählte Angehörige der Zivilbevölkerung als Opfer herhalten müssen. Antoine de Saint-Exupéry z. B. beobachtet dies sofort nach seiner Ankunft in Katalonien (in: *L'Intransigeant*, 19.8.1936): »Aquí s'afusella com es tala [...] I els homes ja no es respecten els uns als altres.« Arthur Koestler war bereits 1937 klar: »Der Spanische Krieg ist für den Faschismus in vieler Hinsicht die Generalprobe des Weltkriegs, den er vorbereitet; er ist es auch im Hinblick auf die Propaganda. Die Verantwortung dem Gegner aufzubürden, den Angriffskrieg als Befriedungsmaßnahme [z. B. der italienische Propagandafeldzug gegen Äthiopien im Oktober 1935], die Brandstiftung als Lösch-Aktion hinzustellen [z. B. der Reichstagsbrand], die Kriegserklärung als Friedensangebot zu tarnen – das sind die Methoden der propagandistischen Vorbereitung des neuen europäischen Krieges. [...] Hier werden nicht mehr, wie in früheren Zeiten, die Umstände frisiert, retouchiert und leicht gefälscht; es werden die Tatsachen selbst direkt umgekehrt.« (*Menschenopfer unerhört*, S. 178 f.)

91 Brief Balder Olden an Ilse Gräfin Seilern, 30.9.1936, Dt. Exilarchiv, Frankfurt/Main.

92 Brief Margaret Kershaw an Christoph Stegmann-Olden, 25.9.1985, in: Seidel, *B: Balder Olden*, S. 40. (Orig. auf Engl.)

93 Brief René Schickele an Ilse Gräfin Seilern, 20.4.1935, DLA.

94 Brief René Schickele an Ilse Gräfin Seilern, 22.5.1935, DLA.

95 Brief René Schickele an Ilse Gräfin Seilern, DLA.

96 Brief Balder Olden an Ilse Gräfin Seilern, 30.9.1936 Dt. Exilarchiv, Frankfurt/Main.

97 Brief Balder Olden an Ilse Gräfin Seilern, 29.12.1936, Dt. Exilarchiv, Frankfurt/Main.

98 Balder Olden: *Schickeles »Flaschenpost«*, S. 620 f.

99 Zit.n. Anne Hartmann, *Abgründige Vernunft*, S. 150. – Als Feuchtwanger am 1.12.1936 in der UdSSR eintrifft, erklärt er in Moskau, »dass man in den bürgerlichen Verfassungen ›den Hauch der Freiheit und der Gleichheit spüre, aber eben nur den Hauch‹.« (*Das Wort*, Heft 1, Januar 1937, S. 101) – Leopold Schwarzschild erhält nach der Veröffentlichung seines Aufsatzes *Feuchtwangers Botschaft* Zuschriften u.a. von Hermann Kesten, Rudolf Olden, Walter Mehring, Alfred Polgar, Hans Sahl und René Schickele, die belegen, dass er »damit die Haltung einer beträchtlichen Anzahl von namhaften Hitler-Gegnern unter Schriftstellern und Journalisten artikulierte.« (Schiller, *Der Traum von Hitlers Sturz*, S. 146). An Joseph Roth schreibt Schwarzschild am 3.7.1937: »Diktatur gleich Diktatur und Stalin und Hitler Jacke wie Hose.« (Ibid.)

100 Hartmann, *Abgründige Vernunft*, S. 154–173.
101 Marc-Henri Wajnberg realisiert 1997 den wichtigen Dokumentarfilm *Evgueni Khaldei, photographe sous Staline*. Gegen Ende 1948 begann die beschämend diskriminierende Kampagne unter dem Euphemismus Anti-Kosmopolitanismus.
102 Brief Balder Olden an Ilse Gräfin Seilern, 28.8.1937, Dt. Exilarchiv, Frankfurt/Main.
103 Brief Balder Olden an Ilse Gräfin Seilern, 11.11.1937, Dt. Exilarchiv, Frankfurt/Main.
104 Brief Balder Olden an Ilse Gräfin Seilern, 30.9.1936, Dt. Exilarchiv, Frankfurt/Main.
105 Brief Rudolf Olden an Ilse Gräfin Seilern, 25.4.1937, Dt. Exilarchiv, Frankfurt/Main. Die NKWD-Direktive zur Verfolgung der deutschen Trotzkisten datiert 14. Februar 1937.
106 Kurt Kersten: *Der ungetreue Eckehart*. Rudolf, in: *Neue Deutsche Blätter*, 3. Jg., Nr. 6, August 1935.
107 Rudolf Olden, *Hitler der Eroberer*, S. 46.
108 Balder Olden, *Erinnerungen an Rudolf Olden*, in: *Argentinisches Tageblatt*, 29.9.1940.
109 Brief Balder Olden an Ilse Gräfin Seilern, 30.9.1936, Dt. Exilarchiv, Frankfurt/Main, TNL 196, B.O. – Vgl. Brief Sergej Tretjakow an Oskar Maria Graf v. 8.5.1935: »Ich habe von Balder die Fahnen des Buches seines Bruders bekommen und einen Zettel, dass Olden mir schreiben wird. Etwa zwei Monate sind vorbei und von Balder kein Wort. Vielleicht weißt du was von ihm. Gebe bitte die Nachricht.« Zit.n. Graf, *Reise in die Sowjetunion 1934*, S. 174.
110 Ibid.
111 Sekretär dieser Auslandskommission des sowjetischen Schriftstellerverbandes war zu jener Zeit Michail J. Apletin.
112 Klaus Mann, *Der Streit um André Gide*, S. 206.
113 Brief Rudolf Olden an Karl Brandt, 9.11.1935. Zit. n. Mytze (Hrsg.), *Rudolf Olden – Peter Olden, Briefe*, S. 7.
114 Rudolf Olden: Chamberlains Triumph, *Das Neue Tage-Buch*, Nr. 4/5, Paris 1938. Privatim hatte Rudolf Olden seinem Bruder Peter schon am 23.3.1938 mitgeteilt: »Es kann heute (einen Tag vor Chamberlains Erklärung im Unterhaus) kaum ein Zweifel daran sein, dass Böhmen zu den Wölfen geschmissen wird. Was bedeutet das vom hiesigen Standpunkt: dass Britannien seine östlichen Bundesgenossen aufgibt, um sich splendidly zu isolieren ... da demnächst deutsche Kanonen mit offenem Maul von Toulouse, Bordeaux, Bayonne [...] aufgebaut sein werden, so wird Frankreich den Böhmen folgen. [...] Sauve qui peut!«, Senate House Library, London.
115 Maiski, *Diaries*, 30.9.1938. Churchill erkannte früh die Signale, dass Stalin mit Nazideutschland paktieren würde.
116 Mauthner, *German Writers in French Exile 1933-1940*, S. 141.
117 Brinson/Malet (Hrsg.): *»Warum schweigt die Welt?«*, S. xiv.
118 Zit.n. Brinson/Malet (Hrsg.), *Rettet Ossietzky!* S. 169f. – 1936 rekonstruiert René Sonderegger in *Mord-Zentrale X. Enthüllungen und Dokumente über die Auslandstätigkeit der deutschen Gestapo* (Kulturpoliti-

sche Schriften, Heft 5, Reso Verlag) »mit praktischen Vorschlägen zur Bekämpfung der Methoden des Dritten Reichs« diesen und andere Fälle von Entführungen durch die Gestapo.

119 Brinson/Dove, *A matter of intelligence. MI5 and the surveillance of anti-Nazi refugees, 1933–50*, S. 2.

120 Vgl. Archives nationales, Dossier Paul Dreyfus, Sûreté, 15.2.1934 bzw. 29.8.1933.

121 René Binet, Consul de France à Berlin à son excellence Monsieur le Ministre des Affaires Etrangères, 4.6.1934, Archives nationales, Dossier Paul Dreyfus.

122 Le Ministre de l'Interieur à M. le Préfet de Police, Service des Affaires de Sûreté Générale, 3.7.1934, Archives nationales, Dossier Paul Dreyfus.

123 27.1.1935, Archives nationales, Dossier Paul Dreyfus. (Orig. auf Frz.)

124 Dossier Paul Dreyfus, Archives nationales. (Orig. auf Frz.)

125 Paul Dreyfus, Berthold Jacob und Rudolf Olden: *Geschichte der Macht in der deutschen Republik*, Synopsis.

126 Vgl. Rudolf Olden, *Nazi or Junker?* (1934): »The democratisation of the officer's corps, the nationalisation of the mines and blast furnaces alone could have given the Republic a sure foundation. The maintenance of those three [zu ergänzen: Junkerkaste] forces in power, forces which could not be anything else but the arch-enemies of the Republic, became indeed the very kernel of Republic policy.«

127 Dossier Paul Dreyfus. (Orig. auf Frz.)

128 Dossier Paul Dreyfus.

129 2.11.1935, Dossier Paul Dreyfus.

130 Schreiben Marius Moutet an Innenminister, 29.5.1936, Dossier Paul Dreyfus.

131 Ministère des Affaires Etrangères, Direction des Affaires politiques et commerciales, Controle des Etrangers à Sûreté nationale, Direction de la Police du Territoire et des Etrangers, 6° Bureau, C.I., 22.10.1936, Archives nationales, Dossier Paul Dreyfus.

132 Vgl. Direction générale de la Sûreté nationale à M. le Préfet de police, 13.4.1937, Archives nationales, Dossier Paul Dreyfus.

133 Schreiben des Prêfet de Police de Paris, 31.12.1937, Dossier Paul Dreyfus.

134 Brief Rudolf Olden an Innenminister Albert Sarraut, 10.6.1938, Dossier Paul Dreyfus. (Orig. auf Frz.)

135 Brief Prinz Hubertus zu Löwenstein an Paul Dreyfus, 29.7.1938, Dossier Paul Dreyfus, Archives nationales.

136 14.12.1938.

137 Rudolf Olden, Leserbrief an *Daily Telegraph*, 13.5.1938. Zit. n. Brinson/Malet (Hrsg.) *Rettet Ossietzky!*, S. 115. (Orig. auf Engl.)

138 Brief Balder Olden an Ilse Gräfin Seilern, 2.11.1936, Dt. Exilarchiv, Frankfurt/Main, TNL 196, B.O. – Rudolf Olden kehrte gerade von einem längeren »Kuraufenthalt« am Grundlsee in Begleitung von Ika zurück, von dem er Peter Olden am 23.7.1936 in einem Brief aus Wien berichtet: »wie eben von Arzt zu Arzt und lassen uns flicken.« (Senate House Library, London).

139 Brief Rudolf Olden an Ilse Gräfin Seilern, 12.11.1936, Dt. Exilarchiv, Frankfurt/Main (EB79/020–B.02.0053).

140 Brief Balder Olden an Ilse Gräfin Seilern, 2.11.1936, Dt. Exilarchiv, Frankfurt/Main, TNL 196, B.O.

141 Brief Balder Olden an Ilse Gräfin Seilern, 26.11.1936, Dt. Exilarchiv, Frankfurt/Main, TNL 196, B.O. – Nicht Franco war im Frühjahr 1936 in Berlin, sondern General José Sanjurjo, nach dessen Flugzeugabsturz und Tod am 20.7.1936 Franco erst an die Spitze der Verschwörer rückte.

142 In Barcelona wird Jawaharlal Nehru Zeuge der Bombardements. 1942 schreibt er in seiner Autobiografie *Toward Freedom*: »I remained for five days and watched the bombs fall nightly from the air. There I saw much else that impressed me powerfully; and there, in the midst of want and destruction and over-impending desaster, I felt more at peace with myself than anywhere else in Europe. There was light there, the light of courage and determination and of doing something worth while.« (Ibid. S. 363) – Nachdem es offensichtlich wurde, dass die russische Oktoberevolution von einem Terrorregime abgelöst worden war, steht die Revolution in Katalonien im Zentrum der Aufmerksamkeit einer jüngeren Generation, die in ihr eine Hoffnung und einen Anfang sieht.

143 Brief Balder Olden an Ilse Gräfin Seilern, 6.4.1937, Dt. Exilarchiv, Frankfurt/Main.

144 Zit. n. Souchy, *Nacht über Spanien* , S. 171.

145 1938 erscheint in Moskau sein *Spanisches Tagebuch*. Ernest Hemingway setzt ihm mit der Figur des sowjet. Journalisten Karkow in *Wem die Stunde schlägt* ein literarisches Denkmal. Im Dezember 1938 verhaftet, gefoltert und im Februar 1940 erschossen.

146 Brief Rudolf Olden an Ilse Gräfin Seilern, Jahreswechsel 1938/39, Dt. Exilarchiv, Frankfurt/Main (EB 79/020 – B.02.0057). 70 Jahre nach der kühnen Prognose Rudolf Oldens schreibt der US-amerikanische Historiker Alfred W. McCoy: »Die europäischen Weltreiche sind Geschichte und das Imperium der U.S.A. befindet sich auf dem Rückzug. Die Zweifel daran, dass die U.S.A. einen vergleichbaren Erfolg wie seinerzeit Großbritannien bei der Gestaltung der nachfolgenden Weltordnung haben könnte, welche eigene Interessen schützen und den Reichtum bewahren würde und außerdem die Matrix ihrer vornehmsten Werte in sich trüge, sind doch sehr begründet.« In: *The Nation*, 6.12.2010. (Orig. auf Engl.)

147 Brief Rudolf Olden an Ilse Gräfin Seilern, 12.1.1939, Dt. Exilarchiv, Frankfurt/Main.

148 Brief Rudolf Olden an Ilse Gräfin Seilern, 16.4.1939, Dt. Exilarchiv, Frankfurt/Main (EB79/020–B.02.0058). – Nach der Kriegserklärung Mussolinis an Frankreich am Abend des 10. Juni 1940 spielt sich unweit der ab 3. Juni präventiv evakuierten Stadt Menton tatsächlich eine heftige Schlacht ab.

149 Brinson/Dove, *A matter of intelligence*, S. 2 und S. 175. Einzelne auf Grund ihrer damals strafrechtlich belangbaren sexuellen Orientierung, u. U. auch erpressbare Emigranten geben sich zur Bespitzelung von Exilorganisationen her. So dient z. B. Kurt Hiller als »one of MI5's chief informants« über die *Free German League of Culture* in London. Vgl. Münzner, *Kurt Hiller*, S. 211.

150 Sonderarchiv Moskau, 1199c-1-43. Vgl. Reinhard Müller, *Archäologie einer »Archivratte«*, S. 121: »Im 2001 veröffentlichten Band *Menschenfalle Moskau. Exil und stalinistische Verfolgung* vereinte ich Kaderakten und NKWD-Akten für die Rekonstruktion einer angeblichen trotzkistischen Terrororganisation um Max Hoelz und Erich Wollenberg. 72 Politemigranten, darunter auch Zenzl Mühsam und Carola Neher, wurden vom NKDW diesem Konstrukt zugeordnet.«

151 Greuner, *Gegenspieler*, S. 274.

152 Brief Rudolf Olden an Margarete Rismondo, 9.4.1938. Zit. n. Brinson/Malet, *Rudolf Olden in England*, S. 201.

153 *Die Neue Weltbühne*, Mitte Januar 1937. – Heinrich Mann (18, rue Rossini, Nice) schrieb im Brief vom 12. November 1936: »Lieber Herr Balder Olden, wenn Sie den Aufruf richtig finden, geben Sie, bitte, Ihre Unterschrift und veranlassen Sie die Unterschriften des dortigen Kreises. Dieses Programm ist gewiss maßvoll. Die Abfassung war langwierig wegen der inneren Schwierigkeiten, die Sie kennen. Schließlich haben die beiden sozialistischen Parteien ihn allein gemacht, und die vertreten doch etwas.« (DLA) Im Brief vom 23. August 1936 schrieb Heinrich Mann (Briançon, Hautes Alpes, Hôtel du Cours): »Verehrter, lieber Herr Balder Olden, Sie haben mich überrascht und außerordentlich erfreut. Ich durfte Ihre Zustimmung vielleicht annehmen, das Ungewöhnliche und Schöne ist die Kraft, die Sie hineinlegen: dafür danke ich Ihnen am meisten. [...] Nichts wird mir willkommener sein als die angekündigte Diskussion. Mir ist schon vorgehalten worden, dass Lassalle für Bismarck nichts beweisen könne, denn Lassalle selbst wäre heute wahrscheinlich Fascist. Das weiß ich nicht. Über Bismarck glaube ich zu wissen, dass er als ›toller Junker‹ in diese Zeit versetzt, ihren Unfug, aber nicht ihre Verbrechen, allenfalls mitgemacht hätte. Als Staatsmann hierher zurückgekehrt, sehe ich in ihm den Führer der Volksfront. Ist dies menschlich richtig, und ich halte es dafür, dann tritt in den Vordergrund die Pflicht, der Gegenseite keinen einzigen großen Deutschen zu überlassen, am Wenigsten diesen. – Dies ist persönlich, allzupersönlich gedacht; für eine sachliche Diskussion wird mir kaum Stoff gegeben sein. Umso mehr Ihnen und wohl noch Anderen. Ich hoffe daraus zu lernen. Nehmen Sie meine herzlichen, kameradschaftlichen Grüße«. (DLA)

154 Balder Olden, *Stationen meines Lebens*, S. 49.

155 Leonhard Frank, *Links wo das Herz ist*, S. 189.

156 Brief Balder Olden an Ilse Gräfin Seilern, 1.7.1937, Dt. Exilarchiv, Frankfurt/Main, TNL 196, B.O.

157 II. Congreso de Escritores para la Defensa de la Cultura, Valencia, Juli 1937.

158 Brief Balder Olden an Ilse Gräfin Seilern, 7.7.1937, Dt. Exilarchiv, Frankfurt/Main, TNL 196, B.O. – Carlo Rosselli, der im Spanischen Bürgerkrieg gekämpft hatte, Autor des Buches *Socialismo liberale*, und sein Bruder Nello waren im Auftrag Mussolinis im französischen Exil von der *CSAR* (La Cagoule) ermordet worden. Franco Bandini (1990) versucht auch die Implikation des NKWD nachzuweisen. Alberto Moravia behandelt den Mord an seinen beiden Cousins im Roman *Der Kon-*

formist. Dieser ist Vorlage für Bernardo Bertoluccis Kinofilm *Der große Irrtum.* Lilo Dammert war 1934, gemeinsam mit dem Dichter Jacques Prévert, die Drehbuchautorin von *Taxi de minuit.* 1937 dürfte sie gerade am Drehbuch für *Carrefour* (nach Hans Kafka) gearbeitet haben.

159 Brief Louise Redfield Peattie an Balder Olden, Mai 1937, Bundesarchiv Berlin. (Orig. auf Engl.)

160 Brief Louise Redfield Peattie an Balder Olden, undatiert, Bundesarchiv Berlin. (Orig. auf Engl.)

161 Gutachten Erika Mann betreffs Balder Olden für die *American Guild for German Cultural Freedom*, Dt. Exilarchiv, Frankfurt/Main. (Orig. auf Engl.)

162 Schreiben René Schickele an die *American Guild for German Cultural Freedom*, Dt. Exilarchiv, Frankfurt/Main.

163 Brief Balder Olden an Ilse Gräfin Seilern, 19.11.1937, Dt. Exilarchiv, Frankfurt/Main.

164 Brief Balder Olden an Ilse Gräfin Seilern, 8.4.1938, Dt. Exilarchiv, Frankfurt/Main.

165 Brief Rudolf Olden an Ilse Gräfin Seilern, 16.4.1939, Dt. Exilarchiv, Frankfurt/Main.

166 Brief Rudolf Olden an Heinrich Eduard Jacob, 28.4.1939, DLA.

167 Balder Olden, *Stationen meines Lebens*, S. 48.

168 Hans Natonek, *Letzter Tag in Europa*, S. 197 u. 203.

169 Ibid., S. 196 und S. 220f.

170 Rudolf Olden, *In memoriam Joseph Roth*, in: *Das Neue Tage-Buch*, 7. Jg., Nr. 23, 3.6.1939.

171 Ibid.

172 Scheer, *So war es in Paris*, S. 192f. – Hans Jacob schreibt: »War Hitler auf dem Gebiet der Weltpolitik die Gegenrevolution, so wurde in Frankreich selbst die Rache für die Volksfront vorbereitet, die allerletzten Endes auch die Vergeltung für die Dreyfus-Affäre bringen sollte. Pétain und das Vichy-Regime waren die späte Rache der französischen Militaristen und Antisemiten, die ihre Niederlage in der Dreyfus-Affäre niemals haben verschmerzen können.« (*Kind meiner Zeit*, S. 204).

173 Kantorowicz, *Nachtbücher*, S. 251.

174 Zit.n. Oskar Maria Graf, *Reise in die Sowjetunion 1934*, S. 175.

175 RGASPI, Personalakte Willi Münzenberg, 24.2.1939.

176 Brief Willi Münzenberg an N.N. [Osip Pjatnizki], 20.7.1933, RGASPI, Personalakte Willi Münzenberg. – Der Reichstagsbrand-Gegenprozess fand zwischen 21. und 28. September 1933 in London statt und war der deutschen Regierung höchst unwillkommen. Rudolf Olden (*Nazi or Junker?*, S. 1) nennt das Todesurteil im Leipziger Reichstagsbrandprozess vom Juli 1933 »a judical murder«, einen Justizmord. Auslandskorrespondenten, die wie der US-Bürger Frederick Kuh (*United Press*) behaupteten, die Nazis selbst hätten den Reichstagsbrand angestiftet, mussten Berlin schleunigst verlassen.

177 Rudolf Olden: *Als es noch Anstand in Deutschland gab*, in: *Das Neue Tage Buch*, 1937 [?].

178 Münzenberg, in: *Die Zukunft*, 22.9.1939.

179 Brief Margaret Kershaw an Balder Olden, undatiert, Bundesarchiv Berlin.

180 Brief Balder Olden an N.N., 24.6.1939, Faksimile in: Greuner, *Gegenspieler*, zwischen S. 240 und 241.
181 Rudolf Olden: *Friede ohne Macht?*, in: *Das Neue Tage-Buch*, 7. Jg., Nr. 10, 4.3.1939.
182 Sonderarchiv Moskau, Microfiche 7k, 96 (3), Blatt 223. Französische Nachrichtenquelle: »D.S./5; C.-4.834«. Zur »Winston brigade« (Harold Nicolson) vgl. Liebich, *The antisemitism of Henry Wickham Steed*, S. 196. Liebich äußert, Wickham Steed sei als die treibende Kraft der gegen Hitler gerichteten Organisation *Focus in Defence of Freedom and Peace* anzusehen. Prominentestes Mitglied war zweifellos Winston Churchill. Eugen Spier, ein wohlhabender deutsch-jüdischer Emigrant, sei aus Sorge um das Schicksal der Juden im Deutschen Reich der wichtigste Geldgeber des Komitees.
183 Rudolf Olden: *Englands außenpolitische Opposition*, in: *Das Neue Tage-Buch*, 6. Jg., Nr. 17, 23.4.1938.
184 Sonderarchiv Moskau, 7k, 924 (Rolle 5), Blatt 463.
185 Rudolf Olden: *Britische Langmut*, in: *Das Neue Tage-Buch*, 6. Jg., Nr. 4, 22.1.1938.
186 Georgi Dimitroff, *Tagebücher*, 7.9.1939.
187 Brief Margaret Kershaw an Balder Olden, 12.8.1939, Bundesarchiv Berlin.
188 Kantorowicz, *Nachtbücher*, S. 308. – Dimitroff hatte angeordnet, die Funktionäre der Komintern in Sicherheit zu bringen.
189 Brief Rudolf Olden an Carl Rössler, zit. n. Brinson/Malet, *Rudolf Olden in England*, S. 211.
190 Brief Rudolf Olden an Hermon Ould, 7.9.1939, zit.n. Brinson/Malet, *Rudolf Olden in England*, S. 211. Vgl. Hinrichsen 1989, S. 94: »Der Innenminister versuchte, zumindest die prominenten Gegner des Naziregimes vor einer Internierung und Deportation zu bewahren, doch das Militär setzte sich durch, und irritiert befahl […] Churchill: ›Collar the lot!‹« (Orig. auf Engl.)
191 Brief Wilhelm Speyer an Ilse Gräfin Seilern, 4.11.1942, DLA.
192 Brief Carlo Graf Seilern an Rudolf Olden, 4.10.1913, Dt. Exilarchiv, Frankfurt. – Zu Deutsch: Sie geht ausschließlich mit ihrem Überschuss an Tugenden angeln. Oder, wie sie selbst sagt, sie hat ihre Fehler und deren Qualitäten. – Kurzum: Die Comtesse ist ein ausgeklügelt' Buch mit all seinen Widersprüchen.
193 Brief Rudolf Olden an Ilse Gräfin Seilern, 14.5.1940, Dt. Exilarchiv, Frankfurt/Main.
194 Brief Rudolf Olden an Ilse Gräfin Seilern, 6.5.1940, Dt. Exilarchiv, Frankfurt/Main.

Internierung

195 Brief Le Ministre de l'Interieur à Salomon Grumbach, Archives nationales, Dossier Balder Olden.
196 Briefe Robert Freund an »Son Exc. Le ministre Jean Giraudoux, Paris, Quai d'Orsay«, 30.10. u. 2.11.1939, DLA.

197 Dossier Balder Olden, Archives nationales, cote 19940466/22.
198 Soma Morgenstern, *Flucht in Frankreich*, S. 158f.
199 Brief Rudolf Olden an Ilse Gräfin Seilern, Anfang Dezember 1939, Dt. Exilarchiv, Frankfurt/Main (EB79/020–B.02.0058).
200 Schreiben Innenminister Frankreichs an Generalkommandant der Militärregion Paris, 23.9.1939, Archives nationales, Dossier Leonhard Frank.
201 Brief Balder Olden an Ilse Gräfin Seilern, undatiert, Dt. Exilarchiv, Frankfurt/Main.

Freundschaft mit Arthur Koestler

202 *Etat-Major de l'Armée* »transmise par M. le Prêfet de Police«, Archives nationales, Dossier Arthur Koestler, cote 19940457/161.
203 Brief Johannes R. Becher, Berlin, an *Internationale Vereinigung der Revolutionären Schriftsteller*, Moskau, 21.7.1932, RGASPI, Personalakte Arthur Koestler (welche ansonsten leer ist, d.h., ihr Inhalt wird höchstwahrscheinlich an anderer, dem Autor unzugänglicher Stelle aufbewahrt, z.B. im Historischen Archiv des KGB).
204 Ibid.
205 Koestler zit. n. Bayerlein, *»Der Verräter, Stalin, bist Du!«*, S. 27.
206 Koestler, *Hitlers Piloten in Sevilla*, in: *Pariser Tageszeitung*, 14. bis 18.9.1936 – Das Hauptquartier der Rebellenarmee von General Queipo de Llano befand sich in Sevilla in der Calle de Las Palmas. Koestler traf »Piloten in weißer Uniform, die merkwürdigerweise ein sehr schlechtes Spanisch sprechen und, um sich die Wartezeit zu verkürzen, den *Völkischen Beobachter* lesen.«
207 *Pariser Tageszeitung*, 14. bis 18.9.1936.
208 Hervorhebung durch den Autor.
209 Brief Rudolf Olden an Dorothee Koestler, 10.5.1937, Sonderarchiv Moskau, TNL Koestler 619-1-2 und 619-1-1.
210 Brief Rudolf Olden an Arthur Koestler, 1.6.1937, Sonderarchiv Moskau. Siehe auch TNL Koestler 619-1-2 und 619-1-1. S.a. TNL Koestler 619-1-2. Wickham Steed hatte am 10.4.1937 an Dorothee Koestler geschrieben: »Ich habe soeben mit Sir Walter Layton gesprochen. Er [...] betrachtet den Fall Ihres Mannes als eine tiefernste Sache, und wird Nichts versäumen, um Ihrem Gemahl tatkräftige Hilfe zu leisten. Die Einzelheiten, die er mir erzählt hat, kann ich Ihnen wohl nicht schreiben; [i]ch kann aber die Versicherung geben, dass alles, was irgendwie möglich ist, schon im Gange ist und dass Sir Walter seinen persönlichen Einfluss in vollem Maße einsetzen wird.« Siehe auch Brief von Rudolf Olden an Arthur Koestler 2.6.1937: »I was only too glad to be able to do something to help towards your release and as Mrs. Koestler will have told you Sir Robert Vansittart is as much to be thanked as anyone. He took a very close personal interest in the matter and did not allow it to slumber in the files.« Vansittart war Staatssekretär im Foreign Office..
211 Siehe *Operación Nikolai. El secuestro y asesinato de Nin*, Dokumentarfilm von Dolors Genovès i Morales, 1992.
212 Vgl. Buckard, *Arthur Koestler*, S. 159f.

213 Der britische Historiker Paul Preston (*We saw Spain die. Foreign Correspondents in the Spanish Civil War*, S. 17f.) betont dagegen, die brutale und vollständige Liquidierung der POUM sowie die Unterdrückung der gut bewaffneten, autonom agierenden, sich jedem Oberbefehl verweigernden Anarchosyndikalisten hätten als kriegsnotwendige Entscheidungen zur Maximierung militärischer Schlagkraft der von allen Seiten bedrohten Republik zu gelten. Largo Caballero, der spanische Ministerpräsident, versucht jedenfalls vergeblich, sich gegen die innerrepublikanische Repression zu stemmen, und wird aus ebendiesem Grund aus dem Amt gezwungen.
214 Sonderarchiv Moskau, TNL Koestler 619-1-2 und 619-1-1.
215 Ministère des Affaires Etrangères, Direction des Affaires politiques, Europe an M. le Ministre de l'Interieur, 8.11.1939, Archives nationales, Dossier Arthur Koestler
216 O. D., Sonderarchiv Moskau, TNL Arthur Koestler. (Orig. auf Engl.)
217 17.12.39, Archives nationales, Dossier Arthur Koestler.
218 Schreiben Ministère des Affaires Étrangères an Ministère de L'Interieur – Sûreté Nationale, 28.12.1939, Dossier Arthur Koestler.
219 Sonderarchiv Moskau, TNL Daphne Hardy, 613-1-2. (Orig. auf Engl.)
220 Commissaire Macé an Chef de la 2ème Section à l'Inspection Générale des Services de Police Criminelle, 5.1.40, Archives nationales, Dossier Arthur Koestler. Commissaire Police Criminelle, 5.1.1940, Archives nationales, Dossier Arthur Koestler.
221 Ibid.
222 Ibid.
223 Roger Langeron, 17.1.1940, Archives nationales, Dossier Arthur Koestler.
224 Ibid. (Orig. auf Engl.)
225 Ibid.
226 Édouard Daladier an Amédée Bussière, Generaldirektor der Sûreté nationale, 22.1.1940, Archives nationales, Dossier Arthur Koestler.
227 Vgl. Le Ministre de l'Interieur à Monsieur le Préfet de Police, 22.1.1940, Archives nationales, Dossier Arthur Koestler.
228 Dossier Paul Dreyfus, Archives nationales.
229 RGASPI, Personalakte Willi Münzenberg (Signatur: 495/205/7000), Schreiben des Genossen Fritz M. Larsen, 3.10.1936.
230 RGASPI, Personalakte Willi Münzenberg.
231 RGASPI, Personalakte Willi Münzenberg. – Vgl. *Le Matin*, 8.3.1937, Titelseite, »Willy Muntzenberg [!], grand argentier du Komintern a rompu avec Staline«.
232 Ibid.
233 Zit.n. Dimitroff, *Tagebücher 1933–1943*, S. 165.
234 Leo Sedow, der Sohn Trotzkis, publizierte 1936 in Antwerpen Dokumente zum ersten Moskauer Schauprozess. – Die antiparlamentarische (»maurrassien«) frz. Tageszeitung *L'Action Française* vom 2.10.1937 teilt der Öffentlichkeit die Anwesenheit eines sowjetischen Spezialkommandos (Anschläge, Entführungen, Auftragsmorde), unter Führung von Arkadi Stoliarko, zwischen 4. und 8.9.1937 in Paris mit. Es habe versucht, mit Münzenberg »in Kontakt zu treten«. Die Zeitungsmeldung verrät

ein gewisses Insiderwissen über die Strukturen solcher Terroreinheiten, welches eigentlich nur aus frz. Geheimdienstkreisen stammen kann.

235 RGASPI, Personalakte Willi Münzenberg.

236 Ibid.

237 Der Verlag Editions Sebastian Brant (Paris) veröffentlichte 1939 Fritz Sternbergs Buch *Die deutsche Kriegsstärke. Wie lange kann Hitler Krieg führen?*

238 14.1.1937, RGASPI, Personalakte Willi Münzenberg. – Siehe auch Reinhard Müller, *Bericht des Komintern-Emissärs Bohumír Šmeral über seinen Pariser Aufenthalt 1937* (Dokument), in: *EXIL Forschung*, Bd. 9, München 1991 (edition text + kritik). Šmeral empfiehlt: »Nach längerer Überlegung komme ich mit dem Antrage, die Edition Carrefour zu liquidieren.« (Ibid. S. 258) – Die Übergabeprotokolle von Münzenberg an Šmeral (im sogenannten »Koffer der Auslandsleitung der *Komintern*«) ermöglichen Rückschlüsse auf die Funktionsweise der konspirativ organisierten »Öffentlichkeitsarbeit«.

239 Das Originalmanuskript des Romans, datiert März 1940, wurde im Sommer 2015 von Matthias Weßel in der Zentralbibliothek Zürich (Ms. Oprecht T 204) aufgefunden. Es trägt den Titel *Rybaschow* und ist mit dem Stempel der frz. Zensurbehörde versehen, d. h., es wurde ganz normal mit der Post verschickt. 2018 hat der Germanist das Werk neu herausgegeben.

240 Direction générale de la Sûreté nationale, 14. März 1940, Archives nationales, Dossier Arthur Koestler.

241 Sonderarchiv Moskau, 7k, 1815 (2), Blatt 129.

242 Sonderarchiv Moskau, 7k, 1117 (6), Blatt 405.

Abschied

243 Brief Rudolf Olden an Ilse Gräfin Seilern, 5.12.1939, Dt. Exilarchiv, Frankfurt (EB79/020–B.02.0058). – Robert Musil und Rudolf Olden gehörten 1919 beide in Wien zur Redaktion von *Der Friede*. Rudolf Olden schreibt seiner Schwester in der Sprache seines Gastlandes. Mit Beginn des Weltkrieges gilt es die Korrespondenz so unverfänglich als möglich zu halten, um die allfällige Briefzensur möglichst rasch zu durchlaufen.

244 Brief Rudolf Olden an Peter Olden, 6.12.1939. Zit. n. Brinson/Malet, *Rudolf Olden in England*, S. 211 f. Der Brief befindet sich in der Senate House Library, London.

245 Brief Balder Olden an Ilse Gräfin Seilern, undatiert, Dt. Exilarchiv, Frankfurt/Main. – Vgl. Hermann Kesten: *René Schickele †*, in: *Das Neue Tage-Buch*, 8. Jg., Nr. 6 vom 10.2.1940: »Die Grazien liebten ihn. Er war ein deutscher Dichter und buhlte mit der Natur. Er kannte jede Blume beim Namen. Ihr Duft lebt in seinen Büchern, und der Gesang der Vögel tönt in ihnen fort.«

246 Brief Anna Schickele an Balder Olden, 17.2.1940, DLA.

247 Kantorowicz, *Nachtbücher*, S. 241.

248 Brief Rudolf Olden an Peter Olden, 16.4.1940, Senate House Library, London. (Orig. auf Engl.)

249 Zit.n. Stephan, *Im Visier des FBI*, S. 484. – Der vollständige Titel des

1930 im Berliner Erich Reiss Verlag erschienenen Buches lautet: *Egon Erwin Kisch beehrt sich darzubieten: Paradies Amerika.*

Das nackte Leben

250 Balder Olden, *Episode in Paris*, S. 56. »Quelle: 5 Jahre ›Die Stimme des Tages‹, Montevideo 1943« (Greuner 1977, S. 434). Beitrag Balder Oldens zum fünfjährigen Bestehen der deutschsprachigen Rundfunksendung bei Radio *Voz del Día* in Montevideo.

251 Brief Margaret Kershaw an Balder Olden, 12.5.1940, DLA. (Orig. auf Frz.)

252 Brief Balder Olden an Margaret Kershaw, 19.5.1940, in: Balder Olden (1977), *Paradiese des Teufels*, S. 60.

253 Brief Balder Olden an Margaret Kershaw, 2.6.1940, in: Balder Olden (1977), *Paradiese des Teufels*, S. 61 f. – Zur »Masse« zählte der Schriftsteller Max Aub, der seit dem 5. April in *Roland Garros* festgehalten, und am 30. Mai 1940 nach *Le Vernet* deportiert wurde (vgl. Malgat, *Max Aub et La France*, S. 92 und 218 f.).

254 Brief Balder Olden an Margaret Kershaw, 4.6.1940, in: Balder Olden (1977), *Paradiese des Teufels*, S. 62 f. – Offensichtlich versucht Gräfin Ilse Seilern, wie sie am 6. Juni aus Lausanne (Carlton Hotel) an Margaret Kershaw schreibt, sowohl über »notre ami Fréderic Brandeis«, der mit Mandel befreundet zu sein scheint, als auch mit Hilfe einer ihrer beiden mit »Baronne Alex Rothschild« (Biarritz, Hotel de Palais) befreundeten Schwiegertöchter Seilern-Aspang direkt an Mandel heranzukommen. Genaueres konnte nicht ermittelt werden, allerdings erhalten die beiden Brüder von Miriam Alexandrine de Rothschild am 16./17.6.1940 in Bordeaux durch den heldenhaften portugiesischen Generalkonsul Aristides de Sousa Mendes die lebensrettenden Visa nach Portugal. Vgl. www.sousamendesfoundation.org.

255 Soma Morgenstern, *Flucht in Frankreich*, S. 23.

256 Arthur Koestler, *Scum of the Earth*, S. 157.

257 Soma Morgenstern, *Flucht in Frankreich*, S. 163 f.

258 Balder Olden, *Stationen meines Lebens*, 1977, S. 49.

259 Telegramm Margaret Kershaw an Ilse Gräfin Seilern, 10.6.1940, DLA.

260 Brief Margaret Kershaw an Balder Olden, 4.2.1941, DLA. (Orig. auf Engl.)

261 Telegramm Margaret Kershaw an Ilse Gräfin Seilern, 21.6.1940, Dt. Exilarchiv, Frankfurt/Main.

262 Telegramm Ilse Gräfin Seilern an Margaret Kershaw, 26.6.1940, DLA.

263 Telegramm Ilse Gräfin Seilern an Margaret Kershaw, 29.6.1940, DLA.

264 Brief Ilse Gräfin Seilern an Radio Voz del Día, Montevideo, 22.3.1943, DLA. – Carl J. Burckhardt kannte Rudolf Olden aus Wien, wohin er 1918 als Attaché an die Schweizer Botschaft entsandt war.

265 Telegramm Ilse Gräfin Seilern an Margaret Kershaw, 2. oder 3.7.1940, DLA.

266 Annette Kolb, *Zarastro. Memento*, S. 139.

267 Telegramm Ilse Gräfin Seilern an Margaret Kershaw, 7.7.1940, DLA.

268 Telegramm Margaret Kershaw an Ilse Gräfin Seilern , 7.7.1940, DLA.
269 Soma Morgenstern, *Flucht in Frankreich*, S. 174f.
270 Leo Lania, *The Darkest Hour*. Zit. n. Morgenstern, *Flucht in Frankreich*, Nachwort von Ingolf Schulte, S. 395.
271 Johannes Hoffmann, laut Morgenstern, *Flucht in Frankreich*, S. 401.
272 Balder Olden, *Stationen meines Lebens*, S. 50f.
273 Ibid.
274 Telegramm Balder Olden an Ilse Gräfin Seilern, Datum unleserlich, Dt. Exilarchiv Frankfurt/Main.
275 Telegramm Ilse Gräfin Seilern an Margaret Kershaw, Datum unleserlich, Dt. Exilarchiv, Frankfurt/Main.
276 Balder Olden, *Stationen meines Lebens*, S. 52f.
277 Soma Morgenstern, *Flucht in Frankreich*, S. 202 und 223.
278 Brief Ilse Gräfin Seilern an Rudolf Olden, 18.7.1940, Dt. Exilarchiv, Frankfurt/Main (EB79/020 – B.01.0005). Zwischen 25.6. und 21.7. war die Verbindung zwischen Ika und Rudolf abgebrochen. Im Hutchinson Camp war die Kommunikation mit der Außenwelt möglich. Marcel Junod war Delegierter des Internationalen Roten Kreuzes. Bereits zwischen 17. und 25. Juni 1940 hatte er Internierungslager in Südfrankreich inspiziert. (Orig. auf Engl.)
279 Telegramm Ilse Gräfin Seilern an Margaret Kershaw, 21.7.1940, DLA.
280 Telegramm Ilse Gräfin Seilern an Margaret Kershaw, 23.7.1940, DLA.
281 Telegramm Margaret Kershaw an Ilse Gräfin Seilern, 24.7.1940, DLA.
282 Brief Margaret Kershaw an Balder Olden, 24.7.1940, DLA. (Orig. auf Frz.)
283 Telegramm Ilse Gräfin Seilern an Margaret Kershaw, 4.8.1940, DLA.
284 Telegramm Margaret Kershaw an Ilse Gräfin Seilern, 10.6.1940, DLA. Bei »Golay« handelt es sich sicher um Paul Golay (1877 - 1951), der von 1925 bis 1942 Nationalrat der Sozialdemokratischen Partei war.
285 Brief Dr. Alexander Spengler an Fremdenpolizei Bern, 8.8.1940, Dt. Exilarchiv, Frankfurt/Main (EB79/020. D.02.0001).
286 Balder Olden, *Episode in Paris*, S. 57. In diesem erst 1943 in Montevideo, Uruguay, geschriebenen Text verwechselt Balder Olden offensichtlich den Namen des Pariser Polizei-Präfekten Roger Langeron mit dem des berühmten Physikers Paul Langevin. Letzterer zählt 1934 zu den Mitbegründern des *Comitée de vigilance des intellectuels antifascistes* und führt außerdem den Vorsitz des *Weltkomitees für die Opfer des Hitlerfaschismus* mit Sitz in Paris. Roger Langeron ist Préfet de police de Paris von März 1934 bis zu seiner Verhaftung durch die Gestapo am 24.1.1941. Zwischen 24.6. und 16.7.1940 wird er von der Besatzungsmacht suspendiert, dann jedoch im Amt bestätigt.
287 Brief Balder Olden an Ilse Gräfin Seilern, 7.8.1940, Dt. Exilarchiv, Frankfurt/Main. (Orig. auf Frz.)
288 Brief Balder Olden, Limoges, an Ilse Gräfin Seilern, 12.8.1940, Dt. Exilarchiv, Frankfurt/Main.
289 Invitation de l'hôtel Bellevue à Évian, von Balder Olden erhalten am 19.8.1940, Dt. Exilarchiv, Frankfurt/Main.
290 Information der *American Guild for German Cultural Freedom*, New York, Dt. Exilarchiv Frankfurt/Main.

291 Brief Annette Kolb an Ilse Gräfin Seilern, 21.8.1940, DLA. – Annette Kolb, die uneheliche »Tochter des bayerischen Königs« (Sûreté), schreibt unter dem Pseudonym Mathilde Gugelmann (!) mit Adresse »Rotes Schlössli«, i. e. Schloss Muri. Unweit, auf Schloss Gümelingen, befindet sich das Dienstquartier des Schweizer Oberbefehlshabers, General Henri Guisan.
292 Schreiben der *American Guild for German Cultural Freedom*, New York, 31.8.1940, Dt. Exilarchiv, Frankfurt/Main.
293 Scheer, *So war es in Paris*, S. 179.
294 Ibid., S. 236.
295 Dossier Georg Bernhard, Cabinet du Directeur Général de la Sûreté Nationale, handschriftlich, unpaginiert (2 Blätter): »En décembre 1937, Willi Münzenberg ayant déclini l'invitation à se rendre à Moscou, travaille avec M. Georg Bernhard, à créer parmi les émigrés allemands un ›Front Populaire anti-communiste‹.«
296 »Elsässer«, s. Scheer, S. 179 und Greuner, *Gegenspieler*, S. 244.
297 Zit n. Flügge, *Heinrich Mann*, S. 390.
298 Varian Fry, *Auslieferung auf Verlangen*, S. 329. – Zum *Jewish Labor Committee* siehe die Zeitzeugnisse im Dokumentarfilm *They were not silent* (1998) von Roland Millman.
299 Ibid., S. 12. – Siehe dazu: Stephan, *Im Visier der Diplomaten*, S. 187: »So laufen Meldungen der deutschen Botschaft in Washington zu einem Interview von Lion Feuchtwanger, in dem sich der eben aus Frankreich Entkommene allzu freizügig über seine Fluchthelfer und den Weg über die Pyrenäen nach Spanien äußert, im Eilverfahren durch das Auswärtige Amt an die Abwehr des Oberkommandos der Wehrmacht, die deutsch-französische Waffenstillstandskommission und den Chef der Sicherheitspolizei und des SD der SS in Frankreich – sicher nicht zum Nutzen jener Flüchtlinge, die 1940/41 auf eine rettende Passage aus Südfrankreich warteten.«
300 Leonhard Frank, *Links wo das Herz ist*, S. 206f.
301 Ibid., S. 257.
302 Ibid., S. 273f.
303 Soma Morgenstern, *Flucht in Frankreich*, S. 350.
304 Brief Balder Olden an Ilse Gräfin Seilern, 3.9.1940, Dt. Exilarchiv, Frankfurt/Main.
305 Annette Kolb an Ilse Gräfin Seilern, 2.9.1940, DLA.
306 Schreiben Wolfgang Sauerländer an Eugene A. Davidson, Dt. Exilarchiv, Frankfurt/Main. (Orig. auf Engl.)
307 Brief Balder Olden an Ilse Gräfin Seilern, 9.9.1940, Dt. Exilarchiv, Frankfurt/Main.
308 Brief Rudolf Olden an Ilse Gräfin Seilern, 15.6.1940, Dt. Exilarchiv, Frankfurt/Main.
309 Schweizer Bundesarchiv, Dokument 638245759119795880.pdf.
310 Telegramm Balder Olden an Ilse Gräfin Seilern, Datum unleserlich, DLA.
311 Balder Olden, *Stationen meines Lebens*, S. 53.
312 Telegramm Ilse Gräfin Seilern an Baronin Bonstetten, Datum unleserlich, Dt. Exilarchiv, Frankfurt/Main. – Betty von Bonstetten unterstützt

während des Zweiten Weltkriegs zahlreiche Hilfesuchenden. Ihr erster Ehemann, Rudolf von Goldschmidt-Rothschild, entkam 1938 aus Frankfurt am Main in die Schweiz.

313 Telegramm Margaret Kershaw an Ilse Gräfin Seilern, 28.8.1940, DLA. Alvin Johnson, der Direktor der New School richtete für Rudolf Olden die Professur Neue Deutsche Geschichte ein.

314 Malet 1995, Seite 69. Vgl. Greuner 1969, Seite 277f. und Scheer 1964, S. 278.

315 Vgl. Hinrichsen 1989. Eingesperrt hinter drei Meter hohen Stacheldrahtverhauen befanden sich unter u.a. Ludwig Meidner, Erich Kahn, Fred Uhlman, Egon Wellesz, Maryan Rawicz, Paul Hamann, Erich Müller-Blensdorf, Hermann Fechenbach, Richard Friedenthal, Bruno Ahrends und Friedrich Burschell. Zweimal die Woche analysierte Rudolf Olden vor riesigen Menschenmengen die Ereignisse des politischen Lebens. Kurt Schwitters deklamierte hier sein erstes englisches Werk, dessen aufrührerische Handlung nur aus dem Wort *SILENCE* bestand.]

316 Balder Olden, *Stationen meines Lebens*, S. 49.

317 (»Suddenly [Kutzi] was gone, and the house seemed no longer a home, and my husband and I could not even speak to each other«), Brief Ika Olden an Mrs. Gilbert Jackson in Toronto, 22.7.1940. Zit.n. Seidel, The Olden Story, Part II, S. 153.

318 Brief Rudolf Olden an Friedrich Burschell, 15.8.1940. Zit. n. Mytze (Hrsg.), *Rudolf Olden – Peter Olden, Briefe*, S. 12.

319 Brief Margaret Kershaw an Balder Olden, 10.5.1941, DLA. Rudolf Olden kam bis Ende der ersten Augustwoche 1940 frei. Er litt unter Ohnmachtsanfällen und war noch am 17. August bettlägerig. Vgl. Brief Baron Lajos von Hatvany an Mädi Olden, 8.10.1940. Zit. n. Seidel, ibid., S. 163: »Er fürchtete sich vor Amerika, den Menschenmassen, den Kampf ums Dasein. [...] Die Tatsache, dass seine vermeintlichen Verbündeten keine Verwendung für ihn hatten und dass sich seine Vorhersagen auf so schreckliche Weise bewahrheiteten, war für ihn, in seinen eigenen Worten, ›a deadly blow‹. Die unglückliche Ika hatte das kleine Kind entgegen seinen Wünschen nach Kanada vorausgeschickt und auch um den Job in New York gekämpft. Sie wollte nur das Beste! Sie antizipierte das Schlimmste, was, wie die Dinge heute stehen, nicht eintreten wird. Ika hatte Angst davor, selbst interniert zu werden! So waren die schrecklichen, tragischen Situationen. Und nun dieses Ende.« (Orig. auf Engl.)

320 Brief Irmgard Litten an Balder Olden, undatiert, DLA.

321 *Emergency Rescue Committee* an Balder Olden, 26.9.1940, DLA.

322 Telegramm Margaret Kershaw an Ilse Gräfin Seilern, 26.9.1940, DLA.

323 Brief Balder Olden an Ilse Gräfin Seilern, 28.9.1940; vgl. S. 174.

324 Brief Balder Olden an Ilse Gräfin Seilern, Juni 1933, Dt. Exilarchiv, Frankfurt/Main. – Vgl. Brief Rudolf Olden an Margaret Kershaw vom 26.12.1933, mit der Bitte, »Primavera« möge ihren großen Einfluss auf Balder »dahin geltend machen, dass er [...] sich wieder freundschaftlich zu mir stellt, wie wir eigentlich immer gestanden haben, oder dass er mir wenigstens sagt, was er übel genommen hat? Schließlich wäre es denkbar, dass ich irgendeinen Irrtum aufklären könnte. [...] Es ist auch, scheint mir, gar nicht die Zeit dazu, Konflikte im eigenen Lager zu ha-

ben.« Der zweiseitige Brief wird als Faksimile in Greuner, *Gegenspieler*, reproduziert (unpaginierter Bildteil des Buches).

325 Brief Rudolf Olden an Rosa Stein, 28.9.1922, DLA Marbach, zit. auch bei Greuner 1977, S. 65 f.

326 Brief Rudolf Olden an Ilse Gräfin Seilern, 15.6.1934, Dt. Exilarchiv, Frankfurt/Main.

327 Postkarte Ilse Gräfin Seilern an Balder Olden, datiert 31.9.1940, Dt. Exilarchiv, Frankfurt/Main. (Orig. auf Frz.)

328 Brief (Absender nicht identifiziert) an Ilse Gräfin Seilern, 2.10.1940, Dt. Exilarchiv, Frankfurt/Main.

329 Varian Fry, *Auslieferung auf Verlangen*, S. 117. – Der Reichsführer SS und Chef der Deutschen Polizei bereitet am 20./21.10.1940 das am 23. Oktober stattfindende Zusammentreffen von Hitler und Franco in Hendaye vor. Wie Varian Fry richtig vermutet, führt Himmler in Madrid tatsächlich Arbeitsgespräche zur Verbesserung des polizeilichen Informationsaustauschs.

330 Paul/Mallmann, *Die Gestapo im Zweiten Weltkrieg*, S. 51.

331 Sonderarchiv Moskau, 7k 292 (2), Blatt 105. (Orig. auf Frz.)

332 Sonderarchiv Moskau, 500 k, Blatt 743 (»Berlin, am 18.6.1940«).

333 Sonderarchiv Moskau, 500 k, 129, Blatt 413. Julius Deutsch verfügt über beste Kontakte zu Mitgliedern der sich formierenden Résistance. Vier Jahre zuvor hatten französische Republikaner es versäumt, Spanien militärisch zu unterstützen. Als Deutsch im Dezember 1936 im Auftrag der spanischen Regierung nach Paris flog, war er von prominenten Mitgliedern im Kabinett von Léon Blum empfangen worden. Kriegsentscheidende Unterstützung blieb jedoch aus. (Quelle C/656, 24.12.1936, Archives nationales, Dossier Julius Deutsch).

334 Paul/Mallmann, *Die Gestapo im Zweiten Weltkrieg*, S. 60.

335 Brief Balder Olden, Annecy, an Ilse Gräfin Seilern, 11.10.1940.

336 Radiogramm Count Antoine Seilern an Ilse Gräfin Seilern, erhalten am 7.X.40, DLA.

337 Telegramm Margaret Kershaw an Ilse Gräfin Seilern, 6.10.1940, DLA.

338 Brief Margaret Kershaw an Balder Olden, 22.10.1940, DLA (Orig. auf Engl.).

339 Telegramm der *American Guild for German Cultural Freedom* (nicht namentlich gezeichnet) an Ilse Gräfin Seilern, 15.10.1940, Dt. Exilarchiv, Frankfurt/Main.

340 Telegramm Ilse Gräfin Seilern an *American Guild for German Cultural Freedom*, 18.10.1940, Dt. Exilarchiv, Frankfurt/Main. (Orig. auf Engl.)

341 Brief von Balder Olden und Ilse Gräfin Seilern an Margaret Kershaw, 22.10.1940, DLA. (Orig. auf Engl.)

342 Ibid. (Orig. auf Engl.)

343 Telegramm Ilse Gräfin Seilern an Margaret Kershaw, 27.10.1940, DLA.

344 Telegramm Margaret Kershaw an Ilse Gräfin Seilern, 2.11.1940, DLA.

345 Brief Balder Olden an Margaret Kershaw, 11.11.1940, DLA. (Orig. auf Engl.)

346 Brief Margaret Kershaw an Balder Olden, 7.11.1940, DLA. (Orig. auf Engl.)

347 Telegramm Margaret Kershaw an Ilse Gräfin Seilern, 13.11.1940, DLA.

348 Telegramm Balder Olden an Ilse Gräfin Seilern, 3.11.1940, DLA.
349 Brief Margaret Kershaw an Balder Olden, 18.11.1940, DLA. (Orig. auf Engl.)
350 Telegramm Marie-Christine Furtwängler an Balder Olden, 17.11.1940, DLA.
351 Dressler, *Die IKPK und ihr Werk*, S. 95.
352 Telegramm Margaret Kershaw an Balder Olden, 14.1.1941, DLA. – »Splendid« wird im Familienjargon als Synonym für das *Emergency Rescue Committee* von Varian Fry verwendet, dessen erste Adresse in Marseille das Splendide Hôtel war.
353 Brief Margaret Kershaw an Balder Olden, 12.1.1941, DLA. (Orig. auf Engl.)
354 Brief Balder Olden an Ilse Gräfin Seilern, 24.1.1941, Dt. Exilarchiv, Frankfurt/Main.
355 Brief Balder Olden an Ilse Gräfin Seilern, 27.1.1941, Dt. Exilarchiv, Frankfurt/Main.
356 Brief Balder Olden an Ilse Gräfin Seilern, 4.2.1941, Dt. Exilarchiv, Frankfurt/Main.
357 Fry, *Auslieferung auf Verlangen*, S. 220 u. 223.
358 Telegramm Ilse Gräfin Seilern an Margaret Kershaw, 6.2.1941, DLA.
359 Telegramm Balder Olden an Ilse Gräfin Seilern, 10.2.1941, DLA.
360 Brief Margaret Kershaw an Balder Olden, 4.2.1941, DLA. (Orig. auf Engl.)
361 Balder Olden, *Flucht und Hoffnung*, in: *Aufbau*, 22.8.1941, New York.
362 Brief Balder Olden an Ilse Gräfin Seilern, 21.6.1941, Dt. Exilarchiv, Frankfurt/Main.
363 Brief Margaret Kershaw an Balder Olden, 5.4.1942, DLA.
364 Balder Olden, *Flucht und Hoffnung*, in: *Aufbau*, 22.8.1941.
365 Archives nationales, Dossier Paul Dreyfus. Die im Vergleich zu allen anderen bislang zitierten Dokumenten aus dem *Sonderarchiv* erstaunlich gut erhaltene Akte über Paul Dreyfus wandert am 20. März an das VIIième Bureau der Sûreté, von dort am 28. März zurück ins Fichier Central, dann am 9. Mai 1940 aus unerfindlichen Gründen erneut zum VIIième Bureau und endet schließlich am 16. Mai im Fichier Central
366 Telegramm Margaret Kershaw an Ilse Gräfin Seilern, 3.3.1941, DLA.
367 »Visa sortie«: Vgl. Telegramm Ilse Gräfin Seilern an Margaret Kershaw, 13.3.1941, DLA.
368 Telegramm Margaret Kershaw an Balder Olden, 22.3.1941, DLA.
369 Telegramm Margaret Kershaw an Balder Olden, 26.3.1941, DLA.
370 Telegramm Margaret Kershaw an Balder Olden, 3.4.1941, DLA.
371 Postkarte Annette Kolb, Portugal, an Baronesse Ilse Seilern, Hotel de la Paix. 10.4.1941, DLA. Mit ›Hotel de la Paix‹ ist das Sanatorium Moubra in Montan-Vermala gemeint. Ilse muss bereits aufpassen, ihre Aufenthaltsbewilligung nicht zu überziehen. Auch Ihrem Sohn Joseph Wladimir, der seit Herbst 1940 an der ETH in Zürich Landwirtschaft studierte, war nach seiner Rückkehr aus Cambridge ein Kuraufenthalt in der Clinique ›La Moubra‹ verordnet worden. (Orig. auf Engl.)
372 Brief Balder Olden an Hermann Budzislawski, 22.10.1941. Zit. n. Balder Olden, *Paradiese des Teufels* (1977), S. 76.

373 Balder Olden, *Flucht und Hoffnung*, in: *Der Aufbau*, 22.8.1941.
374 Ibid.

Amerika

In Argentinien

1 Sutin, *The Impact of Nazism on the Germans of Argentina*, S. 179.
2 Ibid., S. 181. (Orig. auf Engl.)
3 Balder Olden, *Flucht und Hoffnung*, in: *Aufbau*, 22.8.1941. – Vgl. Trapp, *Exiltheater in Frankreich und Amerika. P. Walter Jacob und die Freie Deutsche Bühne in Argentinien*, S. 174: »Die Botschaftsakten zeigen, dass die *Freie Deutsche Bühne* scharf und kontinuierlich beobachtet wurde.«
4 Brief Balder Olden an Margaret Kershaw, 4.6.1941, DLA.
5 Zu der von deutschen Kommunisten geleiteten ›Volksblatt-Gruppe‹ siehe Pohle 1986, S. 251 f. und 255 f.
6 Balder Olden, *Flucht und Hoffnung*, in: *Aufbau*, 22.8.1941.
7 Brief Margaret Kershaw an Balder Olden, 27.11.1941, DLA.
8 Brief Margaret Kershaw an Balder Olden, 10.10.1942, DLA. – Am 14.7.1938 veröffentlichen zehn angesehene italienische Wissenschaftler – darunter der Endokrinologe Nicola Pende, der Neuropsychiater Arturo Donaggio und der Zoologe Edoardo Zavaratti – in *Il Giornale d'Italia* das unsägliche *Manifest der Rasse*, welches Mussolini und König Victor Emanuel III. noch im selben Jahr als Startschuss für die Entrechtung der jüdischen Bürger Italiens dient. Es bedeutet den sofortigen Ausschluss aus dem öffentlichen Leben, teilweise Enteignung und ein absolutes Eheschließungsverbot mit Nichtjuden.
9 Brief Balder Olden an Ilse Gräfin Seilern, 21.6.1941, Dt. Exilarchiv, Frankfurt/Main.
10 Brief Balder Olden an Annette Kolb, 12.6.1941. Zit.n. Balder Olden, *Paradiese des Teufels* (1977), S. 72.
11 Brief Balder Olden an Hermann Budzislawski, 22.10.1941. Zit. n. Balder Olden, *Paradiese des Teufels* (1977), S. 77.
12 Brief Balder Olden an Bruno Frei, 24.10.1941. Zit. n. Balder Olden, *Paradiese des Teufels* (1977), S. 78.
13 Brief Balder Olden an Hermann Budzislawski, 22.10.1941. Zit. n. Balder Olden, *Paradiese des Teufels* (1977), S. 77.
14 Brief Margaret Kershaw an Balder Olden, 7.3.1942, DLA.
15 Brief Margaret Kershaw an Balder Olden, 5.4.1942, DLA.
16 Brief Wilhelm Speyer an Ilse Gräfin Seilern, 7.5.1944, DLA.
17 Brief Wilhelm Speyer an Ilse Gräfin Seilern, undatiert, DLA.
18 Soma Morgenstern, *Flucht in Frankreich*, S. 86.
19 Leonhard Frank, *Links wo das Herz ist*, S. 248 u. S. 252f.
20 Telegramm Ilse Gräfin Seilern an Margaret Kershaw, 21.5.1941, DLA. – Auf Deutsch: Sämtliche Bücher aus Paris sind in der Schweiz angekommen. Außer Deiner Autobiografie! Wo ist dieses wunderbare Manuskript?

21 Brief Margaret Kershaw an Balder Olden, 30.7.1941, DLA. (Orig. auf Engl.)
22 Brief Margaret Kershaw an Balder Olden, 16.8.1941, DLA. (Orig. auf Engl.)
23 Brief Margaret Kershaw an Balder Olden, 29.1.1942, DLA. – Auf Deutsch: Wenn ich nur Flügel hätte, flöge ich jetzt zu Dir. Nie mehr werde ich von Dir lassen. Doch auch hier gehöre ich unzertrennlich zu Dir.
24 Brief Margaret Kershaw an Balder Olden, 11.5.1942, DLA.
25 Brief Margaret Kershaw an Balder Olden, 10.5.1941, DLA. (Orig. auf Engl.)
26 Arthur Koestler schreibt nach der Entlassung aus dem Gefängnis im Auftrag des britischen Informationsministeriums das Drehbuch für den 1942 – mit Beteiligung der zum Bau von Artilleriestellungen am Chesil Beach eingesetzten 74. Kompanie des *Aliens Pioneer Corps* – gedrehten Film Lift *up your head, comrade* über das Schicksal von Deutschen und Österreichern, die in der britischen Armee als Freiwillige dienen. Ein wichtiger Teil des Films handelt von Bobby Spuner, einem österreichischen Boxmeister im Bantamgewicht, dem im KZ Dachau beide Hände gebrochen wurden und der dort halb totgeschlagen wurde. In dem Film singen die Darsteller das Lied *Halte Schritt, Kamerad, Kopf hoch, Kamerad* von Jura Soyfer, das mit den Zeilen beginnt: »Denn wir haben die Losung von Dachau gelernt, und wir wurden stahlhart dabei. Bleib ein Mensch Kamerad … .« (Orig. auf Engl.)
27 Brief Margaret Kershaw an Balder Olden, 7.6.1941, DLA. (Orig. auf Engl.)
28 Brief Margaret Kershaw an Balder Olden, 5.11.1941, DLA. (Orig. auf Engl.)
29 Brief Margaret Kershaw an Balder Olden, 27.11.1941, DLA.
30 Brief Margaret Kershaw an Balder Olden, 5.4.1942, DLA.
31 Brief Balder Olden an Ilse Gräfin Seilern, 21.6.1941, Dt. Exilarchiv, Frankfurt/Main.
32 Brieftelegramm »Balkinder« an Ilse Gräfin Seilern, 3.6.1942, DLA.
33 Brief Balder Olden an Margaret Kershaw, 6.9.1942, DLA.
34 Brief Margaret Kershaw an Balder Olden, 10.10.1942, DLA.
35 Brief Wilhelm Speyer an Ilse Gräfin Seilern, 4.11.1942, DLA.
36 Brief Margaret Kershaw an Balder Olden, 11.12.1942, DLA.
37 Brief Heinrich Mann an Balder Olden, o. D., DLA.
38 Brief Heinrich Mann an Karl Lemke, 31.1.1948. Zit. n. Heinrich Mann, *Empfang bei der Welt*, S. 437.
39 Zit. n. Greuner, *Gegenspieler*, S. 246.
40 Brief Balder Olden an Egon Erwin Kisch, 26.2.1943, DLA.
41 Brief Egon Erwin Kisch an Balder Olden, 24.3.1943, DLA. *Marktplatz der Sensationen* erschien im Juli 1942 als erster Titel des Verlages El Libro Libre. Im Januar 1945 folgt *Entdeckungen in Mexiko*.
42 Heinrich Mann an Bruno Frei, undatiert. Zit.n. Frei, *Der Papiersäbel*, S. 239.
43 Zit.n. Stephan, *Im Visier des FBI*, S. 331f.
44 Bruno Frank veröffentlicht dort im Mai 1943 *Die Tochter*.
45 Zit.n. Bayerlein, *»Der Verräter, Stalin, bist Du!«*, S. 458.
46 Rundschreiben des *LKDF*, 12.2.1943, DLA.
47 Brief Margaret Kershaw an Balder Olden, 11.12.1942, DLA.

48 *British Political Warfare Mission*, zit. n. Stephan, *Im Visier des FBI*, S. 332. (Orig. auf Engl.)
49 Brief Albert Einstein an Frank Kingdon, 3.9.1942. Zit. n. digitalem Faksimile, in: *Daily Mail* (*mail online*), 7.4.2016. (Orig. auf Engl.)

In Uruguay

50 Brief Balder Olden an Peter Olden, undatiert. Zit.n. Seidel, *The Olden Story, Part II*, S. 72.
51 Brief Balder Olden an *Freies Deutschland*, Januar 1943, DLA.
52 Álvarez, *Refugiados del nacionalsocialismo en el Uruguay*, S. 16 (Orig. auf Spanisch).
53 Brief Balder Olden an Margaret Kershaw, undatiert. Zit.n. Álvarez, *Refugiados del nacionalsocialismo en el Uruguay*, S. 127 (Orig. auf Spanisch).
54 Fünfteilige Serie in der Tageszeitung *Iswestija*, beginnend am 17.2.1990.
55 Brief Balder Olden an Oskar Maria Graf, 12.7.1945, DLA.

»Das Problem as to where to go«

56 Brief Annette Kolb an Ilse Gräfin Seilern, 10.4.1943, DLA.
57 Brief Wilhelm Speyer an Ilse Gräfin Seilern, 3.10.1943, DLA.
58 Ibid.
59 Brief Wilhelm Speyer an Ilse Gräfin Seilern, 7.5.1944, DLA.
60 Leonhard Frank, *Links wo das Herz ist*, S. 274.
61 Ahlrich Meyer (Hrsg.), *Der Blick des Besatzers*, S. 20 und 108.
62 Serge Klarsfeld, Vorwort zu Meyer, *Der Blick des Besatzers.*
63 Brief Wilhelm Speyer an Ilse Gräfin Seilern, 7.5.1944, DLA.
64 Brief Wilhelm Speyer an Ilse Gräfin Seilern, 7.7.1944, DLA.
65 Brief Wilhelm Speyer an Ilse Gräfin Seilern, 11.7.1944, DLA
66 Brief Annette Kolb an Ilse Gräfin Seilern, 27.7.1944, DLA. (Orig. auf Engl.)
67 Vgl. Brief Wilhelm Speyer an Ilse Gräfin Seilern, 3.9.1944, DLA. – Vgl. Adorno, *George und Hofmannsthal. Zum Briefwechsel: 1891–1906, Walter Benjamin zum Gedächtnis*, S. 203f.: »Man braucht das Glücksverlangen nicht zu verkennen, das den Snob inspiriert, der aus dem Bereich des Praktischen in ein gesellschaftliches zu entweichen trachtet, das dem Geist in der Absage an Utilität verschworen scheint. […] Dem ist der *eine* Proust gerecht geworden. Seine Jugendphotographien ähneln denen Hofmannsthals, als hätte die Geschichte zweimal an verschiedenen Stellen das gleiche Experiment geplant.«
68 Brief Wilhelm Speyer an Ilse Gräfin Seilern, 19.12.1944, DLA.

Nach Mitternacht des Jahrtausends

69 Brief Oskar Maria Graf an Balder Olden, 4.12.1946, Fotokopie im DLA (Original an Monacensia abgegeben).
70 Ibid.

71 Brief Heinrich Tietz und Hans Sober an Balder Olden, 24.4.1947, DLA.
72 Zum Fall des ehemaligen Gestapo-Chefs von Lyon, Klaus Barbie, vgl. Steinacher, *Berufsangabe: Mechaniker. Die Flucht von Gestapo-Angehörigen nach Übersee*, S. 64. Demnach wurde Barbie als im Untergrundkampf erfahrener Experte vom amerikanischen CIC (Counter Intelligence Corps) angeheuert und nach Südamerika geschleust. Dieses brachte die US-Behörden 1983 in arge Verlegenheit. Dies beweist die umfangreiche CIA-Akte über ihn im Nationalarchiv.
73 Brief Balder Olden an Francizka Gräfin Seilern-Aspang, 5.3.1947, Dt. Exilarchiv, Frankfurt/Main.
74 Brief Balder Olden an Ilse Gräfin Seilern, 19.3.1947, DLA.
75 Brief Balder Olden an Ilse Gräfin Seilern, 18.8.1947, DLA. – *Verbannte und Verbrannte: Schriftsteller, die wir nicht lesen durften* erscheint 1947 in zwei Folgen von je 55 Seiten in der Kleinen Bücherei der Freien Deutschen Jugend in Berlin. Alfred Kantorowicz gibt 1947 das Buch *verboten und verbrannt. Deutsche Literatur – 12 Jahre unterdrückt* heraus.
76 Vgl. ibid.
77 Brief Balder Olden an Ilse Gräfin Seilern, 3.6.1947, DLA.
78 Brief Balder Olden an Ilse Gräfin Seilern, 9.7.1947, DLA.
79 Brief Balder Olden an Ilse Gräfin Seilern, 13.8.1947, DLA.
80 André Gide: *Thomas Manns Warnung*, in: *Das Neue Tage-Buch*, 5. Jg., Nr. 46, 13.11.1937.
81 Thomas Mann, Tagebucheintrag am 24.9.1940.
82 Brief Balder Olden an Ilse Gräfin Seilern, 18.8.1947, DLA.
83 Brief Balder Olden an Peter Olden, 12.7.1945. Zit. n. Seidel, *The Olden Story, Part II*, S. 70.
84 Brief Balder Olden an Ilse Gräfin Seilern, 1.9.1947, DLA.
85 Brief Balder Olden an Ilse Gräfin Seilern, 9.9.1947, DLA.
86 Brief Balder Olden an Ilse Gräfin Seilern, 12.3.1948, DLA.
87 Brief Balder Olden an Ilse Gräfin Seilern, 13.4.1948, DLA.
88 Interview mit Marcus Patka, *Radio Praha auf Deutsch*, 29.4.2010. – Vgl. Interview mit Lenka Reinerová, *Der Spiegel*, 30.9.2002: »Mitglied der Kommunistischen Partei vor dem Krieg? Schlecht. Jüdischer Herkunft? Sehr schlecht. Emigration in den Westen? Journalistin? Ganz, ganz schlecht.« – Und: Was hatte es zu bedeuten, dass man Kisch in seiner Heimatstadt Prag ausgerechnet das Haus in U laboratore 22, wo während der Okkupation Adolf Eichmann wohnte, zuweist? – »Four years later [1952], Kisch was posthumously accused of leading a Trotskyist-Zionist plot in Mexico and preparing ›counter-revolution in Czechoslovakia‹.« (Jonathan Miles, *The Nine Lifes of Otto Katz*, S. 271).
89 Brief Balder Olden an Ilse Gräfin Seilern, 11.5.1948, DLA.
90 Brief Balder Olden an Ilse Gräfin Seilern, 15.6.1948, DLA.
91 Balder Olden, *Höllental meiner Jugend*, in: *Freies Deutschland*, Juni 1945.
92 Brief Balder Olden an Ilse Gräfin Seilern, 7.7.1948, DLA.
93 Brief Balder Olden an Ilse Gräfin Seilern, 15.8.1948, DLA.
94 Paul Huldschinsky, Innenarchitekt in Berlin und Bühnenbildner in Hollywood. 1938 Häftling im KZ Sachsenhausen, 1939 Emigration in die USA. 1945 Oscar-Preisträger für die Mitarbeit an der Ausstattung für den Psychokrimi *Das Haus der Lady Alquist* mit Ingrid Bergman. Im Februar 1947 in Santa Monica verstorben.

95 Brief Wilhelm Speyer an Ilse Gräfin Seilern, 29.5.1948, DLA.
96 Brief Wilhelm Speyer an Balder Olden, 19.4.1949, DLA.
97 Brief Wilhelm Speyer an Ilse Gräfin Seilern, 19.4.1949, DLA.
98 Balder Olden, *Madumas Vater*, S. 168.
99 Ibid., S. 143.
100 Balder Olden, *Mdisi – Bibi – Safari*, unpaginiert.

Die Odyssee geht zu Ende

101 Kantorowicz, in: *Ost und West. Beiträge zu kulturellen und politischen Fragen der Zeit*, 1949. Kantorowicz irrt an einer Stelle: Olden war nicht im KZ, sondern im Internierungslager.
102 Balder Olden, *Mir wäre nichts Besonderes passiert*, in: *Neue Deutsche Blätter*, Prag 1933, Reprint in: *Ost und West*, Berlin 1947, S. 84.
103 Brief Rudolf Olden an Gabriele Tergit. Zit. n. Brinson/Malet, *Rudolf Olden in England*, S. 206.
104 Hermann P. Gebhardt, *Zum Tode von Balder Olden*, in: *Aufbau*, 4.11.1949.
105 Brief Ilse Gräfin Seilern an Hermann Gebhardt, Radio Voz del Día, 22.3.1943, DLA.
106 Brief Ilse Gräfin Seilern an Margaret Olden, 31.5.1950, DLA.
107 Ernst Gagliardi: *Neutralität und eidgenössischer Staatsgedanke*, in: *Wir Schweizer, unsere Neutralität und der Krieg*, Zürich 1915.
108 Brief Margaret Olden an Ilse Gräfin Seilern, 18.5.1951. Zit. n. Seidel, *The Olden Story, Part II*, S. 77.

Anhang

Quellen- und Literaturverzeichnis

Quellen

Archiv des Auswärtigen Amtes, Berlin

Dossier der Preußischen Geheimen Staatspolizei, Abschrift IV, 5013 c/4.10: Balder Olden

Dossier der Preußischen Geheimen Staatspolizei, 63661/2325/34 E II 182, An den Herrn Reichs- und Preußischen Minister des Innern (dortiges Aktenzeichen: I A 2053/5013 c), Abschrift I A 9049/5013 c, Berlin, den 26. August 1935; Betrifft: Aberkennung der deutschen Staatsangehörigkeit des Schriftstellers Rudolf Olden

Archives nationales, Fonds de Moscou

Seitens der Archives nationales in Pierrefitte bei Paris teilt mir Eric Diouris (E.D.), Chargé d'études documentaires, zu den vielen fehlenden »dossiers constitués par le contre-espionnage« mit: »malheureusement les fiches de contre-espionnage ne renvoient généralement à aucun dossier sans que nous sachions si les dossiers correspondants ont été détruits, perdus ou s'ils sont toujours en Russie.« – Aus russischer Sicht handelt es sich um Kriegstrophäen. Ich neige eher zur Annahme, dass fehlende Dossiers oder zumindest Teile derselben, sofern nicht durch Kriegshandlungen verloren, anderen russischen Institutionen zum Gebrauch eingegliedert wurden und dort auf ihre Freigabe in der Zukunft warten. Es ist jedoch nicht auszuschließen, dass wichtige Bestände, nach der erfolgten Rückgabe durch Russland, schnurstracks im Archive de La Défense, d.h. im französischen Militärarchiv, gelandet sind und dort ihrer Entdecker harren.

Fiches bedeuten Karteikarten des Zentralregisters der Sûreté nationale, welche auf heute noch vorhandene oder evtl. noch irgendwo schlummernde *Dossiers* verweisen.

Fiche pour Luis Araquistain, cote 19940508/80

Dossier Luis Araquistain (1295/114/569), Dossier fehlt

Fiche pour Georges Bernhard, cote 19940508/226

Dossier Georg (Georges) Bernhard, cote 19940436/2 (99 pages)

Fiche pour Julius Deutsch, Chef du *Schutzbund*, 12.10.1935; »voir 39 – Münzenberg Willy«, cote 19940508/676

Dossier Julius Deutsch, cote 19440440/211, 21 pages

Dossier Paul Dreyfus, cote 19940440/328. E.D. »Il s'agit du dossier le plus volumineux.«

Dossier Léonhard Frank, cote 19940445/230

Fiche du contre-espionnage de Bruno Frei, cote 19940508/1645, kein Dossier vorhanden

Babette Gross, »c/o *Die Zukunft*, 19.12.1939 (Renseignements); Cont.-Esp.«; kein Dossier vorhanden

E.D.: »Deux fiches pour Berthold Jacob sous la cote 19940508/1205«

E.D.: »Dossier de Salomon Berthold alias Berthold Jacob (cote 19440435/7). Il s'agit d'un dossier presque vide (1 page) portant la mention classement spécial. J'ai interrogé ma collègue spécialiste du fonds qui m'a indiqué qu'il pouvait s'agir d'un classement dans le coffre. Nous avons fait la recherche, sans résultat.«

Fiche (19.2.1931) pour Elisabeth Janstein, cote 19940508/1220: »Contr. Esp., esp. bolch. N° 21830/89; P.G. D[éfense]N[ationale]; serait en relation avec Nikolaus Basseches«

Dossier Elisabeth von Janstein, cote 19940475/30, 15 pages

Fiche pour Margaret Kershaw, cote 19940508/1291; kein Dossier vorhanden

Dossier Arthur Koestler, cote 19940457/161

Fiche du contre-espionnage d'Annette Kolb, cote 19940508/1326; kein Dossier

Fiche pour Léon Lania alias Hermann Lazar cote 19440508/1417

Dossier Hermann Lazar alias Léo Lania, cote 19940460/1

Fiche pour Salomo Morgenstern, cote 19940508/1630

Dossier Soma Morgenstern, cote 19940462/496

Fiche de Willi Münzenberg, cote 19940508/1645, kein Dossier vorhanden. E.D.: »A toutes fins voir DN 26.1.39. Classé o.« (Direction générale de la Sûreté nationale, 7ième Bureau)

Fiche pour Balder Olden: »Possède Dossier n° 19340 Contr Es; Classé le DN. DUPLICATUM«; bislang konnte das Dossier der Défense nationale nicht gefunden werden

Dossier Balder Olden, cote 19940466/22

Fiche pour Rudolf Olden (18.12.1935)

Dossier Rudolf Olden, cote 19940466/23

René Schickele, »fiche du contre-espionnage«, cote 19940508/1852; kein Dossier vorhanden

Ilsa [Ilse] Seilern-Aspang, »née 25.12.1886 [sic!], N° 19340 CONTR ESP, related avec Vennemann, 15.2.1931«, cote 19940508/1876; kein Dossier vorhanden

Fiche pour Karl Spiecker, »en relation avec Jean Glas; D.C.R. […] 21. Juin 1939«, cote 19940508/1910; kein Dossier vorhanden

Fiche du contre-espionnage de Fritz von Unruh, cote 19940508/1980; kein Dossier vorhanden

E.D.: »Deux fiches sur Wolfgang Venneman, fiché au titre du contre espionnage«, »N° 19340 Contr Esp; 15.2.1931« und »19.6.1933«, cote 19940508/2015, E.D.: »et une sur son père Albert Vennemann«, »dossier 19340 C.E.; au sujet de Wolfgang Vennemann; 10.10.1938«; keine Dossiers vorhanden

British Library, Music Collections

Briefe von Cyril Meir Scott an Countess Ilse Seilern, 1912-1966

Bundesarchiv, Berlin

»Der [Teil-]Nachlass von Balder Olden stammt aus dem Bestand *Pariser Tageszeitung*, welcher 1959 vom Institut für Marxismus und Leninismus ins Zentrale Staatsarchiv [der DDR] kam. Ob dieser sich auch in der UdSSR befand, konnte ich nicht nachweisen.« (Andrea Frank, Bundesarchiv, Referat R 1, Mail an Thomas Poeschel vom 4.8.2017) – Ein Bestand *Pariser Tageszeitung* ist im alten russischen Bestandsverzeichnis des Sonderarchivs Moskau aufgeführt.

Deutsches Literaturarchiv, Marbach am Neckar

Abundantes Material aus dem Nachlass der Geschwister Olden. Die Quellenangaben in den Anmerkungen werden jeweils auf Grund der exaktesten Datierungen bestimmt. Verwendete Abkürzung: DLA

Deutsche Nationalbibliothek,
Deutsches Exilarchiv 1933-1945, Frankfurt am Main

American Guild for German Cultural Freedom
Teilnachlass Balder Olden
Teilnachlass Rudolf Olden
Umfangreich. Für alle Nachweise siehe die genaue Datierung in den Anmerkungen. Verwendete Abkürzung: Dt. Exilarchiv, Frankfurt/Main

International Institute of Social History, Amsterdam

Collection Freundeskreis Carl von Ossietzky 1933-1936, Mappe 5

Préfecture de police de Paris, Service des archives

Isabelle Rossez: »Je vous informe que les rapides recherches que j'ai pu mener au sein de nos fonds d'archives ne m'ont pas permis de retrouver de documents relatifs à votre demande. Seule une microfiche issue du fonds 328W de la police générale : ›fichier des étrangers‹ a pu être retrouvée au nom de Rudolf OLDEN. En général les fiches indiquent le n° de carte délivrée, le nom, les prénoms, les date et lieu de naissance, nationalité, domicile, profession, date de la délivrance ou du renouvellement de la carte d'étranger (résident permanent ou temporaire).«

RGASPI (Archiv der Kommunistischen Internationale (Komintern) im Russischen Staatsarchiv für sozio-politische Geschichte, Moskau

Personalakte Willi Münzenberg, komprimierter Restbestand

Schweizer Bundesarchiv

Dossier Joseph Wladimir Rudolf Maria Ignatius Wilfrid Seilern-Aspang

In den Beständen des Bundesarchivs wurden einige Recherchen in den Beständen, insbesondere in den folgenden Unterlagen gemacht:

Polizeiabteilung / Namenkartei, 1930-1980; Eidg. Departement für Auswärtiges / Personenkartei, 1937-1945; Bundesanwaltschaft / Fichen, 1930-1990; Handakten Heinrich Rothmund / Persönliche Korrespondenz des Chefs: alphabetisch geordnet, 1940-1941; Handakten Heinrich Rothmund / Persönliche Korrespondenz des Chefs: alphabetisch geordnet, 1940-1941.

Leider konnte in der Kartei keine Erwähnung von Olden Balder oder Ilse Gräfin Seilern identifiziert werden.

Service historique de la Défense (SHD), Château de Vincennes

»Les recherches effectuées dans l'inventaire des archives des services de renseignement repatriées de Russie, n'ont pas permis de trouver mention des noms de Rudolf Olden, Balder Olden, ni Ilse Seilern-Aspang.« (Le commandant Karine Perrissin-Faber, Brief v. 5.3.2018 an Thomas Poeschel)

Sonderarchiv des Staatlichen Russischen Militärarchivs (RGVA), Moskau

Teilnachlass F. 613 k, Daphne Hardy (1938-1940)
Teilnachlass F. 619 k, Arthur Koestler (1937-1940)
Teilnachlass F. 670 k, Hans Jacob

University of London, Senate House Library

Correspondence between Rudolf Olden and his brother Peter Olden (Acht Briefe im Zeitraum 13.5.1933 bis 16.4.1940); Signatur EXS. 2.OLD.2

Literatur

Achebe, Chinua: Things fall apart, London 1958 (Heinemann) [dt.: Alles zerfällt, Frankfurt am Main 2012 (Fischer)]
–: Ein Bild von Afrika: Rassismus in [Joseph] Conrads *Herz der Finsternis*, Berlin 2000 (Alexander)
Adorno, Theodor W.: George und Hofmannsthal. Zum Briefwechsel: 1891-1906, Walter Benjamin zum Gedächtnis, in: Gesammelte Schriften Bd. 10.1: Kulturkritik und Gesellschaft I, Frankfurt am Main 1977 (Suhrkamp)
Alcalá, César: Checas de Barcelona. El terror y la represión estalinista en Catalunya durante la Guerra Civil al descubierto, Barcelona 2005 (Belacqva)
Aldanov, Mark: Eine unsentimentale Reise. Begegnungen und Erlebnisse im heutigen Europa. Mit einem Vorwort von Balder Olden, München 1932 (Carl Hanser Verlag)
Alemann, Ernesto:
–: Bemerkungen aus Berlin, *Argentinisches Tageblatt [AT]*, 1.5.1927
–: Um die Reichswehr, *AT*, 8.5.1927
–: Das Gesicht der deutschen Politik, *AT*, 15.5.1927
–: Etappen-Nationalsozialismus in Argentinien, *AT*, 30.7.1931
–: Das Programm, *AT*, 30.10.1932

–: Randglosse, *AT*, 8.3.1933
–: Das Verbot, *AT*, 23.4.1933
–: Zehn Jahre Kampf gegen Hitler, *AT*, 30.1.1943
Alexander, Edgar: Deutsches Brevier. Politisches Lesebuch, New York 1938 (Longmans, Green and Co.)
Álvarez, María Ximena: »In New York oder Hollywood oder Amerika wäre mir wahrscheinlich wohler«: el escritor Balder Olden en su exilio bonaerense (1941-1943), in: *estudios demográficos y urbanos* 76, vol. 26, núm. 1, enero-abril 2011
–: Refugiados del nacionalsocialismo en el Uruguay: lucha politica, desarrollo en el campo de la cultura germana (1938-1946), FU-Berlin, September 2015
Álvarez del Vayo, Julio: Les batailles de la liberté, Paris 1963 (Maspero)
Aly, Götz und Susanne Heim: Das Zentrale Staatsarchiv in Moskau (»Sonderarchiv«). Rekonstruktion und Bestandsverzeichnis verschollen geglaubten Schriftguts aus der NS-Zeit, Düsseldorf 1992 (Hans-Böckler-Stiftung)
Apfel, Alfred: Hinter den Kulissen der deutschen Justiz. Erinnerungen eines deutschen Rechtsanwalts 1882-1933, Berlin 2013 (Berliner Wissenschafts-Verlag)
Araquistain, Luis: Die Wahrheit über Spanien, in: *Das Neue Tage-Buch*, 7. Jg., Nr. 17, 22.4.1939
–: Sobre la guerra civil y en la emigración, Madrid 1983 (Espasa-Calpe)
Arendt, Hannah: The Origins of Totalitarianism, New York 1951 (Harcourt & Brace)
Asmus, Sylvia und Brita Eckert (Hrsg.): Rudolf Olden, Journalist gegen Hitler –: Anwalt der Republik. Eine Ausstellung des Deutschen Exilarchivs 1933-1945 der Deutschen Nationalbibliothek Frankfurt am Main, 26. März bis 28. Juli 2010. Begleitbuch zur Ausstellung
Asper, Helmut G.: »Etwas Besseres als den Tod …« Filmexil in Hollywood. Porträts, Filme, Dokumente, Marburg 2002 (Schüren)
Atholl, Katherine Murray Duchess of: Searchlight on Spain. On the Spanish insurrection of 1936 and the subsequent war, Harmondsworth 1938 (Penguin)
Balk, Theodor: Das verlorene Manuskript, México 1943 (El libro libre)
Bandini, Franco: Il cono d'ombra. Chi armò la mano degli assassini dei fratelli Roselli, Milano 1990 (SugarCo Edizioni)
Baßler, Moritz: Lehnstühle werden verrückt. Spiritismus und empathische Moderne: Zu einer Fußnote bei Wassily Kandinsky, in: *Hofmannsthal-Jahrbuch*, Bd. 1, Freiburg 1993
Bauschiger, Sigrid (Hrsg.): »Ich habe etwas zu sagen.« Annette Kolb 1870-1967, München 1993 (Diederichs)
Bayerlein, Bernhard H.: »Der Verräter, Stalin, bist Du!« Vom Ende der linken Solidarität. Komintern und kommunistische Parteien im Zweiten Weltkrieg 1939-1941, Berlin 2008 (Aufbau Verlag)
–: Dimitroff. Kommentare und Materialien zu den Tagebüchern 1933-1943, Berlin 2000 (Aufbau)
Beevor, Sir Antony: The Spanish Civil War, London 1982 (Orbis Books)
Berlière, Jean Marc et Laurent Chabrun: Les policiers français sous l'occupation, d'après les archives inédites de l'épuration, Paris 2001 (Perrin)

Bermann, Richard A. alias Arnold Höllriegel: Die Fahrt auf dem Katarakt. Eine Autobiographie ohne einen Helden, Wien 1998 (Picus)

Berthold, Werner und Brita Eckert (Hrsg.): Der deutsche PEN-Club im Exil 1933-1938. Eine Ausstellung der Deutschen Bibliothek, Frankfurt am Main 1980 (Buchhändler-Vereinigung)

–: Vorwort zum Neudruck von Rudolf Oldens Buch »Hindenburg oder Der Geist der preußischen Armee«, in: Werner Berthold (Hrsg.): Exilliteratur und Exilforschung. Ausgewählte Aufsätze, Vorträge und Rezensionen, Wiesbaden 1996 (Harrassowitz)

Besser, Stephan: Pathographien der Tropen. Literatur, Medizin und Kolonialismus um 1900, Studien zur Kulturpoetik Nr. 14, Würzburg 2013

Bettauer, Hugo: Die Stadt ohne Juden. Ein Roman von übermorgen, in: Gesammelte Werke, Bd. 4, Salzburg 1980 (Hannibal-Verlag); [Nachdruck der Ausgabe Wien 1924]

Bey, Essad: G.P.U. Die Verschwörung gegen die Welt, Berlin 1932 (Etthofen)

Bloch, Charles: Die Dritte Französische Republik. Entwicklung und Kampf einer parlamentarischen Demokratie (1870-1940), Stuttgart 1972

Böschenstein, Renate: Tiere als Elemente in Hofmannsthals Zeichensprache, in: *Hofmannsthal-Jahrbuch zur europäischen Moderne*, Bd. 1, Freiburg 1993

Braham, Helen: Introduction, in: The Princes Gate Collection, London 1981 (Courtauld Institute Galleries)

Brakman, Roman: Staline, agent du Tsar, Paris 2003 (Editions de l'Archipel)

Braunbuch über Reichstagsbrand und Hitlerterror, Basel 1933 (Universum)

Brecht, Bertolt: Ist das Volk unfehlbar?, in: Ausgewählte Werke in sechs Bänden, Gedichte 2, Frankfurt am Main 1997 (Suhrkamp)

Bredel, Willi: Die Prüfung. Roman aus einem Konzentrationslager, Moskau 1935 (Verlag Genossenschaft Ausländischer Arbeiter in der UdSSR)

Brenan, Gerald: The Spanish Labyrinth. An account of the social and political background of the Civil War, Cambridge 1943 (Univ. Press)

Brinson, Charmian: The strange case of Dora Fabian and Mathilde Wurm: A study of German Political Exiles during the 1930s, Bern 1997 (Peter Lang)

–: und Richard Dove: A matter of intelligence. MI5 and the surveillance of anti-Nazi refugees, 1933-50, Manchester und New York 2014 (Manchester University Press)

–: und William Kaczynski: Fleeing the Führer. Exil und Internierung in Briefen, o.O. 2017 (Philipp von Zabern Verlag)

–: und Marian Malet (Hrsg.): Rettet Ossietzky!, Oldenburg 1990

–: und Marian Malet: Rudolf Olden in England, in: *Zwischenwelt* 4, Literatur und Kultur des Exils in Großbritannien, hrsg. im Auftrag der Theodor Kramer Gesellschaft von Siglinde Bolbecher u.a., Wien 1995 (Verlag f. Gesellschaftskritik)

–: und Marian Malet (Hrsg.): Exile in and from Czechoslovakia during the 1930s and 1940s, in: *The Yearbook of the Research Centre for German and Austrian Exile Studies*, Amsterdam und New York 2009 (University of London Press)

–: und Marian Malet (Hrsg.): »Warum schweigt die Welt?« Die Entführung von Berthold Jacob. Eine Dokumentation, *Exil Dokumente*, Band 10, Bern 2014 (Peter Lang)

Broué, Pierre: Histoire de l'Internationale communiste, 1919-1943, Paris 1997 (Fayard)
Bruegel, Fritz: Egon Erwin Kisch 60 Jahre alt. Stimmen aus Böhmen, London 1945 (Verlag der Einheit)
Bry, Carl Christian: Verkappte Religionen, Gotha 1924 (Perthes)
Buckard, Christian: Arthur Koestler. Ein extremes Leben 1905-1983, 2. Aufl., München 2013 (C.H.Beck)
Capa, Robert: Death in the making, New York 1938 (Covici Friede Inc.)
Čapková, Katerina und Michal Frankl: Unsichere Zuflucht. Die Tschechoslowakei und ihre Flüchtlinge aus NS-Deutschland und Österreich 1933-1938; Wien, Köln, Weimar 2012 (Böhlau)
Catala, Michel: Les relations franco-espagnoles pendant la deuxième guerre mondiale, Paris 1997 (L'Harmattan)
Chalmers-Mitchell, Sir Peter: My House in Málaga, London 1938 (Faber & Faber)
Charles-Roux, Edmonde: Coco Chanel: ein Leben, Wien 1988 (Zsolnay)
Chernow, Ron: The House of Morgan: An American Banking Dynasty and the Rise of Modern Finance, New York 1990 (Grove Press)
Churchill, Winston: Nach Hitlers Rede, in: *Das Neue Tage-Buch*, 5. Jg., Nr. 7, 13.2.1937
Ciulisová, Ingrid: Men of Taste. Essays on Art Collecting in East-Central Europe, Bratislava 2012
Cœuré, Sophie: La mémoire spoliée. Les archives des Français, butin de guerre nazi puis soviétiques (de 1940 à nos jours), Paris 2007 (Payot)
–: Cousu de fil rouge. Voyages des intellectuels français en Union Soviétique. 150 documents inédits des Archives russes, Paris 2012 (CNRS Éditions)
Coulondre, Robert: De Staline à Hitler: souvenirs de deux ambassades, Paris 1950 (Hachette)
Culaciati, Miguel J.: El Presidente Castillo: su política internacional, el golpe militar del 4 de junio 1943, Buenos Aires, 1968 (Artes Gráficas Faija Hnos.)
Der deutsche PEN-Club im Exil 1933-1948. Eine Ausstellung der Deutschen Bibliothek Frankfurt am Main, Frankfurt/M. 1980
Dimitroff, Georgi: Tagebücher 1933-1943, hrsg. v. Bernhard H. Bayerlein, Berlin 2000 (Aufbau)
Domingo, Carmen: María Teresa León y sus amigos. Biografía política, Madrid 2008 (Fundación Domingo Malagón)
Dos Passos, John: The Theme is Freedom, New York 1956 (Dodd & Mead)
Dressler, Oskar: Die IKPK und ihr Werk, herausgegeben für den Dienstgebrauch von der IKPK, Berlin-Wannsee 1942
Dreyfus, Paul: Der Feldherr Ludendorff, Berlin 1920 (Gesellschaft und Erziehung)
–: und Paul Mayer: Recht und Politik im Fall Fechenbach, Berlin 1925 (Rowohlt)
–: Berthold Jacob und Rudolf Olden: *Geschichte der Macht in der deutschen Republik*, Synopsis (6 pp.) o.D., Dt. Exilarchiv, Frankfurt/Main
Dugrand, Alain und Frédéric Laurent: Willi Münzenberg: artiste en révolution (1889-1940), Paris 2008 (Fayard)
Egon Erwin Kisch. Seine Reise um die Welt in 60 Tagen. Festschrift, México D.F. 1945 (Ed. El Libro Libre)

Einstein, Albert: Brief an Frank Kingdon vom 3.9.1942, zit. n. digitalem Faksimile, in: *Daily Mail* (*mail online*), 7.4.2016

El libro negro del terror nazi en Europa: testimonios de escritores y artistas de 16 naciones (Alexander Abusch, Theodor Balk, Ernst Bloch, Ferdinand Bruckner, Antonio Castro Leal, Bruno Frank, Bruno Frei, Erich Jungmann, Leo Katz, Otto Katz, Egon Erwin Kisch, Heinrich Knudsen, Humbert de Loewenstein, Heinrich Mann, Paul Mayer, Paul Merker, Hannes Meyer, Lenka Reinerová, Juan Rejano, Ludwig Renn, Kurt Rosenfeld, Max Schröder, Anna Seghers, Jeanne Stern, Kurt Stern, Bodo Uhse, Franz C. Weiskopf, Leo Zuckermann), México D.F. 1943 (Ed. El Libro Libre)

Fayet, Jean-François: La société pour les échanges culturels entre l'URSS et l'étranger (VOKS), in: *Relations Internationales, échanges culturels et réseaux intellectuels*, N° 115, Paris 2003

Ferrer Guasp, Pere: Joan March, la cara oculta del poder, Palma-Illes Balears 2004 (Edicions Cort)

Feuchtwanger, Lion: Der gelbe Fleck: die Ausrottung von 500000 deutschen Juden, Paris 1936 (Edition du Carrefour)

–: Der Ästhet in der Sowjetunion, in: *Das Wort*, Heft 2, Februar 1937, Moskau

–: Ein Reisebericht (Abdruck der Einleitung), in: *Die Neue Weltbühne*, 33. Jg., Nr. 14, 1.4.1937

–: Moskau 1937: ein Reisebericht für meine Freunde, Amsterdam 1937 (Querido)

–: Exil, Amsterdam 1940 (Querido)

–: The Devil in France: My encounter with him in the summer of 1940, London 1942 (Hutchinson)

–: Unholdes Frankreich, México D.F. 1942 (El Libro Libre)

Flügge, Manfred: Heinrich Mann. Eine Biographie, Reinbek bei Hamburg 2006 (Rowohlt)

Fournier, August: Erinnerungen. Hrsg. u. Nachwort v. Rudolf Olden, München 1923 (Drei Masken Verlag)

France, Anatole: La révolte des anges; dt: Aufruhr der Engel, Wien 1981 (Zsolnay)

Frank, Bruno: Lüge als Staatsprinzip, unveröffentlichte politische Streitschrift (1939)

Frank, Leonhard: Links wo das Herz ist. Roman, München 1952 (Nymphenburger Verlagshandlung)

Frei, Bruno: Die Männer von Vernet. Ein Tatsachenbericht, Berlin 1951 (Dietz)

–: Der Papiersäbel. Autobiographie, Frankfurt am Main 1972 (S. Fischer)

Freire, Jorge: Arthur Koestler. Nuestro hombre en España, Barcelona 2017 (Editorial Alrevés)

Fry, Varian: The massacre of the Jews, in: *New Republic*, December 1942, New York

–: Surrender on Demand, New York 1945 (Random House)

–: Auslieferung auf Verlangen. Die Rettung deutscher Emigranten in Marseille 1940/41, hrsg. v. Wolfgang D. Elfe und Jan Hans, München 1986 (Carl Hanser)

–: *Villa Air Bel. Varian Fry in Marseille 1940/41*, Dokumentarfilm (1987) von Jörg Bundschuh

Gagliardi, Ernst: Neutralität und eidgenössischer Staatsgedanke, in: Wir Schweizer, unsere Neutralität und der Krieg, Zürich 1915 (Rascher Verlag)

Gebhardt, Hermann P.: Balder Olden, in: *Aufbau*, 4.11.1949, New York

Geisst, Charles R.: The Last Partnerships. Inside the Great Wall Street Money Dynasties, New York 2001 (McGraw-Hill)

Gerlach, Hellmuth von: Von Rechts nach Links, hrsg. v. Emil Ludwig, Zürich 1937 (Europa-Verlag)

Geyer, Curt: Der Geist des preußischen Militarismus. Eine Hindenburgbiographie von Rudolf Olden, in: *Neuer Vorwärts*, 7.4.1935

Gide, André: Retour de l'U.R.S.S., Paris 1937 (Gallimard)

–: Zurück aus der Sowjetunion. Übersetzt von Ferdinand Hardekopf, Zürich 1937 (Jean-Christophe-Verlag)

–: Retouches à mon retour de l'U.R.S.S., Paris 1937 (Gallimard)

–: Thomas Manns Warnung. Übersetzt von Ferdinand Hardekopf, in: *Das Neue Tage-Buch*, 5. Jg., Nr. 46, 13.11.1937

Giraudoux, Jean: Kein Krieg in Troja, aus dem Französischen übersetzt von Annette Kolb, [Wien 1936], Paris 1935

Gorkin, Julián: Stalins langer Arm. Die Vernichtung der freiheitlichen Linken im spanischen Bürgerkrieg. Mit einem Vorwort von Willy Brandt, Köln 1978 (Kiepenheuer & Witsch)

Gottschalk-Roy, Ellen and Sibnarayan Ray: In Man's own Image, Calcutta 1948 (Renaissance Publishers)

Graf, Oskar Maria: Reise in die Sowjetunion 1934. Mit Briefen von Sergej Tretjakow und Bildern, Hamburg 1992 (Luchterhand Literaturverlag)

Greuner, Ruth: Gegenspieler: Profile linksbürgerlicher Publizisten aus Kaiserreich und Weimarer Republik, Berlin 1969 (Buchverlag Der Morgen) – Darin: Ruth Greuner: Balder Olden. Zwischen Abenteuer und Entscheidung (S. 222-248) und: Rudolf Olden: Aktiver Humanismus (S. 249-278)

–: (Hrsg.): Paradiese des Teufels. Biographisches und Autobiographisches. Schriften und Briefe aus dem Exil, Berlin 1977 (Rütten & Loening)

Grimm, Hans: Die dreizehn Briefe über Deutsch-Südwest, München 1928 (Albert Langen)

Grimsted, Patricia: Twice plundered or twice saved? Russia's »Trophy« Archives and the loot of the Reichssicherheitshauptamt, in: *Holocaust and Genocide Studies*, Nummer 15-2, 2001

Gross, Babette: Willi Münzenberg, eine politische Biographie. Mit einem Vorwort von Arthur Koestler, Stuttgart 1967 (Deutsche Verlags-Anstalt)

Grossmann, Kurt: Ossietzky. Ein deutscher Patriot, München 1963 (Kindler)

Gumbel, Emil J.: Vier Jahre Lüge, Berlin 1919 (Verlag Neues Vaterland)

–: Vier Jahre politischer Mord, Berlin 1922 (Malik)

–: und Berthold Jacob u.a.: Weißbuch über die Schwarze Reichswehr. Deutschlands geheime Rüstungen?, *Sonderheft der Liga für Menschenrechte*, Berlin 1925

–: Verschwörer. Zur Geschichte und Soziologie der deutschen nationalsozialistischen Geheimbünde 1918-1924; Wien 1924 (Malik)

–: Landesverrat, *Sonderheft der Liga für Menschenrechte*, Bd. II, Heft 14, Berlin 1928

–: »Verräter verfallen der Feme«. Opfer/Mörder/Richter 1919-1929. Abschließende Darstellung von E. J. Gumbel unter Mitwirkung von Berthold Jacob und Ernst Falck, Berlin 1929 (Malik)

–: Rezension *Hitler* von Rudolf Olden, in: *Das Wort*, 1. Jg., Heft 6, Dezember 1936, Moskau

–: Rezension *Hindenburg oder die Sage von der Deutschen Republik* von Emil Ludwig, in: *Das Wort*, 2. Jg., Heft 4-5, April-Mai 1937, Moskau

Hall, Murray G.: Der Fall Bettauer. Ein literatursoziologisches Kapitel der Zwischenkriegszeit, in: *Jahrbuch der Grillparzer-Gesellschaft*, 3. Folge, Bd. 13, Wien 1978 (Bergland Verlag)

Hanslick, Eduard: Aus meinem Leben, Kassel/Basel 1987 [Berlin 1894]

Harbou, Thea von: Brief an Balder Olden vom 31. Oktober 1933, in: *Neue Deutsche Blätter* Nr. 5, 1. Jg. 1933/34

Hardenburg, Walter E.: The Putumayo. The Devil's Paradise. Travels in the Peruvian Amazon region and an account of the atrocities committed upon the Indians therein. Together with extracts from the report of Sir Roger Casement confirming the occurrences, London 1912 (T. Fisher Unwin)

Hartmann, Anne: Abgründige Vernunft. Lion Feuchtwangers *Moskau 1937*, in: in: Neulektüren. Festschrift für Gerd Labroisse zum 80. Geburtstag, hrsg. v. Norbert Otto Eke/ Gerhard P. Knapp, Amsterdamer Beiträge zur Neueren Germanistik, Amsterdam 2009 (Rodopi)

–: Literarische Staatsbesuche. Prominente Autoren des Westens zu Gast in Stalins Sowjetunion (1931-1937), in: Siegfried Ulbrecht und Helena Ulbrechtová (Hrsg.): Die Ost-West-Problematik in den europäischen Kulturen und Literaturen, Praha und Dresden 2009

Hasenclever, Walter: Olvidados [Dt.: Die Rechtlosen], Barcelona 2002 (Ediciones Barataria)

Hatvany, Lajos Baron: Hitler's Enemy, Britain's Victim. Rudolf Olden's Struggle in Germany and in Exile Here, in: *Manchester Guardian*, 14.10.1940

Heine, Heinrich: Almansor, in: Sämtliche Werke, Bd. 5, historisch-kritische Gesamtausgabe, hrsg. v. Manfred Windfuhr, Hamburg 1994 (Hoffmann und Campe)

Hemecker, Wilhelm und Konrad Heumann (Hrsg.): Hofmannsthal. Orte. 20 biographische Erkundungen, Wien 2014 (Paul Zsolnay)

Hennessy, Josselyn: Some Seilern Memoirs, London 1974 (Odysseus Publications)

Hermann Kesten. Ein Buch der Freunde. Zum 60. Geburtstag am 28. Januar 1960, München, Köln und Frankfurt am Main 1960 (Kurt Desch, Kiepenheuer & Witsch, Büchergilde Gutenberg)

Heumann, Konrad: Hugo von Hofmannsthal und Graf Lanckoronski, in: *Hofmannsthal-Jahrbuch*, Bd. 12, Freiburg 2004

Hiller, Kurt: Köpfe und Tröpfe. Profile aus einem Vierteljahrhundert, Hamburg 1950 (Rowohlt)

Hinrichsen, Klaus E.: 19 Hutchinson Square, Douglas, Isle of Man. Kurt Schwitters interniert in England 1940/41, in: *Kurt-Schwitters-Almanach*, Bd. 8, 1989 (Kulturamt der Stadt Hannover)

Hinterhäuser, Hans: Fin de Siècle. Gestalten und Mythen, München 1977 (Wilhelm Fink Verlag)

Hitchens, Christopher: Por qué es importante Orwell, Barcelona 2016 (Página Indómita)
Hobson, John Atkinson: Imperialism. A Study, London 1902 (James Nisbet & Co.)
Hochschild, Adam: King Leopold's Ghost: A Story of Greed, Terror, and Heroism in Colonial Africa, Boston 1998 (Houghton Mifflin)
Hofmannsthal, Hugo von: Gesammelte Werke, hrsg. v. Herbert Steiner, Stockholm 1945-1959 (Bermann-Fischer)
–: Gesammelte Briefe, Briefwechsel 1919-1945, Bd. 9 der Gesamtausgabe, München 2001 (Ed. Tenschert bei Hanser)
Jacob, Berthold: Das neue Deutsche Heer und seine Führer. Mit einer Rangliste des deutschen Heeres und Dienstaltersliste (nach dem Stande von Mitte August 1936), Paris 1936 (Editions du Carrefour)
–: Warum schweigt die Welt? Mit Beiträgen von Carl von Ossietzky, Paris 1936 (Editions du Phénix/Phoenix Bücher)
–: Weltbürger Ossietzky. Ein Abriss seines Werkes, Paris 1937 (Editions du Carrefour)
Jacob, Hans: Die »Vollmachten« des Dichters Jean Giraudoux, Typoskript, in: Teilnachlass Hans Jacob, Sonderarchiv Moskau
–: Kind meiner Zeit. Lebenserinnerungen, Köln 1962 (Kiepenheuer & Witsch)
Jacques, Norbert: Mit Lust gelebt. Roman meines Lebens, Hamburg 1950 (Hoffmann & Campe)
Jasanoff, Maya: The Dawn Watch. Joseph Conrad in a Global World, New York 2017 (Penguin Press)
Juarranz de la Fuente, José María: Picasso. Una nueve visión sobre ›Sueño y Mentira de Franco‹, in: *grabado y edición*, o.D., online
–: Guernica. La obra maestra desconocida, Madrid 2017 (Rodrigo Juarranz, Galería de Arte S.L.)
Kahlenberg, Friedrich P., Rudolf G. Pichoja und Ljudmila V. Dvojnych (Hrsg.): Reichswehr und Rote Armee. Dokumente aus den Militärarchiven Deutschlands und Russlands 1925-1931, Koblenz 1995 (Bundesarchiv, Russischer Archivdienst und Russisches Staatliches Militärarchiv)
Kantorowicz, Alfred: Nachtbücher. Aufzeichnungen im französischen Exil 1935 bis 1939, hrsg. v. Ursula Büttner und Angelika Voss in der Reihe *Quellen zur Sozial- und Zeitgeschichte* der Forschungsstelle für die Geschichte des Nationalsozialismus in Hamburg, Hamburg 1995 (Christians)
Karlweis, Marta: Jakob Wassermann. Bild, Kampf und Werk. Mit einem Geleitwort von Thomas Mann, Amsterdam 1935 (Querido)
Kessler, Harry Graf: Tagebücher 1918-1937, hrsg. v. Wolfgang Pfeiffer-Belli, Frankfurt am Main 1961 (Insel)
Kersten, Kurt: Der ungetreue Eckehart. Rudolf Olden: »Hindenburg oder der Geist der preußischen Armee«, in: *Neue Deutsche Blätter*, 3. Jg., Nr. 6, August 1935
Kisch, Egon Erwin: Sensation Fair, New York 1941 (Modern Age Books), dt.: Marktplatz der Sensationen, México Ciudad 1942 (El Libro Libre)
–: Der Fall des Generalstabschefs Redl, in: Marktplatz der Sensationen. Eine Auswahl, Berlin 1962 (Rowohlt)

Klabund: Die Krankheit, Berlin 1917 (Erich Reiss Verlag)
Koestler, Arthur: Die Erlebnisse des Genossen Piepvogel und seiner Freunde in der Emigration. Roman, Manuskript im Sonderarchiv Moskau (Preisausschreiben der Büchergilde Gutenberg)
–: Von weißen Nächten und roten Tagen. 12 Reportagen aus den Sowjet-Peripherien, Kiew und Charkow 1934 (Staatsverlag der Nationalen Minderheiten der USSR)
–: Menschenopfer unerhört. Ein Schwarzbuch über Spanien, Paris 1937 (Editions du Carrefour)
–: Spanish Testament, London 1937 (Gollancz), dt.: Spanisches Testament, Mit einem Vorwort der Herzogin von Atholl, Zürich 1938 (Europa Verlag)
–: The Gladiator, New York 1939 (Macmillan)
–: Darkness at Noon, London 1940 (Macmillan), dt.: Sonnenfinsternis, Zürich 1946 (Atlantis)
–: Scum of the Earth, London 1941 (Jonathan Cape); zitierte Ausgabe von 1991 (Eland, printed in Navarra, Spain), dt.: Abschaum der Erde, in: Gesammelte autobiographische Schriften, Bd. 2, Wien 1971 (Molden)
Kolb, Annette: Zarastro. Memento. Texte aus dem Exil, München 2002 (edition monacensia im Allitera Verlag)
Krivitsky, Walter: In Stalin's Secret Service. An Expose of the Soviet Intelligence in Western Europe, New York 1939 (Harper)
Kum'a Ndumbe III.: Was wollte Hitler in Afrika? NS-Planungen für eine faschistische Neugestaltung Afrikas, Frankfurt am Main 1993 (IKO-Verlag für Interkulturelle Kommunikation)
Lanckoronska, Karolina: Michelangelo in Ravensbrück: one woman's war against the Nazis, New York 2007 (Da Capo Press)
Langhoff, Wolfgang: Die Moorsoldaten. 13 Monate Konzentrationslager: unpolitischer Tatsachenbericht, Zürich 1935 (Schweizer Spiegel Verlag)
Lania, Leo: Die Totengräber Deutschlands: das Urteil im Hitlerprozess, Berlin 1924 (Neuer Deutscher Verlag)
–: Gewehre auf Reisen: Bilder aus deutscher Gegenwart, Wien 1924 (Malik)
–: Der Hitler-Ludendorff-Prozess, Berlin 1925 (Verlag Die Schmiede)
–: Der Tanz ins Dunkel. Anita Berber, ein biographischer Roman, Berlin 1929 (Schultz)
–: Das gelobte Land. Ein Querschnitt durch die deutsche Republik und ein Roman der deutschen Juden, 1936 in Paris bei *Editions du Carrefour* angekündigt und nicht erschienen
–: The Darkest Hour. Adventures and Escapes. With an introduction by Edgar Ansel Mowrer, Boston 1941 (Houghton Mifflin)
Lessing, Theodor: Hindenburg. Vorwort von Maximilian Harden. Nachwort von Herbert Eulenberg, Berlin 1925 (Hapke und Schmidt)
–: Einmal und nie wieder. Erinnerungen, Prag 1935 (Orbis-Verlag)
Lewis, Sinclair: Die Hauptstraße: Carola Kennicotts Geschichte, (Originaltitel: Main Street), übersetzt von Balder Olden, Berlin 1922 (Wegweiser Verlag sowie Volksverband der Bücherfreunde)
Liebich, Andre: The antisemitism of Henry Wickham Steed, in: *Patterns of Prejudice*, 46:2, S. 180-208, 2012
Litten, Irmgard: Hans Litten. Die Hölle sieht Dich an. Mit einem Vorwort von Rudolf Olden, Paris 1940 (Editions Nouvelles Internationales)

Löwenstein, Hubertus Prinz zu: The Tragedy of a Nation: Germany 1918-1934, New York 1934 (Macmillan)

Ludwig, Emil: Hindenburg, der Preuße, in: *Das Neue Tage-Buch*, 3. Jg., 27.4.1935

–: Die neue Heilige Allianz. Über Gründe und Abwehr des drohenden Krieges, Straßburg 1938 (Sebastian Brant Verlag)

Luntowski, Gustav: Hitler und die Herren an der Ruhr – Wirtschaftsmacht und Staatsmacht im Dritten Reich, Frankfurt am Main 2000 (Peter Lang)

Lutz-Kopp, Elisabeth: mitten entzweigebrochen. Nebenprodukt und Lebensretter: Der Film in Leben und Werk Leonhard Franks, Gerolzhofen 1995 (LAG Film Bayern e.V.)

Maiski, Iwan: Diaries. Red Ambassador to the Court of St. James', 1932-1943, hrsg. v. Gabriel Gorodetsky, New Haven 2015 (Yale Univ. Press)

Malet, Marian: Ika Olden. »Eine Kameradin von Grösse«, in: *EXIL Forschung Erkenntnisse Ergebnisse*, XV. Jg., Heft 2, 1995

Malgat, Gérard: Max Aub et La France ou l'Espoir trahi, Marseille 2013 (Éditions L'atinoir)

–: Gilberto Bosques. La Diplomatie au Service de la Liberté. Paris, Marseille (1939-1942), Marseille 2013 (Éditions L'atinoir)

Mann, Heinrich: La Haine. Histoire contemporaine de l'Allemagne, Paris 1933 (Gallimard)

–: Ein Zeitalter wird besichtigt, Stockholm 1946 (Neuer Verlag)

–: Empfang bei der Welt. Roman, Frankfurt am Main 1988 (S. Fischer)

Mann, Klaus: Der Streit um André Gide, in: *Die Neue Weltbühne*, 11.2.1937, (Reprint: Bd. 9, Nr. 1-26)

–: André Gide and the Crisis of Modern Thought, New York 1943 (Creative Age Press)

–: Die Heimsuchung des europäischen Geistes / The Ordeal of the European Intellectuals, dt. Fassung von Erika Mann, Berlin 1993 (Transit)

Mann, Thomas: Avertissement à l'Europe, Paris 1937 (Gallimard).

–: Tagebücher 1940-1943, hrsg. v. Peter de Mendelssohn, Frankfurt am Main 1982 (S. Fischer)

–: Achtung Europa, in: Gesammelte Werke, Bd. 12 (Reden und Aufsätze 4), Frankfurt am Main 1990

Maréchal, Jules: E.D. Morel contre Leopold II. Histoire du Congo 1900-1910, Paris 1996 (Ed. l'Harmattan)

Martín, Fernando Gabriel: El eremitaño errante. Buñuel en Estados Unidos, Murcia 2010 (Tres Fronteras Ediciones)

Martínez de Pison, Ignacio: Der Tod des Übersetzers. John Dos Passos und die Geschichte eines ungeklärten Mordes, Hamburg 2007 (Hoffmann & Campe)

Massing, Paul Wilhelm: Rehearsal for Destruction. A Study of Political Anti-Semitism in Imperial Germany, New York 1949 (Harper)

Mauthner, Martin: German Writers in French Exile 1933-1940, London and Portland 2007 (Vallentine Mitchell)

Meyer, Ahlrich (Hrsg.): Der Blick des Besatzers. Propagandaphotographie der Wehrmacht aus Marseille / Le regard de l'occupant. Marseille vue par des correspondants de guerre allemands, 1942-1944. Mit einem Vorwort von Serge Klarsfeld, Bremen 1999 (Edition Temmen)

–: Die deutsche Besatzung in Frankreich 1940-1944: Widerstandsbekämpfung und Judenverfolgung, Darmstadt 2000 (Wissenschaftliche Buchgesellschaft)
Miles, Jonathan: The Nine Lifes of Otto Katz, London 2000 (Bantam)
–: The Dangerous Otto Katz. The Many Lives of a Soviet Spy, London 2010 (Bloomsbury)
Mitchell, Angus (Editor): The Amazon Journal of Roger Casement, London 1997 (Anaconda Editions)
Morgenstern, Soma: Flucht in Frankreich. Ein Romanbericht, hrsg. u. mit einem Nachwort von Ingolf Schulte, Lüneburg 1998 (zu Klampen)
Mowrer, Edgar Ansel: Germany puts the clock back, London 1933 and 1939 (John Lane Co.)
Müller, Reinhard: Menschenfalle Moskau. Exil und stalinistische Verfolgung, Hamburg 2001 (Hamburger Edition)
–: Archäologie einer »Archivratte«, in: *Lettre International* 140, Frühjahr 2023
Münzenberg, Willy: Der russische Dolchstoß, in: *Die Zukunft*, Nr. 38, 22.9.1939
Münzner, Daniel: Kurt Hiller. Der Intellektuelle als Außenseiter, Göttingen 2015 (Wallstein Verlag)
Mytze, Andreas W. (Hrsg.): Rudolf Olden –: Peter Olden. Briefe aus den Jahren 1935-1936, Berlin 1987 (verlag europäische ideen)
Natonek, Hans: Letzter Tag in Europa. Gesammelte Publizistik 1933-1963, hrsg. v. Steffi Böttger, Leipzig 2013 (Lehmstedt)
Nehru, Jawaharlal: Toward Freedom. Autobiography, New York 1942 (The John Day Company)
Noguères, Henri: La vie quotidienne en France au temps du Front populaire 1935-1938, Paris 1977 (Hachette)
Obschernitzki, Doris: Frankreichs deutsche Emigranten. Texte von und Erinnerungen an Jacques Grandjonc (1933-2000), Teetz 2003 (Hentrich & Hentrich)
Olden, Balder: Aus der Mannschaftsstube, Berlin 1905 (Verlag Hermann Seemann)
–: Der Hamburger Hafen, 4. Auflage, Berlin und Leipzig, 1908 (Verlag Hermann Seemann)
–: Der Gottverhasste: ein moderner Studenten-Roman, Dresden 1909 (Reissener)
–: Der Strom des Lebens. Novellen und Extrakte, München 1910 (Etzold)
–: Die verhexte Million, Berlin 1911 (Scherl)
–: Der Ewer, Dresden 1912 (Carl Reissner)
–: Schatten. Ein Filmroman, Berlin 1917 (C. Dunker)
–: Die Wüste. Kurzgeschichten, Berlin 1920 (Hermann)
–: Weltenbummel in Eisen, in: *Kölnische Zeitung*, 12 Teile in Fortsetzungen, ab April 1920 bis 1921 (Manuskript von 44 Seiten)
–: Hermann Zilcher, München 1921 (Drei-Masken-Verlag)
–: Die Letzten. Schauspiel, o.O. 1921
–: Kilimandscharo. Ein Roman aus Deutsch-Ost, Berlin 1922 (Universitas)
–: Madumas Vater, Berlin 1928 (Universitas)
–: Ich bin Ich, Berlin 1927 (Universitas)

–: Exposé zu *Ich bin Ich*, o.O., o.D., Bundesarchiv Berlin
–: Der Grimme Kolonist, in: *Das Tage-Buch*, 9. Jg., 2. Halbjahr 1928
–: Flucht vor Ursula, Berlin 1928 (Universitas)
–: Das Herz mit einem Traum genährt, Roman, Berlin 1929 (Universitas)
–: Selbstportrait (1929), Typoskript, Bundesarchiv Berlin
–: On virgin soil. A novel of exotic Africa, New York 1930 (Macaulay)
–: Der Roman von Port Said, in: *Kölnische Zeitung*, 4.1.1931
–: Auf breiten Straßen durch Afrika, in: *Kölnische Zeitung*, 25.1., 1.2., 10.2., 9.3., 15.3., 22.3. und 12.4.1931
–: (Text) und Wolfgang Vennemann (Fotos): Mdisi – Bibi – Safari. Privatdruck der Buchdruckerei Gebr. Mann und der Graphischen Anstalt Ganymed, beide zu Berlin, ausschließlich für ihre Freunde in einer Auflage von 500 numerierten Exemplaren hergestellt, Berlin 1932
–: Ziel in den Wolken. Roman, Berlin 1932 (Universitas)
–: Mir wäre nichts Besonderes passiert, in: *Neue Deutsche Blätter* (hrsg. v. Wieland Herzfelde) 1. Jg., Nr. 3, Prag 1933
–: Zu spät (Kapitel 22 von *Roman eines Nazi*), in: *Neue Deutsche Blätter*, 1. Jg., Nr. 4, 1933
–: Anbruch der Finsternis (Originaltitel: Roman eines Nazi), Berlin 1981 (Rütten & Loening)
–: Dawn of Darkness, London 1933 (Jarrolds Publishers)
–: Antwort an den Völkischen Beobachter, in: *Gegen-Angriff*, Nr. 48, 28.11.1934
–: Spenglers Ika. Typoskript, Prag (Pension Flora), ca. 1934, Bundesarchiv Berlin
–: Moskauer Wunderdinge, in: *Pariser Tageblatt*, Nr. 278, 1934
–: Moskauer Bühnenfestspiele, in: *Pariser Tageblatt*, Nr. 296, 1934
–: Seltsame Abenteuer eines Dichters, in: *Das Neue Tage-Buch*, 3. Jg., Nr. 4/5, 1935
–: Die Mädchen von Baku, in: *Die Neue Weltbühne*, Nr. 5, 1935
–: Wunschträume in Stein. Typoskript, Roquebrune-Cap-Martin (Villa Santa Narcisa), ca. 1935, Bundesarchiv Berlin
–: Schicksalsgefährten, Typoskript, Menton-Garavan (Pian Les Tilleuls), ca. 1935, Bundesarchiv Berlin
–: Nun gerade!, Typoskript, Menton-Garavan (Pian Les Tilleuls), ca. 1935, Bundesarchiv Berlin
–: Engel im Exil, Typoskript, o.D., Bundesarchiv Berlin
–: Mein Leben, Typoskript, 2 S., Roquebrune-Cap-Martin (Villa Narcisa), ca. 1935, Bundesarchiv Berlin
–: Ein deutscher Lehrer, Typoskript, Le Lavandou (23, Av. Charles Cazin), o.D., Bundesarchiv Berlin
–: Flüchtlinge, in: *Die Neue Weltbühne*, Nr. 20, 1936
–: Deutschland will Kolonien, in: *Das Wort*, Literarische Monatsschrift, Heft 3, September 1936, Moskau (Jourgaz-Verlag)
–: Der humpelnde Reporter, in: *Das Wort*, Heft 3, März 1937
–: Ein Vorläufer, in: *Die Neue Weltbühne*, 33. Jg., Nr. 13, 25.3.1937
–: Schickeles Flaschenpost, in: *Die Neue Weltbühne*, 33. Jg., Nr. 20, 13.5.1937
–: Anno vierunddreißig in der UdSSR, in: *Das Wort*, 2. Jg., Heft 4/5, 1938
–: Die Nacht eines Geängstigten, in: *Die Zukunft*, 10.3.1939

–: Flucht und Hoffnung. Ein Brief aus Argentinien, in: *Aufbau*, New York, 22.8.1941
–: Episode in Paris, in: Balder Olden: Paradiese des Teufels, Berlin 1977
–: »Das verlorene Manuskript« von Theodor Balk: ein Sisyphus unserer Zeit, 2 Blatt (ca. 1943), Dt. Exilarchiv, Frankfurt/Main
–: Das furchtbarste Buch der Weltgeschichte, in: *Argentinisches Tageblatt*, 18.1.1944
–: Lang, lang ist's her. Zum 60. Geburtstag von Egon Erwin Kisch, in: *Freies Deutschland*, 4. Jg., Nr. 6, Mai 1945
–: Höllental meiner Jugend. Erster Abschnitt der Autobiographie *Stationen meines Lebens*, Vorabdruck in: *Freies Deutschland*, 4. Jg., Nr. 7, Juni 1945, México D.F.
–: Aufstieg. Zweiter Abschnitt aus der Autobiographie *Stationen meines Lebens*, Vorabdruck in: *Freies Deutschland*, 4. Jg., Nr. 10, September 1945, México D.F.
–: Theater hinter Stacheldraht, in: Theater. Sieben Jahre Freie Deutsche Bühne in Buenos Aires, Buenos Aires 1946 (Editorial Jupiter)
–: Mir wäre nichts Besonderes passiert (1933), Reprint in: *Ost und West*, Berlin 1947
–: Paradiese des Teufels. Biographisches und Autobiographisches. Schriften und Briefe aus dem Exil, hrsg. v. Ruth Greuner, Berlin 1977 (Rütten & Loening)
–: Stationen meines Lebens, Manuskript, o.D., Dt. Exilarchiv, Frankfurt/Main
–: Stationen meines Lebens, in: Balder Olden: Paradiese des Teufels, Berlin 1977
Olden, Hans: Das Frühstück auf Blue Island. Ein ekelhafter Kerl. Zwei Novellen, München 1912 (Georg Müller)
Olden, Ika und Rudolf Olden: In tiefem Dunkel liegt Deutschland, (1934, unveröffentlicht), Berlin 1994 (Metropol Verlag)
Olden, Peter: Chanukkah memorial essay for Moritz Oppenheim (unveröffentlicht), 1990, courtsey of Michael C. Seidel
Olden, Rudolf: Ein Tag aus dem Leben des Christopher Columbus, in: *Der Friede*, 8.8.1919
–: und Josef Bornstein (hrsg. im Auftrag der Liga für Menschenrechte): Der Justizmord an Jakubowski, Berlin 1928
–: Stresemann, Berlin 1929 (Ernst Rowohlt)
–: (Hrsg.): Das Wunderbare oder Die Verzauberten. Propheten in deutscher Krise, Berlin 1932 (Rowohlt)
–: Hitler der Eroberer. Die Entlarvung einer Legende, Prag 1933 (Malik)
–: Le IIIe Reich et les Juifs, Antwerp 1933 (Comité pour la défence des droits des Juifs)
–: und Ika Olden (Hrsg.): Tatsachen und Dokumente: die Lage der Juden in Deutschland. Comité des Délegations Juives, Paris 1934
–: Warum versagten die Marxisten?, Paris 1934 (Europäischer Merkur/Les Editions du Mercure de l'Europe)
–: Nazi or Junker?, in: *The nineteenth century and after*, Bd. 115, London 1934 (Tonbridge Whitefriars Press)
–: The Saar, in: *New Statesman and Nation*, 26.5.1934
–: Die wichtigste Saar-Lehre, in: *Das Neue Tage-Buch*, 3. Jg. 1935, Nr. 4, 26.1.1935

–: Hat Stresemann betrogen?, in: *Die Sammlung*, 2. Jg., Amsterdam 1935
–: Für wen Seeckt geopfert wurde, in: *Argentinisches Tageblatt*, 17.8.1935
–: Adolf Hitlers Familie, in: *Das Neue Tage-Buch*, 3. Jg., Nr. 50, 14.12.1935
–: Hindenburg oder der Geist der preußischen Armee, Paris 1935 (Europäischer Merkur/Les Editions du Mercure de l'Europe)
–: Hitler, Amsterdam 1935 (Querido)
–: Hitler the Pawn, London 1936 (Gollancz)
–: Hitler, New York 1936 (Covici-Friede)
–: Hitler (tschechisch), Praha 1936
–: Der Geist der englischen Politik, in: *Pariser Tageblatt*, 17.4.1936
–: Les extrêmes se touchent, in: *Pariser Tageszeitung*, 2.3.1937
–: Politische Literatur der Emigration, in: *Das Wort*, 2. Jg., Heft 4-5, April-Mai 1937, Moskau
–: Vor englischen Wandlungen, in: *Das Neue Tage-Buch*, 5. Jg., 4.9.1937
–: Britische Langmut, in: *Das Neue Tage-Buch*, 6. Jg., Nr. 4, 22.1.1938
–: Chamberlains Triumph, in: *Das Neue Tage-Buch*, 6. Jg., Nr. 4/5,1938
–: Nachruf auf einen Freund, in: *Das Neue Tage-Buch*, 6. Jg., Nr. 6, 5.2.1938
–: Eden, in: *Das Neue Tage-Buch*, 6. Jg., Nr. 10, 5.3.1938
–: Englands außenpolitische Opposition, in: *Das Neue Tage-Buch*, 6. Jg., Nr. 17, 23.4.1938
–: Das Gefecht von Ogurkischki, in: *Internationale Literatur*, Moskau, Jg. 1938
–: Friede ohne Macht?, in: *Das Neue Tage-Buch*, 7. Jg., Nr. 10, 4.3.1939
–: In memoriam Joseph Roth, in: *Das Neue Tage-Buch*, 7. Jg., Nr. 23, 3.6.1939
–: Joseph Roths letzte Gabe, in: *Das Neue Tage-Buch*, 7. Jg., Nr. 33, 12.8.1939
–: Arnold Höllriegel zum Gedächtnis, in: *Das Neue Tage-Buch*, 7. Jg., Nr. 44, 28.10.1939
–: Fremde Stimmen am Radio, in: *Das Neue Tage-Buch*, 7. Jg., Nr. 44, 28.10.1939
–: Wiedergeburt durch die Armee?, in: *Das Neue Tage-Buch*, 7. Jg., Nr. 47, 18.11.1939
–: Otto Brauns Memoiren, in: *Das Neue Tage-Buch*, 8. Jg., Nr. 13, 30.3.1940
–: Is Germany a Hopeless Case? With a preface by Gilbert Murray, London 1940 (Allen & Unwin)
–: *»Enemy Aliens«. Hitler's Victims Treated as Outlaws*, Letter to the Editor, *Manchester Guardian*, 25.6.1940
–: The History of Liberty in Germany, London 1946 (Gollancz)
Oppenheim, Moritz: Erinnerungen. Hrsg. v. Alfred Oppenheim, Frankfurt am Main 1924 (Frankfurter Verlags-Anstalt)
Paul, Gerhard und Klaus-Michael Mallmann: Die Gestapo im Zweiten Weltkrieg. »Heimatfront« und besetztes Europa, Darmstadt 2000 (Wissenschaftliche Buchgesellschaft)
Pelinka, Anton (Hrsg.): Geschichtsbuch Mitteleuropa. Vom Fin de Siècle bis zur Gegenwart, Wien 2016 (new academic press)
–: Die gescheiterte Republik. Kultur und Politik in Österreich 1918-1938, Wien 2017 (Böhlau)
Pflug, Günther (Hrsg.): Joseph Roth: 1894-1939, eine Ausstellung der Deutschen Bibliothek, Frankfurt am Main 1979 (Buchhändler-Vereinigung)
Plivier, Theodor: Der Kaiser ging, die Generäle blieben, Berlin 1932 (Malik)
Poeschel, Thomas: Abraxas. Höllen-Spectaculum, Berlin 2002 (Hentrich & Hentrich)

–: Der Nestor, Zürich 2017 (Elster)

Pohle, Fritz: Das mexikanische Exil. Ein Beitrag zur Geschichte der politischkulturellen Emigration aus Deutschland (1937-1946); Stuttgart 1986 (J.N. Metzlersche Verlagsbuchhandlung).

Potash, Robert A.: Perón y el G.O.U.: Los documentos de una logia secreta, Buenos Aires 1984 (Ed. Sudamericana)

Powell, Jennifer: Unter Freunden. Schwitters im Internierungslager, in: Emma Chambers und Karin Orchard (Hrsg.): Schwitters in England, Ostfildern 2013 (Hatje Cantz)

Preston, Paul: We saw Spain die. Foreign Correspondents in the Spanish Civil War, London 2008 (Constable)

–: Llums i ombres a ›Homenatge a Catalunya‹, in: *Segle XX, Revista catalana d'historia*, 10, 2017

Prieberg, Fred K.: Musik im NS-Staat, Frankfurt am Main 1989 (Fischer Taschenbuch)

Probst, Hans Georg: 19 Monate englische Kriegsgefangenschaft in Ahmednagar, Herborn 1917 (Oranien-Verlag)

Proust, Marcel: À la recherche du temps perdu / Auf der Suche nach der verlorenen Zeit; Band I, Du Coté de chez Swann / In Swanns Welt

Regler, Gustav, Julián Gorkin, Victor Serge, Marceau Pivert: La G.P.U. prepara un nuevo crimen, México 1942

Reports on British Prison Camps in India and Burma visited by The International Red Cross Committee in February, March and April 1917, London 1917 (T. Fisher Unwin Ltd.)

Reuter, Walter: Aparece el tesoro de guerra del fotógrafo Walter Reuter, in: *El País*, 28.8.2017

Rilke [Rainer Maria]: Es wartet eine Welt. Lebensweisheiten, hrsg. v. Günter Stolzenberger, München 2013 (dtv)

Rivera, José Eustacio: La Vorágine, Santiago 1985 (Ercilla)

Roberts, Charles George: Gestalten der Wildnis, aus dem Englischen übersetzt von Balder Olden und Gertrud Zeissner, Berlin 1922 (Gyldental)

Rode, Walther: Deutschland ist Caliban, Zürich 1934 (Europa Verlag)

Rohrwasser, W.: »Die Deutschen in Verzückung«. Der Moskauer Schriftstellerkongress 1934 und seine deutschen Gäste, in: *EXIL Forschung Erkenntnisse Ergebnisse*, X. Jg., 1990

Rossbacher, Karlheinz: Literatur und Bürgertum: fünf Wiener jüdische Familien von der liberalen Ära zum Fin de Siècle, Wien 2003 (Böhlau)

Roth, Joseph: Das Spinnennetz. Roman, Köln 1967 (Kiepenheuer & Witsch)

Roussel, Hélène: Editeurs et publications des émigrés allemands, in: Gilbert Badia et al., Les barbelés de l'exil. Études sur l'émigration allemande et autrichienne (1938-1940), Grenoble 1979 (Presses universitaires)

Sahl, Hans: Memoiren eines Moralisten, Hamburg 1990 (Luchterhand)

Salis-Seewis, Johann Gaudenz von: Gesammelte Gedichte. Hrsg. v. Christian Erni, Chur 1964 (Calven-Verlag)

Santagata, Silvia: Gli opinionmaker liberali inglesi, il fascismo e la Società delle Nazioni, Milano 2007 (Francoangeli)

Schacht, Hjalmar: Grundsätze deutscher Wirtschaftspolitik, Oldenburg 1932 (Stalling)

Scheer, Maximilian: So war es in Paris, Berlin 1964 (Verlag der Nation)

Schiller, Dieter: Der Traum von Hitlers Sturz. Studien zur deutschen Exilliteratur 1933-1945, Frankfurt am Main 2010 (Peter Lang)
Schnack, Ingeborg: Rainer Maria Rilke. Chronik seines Lebens und seines Werkes, 2. Aufl., Frankfurt am Main 1996 (Insel)
Schnitzler, Arthur: Tagebuch 1909-1912, Wien 1981 (Österreichische Akademie der Wissenschaften)
–: Tagebuch 1913-1916, Wien 1983 (Österreichische Akademie der Wissenschaften)
–: Tagebuch 1917-1919, Wien 1985 (Österreichische Akademie der Wissenschaften)
Schoepp, Sebastian: Das »Argentinische Tageblatt« 1933 bis 1945: ein Forum der antinationalsozialistischen Emigration, Berlin 1996 (Wissenschaftlicher Verlag Berlin)
Schupp, Volker: Die Erneuerungsbewegung in Freiburg während der frühen Lebensreform: Emil Gött und sein Freundeskreis: Literatur und Leben, Freiburg 2001 (Universität)
Schwarzschild, Leopold: Das Ende der Illusionen, Amsterdam 1934 (Querido)
–: Feuchtwangers Botschaft, in: *Das Neue Tage-Buch*, 5. Jg., Heft 31 v. 31.7.1937 und 32 v. 7.8.1937
–: World in Trance, London 1943 (Hamilton)
Schwitters, Kurt: Catalogue raisonné, Bd. 3, 1937-1948, Hannover 2006 (Hatje Cantz)
Seehof, Arthur: Das braune Netz. Wie Hitlers Agenten im Ausland arbeiten und den Krieg vorbereiten. Mit einem Vorwort von William Hare, Earl of Listowel, Paris 1935 (Editions du Carrefour)
Seidel, Michael C.: The Olden Story. Part I. Ancestors and the Life of Hans Olden, o. O. 2004 (Manuskript)
–: The Olden Story. Part II. The Children of Hans Olden's First Marriage. A. Rosa Olden and Daughter Ilse and her Children, o. O. 2005 (manuscript), überarbeitet Nov. 2015 (Manuskript)
–: The Olden Story. Part II. The Children of Hans Olden's First Marriage. B. Balder Olden (Manuskript)
–: The Olden Story. Part II. The Children of Hans Olden's First Marriage. C. Rudolf Olden, o. O. Januar 2007und April/Mai 2016 (Manuskript)
Serge, Victor: Les Coulisses d'une Sûreté générale. Ce que tout révolutionnaire devrait savoir sur la répression. Broschüre 1925 (Exemplar im Instituut voor Sociale Geschiedenis, Amsterdam); Reprint: What every radical should know about State repression: a guide for activists, Melbourne 2005 (Ocean Press)
Serra, Maurizio: El esteta armado. Escritores guerreros en la Europa de los años treinta, Madrid 2023 (Fórcola Ediciones)
Shakespeare, William: Wie es Euch gefällt. Übersetzt von Hans Olden, Berlin 1916
–: Maß für Maß. Lustspiel in 5 Akten, übersetzt von Hans Olden, Berlin 1917 (Oesterhold)
Sinclair, Upton: Auf Vorposten. Erinnerungen. Autorisierte Übersetzung aus dem amerikanischen Original von Balder Olden, Prag 1934 (Malik)
Sonderegger, René: Mord-Zentrale X. Enthüllungen und Dokumente über die Auslandstätigkeit der deutschen Gestapo, Kulturpolitische Schriften, Heft 5, Zürich 1936 (Reso Verlag)

Souchy, Augustin: Nacht über Spanien. Bürgerkrieg und Revolution in Spanien 1936-39, o.O. 2007 (Trotzdem Verlagsgesellschaft)
Spared Lives. The actions of three Portuguese diplomats in World War II. Documentary Exhibition, Catalogue, Lisboa 2000
Sparre, Sulamith: Der wandernde Schreibtisch. Erfahrung, Bewältigung und Folgen des Exils bei Leonhard Frank, Soma Morgenstern und Max Zweig. Ein Vergleich, *Schriftenreihe der Leonhard-Frank-Gesellschaft*, Heft 16, Würzburg 2005
Speyer, Wilhelm: Das Glück der Andernachs, Zürich 1947 (F.G.Micha-Verlag)
Spier, Eugen: Focus: A Footnote to the History of the Thirties. With an introduction by Lady Violet Bonham Carter, London 1963 (Oswald Wolff)
Steed, Henry Wickham: The Hapsburg Monarchy, London 1913 (Constable)
–: Hitler: Whence and Whither?, London 1934 (Nisbet)
–: The Meaning of Hitlerism, London 1934 (Nisbet)
Stein, Alexander: Adolf Hitler – Schüler der Weisen von Zion, Karlsbad 1936 (Verlags-Anstalt Graphia)
Steinacher, Gerald: Berufsangabe: Mechaniker. Die Flucht von Gestapo-Angehörigen nach Übersee, History Department of the University of Nebraska, Lincoln 2009 (Faculty Publications)
Stephan, Alexander: Im Visier des FBI. Deutsche Exilschriftsteller in den Akten amerikanischer Geheimdienste, Stuttgart 1995
–: Im Visier der Diplomaten. Die Observierung deutscher Exilanten durch die Botschaft des Dritten Reiches in Paris, in: Anne Saint Sauveur-Henn (Hrsg.), Fluchtziel Paris. Die deutschsprachige Emigration 1933-1940, Berlin 2002 (Metropol)
Stephens, Anthony: Das Janusgesicht des Momentanen. Rilkes Einakter »Die Weiße Fürstin«, in: *Hofmannsthal-Jahrbuch zur europäischen Moderne* Nr. 1, Freiburg 1993
Stern, Kurt: Warum versagten Sie, Herr Olden?, in: *Der Gegen-Angriff*, Nr. 12, (24. März), Basel und Prag 1934
Sternberg, Fritz: Die deutsche Kriegsstärke. Wie lange kann Hitler Krieg führen?, Straßburg 1939 (Sebastian Brant Verlag)
Sternheim, Carl: Der Snob. Komödie, München 1920 (Wolff)
–: Der Nebbich. Ein Lustspiel, München 1922 (Drei-Masken-Verlag)
Sutin, Stewart E.: The Impact of Nazism on the Germans of Argentina, Austin, 1975 (Ph. D., Univ. of Texas)
Tabares, Antonio: Una hora en la vida de Stefan Zweig, Zaragoza 2008 (Teatro Arbolé)
Tabori, George: Mein Kampf. Farce, Berlin 1988 (Kiepenheuer)
–: Die Brecht-Akte, Berlin 2000 (Berliner Ensemble)
Tergit, Gabriele: Gestohlene Jahre, hrsg. v. Hans Wagener, Göttingen 1973 (V&R unipress)
–: Etwas Seltenes überhaupt, Berlin 1983 (Ullstein)
Thomas, Hugh: The Spanish Civil War, New York 1963 (Harper & Row)
Thompson, Dorothy: I saw Hitler, New York 1932 (Farrad & Reinhart)
–: Kassandra spricht. Anti-faschistische Publizistik 1932-1942, Wiesbaden 1988 (Fourier)

Thurn und Taxis-Hohenlohe, Fürstin Marie von: Erinnerungen an Rainer Maria Rilke, Berlin und München 1933 (R. Oldenbourg)
Trapp, Frithjof: Exiltheater in Frankreich und Amerika. P. Walter Jacob und die Freie Deutsche Bühne in Argentinien, in: Anne Saint Sauveur-Henn (Hrsg.), Zweimal verjagt. Die deutschsprachige Emigration und der Fluchtweg Frankreich – Lateinamerika 1933-1945, Berlin 1998 (Metropol)
Tretjakow, Sergej: Brülle, China!: ein Spiel in 9 Bildern, ins Deutsche übersetzt von Leo Lania, Berlin 1929 (Ladyschnikow)
Tretjakow, Sergej: Gesichter der Avantgarde. Porträts, Essays, Briefe. Aus dem Russischen herausgegeben und mit Nachwort, Chronik und Anmerkungen versehen von Fritz Mierau, Berlin 1985 (Aufbau)
Treviranus, Gottfried Reinhold: Das Ende von Weimar. Heinrich Brüning und seine Zeit, Düsseldorf und Wien 1968 (Econ Verlag)
Vaksberg, Arkadij: The Murder of Maxim Gorky: A Secret Execution, New York 2007 (Enigma)
Vargas Llosa, Mario: Der Traum des Kelten, Berlin 2011 (Suhrkamp)
Varian Fry et les candidats à l'exil. Marseille 1940-1941, Galerie d'Art du Conseil Général des Bouches-du-Rhône, Aix-en-Provence, 12 Janvier à 11 Avril 1999
Vennemann, Wolfgang: Monte Carlo. Visions photographiques, Cannes 1936 (L'imprimerie Robaudy)
Viñas, Ángel: Sobornos. De cómo Churchill y March compraron a los generales de Franco, Barcelona 2016 (Crítica)
Walter, Hans-Albert: Das Pariser KPD-Sekretariat, der deutsch-sowjetische Nichtangriffsvertrag und die Internierung deutscher Emigranten in Frankreich zu Beginn des Zweiten Weltkriegs, in: *Vierteljahreshefte für Zeitgeschichte*, Nr. 36, 1988
Wassermann, Jakob: Die Lebensalter: Erwin Reiner. Leben eines jungen Herrn um 1905. Der Mann von vierzig Jahren, Berlin 1910 (S. Fischer)
Weinzierl, Ulrich: Hofmannsthal. Skizzen zu seinem Bild, Frankfurt am Main 2005 (Paul Zsolnay)
Wells, H.G.: The Shape of Things to Come, London 1933 (Hutchinson)
Wiesenthal, Grete: Der Aufstieg. Aus dem Leben einer Tänzerin, Berlin 1919 (Ernst Rowohlt)
Wilmots, André: Hjalmar Schacht (1877-1970). Grandargentier d'Hitler, Bruxelles 2001 (Éditions Le Cri)
Wolff, Theodor: Der Marsch durch zwei Jahrzehnte, Amsterdam 1936 (de Lange)
Wollenberg, Erich: The Red Army, London 1938 (Secker & Warburg)
Zech, Paul: Michael M. irrt durch Buenos Aires. Aufzeichnungen eines Emigranten, Rudolfstadt 1985 (Greifenverlag)
Zeidler, Manfred: Reichswehr und Rote Armee 1920-1933. Wege und Stationen einer ungewöhnlichen Zusammenarbeit, München 1993 (Oldenbourg)
Zweig, Stefan: Ein Gewissen gegen die Gewalt, in: *Das Wort*, 1. Jg. 1936, Heft 1-3, Moskau

Bildnachweis

Abb. 1: Balder und Rudolf Olden, Meran ca. 1892/93. Privat-Sammlung Michael C. Seidel — Abb. 2: Franz von Lenbach, Pastellzeichnung von Ilse Olden, ca. 1896 — Abb. 3: Hugo von Hofmannsthal — Abb. 4: Ilse Gräfin Seilern. Privat-Sammlung Michael C. Seidel — Abb. 5: Rudolf Olden, ca. 1914/15. Deutsche Nationalbibliothek, Deutsches Exilarchiv 1933-1945, Frankfurt am Main — Abb. 6: Pressekarte Rudolf Olden für 1927/28. Deutsche Nationalbibliothek, Deutsches Exilarchiv 1933-1945, Frankfurt am Main — Abb. 7: Foto: Geschenk von Carola Neher an Ilse Gräfin Seilern, um 1926. Deutsches Literatur Archiv, Marbach — Abb. 8: Franz I. Fürst von Liechtenstein, Christoph Stegmann-Olden und Ilse Gräfin Seilern, Vaduz ca. 1924. Deutsche Nationalbibliothek, Deutsches Exilarchiv 1933-1945, Frankfurt am Main — Abb. 9: Im Casino von Monte Carlo, ca. 1935. Fotomontage von Wolfgang Vennemann, in: W. Vennemann, *Monte Carlo. Visions photographiques*, Cannes 1936 — Abb. 10: In Ägypten, 1930, in: B. Olden und W. Vennemann: *Mdisi – Bibi – Safari*, Berlin 1932 — Abb. 11: Schutzumschlag, *Paradiese des Teufels. Das Leben Sir Roger Casements*, Universitas-Verlag 1933 — Abb. 12: Schutzumschlag, *Das Wunderbare oder Die Verzauberten, Eine Sammlung*, hrsg. von Rudolf Olden, Berlin 1932 — Abb. 13: Rudolf Olden und Carl von Ossietzky vor dem Berliner Landgericht, Juli 1932. Wahrscheinlich war Kurt Rosenfeld der Fotograf. — Abb. 14: John Heartfield: *Hitler* — Abb. 15: Visumsantrag von Rudolf Olden für Frankreich, Prag 13.5.1933. Dossier Rudolf Olden, Document conservé aux Archives nationales, Pierrefitte-Sur-Seine — Abb. 16: Ika Halpern-Olden. Foto mit freundlicher Genehmigung von Mary E. Sufott (Erstabbildung bei Marian Malet: Ika Olden. »Eine Kameradin von Grösse«, in: *EXIL Forschung Erkenntnisse Ergebnisse*, XV. Jg., Heft 2, 1995, S. 6) — Abb. 17: Rudolf Olden (li.) bei der Abreise nach Großbritannien, undatiertes Foto. Deutsche Nationalbibliothek, Deutsches Exilarchiv 1933-1945, Frankfurt am Main — Abb. 18: Dossier der Preußischen Geheimen Staatspolizei zur Aberkennung der deutschen Staatsangehörigkeit des Schriftstellers Rudolf Olden, Berlin 26.8.1935. Aktenkennzeichen 63661/2325/34 E II 182, Archiv des Auswärtigen Amtes — Abb. 19: Expulsé! Dossier Paul Dreyfus, Document conservé aux Archives nationales, Pierrefitte-Sur-Seine, 17.5.1938 — Abb. 20: Schreiben von Rudolf Olden an Minister Albert Sarraut, 10.6.1938. Dossier Paul Dreyfus, Document conservé aux Archives nationales, Pierrefitte-Sur-Seine — Abb. 21: Zwei Tage vor Beginn des II. Internationalen Schriftstellerkongresses zur Verteidigung der Kultur, Valencia, Juli 1937, (v. li. n. r:) Theodor Balk, Egon Erwin Kisch, Ludwig Renn, Erich Weinert, Bodo Uhse, Willi Bredel, Nordahl Grieg. © Foto Walter Reuter. Fondo Guillermo Fernández Zuñiga, Foto No. GFZ 43-1403. Archivo BNE. Mit Dank an D. José Manuel Estebaranz Larrea — Abb. 22: Der Fischerort Le Lavandou, zeitgenössische Postkarte — Abb. 23: Margaret Kershaw, 1938. Foto der Carte d'Identité, Document conservé aux Archives nationales, Pierrefitte-Sur-Seine — Abb. 24: Ernst Toller, Valencia 1937. © Foto Walter Reuter. Fondo Guillermo Fernández Zuñiga, Madrid; Retrato de Ernst Toller. Archivo BNE,

CAJA-121-14-16. Mit Dank an D. José Manuel Estebaranz Larrea — Abb. 25: Willi Münzenberg. Quasi das offizielle Foto des Komintern Funktionärs — Abb. 26: Eingabe des Parlamentsabgeordneten Salomon Grumbach für die Freilassung Balder Oldens aus dem Internierungslager *Francillon*, 28.11.1939. Dossier Balder Olden, Document conservé aux Archives nationales, Pierrefitte-Sur-Seine — Abb. 27: Statement Arthur Koestler nach Aufforderung durch Wolfgang von Weisl, *Le Vernet*, 26.12.1939, Blatt 1 und Blatt 2. Dossier Arthur Koestler, Document conservé aux Archives nationales, Pierrefitte-Sur-Seine — Abb. 28: Daphne Hardy. Passfoto, Sonderarchiv Moskau, Teilnachlass Daphne Hardy — Abb. 29: René Schickele auf der Schiffsbrücke über den Rhein bei Kehl, 1931. Fotograf: Wolfgang Hertel, Deutsches Literatur Archiv, Marbach — Abb. 30: Telegramm, Margaret Kershaw, Paris, an Ilse Comtesse Seilern, Lausanne, 10.6.1940. Deutsches Literatur Archiv, Marbach — Abb. 31: Sauf-conduit pour un seul déplacement für Balder Olden, 21.11.1940. Privat-Sammlung Michael C. Seidel — Abb. 32: Affidavit of support für Balder Olden, 23.8.1940. Deutsche Nationalbibliothek, Deutsches Exilarchiv 1933-1945, Frankfurt am Main — Abb. 33: Rudolf Olden im Internierungslager Hutchinson, Isle of Man, Juli 1940. Deutsche Nationalbibliothek, Deutsches Exilarchiv 1933-1945, Frankfurt am Main — Abb. 34: Kurt Schwitters: Porträt Rudolf Olden, 1940. Öl auf Leinwand auf Sperrholz 88,5 × 88,5 cm, aus: Kurt Schwitters, *Catalogue raisonné*, Bd. 3 (2006) – Das Portait wurde 1974 bei Ernst Nündel, *Wir spielen, bis uns der Tod abholt. Briefe aus fünf Jahrzehnen*, Frankfurt am Main, S. 174, sowie zuletzt auch wie folgt abgebildet: a) Klaus E. Hinrichsen: *19 Hutchinson Square, Douglas, Isle of Man. Kurt Schwitters interniert in England 1940/41*, in: *Kurt-Schwitters-Almanach*, Bd. 8, 1989, S. 103 (Kulturamt der Stadt Hannover); b) *Aller Anfang ist Merz. Von Kurt Schwitters bis heute/In the Beginning was Merz. From Kurt Schwitters to the Present Day*, hrsg. v. Susanne Meyer-Büser und Karin Orchard, Sprengel Museum Hannover, Ostfildern 2000 (Hatje Cantz), Kat. Nr. 164, Farbabbildung S. 194. — Abb. 35: Mary Elizabeth Olden bei Ihrer Ankunft in Kanada. Deutsche Nationalbibliothek, Deutsches Exilarchiv 1933-1945, Frankfurt am Main — Abb. 36: Oskar Maria Graf und Bertolt Brecht am Stammtisch, New York 1943. Fotograf unbekannt, Foto (Kopie): Monacensia, Münchner Stadtbibliothek — Abb. 37: Balder Olden, Uruguay 1943/44. Deutsche Nationalbibliothek, Deutsches Exilarchiv 1933-1945, Frankfurt am Main — Abb. 38: Balder Olden spricht im Rundfunk, Montevideo. Privat-Sammlung Michael C. Seidel — Abb. 39: Annette Kolb — Abb. 40: Egon Erwin Kisch in der Uniform eines Politoffiziers, II. Internationaler Schriftstellerkongress zur Verteidigung der Kultur, Valencia, Juli 1937. Links Ludwig Renn, Generalstabschef der Internationalen Brigaden und Gisela Lyner. © Foto Walter Reuter, Fondo Guillermo Fernández Zuñiga, Madrid, Foto No. GFZ 01-0015. Archivo BNE. Mit Dank an D. José Manuel Estebaranz Larrea

Editorische Notiz

Die zitierten Dokumente wurden im Abdruck vorsichtig der geltenden Grammatik, Orthographie und Interpunktion angeglichen, fehlerhafte und inkonsequente Schreibweisen stillschweigend berichtigt. Sprachliche Eigenheiten, Unterstreichungen und Hervorhebungen der Autoren wurden – wie im Original – belassen. Auslassungen und Einfügungen wurden durch eckige Klammern kenntlich gemacht. Werktitel wurden hingegen kursiviert.

Sollten Photographen oder Rechteinhaber trotz sorgfältiger Recherchen nicht ermittelt worden sein, bitten wir um Verständnis und nachträgliche Mitteilung berechtigter Ansprüche an den Verlag.

Personenregister

Kursiv gesetzte Seitenzahlen verweisen auf Personen, die ausschließlich in den Anmerkungen erwähnt sind. Nicht aufgenommen sind die Namen der Geschwister Olden. Nicht aufgenommen ist Adolf Hitler.